普通高等教育"十二五"规划教材
普通高等学校少数民族预科教育系列教材

八桂乡情

主　编　陆广文
副主编　蒋远鸾

北京理工大学出版社
BEIJING INSTITUTE OF TECHNOLOGY PRESS

版权专有 侵权必究

图书在版编目（CIP）数据

八桂乡情 / 陆广文主编. —北京：北京理工大学出版社，2013.3（2020.8重印）
ISBN 978-7-5640-7462-3

Ⅰ.①八… Ⅱ.①陆… Ⅲ.①广西-概况-高等学校-教材 Ⅳ.①K926.7

中国版本图书馆CIP数据核字（2013）第036325号

出版发行 / 北京理工大学出版社	
社　　址 / 北京市海淀区中关村南大街5号	
邮　　编 / 100081	
电　　话 / (010) 68914775（办公室）　68944990（批销中心）　68911084（读者服务部）	
网　　址 / http://www.bitpress.com.cn	
经　　销 / 全国各地新华书店	
印　　刷 / 三河市华骏印务包装有限公司	
开　　本 / 787毫米×1092毫米　1/16	
印　　张 / 16.5	
彩　　插 / 10	
字　　数 / 412千字	责任编辑 / 申玉琴
版　　次 / 2013年3月第1版　2020年8月第9次印刷	责任校对 / 周瑞红
定　　价 / 36.50元	责任印制 / 王美丽

图书出现印装质量问题，本社负责调换

普通高等学校少数民族预科教育系列教材编审指导委员会

主任委员 林志杰

委　　员（按姓氏笔画为序）

　　　　　吴胜富　杨社平　陆广文　陆文捷

　　　　　周国平　赵留美　郭金世　梁元星

　　　　　黄永彪　谢　铭　樊爱琼　樊常宝

序　言

　　普通高校少数民族预科教育是指对参加高考统一招生考试、适当降分录取的各少数民族学生实施的适应性教育，是为少数民族地区培养急需的各类人才而在高校设立的向本科教育过渡的特殊教育阶段；它是为加快民族高等教育的改革与发展，使之适应少数民族地区经济社会发展需要而采取的特殊有效的措施，是有中国特色社会主义高等教育体系的重要组成部分，是高等教育的特殊层次，也是我国民族高等教育的鲜明特色之一，其对加强民族团结、维护祖国统一、促进各民族的共同团结奋斗和共同繁荣发展具有重大的战略意义。

　　为了贯彻落实"为少数民族地区服务，为少数民族服务"的民族预科办学宗旨，建设好广西少数民族预科教育基地，适应普通高等学校少数民族预科教学的需要，近年来，广西民族大学预科教育学院在实施教学质量工程以及不断深化教育教学改革中，结合少数民族学生的实际情况，组织在民族预科教育教学一线的教师编写了《思想品德教育》《阅读与写作》《微积分基础》《基础物理》《普通化学》等系列"试用教材"，形成了颇具广西地方特色的有较高水准的少数民族预科教材体系。广西少数民族预科系列教材的编写和出版，成为了我国少数民族预科教材建设中的一朵奇葩。

　　本套教材以国家教育部制定的各科课程教学大纲为依据，以民族预科阶段的教学任务为中心内容，以少数民族预科学生的认知水平及心理特征为着眼点，在编写中力求思想性、科学性、前瞻性、适用性相统一，尽量做到内涵厚实、重点突出、难易适度、操作性强，真正适合民族预科学生使用，使他们在高中阶段各科教学内容学习的基础上，通过一年预科阶段的学习，对应掌握的学科知识能进行全面的查漏补缺，进一步巩固基础知识，培养基本能力，从而达到预科阶段的教学目标，实现预与补的有机结合，为学生一年之后直升进入大学本科学习专业知识打下扎实的基础。

　　百年大计，教育为本；富民强桂，教育先行。教育是民族振兴、社会进步的基石，是提高国民素质，促进人的全面发展的根本途径，寄托着千百万家庭对美好生活的期盼；而少数民族预科作为我国普通高等教育的一个特殊层次，她是少数民族青年学子得以进入大学深造的"金色桥梁"，承载着培养少数民族干部和技术骨干、为民族地区经济社会发展提供人才保证的重任。我们祈望，本套教材在促进少数民族预科教育教学中能发挥其应有的作用，在少数民族高等教育这个百花园里绽放出异彩！

是为序。

林志杰

目 录

第一章 八桂概况 1
 一、自然概况 1
 二、远古人文遗迹 11
 三、广西行政区划古今谈 16
 四、广西历代人口和现状人口 22
 五、广西主要城市简况 27
 六、广西的明天会更好 35

第二章 广西各兄弟民族与民族区域自治制度的实施 42
 一、广西各兄弟民族概况 42
 二、民族区域自治制度在广西的实施 72

第三章 八桂优势资源与科学合理开发利用 80
 一、土地资源的开发与保护 80
 二、水力资源的开发与充分利用 83
 三、扬长补短利用开发矿产资源 88
 四、丰富的旅游资源有待大力开发充分利用 90
 五、利用沿海优势，合理开发海洋资源 99
 六、保护、开发、利用丰富的动植物资源 101
 七、利用优越的气候资源等，发展农林牧副渔业 112

第四章 八桂儿女历史功绩彪炳千秋 120
 一、古代广西人民的各种斗争活动 120
 二、近现代广西儿女的反帝反封建斗争 129
 三、当代广西军民的剿匪斗争 152

第五章　八桂改革开放新变化回眸 ... 156
一、由西南出海大通道到连接多区域的国际大通道的构建 ... 156
二、八桂经济发展概要 ... 177
三、各项社会事业的全面发展 ... 197
四、二区一带区域发展战略 ... 206
五、加快高新技术产业开发区和工业园区的建设 ... 208

第六章　广西与东南亚各国 ... 211
一、东南亚各国概要 ... 211
二、东盟 ... 215
三、中国—东盟自由贸易区与广西 ... 215

第七章　历代八桂名人与古今他乡来客 ... 219
一、历代八桂名人 ... 219
二、古今他乡来客 ... 225
三、党和国家领导人心系八桂 ... 229

第八章　八桂乡情拓展篇 ... 234

主要参考文献 ... 253
后记 ... 255
附录 ... 257

第一章 八桂概况

一、自然概况

（一）地理位置

广西壮族自治区位于祖国南部边疆，她东连广东，西连云南，东北接湖南，西北邻贵州，南临北部湾，与海南隔海相望，西南与越南社会主义共和国接壤。

广西西起东经 104°28′ 的西林县马蚌乡清水江村，东至东经 112°04′ 的贺州市南乡镇金沙村，两地直线距离 770 千米；南始北纬 20°54′ 的北海市涠洲镇斜阳岛，北止北纬 26°24′ 的全州县大西江镇炎井村，两地直线距离约 610 千米。行政区域总面积为 23.67 万平方千米，占全国总面积的 2.5%，居第 9 位。

（二）地势、地貌、主要山系

1. 地势、地貌

地势是指地表高低起伏的状态。广西的地势大致是西北高，东南低，即从云贵高原的边缘向东南逐渐降低。全区四周被山地高原围绕，中部平原、丘陵、盆地交错，有广西盆地之称。受广西山字形构造的分隔，盆地内部又出现了大盆地套小盆地的现象。盆地边缘有主要裂口，如东北部的湘桂走廊，东部的潇贺通道，东南部、南部的沿江谷地，这是气流运行通道和交通要道。受地势的影响，广西绝大部分河流也呈树枝状向东南流注，经梧州市从广东出海。

地貌是地表各种形态的总称。广西的地貌类型多种多样，大致可以分为山地、丘陵、台地、平原、水面等几种。

山地（海拔 500 米以上），是广西最主要的地貌类型。面积达 125 667 平方千米，占广西总面积的 53.1%，主要分布在四周边缘和中部。海拔稍高的山地，交通不便，农耕条件差。但生物资源、水能资源、矿产资源较丰富，是广西最重要的水源林和用材林基地，发展水电、矿业、林牧业多种经营潜力较大。海拔稍低的山地，光热水土条件不错，适宜农林业发展。其山岭错杂，山谷盘绕，是建湖筑库的理想场所，能为平原灌溉提供水源。

丘陵（海拔500米以下，相对高度超过50米）在广西的分布很广，山脉前缘或谷地、盆地边缘、河流两岸均有分布，尤以广西东南部和南部集中。丘陵面积达51 335平方千米，占广西总面积的21.7%，是广西经济作物的重要生产基地。丘陵种类多，以砂页岩为主，是经济林、用材林和水果种植的基地。变质岩类丘陵或土肥或矿物质多。花岗岩类丘陵土层疏松，如失去植物保护，易引起水土流失，形成千沟万壑的侵蚀地貌。红色岩丘陵面积虽小，但其基岩裸露或土层极薄，岩层水平排列，经水流侵蚀后，易形成"横看成岭侧成峰"的丹霞景观，旅游价值极高。

台地（海拔250米以下，相对高度不到50米）的分布也很广，桂中、桂东南、桂南、桂西南均有分布。台地面积为18 933平方千米，占广西总面积的8%。地面平坦，土层深厚，面积较大的低平地貌类型，适宜发展农业和林果业，潜力较大，有待进一步充分利用。

平原的面积小，仅34 079平方千米，占广西总面积的14.4%，星散分布在各大小河流沿岸、山间盆地、河口三角洲和滨海等地，以冲积平原和溶蚀侵蚀平原为主。浔江平原是广西最大的冲积平原，面积达629平方千米。郁江平原、右江盆地、南宁盆地、灵川平原、南流江三角洲、玉林盆地、钦江平原、贺江平原、北流江平原等均属重要的冲积平原。冲积平原地势平坦，土层深厚，土地肥沃，光热充足，水利条件好，耕作方便，为稳产高产农田地区，是广西最重要的粮食和经济作物生产基地。溶蚀侵蚀平原以漓江平原、宜州平原、来宾平原、桂中平原为主，它们也是农业生产的重要基地。

水面主要指河流水库，面积大致为6 627平方千米，占全区总面积的2.8%，发电、航运和淡水养殖的潜力很大。

2. 主要山系

广西的山系集中在边缘地区和中部地区，从走向看，可分为东北向和西北向两大类。

东北向的山脉从东向西有如下几列，即萌渚岭—大桂山—云开大山，都庞岭—大容山—六万大山，越城岭—海洋山—架桥岭—大瑶山—莲花山—十万大山，大南山—猫儿山—天平山，大苗山。其中云开大山位于桂粤之间，花岗岩资源丰富，所产松脂、玉桂、八角名闻区内外，并大量出口。海洋山位于兴安灌阳两县交界，是广西最重要的白果产区。十万大山是广西最大的八角、玉桂生产基地，我国特有树种美人松——桐棉松就产于山北的宁明。猫儿山位于兴安和资源交界处，海拔2 141米，是广西第一高峰，也是华南第一高峰，还是资江、漓江、浔江的发源地。大苗山是广西最大的杉木、毛竹生产基地。

西北向的山脉从西到东依次为：六韶山—大青山—公母山，岑王老山，青龙山，东风岭—都阳山—大明山，凤凰山，九万大山。其中都阳山跨东兰、巴马、凤山、都安四县，是广西最大的连片岩溶石山。地下河发达，广西两大地下河系均分布于此。大明山位于上林、武鸣、马山、宾阳四县交界处，素有"广西庐山"之称，其"春之岚、夏之瀑、秋之云、冬之雪"的景观闻名区内外。尤其是冬季上山观冰赏雪，领略"北国风光"是南方人向往的好地方。旅游景观独特，大明仙境人称奇。

九万大山，是广西最古老的山脉，有广西开山鼻祖之称。

此外，广西还有东西走向山脉，如金钟山、西大明山、四方岭和镇龙山。

（三）河流水系

1. 概况

广西地表河流众多，据统计，流域面积在 50 平方千米以上的河流有 937 条，流域面积在 1 000 平方千米以上的有 69 条。流域面积在 50 平方千米以上的河流总长度达 34 000 千米，河网密度为 0.144 千米/平方千米。此外，广西喀斯特地形分布广，穿山连洞的地下河发育较好，光是枯水期流量达 0.1 立方米每秒以上，长度超过 10 千米的地下河就有 28 条。

广西河流的特征为：山地型多，平原型少；流向与地质构造线一致；水量丰富，季节变化大；水流湍急，落差较大；河岸高，多弯曲，多峡谷和险滩；河流含沙量少；岩溶地区地下伏流发达。

广西地表河流分属珠江流域西江水系、长江流域洞庭湖水系、桂南独流入海水系、百都河水系等四大水系，以西江水系为主。西江水系是广西的主要河流水系，流域面积为 20.2 万平方千米，占全区总面积的 86%，其干流在广西境内长 1 780 千米，注入干流的支流共 784 条。西江干流主源是南盘江，发源于云南省沾益县马雄山，流至黔桂边境与来自贵州的北盘江汇合后称红水河，至象州纳北来的柳江后称黔江，切割大瑶山，形成有名的大藤峡，至桂平与南来的郁江汇合称浔江，至梧州与北来的桂江汇合称西江。梧州成了个大水桶，要装来自本区的水，要纳云贵甚至越南流来的水，洪涝时有发生，已完工的长洲水利枢纽工程有利于缓解这一问题。属于长江流域洞庭湖水系的河流有 30 条，流域面积 8 282 平方千米，其中湘江和资江较大。属于滨海流域的桂南沿海诸河，共有 123 条，均独流入海，流域面积为 24 111 平方千米，以南流江、钦江为主，那坡百都河流入越南红河水系。

2. 主要河流

红水河：西江水系的干流，因其上游南盘江和北盘江所流经的红、黄土壤地区，植被覆盖多被破坏，水土流失较严重，河水含沙量大，使河水呈赭红色，故称其名。她流经乐业、天峨、南丹、东兰、大化、都安、马山、忻城、合山、来宾、象州、武宣等县市。境内主要支流右岸有布柳河，左岸有刁江。全长 638 千米，水量较大，总落差达 756.5 米。水能资源蕴藏极丰富，可开发水能资源的装机容量超过 1 000 万千瓦，是我国水力资源的"富矿"。

郁江：西江水系的最大支流，全长 418 千米。发源于云南广南县境内，上源为驮娘江，流经西林、田林，从百色市起称右江，过田阳、田东、平果、隆安，到南宁市西部宋村汇左江称邕江，经邕宁至横县峦城镇汇东班江后称郁江，过贵港市，至桂平与黔江汇合止。郁江水量大，航运便利。

柳江：西江水系的第二大支流，全长724千米。发源于贵州独山县境内，过三江，经融安、融水、柳城、柳江等县，盘绕柳州市，进鹿寨，南流至象州与红水河汇合。其上游各县盛产杉木、毛竹。

桂江：西江水系的重要支流，全长426千米，发源于猫儿山，经兴安，过灵川、桂林市、阳朔、平乐、昭平、苍梧，至梧州汇浔江止。桂江所过地区植被繁茂，表土流失较少，是广西含沙量少的河流。下游河段山高水急，水流丰富，水资源丰富，可建大坝进行梯级开发。

坡心坡月地下河系：流经桂西的凤山和巴马两县。其中坡心河经凤山39.5千米，坡月河过巴马31.5千米，全长共71千米，是广西最长的地下河。

地苏地下河系：位于都安县地苏乡境内，长57.2千米，即使在枯水期，流量仍达4.1立方米每秒。

○ 此外，还有过天等、隆安的布泉地下河，出水口于武鸣县灵水湖的灵水地下河，经忻城县数个乡镇的古蓬地下河，出水口在凌云县水源洞的水源洞地下河。

（四）海湾、滩涂、浅海、岛屿、湖泊水库

广西南临北部湾，是全国五个少数民族自治区唯一沿海的自治区。北部湾面积约13万平方千米，平均水深38米，海底地势显西北高，东南低，最深处位于海南岛西南近海，达90多米。

广西大陆海岸线东起合浦县洗米河口，西至中越边界的北仑河河口，全长1 595千米。沿海滩涂面积有1 000多平方千米，浅海面积达6 000平方千米。沿海大小岛屿697个，岛屿海岸线长600多千米，面积共有84平方千米。

北海市辖涠洲岛和斜阳岛，由火山岩浆喷发堆积而成，有"大小蓬莱"之称。涠洲岛是广西第一大岛，是我国最大最年轻的火山岛，面积约25平方千米，呈拱手状。岛上海蚀地貌奇丽，浅海珊瑚百态，逢春秋季，候鸟成群欢歌起舞。2004年1月，涠洲岛被批准为火山国家地质公园；2005年10月，被国家地理杂志评为"中国最美海岛"第二位。斜阳岛面积约2平方千米，是广西纬度最低的地方。明代戏剧家汤显祖曾到此一游，留下"日照涠洲廓，夕别斜阳岛"佳句。钦州湾上的麻蓝岛，形似牛轭，登岛上小山可尽览近海美景。岛西北面有金黄色沙滩，东面是壮观的红树林，西南面礁石群令你目不暇接。"京族三岛"位于东兴市江平镇，指京族同胞聚居的山心、万尾、巫头三个小岛。岛上四季气候宜人，冬无严寒，夏无酷暑，植物常年葱绿，自然环境优美。新中国成立后，通过筑堤，三岛同大陆连接起来，生产和生活条件明显改善。改革开放以来，

通过搞海水养殖，做边贸，兴旅游，三岛同胞迅速富裕起来，楼房随处可见，摩托车往来穿梭，小汽车也进了渔家。

湖泊水库有4 000多座，分布广西各地市县，且离城市、集镇不算太远，既灌溉了农田，又起到了调节气候的作用。

星岛湖（洪潮江水库），位于北海市合浦县，距县城23千米，库容量7亿多立方米，水面1亿多平方米，库中隐现着星罗棋布的小岛，故名星岛湖（千岛湖）。湖中有水，水中有山，山环水绕，山水相依，构成一幅幅美丽的画卷。湖上的"水浒城"，足让你过把"好汉瘾"。

青狮潭水库，位于桂林市西北部灵川县境内，距市中心30千米，是在周恩来总理亲切关怀支持下建成的漓江上游的最大水利工程。库容量6亿立方米，水库面积30平方千米，担负着桂林市防洪及附近县的农业灌溉、向漓江补水的重要任务，创造的社会、经济、环境效益十分巨大。库区环抱，松竹叠翠，气候宜人，风光绮丽，空气清新，堪称桂林的"西湖"。

凤凰湖，俗称大王滩，距离南宁市30多千米。由外湖、里湖和数不清的汊湖组成，南北长8千米，东西宽9千米，库水面积约5平方千米，是首府市民休闲度假的好去处。

○ 此外，还有柳州市的大龙潭，百色市的澄碧湖，横县的西津水库，贵港的东湖、武思江水库，武鸣县的灵水湖，靖西县的渠阳湖，巴马县的赐福湖，兴安县的灵湖，全州县的天湖，永福县板峡湖，上林县的大龙湖，富川县龟石水库，玉林寨山水库，桂林溶湖和杉湖，陆川县龙珠湖，平南县六陈水库，上思县那板水库，南宁良庆区与上思县交界的凤亭河水库，南宁天泡水库，等等。

（五）暖热多雨的气候

广西地处低纬，北回归线横跨中部（穿过那坡—上林—兴宾—桂平—苍梧一线），南临北部湾，背靠祖国大西南，深受海洋暖湿气流影响，属典型亚热带季风气候，暖热多雨。

1. 气温高

全区年均气温高，为17℃～22℃。其中左、右江河谷及北纬22°线以南的地区年平均气温在22℃以上，涠洲岛高达23℃，是广西年平均气温最高的地区。桂北的资源县，年平均气温虽仅16.3℃，是广西年平均气温最低的县，但较杭州、武汉的要高。

各地月平均气温最低是一月，为5.5℃～15.2℃。贺州—昭平—象州—鹿寨—环江—天峨—隆林一线以南，一月平均气温在10℃以上，这表明广西大部分地方是温暖的。涠洲岛最暖，一月气温达15.2℃，资源5.5℃，是最冷的，但较长沙、武汉要高。月平均温度最高在七月，达28℃以上，武宣最高达29℃，乐业最低也有23.2℃。

极端气温于1958年4月23日在百色测出，达42.5℃，同地域的平果、田东、田林同年也出现过40℃以上的气温，右江河谷有广西第一火炉之称。左江河谷和邕江河谷也出现了40℃高温，八桂第二火炉名不虚传。1963年1月14日资源出现-8.4℃低温，是广西最低气温记录，但这一极端气温较长江中下游地区还是高得多。

2. 夏长冬短，无霜期长，热量丰富

根据科学家划分季节的方法，以5天为一候，每候进行温度平均，以候平均气温10℃和22℃作为划分季节的标准，凡候平均气温稳定在10℃以下的时期定为冬季，候平均气温稳定在22℃以上的时期定为夏季，介于10℃～22℃的时期定为春季或秋季，以梧州—平南—武宣—忻城—都安—巴马—凌云—田林一线作为分界线，线南地区长夏无冬，春秋相连，夏季长达180天到220天，全年有霜日在5天以下，南部沿海终年无霜。线北地区冬长也仅1到3个月，有霜日5天到15天，部分地区偶有飘雪。各地热量丰富，大部分地区日平均气温高于或等于10℃的积温在6 000℃以上，其持续天数达270天至330天，如南宁以南左、右江河谷积温高达7 500℃以上，涠洲岛积温达8 305℃，热量最丰富。即使桂北和高寒山区积温也达5 000℃～6 000℃，持续240天至260天。热量最少的乐业县积温也有4 975℃，持续253天。

3. 雨水充沛，夏湿冬干，雨热同季

受来自太平洋东南季风和印度洋西南季风影响，广西雨水充沛，年均降水量在1 500毫米以上，较全国、全世界年均降水量都多一倍以上。雨量分布的特点是南北多中部少，东部多西部少。三个多雨区即东兴至钦州一带、大瑶山东侧昭平等县、永福及其以北各县市，就分属桂南、桂东、桂北区域。相对少雨的左江河谷、右江河谷年降水量虽仅1 100多毫米，但也超过南京和武汉。

广西降水量季节变化大，每年4月至9月是降水量集中的时期，占全年降水量的80%，其中6月和8月最多，分别为266毫米和238毫米；剩余6个月仅占20%，其中12月和1月最少，仅分别为35毫米和37毫米，夏湿冬干明显。而且雨水集中期正是气温较高的日子，雨热同季突出。

4. 东西南北中气候差异明显

由于广西各地所处位置等因素影响，气候差异突出。桂东雨水充沛，昭平及其周围是八桂多雨区之一，气候湿润；桂东南受风暴影响，降水量多，气温高，寒霜少见；桂南沿海区气温较高，夏长冬短，或长年无冬，降水量最多；桂西南部分地区降水量偏少，且集中于夏季，夏热冬暖；桂北、桂西北部分地区降水量偏少，年平均气温稍低；桂东北夏热冬冷，四季分明，春雨早且多，雨量丰富；桂中降水量少，夏热冬暖，时有干旱。

（六）广西环境现状与环境保护

1. 大气环境

大气是自然环境的重要组成部分，与人类生存息息相关。目前广西大气仍受到污

染，源头主要来自工业污染、生活污染、交通污染等。主要污染物有二氧化硫（SO_2）、二氧化氮（NO_2）、可吸入颗粒物（PM10）、可入肺颗粒物（PM2.5，细颗粒物）。二氧化硫是无色气体，有刺激性。吸入的二氧化硫，主要影响呼吸道，在上呼吸道很快与水分接触，形成有强刺激作用的三氧化硫（SO_3），可使呼吸系统功能受损，加重已有的呼吸系统疾病，产生一系列的症状，如气喘、气促、咳嗽等。二氧化氮是氮氧化物的一种，在大气中浓度较高。吸入二氧化氮会对肺组织产生强烈的刺激作用和腐蚀作用，从而引起肺水肿。颗粒物是烟尘、粉尘的总称。由于颗粒物可以附着有毒金属、致癌物质和致病菌等，因此其危害更大。空气中的颗粒物又可分为总悬浮颗粒物和可吸入颗粒物（PM10）、可入肺颗粒物（PM2.5）、降尘等。其中可入肺颗粒物，能随人体呼吸作用深入肺部，产生毒害作用。

○ 据统计，2011年，全区二氧化硫排放量52.10万吨，比2010年减少8.95%。全区氮氧化物排放量49.40万吨，比2010年增加9.52%。其中，工业和生活氮氧化物排放量35.14万吨，比2010年增加9.68%；机动车氮氧化物排放量14.26万吨，比2010年增加12.70%。

○ 2011年广西城市环境空气质量整体仍保持在二级水平。全区14个设区市中，达到国家城市环境空气质量目标要求（达二级）的城市有13个，超过二级标准（达三级）的城市1个（柳州市）。与2010年相比，达标城市数量不变。各城市环境空气综合污染指数（表示城市受污染程度的综合指标）范围为0.95～2.23，平均值为1.46，比2010年（1.40）上升了0.06。全区14个设区市的城市二氧化硫年平均浓度范围为0.015～0.064毫克/立方米，年平均浓度均值为0.031毫克/立方米，与2010年持平。年平均浓度达到或优于二级标准（二级标准为0.06毫克/立方米）的有南宁市、桂林市、梧州市、北海市、防城港市、钦州市、贵港市、玉林市、百色市、贺州市、河池市、来宾市和崇左市等13个城市，柳州市达三级标准（三级标准为0.10毫克/立方米）。全区14个设区市的城市二氧化氮年平均浓度范围为0.019～0.033毫克/立方米，年平均浓度均达国家二级标准（二级标准为0.08毫克/立方米），与2010年持平。全区14个设区市的城市可吸入颗粒物（PM10）年平均浓度范围为0.041～0.076毫克/立方米，年平均浓度均达国家二级标准（二级标准为0.10毫克/立方米），与2010年持平。

为保护大气环境，一是要对老污染源进行治理，无法达标的关停并转；二是全面规划，合理工业布局，避免产生新的污染源；三要控制污染物的排放，如实现汽油无铅化，开发利用无污染能源和低污染能源，如太阳能及沼气；四是大力植树造林，净化空气。森林具有吸收二氧化碳，净化空气，调节气候的能力。据研究，一公顷森林在一天内能消耗1 000千克二氧化碳，产生730千克氧气，吸收一定数量的尘埃和毒物。

○ 据柳州市环保部门提供的资料，20世纪70年代末，柳州市已经发现酸雨。到八九十年代，酸雨成了柳州的"常客"。从1985年到1995年，柳州市酸雨频率高达

98.5%，一度被列为国家四大酸雨区之一。1996年，柳州市区酸雨污染仍较严重，全市降水pH年均值4.61（降水pH<5.6为酸雨）；酸雨频率54.4%，与上年相比下降了30.7%。1999年，柳州市区酸雨污染得到进一步控制，降水pH年均值5.17；酸雨频率31.0%，较1998年的44.4%降低了13.4%。2000年，柳州市酸雨污染治理取得历史性突破。降水pH年均值和酸雨出现频率分别达到有史以来的最大值和最小值，分别为5.31和30%，二氧化硫年、日平均浓度值首次达到国家环境空气质量三级标准。2003年，柳州市酸雨污染明显好转，降水pH年均值由2002年的5.4上升到2003年的5.66；酸雨率由2002年的19.4%下降到2003年的15%。柳州离酸雨越来越远了。

2. 水环境

水是一切生命的源泉、工业的血液、农业的命脉，水电事业的动力，是不可替代的自然资源。但未经处理的工业废水、生活污水以及水土流失、各种废弃物排向水体恶化水质造成了水体污染。主要污染物为化学需氧量和氨氮。据统计，2011年，全区化学需氧量（COD）排放量79.33万吨，比2010年减少1.74%。其中，工业和生活源排放量56.66万吨，比2010年减少2.43%；农业源排放量22.28万吨，比2010年增加0.05%。全区氨氮排放量8.39万吨，比2010年减少0.73%。其中，工业和生活源排放量5.58万吨，比2010年减少0.93%；农业源排放量2.78万吨，比2010年减少0.32%。

从地表水环境来看，2011年，珠江水系的红水河、刁江、黔江、浔江、西江、黄华河、杨梅河、北流江、都柳江、融江、龙江、大环江、柳江、漓江、桂江、雅滩河、归春河、黑水河、水口河、平而河、明江、左江、剥隘河、右江、邕江、郁江、贺江，长江水系的湘江、资江，独流入海水系的南流江、九州江、武利江、钦江、防城江、茅岭江、大风江，年均水质均符合Ⅲ类标准，河流水质为"优良"；珠江水系的下雷河、洛清江、独流入海水系的北仑河年均水质不符合Ⅲ类标准，洛清江、北仑河河流水质为"轻度污染"，下雷河河流水质为"中度污染"；下雷河主要超标因子为氨氮，洛清江主要超标因子为总磷，北仑河主要超标因子为石油类，均为有机污染物。近岸海域水环境质量总体良好，基本保持稳定。个别湖库水质下降，污染主要是网箱养鱼、餐饮和工业排污所致。

水污染给人体健康带来严重的危害，对工业生产、农业生产、渔业生产也十分不利，因此让水洁净，让清水长流，刻不容缓。首先，预防为主。实行废水排放总量控制，减少排放量，降低排放浓度，减少污染物种类。其次，重在管理。要严格控制新的污染源产生，对老污染源，能治理的要治理达标，符合排放标准，不能则依法关停。再次，综合治理。要加强城市环境基础设施建设，建污水处理厂，使水质提高，变废为宝。对污染面大的河流综合整治，如南宁市朝阳溪、桂林市漓江、河池市刁江、武鸣县武鸣河经整治，效果明显，水质提高。

○ 广西2010年治理水污染的行动：①工业废水治理。97家制糖企业清洁生产和末端废水生化处理设施全部建成，废水日处理能力达100万吨，南宁、来宾、崇左等市糖厂清洁生产水平、水循环利用率显著提高，吨蔗用新鲜水不到1立方米，处于国内同行业领先水平；全区97家淀粉企业建成废水处理设施，废水日处理能力达23万吨。②生活污水治理。全区污水处理厂建设实现跨越式发展。2005年，广西生活污水处理率为36.36%，"十一五"期间，全区共投资94.86亿元建成城镇污水处理设施103项，日新增污水处理能力273.55万立方米，建成配套管网2 286.4千米；2010年全区污水处理率75.99%，比2005年提高39.63个百分点。成为全国第九个、西部第二个县县建成污水处理厂的省区。

3. 声环境

广西城市声环境受噪声污染日益引起人们的关注。噪声主要有：工业噪声，即机器设备运转或工艺操作过程中所产生的噪声；交通噪声，包括各类运输工具发出的噪声；建筑工地施工噪声；社会生活噪声，如鞭炮声、集贸喧哗声等。2011年全区14个设区市中，12个城市区域声环境质量处于"较好"等级，占85.7%；两个城市区域声环境质量处于"一般"等级，占14.3%。与2010年相比，9个设区市区域环境噪声平均等效声级下降。其中，百色市下降最大，下降3.2分贝；其次为柳州市，下降2.5分贝。5个设区市平均等效声级上升，其中上升幅度最大的是梧州市，上升了2.6分贝；其次是来宾市，上升2.3分贝。2011年14个设区市中，9个设区市道路交通声环境处于"好"质量等级，占64.3%；4个设区市道路交通声环境处于"较好"质量等级，占28.6%；1个设区市处于"一般"质量等级，占7.1%。与2010年相比，道路交通噪声平均等效声级上升的有南宁、桂林、防城港、钦州、贵港、贺州、河池、来宾等8个设区市，其中上升最多的是防城港市，上升6.1分贝。柳州、梧州、北海、玉林、百色、崇左等6个城市均有所下降，下降幅度最大的是百色市达3.3分贝。

噪声影响人体的健康，或损伤听力，或诱发疾病；干扰日常生活，影响人们睡眠、工作、学习；甚至引起意外事故，毁坏建筑。所以控制噪声成了城市环境保护的重要内容。像市区机动车喇叭禁鸣，中、高考期间噪声特别管制，禁止燃放烟花爆竹等，就是防治噪声污染的重要举措。

4. 水土流失、石漠化、地质灾害及对策

土地是人类的母亲，她为人类提供衣食住行用的原料，也给人类提供活动的场所，但由于不合理的垦殖利用，全球水土流失严重。在广西，由于无序的采矿挖沙、采石取土、盲目毁林增地、伐树掘根等，破坏了自然地貌植被，水土流失极为严重。根据全国第二次水土流失遥感调查结果，2011年全区水土流失面积为281.22万公顷[①]，占全区土地总面积的12%。其中轻度侵蚀146.66万公顷，中度侵蚀87.41万公顷，强度侵

---

① 1公顷=10 000平方米。

蚀34.27万公顷，极强度侵蚀7.47万公顷，剧烈侵蚀5.42万公顷。水土流失在全区范围均有分布，以桂西北石灰岩地区和桂东南花岗岩地区最为严重。水土流失类型以水力侵蚀为主，部分地区有重力侵蚀和泥石流，沿海地区有少面积的风蚀，在桂东南花岗岩地区还存在危害严重的水土流失形式——崩岗。

由于水土流失和过度的开垦，以及植被遭破坏，广西岩溶地区石漠化令人担忧。所谓石漠化是南方山地荒漠化的特殊形式，表现为山地土壤消失，基岩裸露或沙砾堆积等现象。由于石漠化地区岩石风化成一厘米土层需要几百年的时间，一旦丧失，难以恢复，石漠化又被称为地球的癌症。我国是世界上石漠化最为严重的国家之一，广西又是国内8个石漠化严重的地区之一。根据统计数据，2010年广西有石漠化土地237.91万公顷，占岩溶土地面积的28.6%，10个市76个县（市、区）均有分布，涉及人口1 200多万，约占广西总人口的25%。由于生态环境恶劣，这些地区缺水、缺土、缺粮、缺柴、缺钱。石漠化已成为广西灾害之源、贫困之根，是广西生态环境建设最难啃的"骨头"，是经济和社会发展的"绊脚石"。因此，解决广西石漠化生态问题刻不容缓。

2011年全区共发生突发性地质灾害411起。其中滑坡133起，崩塌215起，地面塌陷61起，其他（地裂缝等）2起，共造成31人死亡，17人受伤，造成直接经济损失1 082.88万元；造成人员伤亡的地质灾害有13起，造成人员伤亡最多的一起死亡22人，1人受伤。广西地质灾害主要集中在5至7月及10月的强降雨期间发生，以降雨、岩土体风化等自然因素引发的占71%；不合理切坡建房、工程建设、矿山开发等人为因素引发的占29%。强降雨是突发性地质灾害最主要的诱发因素。

生态环境的恶化，严重影响了人民群众的生产、生活和人身安全，甚至危及子孙。痛定思痛，采取综合治理措施才有出路。首先，要依法依规对各种导致水土流失、石漠化的行为进行制止，不能姑息、置之不理。其次，通过各种途径，恢复良好的生态环境，这是根治之本。如封山育林，人工造林，退耕还林、还草、还竹、还药，砌墙保土，推广沼气，建地头水柜等，把森林植被恢复起来。再次，发展石山生态和发展经济结合起来。力争政府得到被子、老百姓得到票子，生态效益与经济效益好。如巴马一些地方在山脚至山腰种竹子和任豆树，房前屋后、山边地角种香椿、桃李，乱石旮旯植剑麻；百色市石山区，种植肥牛树、核桃，种金银花，地头水柜周围种竹子和果木等，收到良好效果。

○ 2009年年末，广西已建成农村沼气池354万户，入户率44.2%，居全国第1位。一个8立方米的户用沼气池，每年可替代薪柴2吨左右，这相当于2.5亩林地的木材产量。而2.5亩的森林每年吸收的二氧化碳量达15.3吨。广西建成的352万座沼气池，每年可减少二氧化碳排放5 000多万吨，减少甲烷排放4.4万吨，每年还可提供8 800万吨沼液沼渣优质有机肥料，为农民增收节支。

二、远古人文遗迹

1. 巨猿的故乡

远古时期，广西具有适宜猿类、人类生存的优越环境。一是广西属岩溶地形，石灰岩居多，受地面水和地下水的侵蚀，形成了众多的岩洞；二是气候温和，雨水充足，动植物食物资源丰富。

考古工作者发现，与人类有共同祖先，近于人类的一种猿类——巨猿，曾生息繁衍于广西。1956年，在柳城县社冲村的岩洞中出土了巨猿上颌骨化石，以后又发掘出巨猿下颌骨和众多牙齿化石。此外，在大新县（榄圩乡）、武鸣县（甘圩乡）、巴马县（所略乡）、田东县（布兵乡）、江州区（板利乡、罗白乡交界）的岩洞中也先后发现了巨猿牙齿化石。广西不愧为巨猿的故乡。结合广西邻省及越南已发现远古人类化石的事实，相信将来会有猿人化石发现。

2. 八桂古人类化石出土简况（表1-1）

表1-1　八桂旧石器时代古人类化石出土简况

名　称	出土时间	出土地点	备　注
麒麟山人	1956年	兴宾区桥巩乡	
柳江人	1958年	柳江县	东亚最早的现代人
灵山人	1960年	灵山县城郊	
荔浦人	1961年	荔浦县两江乡	
干淹人	1972年	都安瑶族自治县加贵乡	
都乐人	1975年	柳州市东南	
九头山人	1975年	柳州市东南	
九楞山人	1977年	都安瑶族自治县地苏乡	
宝积岩人	1979年	桂林市广西师大附中	伴有打制石器出土
定模洞人	1979年	田东县祥周乡	
德峨人	1979年	隆林各族自治县德峨乡	
甘前人	1980年	柳江县土博乡	
白莲洞人	1980年	柳州市西南	伴有打制石器出土
古蓬人	1981年	忻城县古蓬镇	
祥播人	1984年	隆林各族自治县祥播乡	
宾山人	1985年	靖西县新靖镇	
龙洞人	1988年	隆林各族自治县者保乡	
扶绥人	2000年	扶绥县	
江州人	2009年	江州区	智人下颌骨

3. 百色旧石器

百色旧石器于1973年在百色市那毕乡百法村上宋屯首次被发现。到目前为止，已发现该类石器野外遗址 100 多处,主要分布在百色盆地的平果、田东、田阳、右江、田林等县区的右江两岸阶地上。至今共采集到的石器实物标本过 5 000 件。其中砍砸器居多,尖状器次之,还有过 200 件珍贵手斧。石器形体硕大,制作原始粗糙。通过对与石器共存的玻璃陨石进行科学的测定,学术界公认石器年代为距今 80 万年,这是最古老的亚洲出土石器。

百色旧石器的发现,证明东西方早期人类的体能和认识能力相似,没有优劣之分,从而推翻了在国际学术界占统治地位长达半个多世纪的"莫维斯理论",打破了西方学者长期对亚洲早期人类认识的偏见。正由于此,美国《科学》杂志刊发了百色旧石器研究的成果,并以百色手斧作为该杂志的封面。国家科技部也把百色旧石器的发现和研究与纳米技术、人类基因组计划和夏商周断代工程等重大科技发现一起列入"2000 年中国基础科学研究十大新闻"。

此外,旧石器还在八桂一些县市过百处地方被发现,如柳江县思多岩、陈家岩,崇左市江州区矮洞,桂林市月牙东岩洞,宜州市岩背洞,河池市金城江附近溶洞,东兴市江平镇山坡地,梧州市西部西南部及西江两岸。

4. 甑皮岩洞穴遗址

甑皮岩洞穴遗址位于广西桂林市南部独山西南面,于 1965 年被发现,是距今 12 000 多年的新石器时代早期文化遗址。遗址留下了当年人类遗迹,如火塘、灰坑、石器加工场、石料堆放处等,出土了打制石器,如砍砸器、盘状器、刮削器,磨制石器,如石斧、石锛、石矛、穿孔器等众多遗物,还有磨制的骨锥、骨针、骨镞、骨鱼镖制品和用蚌壳制成的蚌刀、蚌铲、蚌勺等器具。另外,出土的陶器(片)是目前我国发现的年代最早的陶器。同时,对遗址出土的猪骨测定得知,随着原始农业的出现,当时已开始驯养家猪。值得注意的是,遗址中发现的数十人的遗骸,葬式多为屈肢蹲葬,少为侧身屈肢葬和二次葬,表明丧葬形式已趋制度化。有两位中老年妇女遗骸上撒有赤铁铲粉,说明她们生前享有崇高地位,也表示有了信仰的意识。

总之,该遗址的发现对研究广西以及华南地区有重要的地位,具有重要的历史文化价值。

○ 迄今为止,广西发现的新石器时代文化遗址在 200 处以上,分布全区各地。除上所述,重要的新石器时代早期文化遗址还有:南宁市东郊豹子头贝丘遗址(距今 10 000 年,出土有磨制石器斧、锛、杵、锤、钻及骨器、蚌刀,还有夹砂粗陶)、桂林市庙岩、柳州市南郊的鲤鱼嘴、武鸣县瓦洞、扶绥县三官岩和敢造、灵山县滑岩、上林县白岩、来宾县龙洞岩和岜拉洞、横县西津等。

5. 大石铲文化

大石铲文化是桂南地区特有的以大石铲为主要特色的一种新石器时代晚期的文化类型,距今约 4 000 年。

到目前为止，该文化类型的遗址已发现 70 多处，大部分分布在靠近江河湖泊的坡岗上，而以隆安县东南、南宁市西部、扶绥县北部最密集，邕宁县、武鸣县、江州区、靖西县、灵山县等也有多处。大石铲均用页岩加工磨制而成，短柄、双肩、有腰、舌刃。就腰和肩细辨，大石铲可分为双平肩直腰型、双平（斜）肩束腰型、双肩锯齿束腰型三种。石铲个体多数是高 25 厘米、宽 16 厘米、厚 1.5 厘米左右，但大小相差悬殊，小的仅高 5~7 厘米，宽 3~4 厘米，厚 0.7 厘米，重数两，小巧精致。隆安县乔建镇大龙潭遗址出土的一个大石铲，高 73 厘米，宽 43 厘米，厚 3 厘米，重几十斤，硕大无比，有石铲王之称。石铲的大小长短不一，从一个侧面反映了当时石器制作工艺及磨制技术已达到了娴熟高超的程度。

另外，从发掘的石铲遗址看，非石料共有物较少，且石铲总体硕大，舌刃厚钝，出土时成组叠立，或直或斜或侧或平，或围成圆圈，或排成列队，圈内有火坑，甚至刃部朝天。据此，多数学者认为大石铲一方面已从生产劳动工具脱离出来，成为一种与农业生产活动相关的祭祀品，以满足时人乞求神灵带来风调雨顺、五谷丰登的意愿；另一方面也从侧面反映了当时原始农业的发展已达到一定水平。

6. 晓锦原始文化遗址

晓锦原始文化遗址位于资源县延东乡晓锦村，于 1996 年被发现，属 4 000 ~ 5 000 年前的新石器时代晚期山坡遗址。发掘的炭化稻米较多，说明当时人已进入农业耕作期；石纺轮的发现，表明这里的原始人已懂得纺织；石镯的被发掘，说明该部落已萌发有爱美的观念；大量柱洞的发现，推知他们会建屋而居，生活相对稳定；石锯、石钻的发现，表明他们的生活内容丰富了。该遗址的发现预示着资江可能是中原文化与百越文化交流的又一通道。

7. 顶狮山遗址（顶狮山文化）

顶狮山遗址位于广西邕宁区蒲庙镇新新村九碗坡自然村，于 1994 年被发现，距今 6 000 ~ 8 000 年。

该遗址现存面积 5 000 平方米，至今发掘古人墓葬 300 多座，古人遗骸 400 多具，出土遗物一万多件。从出土遗物来看，遗址文化内涵覆盖了新石器时代早、中、晚三期。遗址最下层，遗物以玻璃陨石、细小石片石器、石核居多，并有少量陶器。遗址中层，螺壳堆积多，石器以斧多见，骨器以锥凿为主，蚌器以有无孔蚌刀唱主角，陶器均为夹砂陶，且墓葬多，其中肢解葬为目前世界上所发现的唯一的此类墓葬形式。遗址最上层，通体磨制的小石锛出土多，众多骨器中以骨镞磨制得较精细，陶器以夹砂陶为主，兼有泥质、夹蚌、夹炭陶，此外还发现了居住柱洞。

顶狮山遗址是广西迄今发现的规模最大、内涵最丰富的贝丘遗址，其成果被学术界公认，被命名为"顶狮山文化"，这是全国第一个以广西史前文化遗址地名命名的史前文化类型，1997 年被评为全国十大考古新发现之一，其科学价值绝不逊色于西安半坡遗址和浙江余姚河姆渡文化遗址。

8. 百色革新桥新石器时代遗址

百色革新桥新石器时代遗址于2002年起被发现挖掘，位于百色城西南郊约10千米处，距今6 000~7 000年。分布面积约5 000平方米，已出土文化遗物30 000件，种类有石器和陶器，另有少量动物遗骸。这些遗物中以石器为多，占出土遗物90%以上。器形丰富多样，主要有砍砸器、刮削器、切割器、研磨器、石斧、石锤、石砧等。出土石器延续了百色旧石器时代的文化特征，表明这一地区的古人类一直在这里生息、劳作，创造了一系列富有地方特色的古代文化。陶器只发现碎片，未见完整器物，均为夹砂陶，纹饰主要为绳纹。有大象、猴、熊、野猪、竹鼠等10多种动物的牙齿和骨骸。同时在该遗址发现了一处石器加工场，其规模之大，出土遗物之丰富，在广西目前新石器时代考古发掘中尚属首次，在全国也是罕见的。遗址中还出土了堪称"百色第一人"的古人遗骨，为研究华南地区古人类的体质特征，与越南、云贵等周围地区古人类的关系以及壮民族史前的起源与分布都提供了重要的实物资料。该遗址被列为"2002中国十大考古新发现"之一。

○ 此外，近年在都安红水河流域的北大岭发现了7 000年前的遗址，挖掘10 000平方米，有数万件遗物，如石器、陶器，还有1 200平方米的石器加工场。在隆安县丁当镇发现6 000余年历史的新石器时代贝丘遗址，出土墓葬30多座，以及石器、骨器、蚌器等文物30多件。出土的螺壳主要是山螺，另外大块的兽骨较多，说明当时的先民还是以狩猎、采集为生。遗址中出土的30多座墓葬多为仰身屈肢葬和侧身屈肢葬，大部分都有一个罕见的特征：大石压身。

9. 布洛陀遗址的发现

按壮族创世经诗《布洛陀》记述，布洛陀是壮族人民的创世始祖，是创造天地万物的创世神。据专家考证，布洛陀是壮族远祖的部落首领（可能是鸟图腾部落首领）。

那么布洛陀的遗址在哪里呢？或者说壮族文化的发祥地在哪里呢？解决这个问题对1 900万左右的壮族人民来说是十分重要的，因为寻找到布洛陀遗址就是寻找到壮族人民的根，就是寻找到壮族文化的发祥地。

经过几十年苦苦的追寻，功夫不负有心人，2002年夏天终于在百色市田阳县百育镇六联村那贯屯的敢壮山发现了布洛陀遗址。理由如下：

第一，敢壮山上有被当地人称为"祖公庙"的布洛陀祭祀庙遗址。每年农历二月十九，即传说中布洛陀诞生日，从此日至三月初九，田阳周围右江区、田东、德保、巴马、凤山、东兰、隆安、田林等十几个区县的民众聚会于此，朝拜祖公庙，形成万把香火敬祖公的壮观场面。至今仍留有当年的石柱、台阶、青砖、青瓦等，甚至还在这些遗物上发现了蛙纹和雷纹及古壮字。

第二，敢壮歌圩是广西最大的歌圩，也是广西最大的祭祀布洛陀活动。

第三，敢壮山的"敢壮"是壮人山洞的意思。

第四，百色盆地发现的世界三大古人类遗址之一赖奎遗址就在田阳县。百色旧石器的研究成果也为壮族远祖的根在右江盆地提供了有力的佐证。

第五，田阳县于公元前140年建县，是百色市建置最早的县，壮族人文资源丰富。

第六，有壮族史诗、壮族百科全书之称的《布洛陀》经诗，已发现的28个版本，田阳县就占14个版本，其余14个版本也是在以田阳为中心的周边县发现的。

第七，敢壮山下流传着世代相传的古歌，至今人们仍能吟唱。而其内容多是叙述布洛陀创世的详细过程。如："敬请布洛陀，敬请姆六甲，你们是王是仙，供奉坐中间；古时你们到最先，创造天地和人间，人们永远都纪念……"

布洛陀遗址的发现确定了壮民族的根，揭开壮民族文化起源之谜。它是中华民族珍贵的文化遗产，研究和开发这些文化遗产，对于提高民族自信心具有重要意义。从此，壮族人民有了共同的精神家园和文化圣地。

10. 广西著名春秋战国墓葬（群）

（1）嘉会春秋墓葬：1971年在广西恭城瑶族自治县嘉会乡秧家村被发现，出土青铜器共33件，其中有鼎、尊、编钟、戈、剑、钺、斧、镞、凿等。

（2）元龙坡商周至春秋墓葬群：位于广西武鸣县马头乡元龙坡，1985年被发现，发掘清理350座墓葬，出土器物有陶器、青铜器、玉石器，青铜器有卣、斧、凿、盘、刀、矛、钺、镞、钟、铃等60件。

○ 元龙坡古墓群遗址：有古墓500多座，于1985年10月被发现，1986年11月至1987年由广西文物工作队、南宁文物管理委员会和武鸣县文物管理所组织发掘，共发掘清理了350座墓葬，出土文物1 000多件，种类有青铜器、陶器、玉器、石器等，年代为商代晚期至西周早期，是骆越古地发现的最早和最大的青铜文化墓葬群，也是最早、最大的骆越墓葬群。元龙坡商周墓葬群出土了我国最早的针灸用铜针，说明当时的骆越人已掌握了针灸医疗技术。

（3）银山岭战国墓葬群：1974年在广西平乐县银山岭发现，清理发掘墓葬110座，出土青铜器370余件，如鼎、剑、矛、钺、戈、凿、镞、斧、刮刀等；出土铁农具100多件，如铁锸、铁镬、铁刮刀、铁斧、铁凿等；发掘陶器360件，如陶纺轮、陶盆、陶杯、陶钵等；还有各种玉石器，总共1 000多件。

（4）安等秧山战国墓葬群：位于广西武鸣县马头乡安等秧山，1985年被发现，墓葬85座，共出土近200件遗物，其中有铁农具锸、铜刮刀及铜钺等，还有陶器罐、钵、及各种玉石器等。

从上述墓葬（群）出土的文物来看，春秋战国时期，一方面广西部分地区的社会生产力水平尤其是农业生产水平有了提高，一整套铁制的先进工具已被广泛应用，促进了农业经济的发展；另一方面一些青铜器物和铁制器物，已经具有自己的特色，也就是说，在吸收借鉴中原先进生产技术的基础上，人们能制造出不同于中原地域有自己风格的青铜器和铁器了。另外，墓葬在墓葬群所处的不同位置，墓葬规格大小不一，随葬品多少不均及质料价值不一，说明该地区部落成员已经有了贫富和贵贱的差别。

三、广西行政区划古今谈

1. 历代广西行政区划演变

（1）设郡置县前的广西。

根据文献资料记载，先秦时期，从东南沿海到岭南等地，是古代越人活动的地区。因其部族众多且分散，有百越之称。其中在八桂大地活动的百越支族有仓吾、西瓯、骆越三大部落。西瓯分布在今桂东和粤西；骆越分布在今桂西及桂南沿海；仓吾，亦称苍梧，分布在今桂北。传说4 000多年前，帝舜南巡苍梧，驻跸桂林虞山。

古书又载，西周时，"路人（骆越）"和"仓吾（苍梧）"分别向西周王朝进献地方珍贵物产"大竹"和"翡翠"。元代史学家马端临所著《文献通考》说，静江府（今桂林）"战国时楚国与越之交……自荔浦以北为楚，以南为越"。《后汉书》亦称："吴起相悼王，南平百越，遂有……苍梧。"显然广西部分地区已属楚国统辖。结合前述相关时期考古发掘的实物，可以说春秋战国时期广西与中原江淮地域的政治、经济乃至文化已有了进一步的联系，这种联系为八桂大地纳入中原王朝的版图提供了有利条件。

（2）秦开三郡。

秦始皇统一六国后，为了开拓疆土，于公元前219年命尉屠睢率兵50万分五路对百越族进行军事征服活动。集结于江西的秦军迅速攻占了百越中的瓯越和闽越，置闽中郡。而向岭南进攻的四路秦军遭到当地越人的顽强抵抗，"三年不解甲弛弩，使监禄无以转饷"，战事受阻。后秦监御史禄奉命组织力量在今兴安县开凿灵渠，沟通了湘江和漓水，解决了军需运输问题。公元前214年秦朝征服岭南的南越、西瓯、骆越，并设置了桂林、象郡、南海三郡。桂林郡包括今广西北起兴安、南抵扶绥和右江一线，东起玉林、西抵河池一线，郡治设于今贵港市。广西简称桂，源于此。象郡包括广西扶绥和右江以南地区，钦州市，玉林市南部，以及广东省湛江地区和越南中北部地区，郡治置于今崇左市。南海郡包括广西的钟山、富川、贺州、梧州、苍梧、岑溪、藤县等市县以及除湛江地区以外的广东省境，郡治设于广州市。这是中原王朝在岭南地区设郡置县的开始，广西从此纳入祖国统一的版图。此外，今广西隆林、西林、田林及环江、三江等当时已纳黔中郡辖，灌阳、全州、资源等县为长沙郡属地。

秦汉之际，南海郡代理郡尉赵佗趁机攻占桂林郡、象郡，建立南越王国，自称"南越武王"，广西属南越王国属地。

（3）汉设九郡，八桂有三。

刘邦建汉，南越国愿称臣，多时双方关系尚好，你贡"能言鸟"，我赐"蒲桃锦"。赵佗死后，其子孙相继为王。汉武帝时，南越国丞相吕嘉当权，反对内属，并杀汉使。汉武帝调兵遣将，分路出击。公元前111年，伏波将军路博德和楼船将军杨仆先后攻入南越国都城，传五代历93年的南越国灭亡。

汉武帝平定南越王国后，把秦朝所设三郡分为南海、苍梧、郁林、合浦、交趾、九真、日南、珠崖、儋耳等九郡，由交趾刺史部统辖。今广西大部分地域属郁林、苍梧、合浦三郡20余县。其中郁林郡治在今贵港市境，苍梧郡治在今梧州市，合浦郡治在合浦。此外，今广西西部的部分地方（西林、隆林、田林、百色、乐业、凌云等）属牂柯郡辖，桂北大部分地方（兴安、全州、灵川、桂林市、临桂、阳朔等及灌阳、恭城部分）为零陵郡管（表1-2）。

东汉末，广西大部分地域属交州统辖。

表1-2　汉广西郡县

郡　名	属县（今地）
郁林郡	布山县（今贵港市和玉林市）、阿林县（今桂平市和平南县）、潭中县（今柳州市、柳江县、柳城县、鹿寨县）、安广县（今横县）、桂林县（今象州县）、中留县（今武宣县）、定州县（今宜州市）、领方县（今宾阳、上林县）、临尘县（今江州区、扶绥县）、雍鸡县（今龙州县、凭祥市）
苍梧郡	广信县（今梧州市、苍梧县、岑溪市）、临贺县（今八步区、昭平县部分地方）、冯乘县（今富川、恭城、平乐部分地方）、富川县（今钟山及昭平、平乐县部分地方）、荔浦县（今荔浦、蒙山县及平乐县部分地方）
合浦郡	合浦县（今合浦县、北海市、钦州市、灵山、浦北、博白、陆川县）
零陵郡	零陵县（今兴安、全州）、始安县（今桂林市、临桂、灵川、阳朔县）、洮阳县（今全州北部）、观阳县（今灌阳和恭城县部分地方）
牂柯郡	句町县（今隆林、西林、田林、百色等县市）、夜郎县（今乐业、凌云县）、无敛县（今天峨、南丹、环江县）

西汉末汉昭帝诏封句町地区少数民族首领毋波为句町王，建立句町国，与夜郎国同时。据记载，句町国的行政区域包括现在的德保、靖西、田林、西林以及云南的广南、富宁等县，势力到达越南北部地区，历时400年，其都城在现在的广西西林县境可能性大。

（4）吴晋南朝增郡设县。

三国时期，广西大部分地方归孙吴政权统辖。吴在广西设置的主要郡有：零陵郡（今全州、灌阳一带）、始安郡（今桂林市、临桂、阳朔、永福、兴安、灵川一带，治始安县，今桂林市）、临贺郡（今八步区、富川、昭平一带），均属荆州辖；苍梧郡（今梧州市、苍梧、岑溪市、藤县、平南、平乐、荔浦一带）、桂林郡（今柳州市、来宾市部分地）、郁林郡（今玉林市、贵港市、南宁市、河池市东南一带）、合浦郡（今钦州市及玉林市南部一带）、合浦北部都尉（今横县一带），皆由广州辖。郡下置县30多个。今桂西北部分地区属蜀国管。

两晋时期，广西境内所置郡计有苍梧、郁林、桂林、合浦、始安、临贺、晋兴、宁浦、永平、西平10个，多属广州。县增至50多个。其中桂林郡，治潭中县（今柳州市），永平郡（治藤县境）从郁林郡析出，晋兴郡（治晋兴县，今南宁市境）由郁林郡分出，宁浦郡（治横县境）从合浦北部都尉析置。

南北朝时期，广西地域始属南朝宋齐梁，后大部为陈管辖，其所置州郡县较多，名称有变。值得注意的是，此时设立的桂州（治始安郡），逐渐成为桂北地区的政治军事中心。

（5）隋置五郡与唐设岭南西道。

隋统一后用兵岭南，岭南前朝官员多附隋朝。隋缩减地方机构，行州（郡）县二级制。广西境内设郡有五，即始安郡、永平郡、郁林郡、合浦郡、宁越郡（治钦州市境）。此外，广西部分地区属治所不在广西的郡如苍梧郡、南海郡、永熙郡、零陵郡、熙平郡辖。

唐朝建立后，派大将李靖至广西桂州，招抚岭南各族首领，委任官职，岭南平稳归唐。唐初，全国分10道，今广东、广西大部分属岭南道。桂西、桂西北、桂东北小部分属江南道。唐玄宗时，今桂西、桂西北部分属黔中道，桂东北部分属江南西道。862年，唐懿宗因边事紧，为加强控制，分岭南道为岭南东道和岭南西道。岭南西道，治所在邕州（今南宁市），统辖广西大部分、海南岛以及广东雷州半岛部分，下设桂管、容管、邕管三管，管下有州，州下置县。此外，今富川、钟山、贺州、藤县、岑溪一带归岭南东道辖。至此，广西作为独立行政区的雏形初成。

至于左右江和红水河流域一带的少数民族聚居地区，唐政府则设置了许多属桂管和邕管管辖的羁縻州县，并委任当地少数民族首领为官吏，让其世袭，不变其俗，通过他们实行间接的统治。

（6）宋设广南西路与元置广西行中书省。

五代十国时代，今广西地域先由楚国和南汉分治，后全归南汉统辖，行政区划基本沿袭唐制。宋初，广西大部分地区属广南路管，唯全州、灌阳、资源一带归荆湖路辖。997年，广南路又析分为广南东路和广南西路。广南西路，治所设在桂州（今桂林市），辖地包括今广西大部分、海南岛和广东省雷州半岛一带。下设桂、容、邕、融、象、昭、梧、藤、龚、浔、柳、贵、宜、宾、横、钦、廉、白、郁林、平、观、化、高、雷、琼等25州。后来广南西路更名为广西路。这是"广西"名称的由来，广西从此固定为一个独立的行政区划。此外，宋朝在左右江流域及桂北部分地区沿袭唐制，设置羁縻州县和峒，在战略要地置军，重要特矿产区设监，以加强统治，经济盘剥。

元代，地方设省、路（府）、州、县四级制。广西先属湖广行中书省，设广西两江道宣慰司都元帅府，治静江（今桂林市）。下辖南宁路、静江路、柳州路、梧州路、太平路（治今崇左）、田州路（治今田东）、思明路（治宁明）、浔州路（治今桂平）、来安路（治今田阳）、廉州路（治今合浦）、钦州路、镇安路（治今德保）等十二路，还有平乐府、庆远南丹安抚司，以及郁林州、容州、象州、宾州、横州、融州、滕州、贺州、贵州等九州。下设有众多的县。元末，1363年，元政府分设广西行中书省，这是广西设省的雏形。但今全州、灌阳、资源仍属湖广行省统辖。此外，在部分少数民族聚居地继续设置土州土县。

（7）明置广西承宣布政司和清设广西行省。

明朝时期，政府把元行中书省改为承宣布政使司，全国划分为13个布政使司。广西行中书省则改称为广西布政使司，治所在桂林府。广西布政使司内划分为11个府和3个直隶州统辖各州县及长官司。其中11个府，即桂林府、柳州府、庆远府（治今宜州）、思恩府（治今武鸣）、平乐府、梧州府、浔州府、南宁府、太平府、镇安府、思明府。3个直隶州，即归顺州（治今靖西）、田州、泗城州（治今凌云）。此外，原属广西布政司管的今北海市、钦州市、防城港市于1369年划拨广东布政使司，而现今全州、灌阳、资源三县地域于1394年由湖广布政司划归广西布政司桂林府统辖，这样广西行政区域基本形成。

清朝恢复行省制，复设广西行省，省治在桂林市。下设桂平梧道、右江道、左江道、太平恩顺道，分辖桂林府、柳州府、庆远府、思恩府、平乐府、梧州府、浔州府、南宁府、太平府、镇安府；郁林、归顺两直隶州，百色、上思直隶厅。府下主要设州、县数十。

（8）民国时期广西行政区划名称多变。

民国时期，广西沿袭清朝称省，地域与清朝大致相同。1912年全省划分为10府，分统各县。不久撤府制，由省直接辖县。1917年，全省划为6道，即桂林道、柳州道、南宁道、苍梧道、镇南道（治龙州）、田南道（治百色），分辖各县。1926年，又废道置若干区。民国三十八年（1949年），截至中华人民共和国建立前夕，全省划分为1市（桂林市）、15区、99县。今北海市、钦州市、防城港市仍属广东省辖。至于省治除1912年至1936年设在南宁市外，其余时间都在今桂林市。

（9）新中国成立至2002年的广西行政区划变迁。

1949年12月11日，广西解放。新中国建立初期，仍设广西省，省会设在南宁市。下设南宁、桂林、柳州、梧州、平乐、玉林、武鸣、庆远、百色、龙州10个专区和南宁、桂林、柳州、梧州4个省辖市，有县共98个。1952年，政务院将广东省辖的钦廉专区及其所属的合浦、钦县、灵山、防城等四县和北海市，正式划归广西省，并改称钦州专区，不久又划归广东省属。1965年，此地域再划归广西，仍称钦州专区。

· 19 ·

1952年12月10日,依照党的民族区域自治政策,在壮族聚居的桂中、桂西成立桂西僮族自治区,人民政府设在南宁市。1956年3月又依法改为桂西僮族自治州,管辖邕宁、宾阳、横县、扶绥、宁明、龙津、大新、镇都、隆安、武鸣、上林、马山、上思、都安等县及凭祥市(1957年从宁明县分出成立,县级)。1958年3月5日又依法在原广西省的基础上成立省一级的广西僮族自治区,1965年经国务院批准更名为广西壮族自治区(纪念日从1978年起改为12月11日)。1965年增设河池专区,将原柳州专区辖的河池、宜山、罗城、南丹、天峨、环江县,原百色专区属的东兰、巴马、凤山县,原属南宁专区的都安县划归河池专区管辖,原属南宁专区的上思县并入钦州专区。1970年,专区改称地区,1978年改为地区行政公署。

同时,为进一步落实党的民族区域自治政策,使广西境内的少数民族充分享受民族区域自治的权利,从新中国成立初期至今已先后建立了13个县级民族自治区域和划定了享受民族自治县待遇的行政区域(即西林县、凌云县、资源县、防城区)。

此外,随着改革开放的进一步深化,行政区划体制也在改革,市管县,整县改市(含地级市)逐步稳妥展开,以适应时代发展需要。1981年6月,以合山煤矿区为中心划出来宾部分地方成立了合山市(县级)。1983年,邕宁、武鸣县划归南宁市,柳江、柳城县划归柳州市,临桂县划归桂林市,苍梧县划归梧州市统辖;北海市升为地级市,玉林、钦州、百色、河池等四县分别改为市(县级)。1985年3月,设立防城港区(地级建制)。1988年12月,撤销贵县建制,设立贵港市(县级)。1993年5月,撤销防城各族自治县,设立防城港市(地级),以原防城各族自治县和防城港区为其行政区域,原钦州地区的上思县归其管;9月,撤销宜山县,设立宜州市(县级)。1994年,撤销钦州地区和县级钦州市,设立地级钦州市;撤销北流县,设立北流市(县级);撤销桂平县,设立桂平市(县级)。1995年,撤销岑溪县,设立岑溪市(县级);10月,贵港市(县级)升格为地级市,辖港北区、港南区和平南县,代管桂平市。1996年4月设立东兴市(县级)。1997年,调整梧州地区和梧州市行政区域,撤销贺县,设立贺州市(县级),梧州地区更名为贺州地区,辖富川、钟山、昭平三县和贺州市;4月,撤销玉林地区和县级玉林市,设立地级玉林市,玉林市新设玉州区和兴业县。1998年8月27日,调整桂林市和桂林地区合并,组建新的地级桂林市。2002年,贺州地区、百色地区、河池地区相继改为地级市,撤销柳州地区;以原柳州地区的忻城县、象州县、武宣县、金秀县、合山市、来宾县为行政区域,组成新的地级来宾市,原柳州地区的融安、融水、鹿寨、三江等县划归柳州市辖;原县级贺州市、百色市、河池市及来宾县分别改为八步区、右江区、金城江区、兴宾区。撤销南宁地区,以原南宁地区的崇左县(改为江州区)、宁明县、扶绥县、龙州县、大新县、天等县及凭祥市为行政区域,组成新的地级崇左市;原南宁地区属地隆安县、马山县、上林县、宾阳县、横县划归南宁市辖。撤地建市,是区党委、区政府为加快广西发展而作出的一项重大决策，必将对广西经济社会发展产生积极的重大影响，对当地的发展也将带来新的契机。首先，有利于促进人们思想观念的转变。撤地建市后，由农村转为城市、居民由村民变为市民，在当地广大干部群众激发出一种崇高的荣誉感、使命感、责任感，人们精神振奋，斗志昂扬，由此观念转变而产生的动力是不可估量的。其次，有利于当地在全区经济社会发展中重新找准定位，理清发展思路，加快结构调整，发展特色经济，形成自身优势。再次，有利于进一步对外开放。撤地建市后，从行政管理方面说，各个市才真正成为完全意义上的一级政府，树立新的形象，对外开放的环境更加优化，更好地吸引投资，加快发展。

2. 广西行政区划现状

至2015年，广西壮族自治区行政区划有14个地级市、7个县级市、54个县、12个民族自治县、37个市辖区、1 100多个乡镇。

县级以上行政区划见表1-3。

表1-3　广西壮族自治区县级以上行政区划

南宁市	兴宁区、青秀区、西乡塘区、江南区、邕宁区、良庆区、武鸣区、横县、宾阳县、上林县、隆安县、马山县
柳州市	城中区、鱼峰区、柳南区、柳北区、柳江县、柳城县、鹿寨县、融安县、三江侗族自治县、融水苗族自治县
桂林市	秀峰区、叠彩区、象山区、七星区、雁山区、阳朔县、临桂区、灵川县、全州县、兴安县、龙胜各族自治县、资源县、灌阳县、永福县、恭城瑶族自治县、平乐县、荔浦县
梧州市	万秀区、龙圩区、长洲区、苍梧县、藤县、蒙山县、岑溪市
北海市	海城区、银海区、铁山港区、合浦县
防城港市	港口区、防城区、上思县、东兴市
钦州市	钦南区、钦北区、灵山县、浦北县
贵港市	港南区、港北区、覃塘区、平南县、桂平市
玉林市	玉州区、兴业县、容县、陆川县、博白县、北流市、福绵区
崇左市	江州区、扶绥县、大新县、天等县、宁明县、龙州县、凭祥市
来宾市	兴宾区、象州县、武宣县、金秀瑶族自治县、忻城县、合山市
百色市	右江区、平果县、田东县、田阳县、德保县、靖西县、那坡县、凌云县、乐业县、田林县、西林县、隆林各族自治县
河池市	金城江区、罗城仫佬族自治县、环江毛南族自治县、南丹县、天峨县、凤山县、东兰县、巴马瑶族自治县、都安瑶族自治县、大化瑶族自治县、宜州市
贺州市	八步区、昭平县、钟山县、富川瑶族自治县
广西壮族自治区	14个地级市、7个县级市、54个县、12个自治县、37个市辖区

四、广西历代人口和现状人口

1. 古代广西人口概况（表 1-4）

表 1-4　古代广西人口概况

时　　间	朝代（国君）	户数	人口数 / 人
2 年	汉（平帝）	45 964	267 714
140 年	东汉（顺帝）	229 842	967 688
285 年	西晋（武帝）		440 000
605 年	隋（文帝）	189 000	950 000
758 年	唐（肃宗）	13 0993	327 741
宋初		68 000	
1223 年	南宋（宁宗）	528 220	
1290 年	元（世祖）	622 099	
1393 年	明太祖		1 480 000
1661 年	清（康熙）		近百万
1753 年	清（乾隆）		1 970 000
1786 年	清（乾隆）		6 294 000
1812 年	清（嘉庆）		7 300 000

2. 近代时期广西人口概况（表 1-5）

表 1-5　近代时期广西人口概况

时　　间	人口数 / 万人
1840 年	763.3
1851 年	782.3
1911 年	874.7
1912 年	916
1926 年	1 063
1931 年	1 077.8
1932 年	1 078.8
1942 年	1 482.8
1944 年	1 497.1
1945 年	1 455
1948 年	1 467

3. 新中国成立后至 2010 年年末广西总人口简况（表 1-6）

表 1-6 新中国成立后至 2010 年年末广西总人口简况

时　间	人口数 / 万人
1949 年	1 842
1982 年	3 684
1983 年	3 733
1984 年	3 805
1990 年	4 243
1996 年	4 589
1997 年	4 633
1999 年	4 712
2000 年	4 744
2010 年	5 159

4. 第六次人口普查登记日期（2010 年年底）的常住人口统计情况（表 1-7）

表 1-7 第六次人口普查登记日期（2010 年年底）的常住人口统计情况

人口分类		人口数 / 万人	人口比例 /%
总人口	全广西	4 602.7	100
年龄人口	0~14 岁	999.14	21.71
	15~59 岁	2 999.8	65.18
	60 岁及以上	603.7	13.11
	65 岁及以上	425.3	9.24
性别人口	男	2 392.5	51.98
	女	2 210.0	48.02
民族人口	汉族人口	2 891.6	62.82
	少数民族人口	1 711.1	37.18
地级市人口	南宁市	666.16	
	柳州市	375.87	
	桂林市	474.80	
	梧州市	288.22	
	北海市	153.93	
	防城港市	86.69	
	钦州市	307.97	
	贵港市	411.88	
	玉林市	548.74	
	百色市	346.68	

续表

人口分类		人口数/万人	人口比例/%
地级市人口	贺州市	195.41	
	河池市	366.92	
	来宾市	209.97	
	崇左市	199.43	
广西在海外的华人、华侨为300多万人，归侨约18万人多。			

5. 广西地级市的总人口（止于2008年）和国土面积情况（表1-8）

表1-8 广西地级市的总人口（止于2008年）和国土面积情况

地级市名称	人口/万人	国土面积/万平方千米
南宁市（首府）	691	2.21
柳州市	364	1.86
桂林市	508	2.78
玉林市	641	1.28
梧州市	313	1.26
贵港市	501	1.06
北海市	158	0.33
百色市	378	3.62
河池市	404	3.35
钦州市	364	1.08
贺州市	221	1.19
防城港市	85	0.62
来宾市	252	1.34
崇左市	240	1.73

6. 广西历史时期人口情况分析

先秦时期，广西居住着土著民族，地广人稀。秦以后，汉人或因政治原因，或因军事原因，或因经济原因陆续迁入，与百越民族杂居在一起，其中迁居桂东北居多。明清以后，汉人迁桂数量逐渐增加，其中迁居桂东南的较多，广西人口也急剧增长，形成了从17世纪中至19世纪中广西人口增长大高峰期。

近代受资本帝国主义侵略的影响，社会经济和社会环境受到极大破坏，致使民国以前人口增长极缓慢。民国时期总体增长较快，但不同时段有急缓增长之别。1912—1916年，年均增长人口10.48万人，1932—1944年，年均增长人口26.26万人，属急增段；1926—1931年，年均增长人口仅2.9万人，1944—1945年，人口数一度下降，1945—1949年，年均增长人口仅4.23万人，属缓增段。

第一章　八桂概况

　　新中国成立后，社会稳定，经济发展，卫生事业受重视，人民生活提高，加上人们对人口问题认识不足，人口增长显著上升，是人口稠密的省区之一。1983年比1949年净增1 891万人，增长102.66%，年均增加55.62万人。但人口增长过快过多，引发了诸多问题，制约了经济的发展和社会的进步。因此，国家实行计划生育政策。1988年广西颁布了《广西计划生育条例》，计划生育国策得到加强和落实，人口快速上升势头得到控制。1988—2000年，广西累计少生350万人。其中1996—1999年，广西连续四年人口出生率、人口自然增长率低于全国平均水平，人口增长控制理想。特别是1999年，全区较上年仅净增37万人，人口出生率从1964年的40.95‰下降到14.96‰，人口自然增长率由1964年的30.4‰下降到8.3‰。2001年，出生率降到13.8‰，自然增长率降到7.73‰。2011年，出生率是13.71‰，自然增长率降到7.67‰，死亡率6.04‰。广西人口再生产类型由高出生、高死亡、高增长向低出生、低死亡、低增长转变。这是我国计划生育国策实施的结果，是广大人民群众理解支持配合的结果，是人们文化生活的提高，陈旧的生育观念被打破，科学文明进步的生育文化新观念得到倡导的结果。

　　从第六次全区人口普查结果看，广西人口发展显现出一些重要特点：

　　（1）人口平缓增长。这表明广西社会经济长足发展，生育观念得到改变，计划生育政策得到较好的执行，妇女生育处于低生育水平，反映了广西加大对农村富余劳动力转移力度，大量青壮年劳动力到外省务工，常住人口相对减少，广西已成为劳务输出大省区之一。

　　（2）人口性别构成趋向合理，但出生人口性别比仍然偏高。广西常住人口性别比，2000年为112.68，2010年为108.26，性别构成趋向合理，但高于全国水平（105.20）。广西出生人口性别比，2000年为125.57，2010年为122.68，呈下降趋势，但高于全国水平（118.06）。这说明广西社会经济快速发展，人口整体素质提高，人们生育观念有所改变；出台并执行一系列相关政策措施，如关爱女婴活动、严禁非医学性别鉴定等，取得了一定成效，但出生人口性别比偏高形势仍然严峻。

　　（3）人口老龄化加快，劳动力资源比较充足。2010年全区常住人口中，15~64岁人口占常住人口比重将近70%，达3 178.2万人，表明"十二五"时期广西劳动力供给总体是充足的。65岁及以上人口为425万人，占9.24%，65岁及以上老龄人口比重高于全国水平（8.87%）0.37个百分点。老龄人口快速增长，说明生育水平下降，出生人口减少；农村大量青壮年人员到区外务工；生活医疗水平提高，人口预期寿命延长。

　　（4）文化素质大幅提升，文盲率下降。2010年全区常住人口中，具有大学（指大专以上）文化程度人口为275.14万人、高中（含中专）507.90万人、初中1 784.15万人、小学1 458.05万人（以上各种受教育程度的人包括各类学校的毕业生、肄业生和在校生）。与2000年相比，每10万人中具有大学文化程度的由2 389人上升为5 977

人；具有高中文化程度的由 9 554 人上升为 11 033 人；具有初中文化程度的由 32 339 人上升为 38 764 人；具有小学文化程度的由 42 176 人下降为 31 680 人。全区常住人口中，文盲人口（15 岁及以上不识字的人）为 124.90 万人，与 2000 年相比，文盲人口减少 45.33 万人，文盲率由 3.79% 下降为 2.71%，下降 1.08 个百分点。各种受教育程度人口和文盲率的变化，反映了 10 年来广西加大教育投入、普及九年制义务教育、发展高等教育以及扫除青壮年文盲等措施取得积极成效。

（5）城镇化进程加快，但在全国排位靠后。2010 年全区常住人口中，居住在城镇的人口达 1 842 万人，城镇人口比重为 40.02%，比 2000 年的 28.15% 提升了 11.87 个百分点。10 年来广西城镇化快速发展，这主要得益于经济社会长足发展，以及工业化不断推进和城镇化规划实施取得的成效。但城镇化水平仍低于全国平均水平 9.66 个百分点，在全国排第 26 位，这表明广西加快推进工业化和城镇化进程存在较大空间，统筹城乡建设仍是今后加快发展、科学发展、和谐发展，实现"富民强桂"的重要任务。

（6）流动人口突破千万，外省流入 84 万人。普查结果显示，2010 年 11 月 1 日全区流动人口达 1 176 万人，约占全区总人口 24%，其中流动到外省半年以上达 640 万人。外省流动到广西居住半年以上的人口达 84 万人，占全区常住人口的 1.83%，比 2000 年增加 35 万人。总体上看，流动人口与 2000 年相比，无论是区内流动，还是流出外省的数量均大幅增加。流动人口规模庞大，说明全区社会经济长足发展，以及工业化和城镇化推进，加快了人口流动和流动的频率。外省流动到广西的人口中，最多是湖南达 20.4 万人，其次是广东 12.44 万人，超过 5 万人的还有四川、贵州、湖北等 3 个省，这五省占外省流入广西人口的 58%，流入人口主要分布在广西北部湾经济区。

（7）人口地域分布差异明显。2010 年 11 月 1 日，全区常住人口 4 602.66 万人，在全区分布呈现由东向西逐渐减少的态势。桂东地区（梧州、贵港、玉林、贺州四市）人口达 1 444 万人，占全区的 31.38%；桂南地区（南宁、北海、防城港、钦州四市，即广西北部湾经济区）人口为 1 215 万人，占 26.39%；桂西地区（百色、河池、崇左三市）人口为 883 万人，占 19.19%；桂北地区（桂林市）人口为 475 万人，占 10.32%；桂中地区（柳州、来宾二市）人口为 586 万人，占 12.73%，全区人口地域分布差异明显。南宁市常住人口最多为 666 万人，占全区比重达 14.5%；最少是防城港市 87 万人，占全区比重 1.88%，仅为南宁市的 13.06%。

（8）育龄妇女人群庞大，生育旺盛期妇女占 1/3。2010 年全区常住人口中，15~49 岁育龄妇女达 1 207 万人，占女性人口的 55%，比 2000 年增加 53 万人，其中 20~29 岁生育旺盛期妇女 365 万人，占育龄妇女人数的 1/3，分别比 2000 年增加 24 万人。"十一五"以来广西人口出生率一直是全国出生率较高的省份之一，全区育龄妇女人群庞大，尤其是在"十二五"期间将新增加生育旺盛期妇女 160 万人，仍处在新一轮的

7. 改革开放以来广西解决贫困人口温饱问题情况

目前，广西仍有28个国家级贫困县、21个自治区级贫困县。改革开放以来，在国家以及自治区的大力扶持下，在各兄弟省的大力援助下，经过广西各族人民群众的艰苦奋斗，解决贫困人口温饱工作取得了巨大的成绩。全区1978年未解决温饱的农村贫困人口高达2 100万人，1985年下降到1 500万人，1993年下降到800万人，1999年减少到169万人，2000年减少到150万人，2007年减少到67万人。2008年，国家把贫困人口与低收入人口合并称为贫困人口来统计，广西贫困人口数为234万。2011年，按照国家新的扶贫标准（农民人均纯收入2 300元为界），广西农村贫困人口达到1 010万多人，占了将近1/4的农村户籍人口。2014年，区贫困人口538万。因此，如何想方设法，尽快增加农民的人均纯收入，使广西的贫困人口早日脱贫，从而向小康迈进，并使其居住的地区有一个良好的生态环境，仍需要我们大家不懈的努力！

五、广西主要城市简况

1. 壮乡首府南宁市

南宁市位于广西南部偏西。东晋时，南宁为晋兴郡（318年）郡治所在地。唐时置南晋州，后改称邕州。862年起为岭南西道治所，成为广西政治军事中心。元朝（1324年）设南宁路，南宁名称由此而来。民国时期，一度成为广西省会。1929年7月设南宁市。1950年省政府成立，为省辖市、省会。1958年开始为广西壮族自治区首府，是广西政治、经济、文化、教育、金融、信息的中心，大西南出海通道枢纽城市，沿海开放城市，有绿城之称。现辖7个城区，5个县，是一个以壮族为主，各民族和睦相处的多民族聚居的城市，城区人口达260万。2011年GDP约2 190亿元，财政收入约363亿元。

南宁所处的地理位置优越，具有近海、近边、沿江、沿线的特点，发展后劲十足，充满生机活力。

南宁地处亚热带季风气候区，阳光充足，雨量充沛，年均气温21.7℃。春夏秋冬花常开、树常绿，绿在城中，城在绿中。南宁盛产水稻、玉米、甘蔗、木薯；是香蕉、菠萝、芒果、荔枝、龙眼等亚热带水果的重要产地。食品、铝加工、医药、机械、化工、建材、电子信息等工业生产已成规模；食糖、铝材、淀粉、卷烟、水泥、生物制药等产品在市场上占有一定的份额。南宁高新技术产业开发区、南宁经济技术开发区、中国东盟经济园区等三大开发区不断发展壮大，商贸、餐饮、房地产、金融、通信、旅游、仓储物流、会展等第三产业快速发展，形势喜人。城市建设、城市经营管理取得明显的成效，先后荣获"国家园林城市""中国人居环境奖""联合国人居奖""中国优秀旅游城市""全国卫生城市""全国文明城市"等等称号，绿城形象初现。实施"136工程"以来，城市面貌更是日新月异，国际会展中心成为南宁市的标志，城市综合竞争力不断提高。南宁国际民歌艺术节的成功举办，使壮乡首府的影响力不断扩大。中国—东盟自由贸易区的建成，中国—东盟博览会家落南宁，北部湾经济区提升为国家战略，这无疑会给南宁的发展带来千载难逢的机会。目前南宁正按"以邕江为轴线，西建东扩，完善江北，提升江南，重点向南，建设五象新区，再造一个新南宁"的发展战略向前推进，力争把南宁建设成区域性加工制造基地、物流基地和商贸基地，面向中国—东盟开放合作的区域性信息交流中心、交通枢纽中心和金融中心。

○ 五象新区：是一个以文化体育、行政办公为主，集居住、物流、休闲、娱乐于一体的综合性城市新区，将是一个融入自然的生态城市典范。规划总面积175平方千米，人口150万，是南宁市向南发展、向海靠拢、全面融入广西北部湾经济区开放开发、打造区域性国际城市的重要平台和前沿阵地。五象新区的功能定位是中国—东盟自由贸易区的区域性物流基地、商贸基地、加工制造业基地，广西北部湾经济区的总部基地，南宁市新的行政、信息、文体、商业商务中心，具有秀丽岭南风光、浓郁民族风情、鲜明时代风貌的现代化宜居城区。五象新区建设纳入了开放、开发广西北部湾经济区的国家战略。

2. 工业中心城市柳州市

柳州市在广西中部。公元前111年，为汉潭中县县治。唐初，置昆州，后改南昆州。634年唐改南昆州为柳州，为柳州定名的开始。后更名龙城郡，故柳州有龙城之称。因柳江过境，江流曲似九回肠，徐宏祖称此为壶城。1949年设柳州市，为省辖市。柳州是广西最大的工业城市、西南地区交通枢纽、国家历史文化名城。现辖4个城区和6个县，市区人口110万。2011年GDP约1543亿元，财政收入约230亿元。

柳州工业基础好，工业行业多，工业企业多，已形成以机械、汽车、冶金为支柱产业，化工、制糖、制药、日化、建材、造纸、纺织等产业并存的现代工业体系，企业产品种类多，如鱼峰牌水泥、五菱牌微型汽车、柳工装载机、两面针牙膏、金嗓子喉宝、网山牌白糖、灯花牌床单、花红药业和中吨位汽车、氧化锌、立德粉、贵金属铟、空压机、预应力锚等，在国内国际市场上享有较高的声誉，有相当的竞争力。柳州历史悠久，山水秀丽，人文古迹多，旅游资源丰富，奇石享誉全国和东南亚。湘桂、黔桂、焦柳三大铁路线在柳州交会，陆路、水路运输也十分便捷。多年来柳州致力于环境污染的治理，效果明显，初步实现了由酸雨之都向环保之都的转变，人居生态环境改善非常大，温总理考察时称赞柳州"山清水秀地干净"。柳州荣获"全国卫生城市""全国科教兴市先进市""中国优秀旅游城市""全国环境整治优秀城市""全国园林绿化城市"等称号。柳州未来发展战略重点在柳东新区，把柳州建成山水工业城市、先进制造业基地、现代物流中心。

○ 汽车产业是柳州市的第一支柱产业，柳州汽车整车及零部件生产企业400多家，

2011年汽车工业产值突破1 000亿元，销量150万辆，出口贸易约5 800万美元，成为柳州第一个、广西第二个千亿元产业。

3. 桂林市

桂林市地处广西东北部，汉朝时桂林为始安县县治（公元前111年），南朝梁（540年）在始安郡置桂州。宋（997年）置广南西路，治桂州，为广西政治文化中心。1372年改静江府为桂林府，这是桂林正式定名的开始，为广西布政使司治所。1940年始设桂林市，1949年，为省辖市，是我国历史文化名城之一。现辖6个城区、11个县（含自治县），市区人口69.5万。2011年GDP约1 336亿元，财政收入约142亿元。

桂林是国际风景游览城市、中国优秀旅游城市之一。以"山清、水秀、洞奇、石美"著称，素有"桂林山水甲天下"之美誉。象鼻山成为桂林山水的象征，漓江有百里画廊之称，两岸风光令无数游人陶醉。历史悠久，文化遗物众多，"桂海碑林"名闻天下，抗日文化城永留青史。所辖11个县，县县有佳景，如华南第一峰猫儿山、资江和八角寨、"亚洲第一洞"丰鱼岩、天下一绝龙脊梯田、休闲度假乐园乐满地等。物产丰富，名特优土产品多。桂林三花酒、辣椒酱、豆腐乳、马蹄等畅销各地。灵川白果、荔浦芋、恭城月柿、永福罗汉果、阳朔沙田柚等量多质高。二江四湖城市建设工程的完工，桂林的景色更加迷人。

桂林大力发展旅游产业外，还重视发展与城市定位不相扰的工业，目前装备制造业、汽车及零部件产业、电子信息产业、医药及医疗器械产业、新材料产业、食品饮料产业等六大产业也已逐渐发展成为桂林的支柱产业，并积极推动太阳能光伏产业、文化产业为支柱产业。保护漓江，发展临桂，再造一个新桂林，成为桂林发展的重要战略。

○ 2011年，桂林接待旅游总人数达2 788万人次，入境游客164万多人次，旅游入境游客数量居全国地级市最前列，旅游总收入达218亿元。2011年全球网民进行网络投票产生的"最中国文化城市"，桂林名列其中。（北京、成都、西安、南京、拉萨、大理、广州、桂林、平遥、青岛）桂林获得了"全国创建文明城市工作先进城市""全国卫生城""全国绿化十佳城市""国家园林城市""中国优秀旅游城市""最佳中国魅力城市""中国最安静城市""国家卫生城市""2011中国特色休闲城市——最美休闲城市"等荣誉称号。

4. 梧州市

梧州市位于广西东部。公元前183年，为南越王国苍梧王治所。公元前111年，汉代设苍梧郡并置广信县，郡县治在今梧州市，后为交趾刺史部驻地。唐621年设梧州，为梧州正式命名之始。明中期，为两广政治军事中心。1927年，正式成立梧州市，为广西最早设立的省辖市，是广西重要的口岸城市，有广西"水上门户"之称，与广东、香港、澳门一水相连。现辖3个区和4个县市，市区人口48.9万。2011年GDP为735

亿元，财政收入 76 亿元。

梧州山环水抱，风景秀丽，有鸳鸯江、白龙山、龙母庙、系龙洲、孙中山纪念堂革命遗址、骑楼城、四恩寺等景点，是"中国优秀旅游城市"。梧州是广西最早的工业基地，20世纪20—30年代，一些传统行业及产品闻名海内外。现仍是一座以进出口加工业、轻工业为主的工业城市，拥有林产林化、日用化工、电力、机械船舶、建材、有色金属等优先发展做强做大的的优势产业，以及医药、食品、纺织等加快发展的传统特色产业。一些轻工业产品畅销国内外，如田七牙膏、新华电池、冰泉豆浆晶、双钱龟苓膏、胶原蛋白肠衣、蜜枣、工业锅炉、松香、动植物酒、中华跌打丸、人造宝石等。对外贸易历史久远，与一百多个国家和地区建立了贸易关系。所辖各县如苍梧盛产松脂，岑溪的"中国岑溪红"驰名海内外，藤县的无籽西瓜，蒙山有太平天国封王遗址等。

○ 作为"世界人工宝石之都"，广西梧州人工宝石产业已经有20多年的历史。2011年，梧州从事经营人工宝石的企业达到500多家，从事人工宝石切割、研磨、镶嵌和营销的从业人员已达12万人。梧州的人工宝石产业年产值约25亿元，市场份额占全国产量的80%，世界产量的50%，是世界人工宝石加工基地和交易集散中心，市场覆盖广西、广东、四川、云南、湖南、山东等省区以及泰国、印度、美国、意大利、墨西哥等国家和地区。

5. 北海市

北海市位于广西南端，北部湾东北岸，汉代属合浦郡辖，1951年为粤辖地级市，划归广西后，1983年恢复为地级市，为全国首批对外开放的14个沿海城市之一。现管3个区和1个县。2011年GDP为496.6亿元，财政收入为57.5亿元。

北海环境优美，气候温和，空气清新，多次荣获"中国人居环境范例奖"，是著名的海滨旅游城市，拥有"天下第一滩"银滩，以及众多景观，是度假、疗养、避寒、观光旅游的胜地，是中国优秀旅游城市之一。港口资源、渔业资源、能源资源、矿产资源丰富。是西南地区重要的港口城市，有海上航线通达世界各国或地区的港口，也是广西主要的渔业生产基地，出产的"南珠"久负盛名。旅游业、海洋产业、港口物流、高新技术产业（电子信息）、现代农业、石油化工发展迅猛。

6. 防城港市

防城港市位于广西南部，南临北部湾，是1993年经国务院批准设立的地级市，是沿海重要港口城市，西南地区出海通道的主要出海口。现辖2个城区、2个县市。2011年GDP为418亿元，财政收入为43.5亿元。

防城港是一个天然良港，以水深、避风、淤少、岸长而闻名，始建于1968年3月22日，是周恩来总理决定，并经毛泽东主席亲自批准，作为援越物资的起运港口而建设，被誉为"海上胡志明小道"的起点。经多年发展，如今是全国沿海的12个枢纽港之一。高吨位深水泊位多，开通了直达世界一些国家和地区的众多港口的集装箱航线和直往越南海防的海运航线，建成了粮食、化肥、水泥、煤炭、矿石、石油、化工、豆粕等产品的中转基地。辖区内名特产品多，如八角、玉桂、金花茶、珍珠、对虾等。旅游资源不少，如十万大山、金滩、京族三岛、东兴口岸。近年，临海工业发展迅猛，形成了粮油、钢铁、能源电力、化工等优势产业，上思县制糖、建材工业，东兴市的边境贸易得到了发展。

7. 钦州市

钦州市地处广西南部，位于广西沿海金三角的中心位置，南临北部湾，是西南出海最便捷的通道。南北朝时为宋寿郡治所，隋598年改安州为钦州，1994年设为地级市。现辖2个城区和2个县。2011年GDP为734亿元，财政收入123亿元。

钦州市区位优势明显，有多条铁路与高等级公路在此交汇，是广西沿海地区的交通枢纽。钦州港是我国少有的深水避风良港，孙中山曾规划把钦州港建成我国"南方第二大港"，国家把钦州港列入全国地区性重要港口来建设。沿海工业园区的开发加快推进，石油化工、能源电力、林浆造纸、粮油食品、冶金、现代物流支柱产业初步形成，电子产业也在积极布局建设，国家级钦州港经济技术开发区建设取得成效，中马钦州产业园区揭牌建设中，新兴港口工业城市雏形已现。钦州市所辖区县盛产荔枝、香蕉、龙眼、奶水牛、大蚝、果园鸡。旅游资源丰富，三娘湾，民族英雄刘永福、冯子材故居，七十二泾，"广西楹联第一村"吸引了不少游人游览。

○ 2011年2月16日全面开港运营的广西钦州保税港区是中国西部沿海唯一的保税港区。作为中国开放层次最高、功能最齐全、政策最优惠的海关特殊监管区域，广西钦州保税港区同时也是中国唯一具备整车进口口岸功能的保税港区。开港运营以来，先后已有法国、澳大利亚、意大利等国家或地区的红酒、啤酒在广西钦州保税港区上岸通关。钦州保税港区的市场潜力日益得到酒类经销商的认可，通关环境不断优化，进口酒类业务增长势头迅猛。

○ 中马钦州产业园区，是继中新苏州工业园区、中新天津生态城后我国第三个中外两国政府合作的产业园区。园区建设规模：规划面积55平方千米，远期规划面积100平方千米。分三期建设，启动区建设面积7.87平方千米。园区发展目标：打造中国—东盟合作的典范区——"中马智造城、共赢示范区"。园区功能定位："先进制造基地、信息智慧走廊、文化生态新城、合作交流窗口。"

8. 贵港市

贵港市位于桂东南，区位优势明显，水陆交通十分便利，1995年经国务院批准由县级升格为地级市，是西江经济带的重要内河港口中心城市。秦时，为桂林郡郡治所在。现辖3个区、2个县市。2011年GDP为626亿元，财政收入45亿元。

贵港市是国家一类对外开放口岸，拥有华南地区最大的内河港口，即贵港港，港口吞吐能力较大，现代化程度较高，是全国内河主要港口10强之一。贵港有广西最大的平原，即浔江平原，资源丰富，是广西重要的粮食、蔗糖、林果、禽畜、水产生产基地，土特产品丰富，名优产品众多，如榴花白砂糖、宝洁生活用纸、湛江马蹄、桂平的西山茶、腐竹、黄沙鳖、罗秀米粉、麻垌荔枝、金田淮山、覃塘毛尖茶、莲藕、平南肉桂。建材、电力、金属冶炼、化工、糖纸等产业和农林产品深加工有一定的规模。有佛教圣地桂平西山、金田起义遗址、千年古刹南山寺、大藤峡等重要旅游资源。

○ 贵港目前初步形成了水铁、水公、水水联运、通江达海的快捷高效的集疏运新格局。全市有跨省水运企业82家，货运船舶2 000多艘近170万载重吨，占广西内河货船总量的56%。有17家船代、货代服务企业，能够为货物进出港提供完善的代理和物流服务。香港华润、华电、台湾水泥、中远、中海、中国外运、鑫金航（物资）物流有限公司等一批国内外知名企业看好贵港低成本物流通道，纷纷落户贵港，培育发展了建材、糖纸、电力、冶金、造船、农副产品加工等大进大出的优势产业。其中，全市水泥产能达3 200万吨，2008年水泥产量（含熟料）2 342万吨，比上年同期增加46%，水泥产量占全区近四分之一。此外，大型化、专业化、集装箱化的造船基地发展迅猛，全市每年造船能力达20万载重吨，占全区内河船厂产能的60%以上。

9. 玉林市

玉林市地处桂东南，紧靠广东省，临近香港和澳门，是中国大西南出海的重要通道，桂东南工商业城市。1997年设立的地级市。现辖2区、5县市。有海外华侨和港澳台同胞近100万人，是广西最大的侨乡，是中国优秀旅游城市之一。2011年GDP为1 030亿元，财政收入85亿元。

玉林市是广西主要的粮食生产基地，北流市、兴业县、陆川县、博白、容县等是产粮大县，盛产优质米，博白龙眼、北流荔枝、玉州香蕉、容县沙田柚、玉林香蒜，以及玉桂、八角、松脂、茶叶，容县霞烟鸡、北流凉亭鸡、陆川猪等特产闻名海内外。机械制造（内燃机）、水泥、陶瓷、食品、制药、服装、皮革、电子等产业群已经形成，一些特色产品有一定的市场竞争力和知名度，如玉柴内燃机、玉林正骨水和云香精、三环陶瓷、南方食品、茶花山矿泉水、陆川铁锅、福绵裤子等。玉林历来有"岭南都会"之称，商品交易市场发达，建有全国中药材交易市场、工业品与服装市场，创办了中小企业商机博览会、药博会，为海内外商家提供了不少商机。

玉林旅游资源也很有特色，如容县真武阁、都峤山，北流勾漏洞，陆川谢鲁山庄，玉州云天文化城等。

○ 中国（玉林）中小企业商机博览会，简称玉博会。是由中国国际贸易促进会和广西壮族自治区政府、玉林市政府联合举办的中小企业商机博览会。举办时间每年10月底左右，地点玉林市。玉博会是服务中国—东盟博览会的配套展会，是服务中小企业的一个商务交流平台，每年与中国——东盟博览会同期举办，展会活动以广西玉林为主项，服务广西北部湾经济区，不仅面向中国华南、西南以及泛珠三角市场，更志在开拓、巩固越南乃至东盟各国市场。

10. 百色市

百色市位于广西西部，南与越南交界，是滇、黔、桂三省区交界地域的中心城市，是滇东、黔西南、桂西甚至西南的重要物资集散地，是百色起义之地，一座光荣之城，是广西培育建设的新工业基地。现辖1区11个县，少数民族人口占87%。2011年GDP为680亿元，财政收入85亿元。

百色市是广西面积最大的地级市，自然资源十分丰富，森林覆盖率近60%，动植物种类多，有"土特产仓库"和"天然中药库"誉称。铝土矿储量大，是国家建设的重点有色金属基地之一，水能资源丰富，是国家"西电东送"基地。初步形成了铝加工、电力、冶金、林竹纸、农产品加工、石化、建材、机械制造等支柱产业，百色市工业区、平果工业区、靖西工业区、德保工业区、百色新山铝产业示范区、田东石化工业区、隆林工业区、田林工业区等园区建设取得良好效果。右江河谷是全国闻名的亚热带水果生产基地、南菜北运基地。有名的土特产有芒果、八角、茴油、云耳、香菇、竹笋、蛤蚧酒、白毫茶、桐油、板栗、烤烟、田七、番茄、林下鸡。旅游资源以百色起义旧址、布洛陀遗址、天坑群、通灵大峡谷、多彩民族风情闻名，红色旅游品牌的影响不断扩大。

11. 贺州市

贺州市地处广西东北部，位于粤、桂、湘三省区交界地带，三国时为临贺郡治所，隋改设贺州，2002年撤地改为地级贺州市，驻八步区八步镇，现辖1区3县。2011年GDP为350亿元，财政收入26.5亿元。

贺州市是广西主要林业基地，森林覆盖率约69%。大理石、花岗岩、稀土矿、铁矿、有色金属等矿产有一定的储量。水力资源极丰富，利用有较大成效，建成了广西地级市唯一的独立电网，是全国第一个实现农村初级电气化的地区，是广西最大的烟叶与松脂生产基地、珠江三角洲的蔬菜供应基地。昭平茶叶、松脂和沙田柚，富川脐橙、水牛、钟山烤烟、大头菜，八步红瓜子、信都三黄鸡、芳林马蹄、栗木莲藕、贺州三华李等物产相当有名。电力、林产、矿业、电子、新材料等支柱产业初步形成，食品、制药、建材、农产品加工等传统优势产业竞争力不断提升。旅游资源丰富，集自然风光、人文景观、民族风情于一体，境内有姑婆山、大桂山两个国家级森林公园，国家重点文物保护单位临贺故城，"天下第一洞"碧水岩，"十里画廊"的钟山荷塘风光以及黄姚古镇和富川秀水状元村、明朝古城等，瑶族风情、客家文化富有特色，令人神往。

12. 河池市

河池市位于广西西北部，是大西南出海的大通道的必经之地，也是有名的革命老区之一。2002年撤地设立地级河池市，驻金城江区。现辖1区10县市，少数民族人口占83%。2011年GDP超过500亿元，财政收入超过50亿元。

河池市拥有丰富的资源，有色金属矿种多，锡、锑、铅、锌矿储量居全国前茅，铟矿储量更居世界前列，是中国有色金属之乡。水能资源十分丰富，蕴藏量达1 200万千瓦，占广西水能资源的3/5以上，境内有水电站100多座，有中国水电之乡誉称。有一定优势或特色的产业如有色金属、电力、化工、桑蚕丝绸、长寿食品、建材等发展壮大。境内盘阳河流域的巴马，是世界长寿之乡。存世铜鼓多，是世界铜鼓之乡。蚕茧、茶油、八角、板栗、山葡萄、香猪、菜牛、山羊、墨米、火麻油、乌鸡、藤编、花竹帽等物产享有盛誉。民族风情旅游资源很有特色，如刘三姐传歌之地即宜州下枧河，白裤瑶、布努瑶风情。迷人的自然风光如水晶宫、小三峡，七百弄、凤山地质公园。韦拔群故居、列宁岩、红军楼等红色旅游资源受游人青睐。

13. 来宾市

来宾市位于广西中部，是一个新设立的地级市，将建成广西新型的工业城市和区域性商贸中心，驻兴宾区来宾镇。现辖1区5县市，少数民族人口约占75%。2011年GDP为511亿元，财政收入48亿元。

来宾市区位优势突出，交通方便。象州重晶石资源出口多年居全区首位，合山市煤炭储量多，有"广西煤都"之称，水能资源丰富。电力、黑色有色金属冶炼（铁合金、锰锡铟）、制糖等是来宾的三大支柱产业。来宾市是世界上最大的铟锌冶炼基地之一，是有名的铁合金重要生产基地，有广西最大的火电基地，还是广西甚至全国最大的制糖基地之一。造纸、建材、农副产品加工等工业也具有一定的生产规模的基础。

来宾物产丰富，兴宾甘蔗，金秀八角、茶叶，瑶山灵香草，武宣龙眼、胭脂李、生猪，象州大米、葛粉，忻城蔬菜、金银花等闻名区内外。来宾旅游资源以山地风光、民族风情为主，著名的胜景有金秀圣堂山、瑶都风情，象州花池温泉，忻城壮族莫氏土司衙署，武宣百崖峡谷、文庙等。

14. 崇左市

崇左市是一个新设立的地级市，位于广西西南部，东及东南部与南宁市、防城港市相邻，北部与百色市接壤，有4个县（市）与越南接壤，是以亚热带农业、边境工业、国际商贸、边关旅游、壮族文化和山水园林为特色的现代化区域中心城市。现辖1区6县市，少数民族人口约占89%。2011年GDP为491亿元，财政收入57亿元。

崇左市自然资源丰富。主要矿产有锰、膨润土、稀土等，其中锰矿（大新、天等）、膨润土（宁明）储藏量均居全国首位，有"中国锰都"之称。稀土矿品位高，开发价值大。崇左市是全国重要的蔗糖和亚热带水果生产基地，有"中国糖都"之称。名优特产有大新的龙眼、苦丁茶，宁明、龙州的八角，天等的指天椒，扶绥的剑麻，江州的蔗糖。蔗糖业、锰冶炼加工、边境贸易是崇左市的主要支柱产业。崇左市具有独特的区位优势，是广西边境线最长的地级市（边境线长 533 千米）。各类边境口岸和凭祥综合保税区的设立，大大促进了边境贸易的发展。据统计，2011 年崇左市外贸进出口总额约 46 亿美元，居广西首位。崇左已形成辐射全国和东盟的红木家具、五金机电、纺织服装、水果蔬菜、中草药、矿产品市场等六大贸易集散中心。中国—东盟自贸区凭祥物流园是中越边境口岸上最大的物流园。凭祥浦寨成为中越边境上最大边境贸易城（红木家具交易、果蔬批发）。

南国边关民族风情、自然山水风光、历史文物古迹、珍稀动植物是主要的旅游资源。大新德天瀑布、宁明花山岩画、龙州红八军军部旧址、友谊关、左江景点引人关注。

六、广西的明天会更好

1. 明显的区位优势：西南出海的通道和中国东盟连接的中心

广西背靠祖国大西南，面向东南亚，地处我国华南经济圈、西南经济圈与东盟经济圈的接合部，与我国东部、中部和西部三大地区相连，是多区域合作的交汇点，是国内市场和国际市场交汇点。具有独特的沿海、沿边、沿江的区位优势，是西南地区最便捷的出海通道，有东部的活力，兼西部的魅力，战略地位十分重要。

沿海优势。属广西地域的大陆海岸线长 1 595 千米，岛屿海岸线 600 多千米。海岸线曲折，港湾众多，可供开发的港口有 20 多个。已开发和继续开发的如防城港、钦州港、北海港、珍珠港、企沙港、大风江港、铁山港等规模较大，且地理位置优越，对外可通达东南亚、南亚、西亚甚至欧洲和非洲，对内通过铁路、公路直达大西南各省区，是大西南腹地走向世界最便捷的出海口。

沿边优势。广西有 1 020 千米边界线与越南相接，其中陆地边界线长 637 千米。东兴市、防城区、宁明县、凭祥市、龙州县、大新县、靖西县、那坡县等八个县市区与越南 3 省 10 多个县接壤。目前边境线有边境开放城市凭祥市及东兴市 2 个，开放口岸 12 个，其中凭祥、友谊关、东兴、水口（龙州县）、龙邦（靖西县）、平孟（那坡）等口岸为国家一类口岸，边境贸易点 61 个，它们都有公路与越南公路相通。南宁至友谊关高速公路建成，大大加快出入境的速度。湘桂铁路在友谊关与越南铁路连接，火车可直达越南首都河内市。德保至靖西铁路开通，又增加了 1 条通向越南的铁路线。可见，广西也是大西南乃至中南部分省份直往东南亚的重要陆路通道。

沿江优势。珠江水系的西江，在广西境内流域面积占广西总面积 86%，年平均总水量约 3 200 亿立方米。其干流及支流沿岸的大小城市如梧州市、柳州市、桂林市、南宁市、贵港市、桂平市、来宾市、崇左市等发展迅速，成为各地域的经济中心，有力地带动了区域经济的发展。沿江年吞吐能力达万吨以上的内河港口有 70 多个，其中贵港、梧州港吞吐能力较大，南宁市经贵港市的航道可通 2 千吨级船队直航梧州至粤澳港。随着对西江水道整治范围的扩大,以西江航运干道为主通道,红水河、右江、左江、柳江、黔江、桂江水运航道畅通,上连滇黔、下达粤澳港的内河水运出海通道形成为期不远,"黄金水道"的西江更名副其实。

2. 丰富的资源

广西拥有丰富多样的资源。中国民主革命的先行者孙中山在20世纪就已明确指出,广西"开发起来,就可以改变贫穷落后的面貌"。

第一,土地广阔,类型多样。广西土地面积居全国第9位,是土地面积较大的省区。且土地类型多,各有特色,为发展多种生产、进行多种经营提供了许多有利条件。这是一些纯平原区域无法相比的优势。

第二,气候资源优越。广西属典型的亚热带季风气候区,气温高,热量丰富,雨量充沛,雨热同季,无霜期长,适合多种物产的种植,有利于农林牧副渔业的发展。

第三,水资源丰富、水资源蕴藏量极大。据统计,广西多年平均水资源量达1 880亿立方米,占全国水资源的6.4%,居全国第4位。人均水资源占有量约4 000立方米,比全国人均占有量多1倍。水资源理论蕴藏量较大,可开发装机容量达1 751万千瓦。尤其是我国水电的"富矿"红水河,整个河段规划可建十个梯级水电站,全部建完总装机容量超过1 000万千瓦,年均发电量500亿至600亿度。

第四,矿产资源独特。广西矿产资源丰富,种类多,储量大,分布集中。已发现矿产145种,探明储量的有97种,产地1 500余处,有64种矿产保有储量居于全国前10位,有12种居全国第一位。其中有色金属矿产最富有,素称"有色金属之乡",是国家十个重点有色金属产区之一。如锑矿储量居第1位;锡矿储量居第2位;铝土矿储量居全国第2位。黑色金属中的锰储量占全国储量的39%,居全国第1位。能源矿产也有良好的发展前景,如右江盆地油气、沿海地区和北部湾油气、南宁盆地油气、宁明盆地油气潜力很大。此外,非金属矿产也十分丰富,如砷矿、膨润土、水泥配料用页岩、水泥配料用泥岩等储量居全国第1位。石灰岩、滑石、高岭土等储量也居全国前列。

第五,海洋资源丰富。如海洋空间资源、浅海滩涂资源、海洋渔业资源、海洋矿产资源、海洋能源资源、海洋化学资源、滨海旅游资源,这是其他西部省区无法具有的特色资源,开发潜力巨大,前景广阔。

第六,旅游资源得天独厚。广西拥有秀丽的山水风光旅游资源、古朴多彩的民族风情旅游资源、神秘的边关风情旅游资源、悠久的文物古迹旅游资源、亚热带的滨海旅游资源、生机盎然的森林旅游资源。

第七,植物资源种类繁多。据统计,已发现野生植物有8 354种,仅次于滇、川,居第3位。受国家重点保护的珍稀濒危植物有123种,其中金花茶、银杉、望天树、桫椤属国家一级保护植物。此外,野生水果、中草药植物(4 000种)、淀粉植物、化工原料植物、油料植物、纤维植物、芳香植物等种类较多，栽培水果资源也十分丰富，有110种，约700个品种品系，其中亚热带热带果树达500多个品种品系，沙田柚、香蕉、菠萝、柑橘、荔枝、龙眼等产量居全国前列。

第八，动物资源丰富。据统计，广西已发现的陆栖脊椎野生动物有929种，约占全国总数的43.3%；野生鱼类有700多种，其中海洋鱼有500多种，淡水鱼200多种。此外，家禽家畜品种达29种。目前受国家重点保护的野生动物有150种，其中一级保护动物26种，二级保护动物124种；受自治区重点保护的野生动物有147种。从动物学分类看，既有灵长类、兽类、鸟类，也有两栖类、爬行类。

第九，森林资源丰富。2011年，广西森林覆盖率已由2005年的52.7%提高至60.5%，广西森林覆盖率相当于全国平均水平的3倍，森林总面积2.16亿亩。森林分布地域北部多于南部，四周多于内部，桂北、桂东、桂西北是广西的三大林区，其面积和木材蓄积量分别占全区的46%和70%。从用途上分，森林主要分用材林、经济林、防护林、薪炭林。用材林以杉林、松林、竹林、桉树林为主，经济林主要有油茶、油桐、茶叶、八角、玉桂、板栗等。近年，珍贵树种的适地种植逐步展开。

3. 党中央国务院的英明决策

党中央、国务院高度重视广西发展。改革开放以来，国家相继作出了一系列促进广西开放开发的重大决策。

1978年12月，召开了党的十一届三中全会，这是建党以来党的历史上具有深远意义的伟大转折。会议确定了党的工作重点转移到社会主义现代化建设上来。此后改革开放的春风吹遍祖国各地，广西也从此进入改革开放的新时期，出现了日新月异的变化。

1981年1月，国务院批准将开发红水河列入"六五"计划和长远规划，明确开发红水河的方针：以发电为主，兼顾防洪、航运、灌溉、水产、生态等综合利用效益。整个红水河段规划建设10个梯级电站，至今已建成9座，1座在建。2001年7月1日开工建设的龙滩水电站，是国家"十五"计划的重点项目，是国家实施西部大开发和"西电东送"战略的标志工程。

1983年10月，国务院批准北海市改为自治区直辖，升级为地级市。1984年4月，党中央国务院确定北海市为全国14个开放沿海港城市之一，规定国家在引进外资进口物资及关税方面实行优惠政策。北海市成为广西对外开放的窗口。1985年，同意钦州、梧州、玉林等市（县、区）享受沿海经济开放区政策。

1992年初，邓小平发表视察南方的重要讲话，掀起了新一轮改革开放高潮。5月党中央下文件首次明确提出："要充分发挥广西作为西南地区出海通道的作用。"从此，广西大大加快了西南地区出海通道基础设施工程和建设步伐。

1999年，党中央高瞻远瞩，总揽全局，做出实施西部大开发战略，加快中西部地区发展的重大决策,把广西纳入西部12个省区市,享受西部大开发国家给予的各种优惠政策,这是广西腾飞又一次千载难逢的历史机遇。(西部大开发的范围主要包括重庆、四川、贵州、云南、西藏、陕西、甘肃、青海、宁夏、新疆、内蒙古、广西12个省区市。整个西部地区国土面积约占全国国土总面积的71%,1999年年末人口约占全国的29%,其中少数民族人口占全国的75%左右。)

2002年,党中央和国务院又决定与东盟各国进行谈判,成立中国—东盟自由贸易区,这一重大决策又给拥有地缘优势的广西未来发展带来了千载难逢的好机遇。广西是中国进入东盟的桥头堡。

2003年10月,国务院总理温家宝在第七次中国和东盟(10+1)领导人会议上庄严宣布,中方建议从2004年起每年在壮乡首府南宁举办中国—东盟博览会、中国—东盟商务与投资峰会。这有利于加强中国与东盟的交流合作,这是广西又一千载难逢的发展良机。

2008年年初以来,中国政府先后批准实施了《广西北部湾经济区发展规划》,批准设立了广西钦州保税港区、广西凭祥综合保税区、南宁保税物流中心,赋予北海出口加工区保税物流功能,把广西北部湾经济区开放、开发上升为国家发展战略。

2009年12月7日,《国务院关于进一步促进广西经济社会发展的若干意见》(以下简称《意见》)批准实施。《意见》提出将广西划分为北部湾经济区、西江经济带和桂西地区三类区域,要求通过实施"两区一带"的区域发展总体布局,实现区域互动、协调发展。并从广西的区情和发展的阶段性特征出发,确定广西新时期发展四个方面的战略定位:打造区域性现代商贸物流基地、先进制造业基地、特色农业基地和信息交流中心;构筑国际区域经济合作新高地;培育我国沿海经济发展新的增长点;建设富裕文明和谐的民族地区。为了支持广西发展,《意见》从多个方面提出了具体的措施,如明确了一些有针对性的扶持政策,支持广西加强重大项目建设,强调要充分调动国务院各部门、各省区市的积极性,支持和鼓励"省部共建"、对口支援、定点帮扶,达成共识与合力,全面促进广西经济社会又好又快发展。

2009年12月,国务院确定,"建设桂林国家旅游综合改革试验区"。这是中国首个以城市为单位建设的国家级旅游综合改革试验区,这给广西桂林的发展带来了更大的机遇。

2010年6月,国家明确提出"积极建设广西东兴、云南丽江、内蒙古满洲里等重要开发开放试验区"。这表明北部湾经济区后又一纳入国家战略层面的开发项目诞生。同年,《北海涠洲岛旅游区发展规划》通过国家旅游局组织的专家评审,标志着国家和广西方面把涠洲岛建成"国内一流、国际知名"国际休闲旅游岛的战略已经拉开序幕。

与此同时,中央国务院批准设立中国东兴—越南芒街跨境经济合作区、中国凭祥—越南同登跨境经济合作区、中国龙邦—越南茶岭跨境经济合作区,中国马来西亚钦州产业园区,作为中国—东盟自贸区的深化,它们将为中国与东盟各国的合作提供可借鉴的参考模式,对广西进一步开放合作起到积极推动作用。

4. 自治区党委、人民政府抓住机遇，适时调整发展战略，确定发展思路，推出重大举措

1992年6月区党委、政府提出了自治区"三三二"发展战略，即确定沿海"金三角"（北海、钦州、防城）为重点，带动"三沿"（沿海、沿边、沿江）对外开放；办3个试验区，即玉林地区城乡综合改革试验区、柳州市城乡综合改革试验区、桂林旅游开发试验区；搞好2个开发带，即右江河谷开发带和红水河以水电为重点的综合开发带。

1997年10月区党委又结合广西实际，提出了实施区域经济、开放带动、重点突破"三大战略"，及实施思想认识、经济结构优化、经济体制转换、对外开放、科技与经济结合、人才培养引进使用的新突破共"六大突破"发展思路。这是广西加快改革开放和经济发展步伐的重大举措。

2000年6月，区党委又推出广西实施西部大开发战略的重大举措，归结起来就是做好5篇文章：一是水的文章（水利基础设施建设）；二是路的文章（交通基础设施建设）；三是生态文章（生态环境保护还耕还林草）；四是产业结构调整文章（发挥优势，开发重大资源和结构调整）；五是科技教育和人才的文章，把广西建成中国西南最便捷的出海通道和国家"西电东送"重要基地、中国西南部商贸运输信息中心、中国与东南亚亚太地区开展经济技术合作的重要桥梁。

2001年，区党委、政府又提出了"富民兴桂新跨越"的策略，富民就是使各族人民实现小康到富裕的历史性跨越；兴桂就是使广西实现从后发展地区到社会主义现代化省区的历史性跨越，为广西今后的发展提出了明确的方向。并倡导在广西、云南、贵州三省区建立南（宁）贵（阳）昆（明）经济区，使国家将这一经济区列为实施西部大开发战略的重要内容。

2002年，区党委区政府又积极建议，要求国家把广西作为中国—东盟自由贸易区实验区的一部分，参照世界上其他自由贸易区的通行做法率先运作，为最终全面建成贸易区奠定基础。同时提出广西构建现代物流中心的构想。

2004年，广西加快融入泛珠三角经济圈，积极响应并参加首届泛珠三角区域（"9+2"即福建、江西、湖南、广西、广东、海南、四川、云南、贵州9省区和香港、澳门特别行政区）论坛及经贸洽谈会，把它作为广西实施对外开放战略，全方位融入泛珠三角区域合作的重要平台。

2005年，区党委政府提出要建设"富裕广西、文化广西、生态广西、平安广西"为目标的和谐社会。2006年11月，区党委提出今后一段时期的奋斗目标是加快富民兴桂新跨越步伐和全面建设小康社会进程，努力建设富裕文明和谐新广西，即经过全区各族人民的艰苦奋斗和不懈努力，把广西建设成为经济发展、人民富裕、民主进步、法制健全、文化繁荣、民族团结、社会安定、环境优美的新广西。

2006年，自治区党委政府提出广西北部湾经济区设想。为推动北部湾开放开发，广西成立了统筹管理机构——北部湾经济区规划建设管理委员会，统一谋划广西沿海开放开发。还专门颁布实施了《广西北部湾经济区条例》，出台了《关于促进广西北部湾经济区开放开发的若干政策规定》等政策法规。这些创新举措，大大增强了区域协调发展的能力。

2007年，区政府成立广西北部湾国际港务集团有限公司，整合港口资源，提高港口竞争力。不久，广西沿海三港统一使用"广西北部湾港"名称。同时，创立了北部湾银行，组建北部湾投资有限公司，搭建服务经济区开放、开发的融资平台。

2008年10月，自治区党委与政府提出打造西江亿吨级"黄金水道"的决策，该项目计划投入740亿元，使内河总吞吐能力达到10 627万吨以上，基本建成一批枢纽船闸和主要航道，进一步提升西江水运整体通过能力，成为广西内河连接珠三角经济圈和北部湾经济区的水上"大动脉"。

○ 2008年10月29日，决定全力打造广西内河亿吨级黄金水道，推动区域经济协调发展。2009年8月21日，广西壮族自治区西江黄金水道建设领导小组办公室正式挂牌成立，标志着西江黄金水道开发建设进入了全面实施阶段。9月出台《关于打造西江黄金水道促进区域经济协调发展的若干意见》。2010年3月1日，自治区政府批准实施《广西西江黄金水道建设规划》，明确了建设目标和前景：到2012年，新增内河港口吞吐能力超过7 700万吨，总吞吐能力达到1亿吨以上，基本建成贵港至梧州2 000吨级航道、右江1 000吨级航道、柳黔江500吨级航道、红水河500吨级航道和桂平二线船闸，亿吨黄金水道初步形成。2020年前，将连接南宁、贵港、梧州、百色、来宾、柳州、崇左7市共1 480千米的内河水运主通道全部建成为1 000吨级以上航道，其中南宁、来宾、柳州以下建成2 000吨级航道，贵港以下建成3 000吨级航道。

2009年，自治区党委、政府出台的《关于做大、做强、做优广西工业的决定》，明确要优先重点发展14个千亿元产业，大力发展四大新兴产业，形成"14+4"的产业集群。即未来10年，广西要打造食品、汽车、石化、电力、有色金属、冶金、机械、建材、造纸与木材加工、电子信息、医药制造、纺织服装与皮革、生物、修造船及海洋工程装备等14个千亿元产业，以及新材料、新能源、节能与环保、海洋等4个新兴产业。

2011年，区十次党代会又作出实现富民强桂新跨越的战略部署，提出加快建设西部经济强区、民族文化强区、社会和谐稳定模范区、生态文明示范区、民族团结进步模范区的要求。

自治区党委自治区政府多次组织进行思想解放大学习大讨论，实现在改革开放的过程中，人们的思想观念也要与时俱进，用新的思想观念，新的发展思路，解决实际工作中遇到的新问题。

同时，在自治区党委和政府的统一部署下，广西多次集中时间，集中人力、物力、财力，主要以会战形式，突出解决一些地方经济社会发展相对滞后和基础设施建设落后问题，取得了令人瞩目的成就，得到当地百姓普遍赞誉。如 1997—2000 年，广西在贫困地区进行生活、出行等方面的会战；2000 年边境建设大会战；2003 年东巴凤基础设施建设大会战；2004 年实施沿海基础设施会战，改善投资环境；2006 年沿海基础设施第二次大会战；2007 年大石山五县（都安、大化、隆安、马山、天等）基础设施建设大会战；2008 年桂西五县（三林、乐业、凌云）大会战；2008 年边境八县兴边富民基础设施建设会战。2008—2010 年桂西北少数民族村寨防火改造工程。

○ 2000 年 8 月，区党委、政府针对广西边境地区基础设施薄弱，严重制约了当地生产力的发展，果断决定开展边境建设大会战（办 24 件实事，共 17 518 个工程项目，涉及交通、教育、卫生、通水、通电、广播电视、茅草房改造、文化站建设），用两年时间解决边境地区基础设施滞后问题。随着制约边境地区经济发展的薄弱环节的突破，边境地区人民群众的生活水平和质量会有进一步的提高，边境地区的开放开发与发展会有更好的环境。

○ 2003 年，区党委区人民政府又决定开展东兰巴马凤山基础设施建设大会战，以改变该革命老区、民族地区长期以来基础设施落后严重影响当地社会经济发展的状况。

5. 广西各族人民齐心协力、艰苦创业

新中国成立以后，特别是党的十一届三中全会以来，广西各族人民在中国共产党领导下，高举马列主义、毛泽东思想、邓小平理论伟大旗帜，认真学习贯彻江泽民同志"三个代表"重要思想，贯彻落实科学发展观，不断解放思想，开拓进取，抓住机遇，并团结拼搏，艰苦创业，开创了经济发展、政治稳定、民族团结、社会进步的良好局面。

广西具备了进一步发展的基础和经济实力。主要表现在，以制糖为主的食品产业、以铝为主的有色金属产业、以微型汽车为主的汽车产业、以炼油为主的石化产业、以钢铁为主的冶金产业、以工程机械为主的机械产业、以电源为主的电力产业等逐步成为引领工业发展的支柱产业。2014 年，产值超过千亿元的产业有食品、汽车、冶金、石化、机械、有色、电力、建材、造纸与木材加工、电子信息。目前，广西已初步建成我国重要的制糖基地、铝工业基地、锰加工基地、水电基地和林浆纸一体化基地。食糖、微型汽车、轮式装载机、柴油内燃机等产品市场占有率在全国排第 1 位。糖料蔗、桑蚕、木薯、木材等产量均居全国第 1 位。特色农业成绩显著。据统计，2014 年广西地区生产总值为 1.5 万亿元，财政收入为 2 160 亿元，为创造更加美好的明天奠定了坚实的基础。我们坚信广西的明天一定会更加美好！

然而从总体上看，广西仍是一个后发展、欠发达地区。广西生产总值占全国的比重偏低，工业化率远低于全国的平均水平。此外，在市场化程度、对外开放水平、城乡居民生活质量、教育科技文化卫生、城乡公共服务保障水平等方面，广西亦与全国其他省区存在一定差距。因此，作为广西人，在不可多得的罕见机遇面前，我们要不甘落后、不怨天尤人，要推进改革、谋划发展、制定目标，要奋起直追、勇于赶超，目标才能实现！

第二章　广西各兄弟民族与民族区域自治制度的实施

一、广西各兄弟民族概况

广西壮族自治区是多民族聚居的地区，世居民族有壮、汉、瑶、苗、侗、仫佬、毛南、回、京、水、彝、仡佬12个，另有布衣、满、蒙古、土家、黎、朝鲜、藏、维吾尔等二十多个其他民族成分。2010年年末，自治区总人口约5 159.46万，其中少数民族人口1 957.56万，占37.94%。少数民族分布地区约占广西面积的60%，少数民族主要集中在桂西、桂西南、桂西北，以左、右江和红水河流域的百色市、河池市、崇左市、来宾市和南宁市、柳州市、防城港市为多；与汉族杂居在桂南、桂东南地区的少数民族较少。郁江、浔江以南至北部湾的桂南、桂东南主要居住着汉族人口，其中玉林市、北海市、梧州市、钦州市、贵港市、贺州市为多；桂东北的桂林市汉族人口也不少。

（一）壮族

1. 壮族在广西壮族自治区的分布

壮族是我国人口最多的少数民族，主要分布在广西壮族自治区、云南省、广东省和贵州省。其中广西的壮族人口占全国壮族人口的90%以上。壮族是广西壮族自治区的主体民族。据2010年的人口普查统计，广西壮族总人口为1 658.72万，占广西总人口的32.15%。壮族主要聚居在百色市、河池市、崇左市、来宾市、南宁市、柳州市所属行政区域，少数杂居于桂林市、钦州市、防城港市、贵港市、贺州市所属行政区域。南宁市辖区、兴宾区、靖西县、武鸣县、贵港市辖区、都安县、宜州市、平果县、横县、天等县、柳江县的壮族人口均在40万以上。靖西县、天等县、德保县、大新县、隆安县、龙州县、忻城县、平果县、那坡县、田阳县、上思县、武鸣区、田东县、东兰县、凭祥市、上林县、扶绥县、江州区的壮族人口占所在行政区域总人口的80%以上。宁明县、马山县、柳江县、环江县、宜州市、大化县、右江区、金城江区、都安县、象州县、合山市、巴马县、兴宾区、武宣县、西林县、田林县、凤山县、天峨县、隆林县、柳城县、乐业县等壮族人口占所在行政区域总人口的50%以上。鹿寨县、金秀县、罗城县、横县、融安县、凌云县等壮族人口占所在行政区域总人口的30%以上。靖西县的壮族人口所占比例最高，达99.71%。壮族人口所占比例低于30%，但壮族人口数超过10万人的有贵港市辖区、钦州市辖区、防城港市辖区、宾阳县、柳州市辖区、桂平市。壮族人口的分布具有大聚居小杂居的特点。

2. 壮族族称

壮族是广西的土著民族，历史悠久，源远流长。据文献记载，秦代前后，生活在广西这片热土上的是古代越人的支系"西瓯"和"骆越"。他们是壮族的先民。东汉至唐宋，壮族先民又以"乌浒人""俚人""僚人""土人""撞"（"僮"）等称呼见于史籍中。元朝时又有"撞人""撞民"之称。明清时期，各地壮族族称多达二十多种，如"僮""佷""佯""沙""侬""布壮""布沙""布侬""布曼""布板""布傣""布班""布崇""布陇""布土""布妥""布偏""布衣""布越""布越伊""布叶伊""布纳"等。新中国成立后，经过民族调查识别，并尊重各种自称的人们意愿，统一称为"僮族"。

由于"僮"为多音字，而且含义不太清楚，易引起误会。1965年，周恩来总理建议把"僮族"的"僮"字改为"壮"，"僮族"称"壮族"。"壮"有健壮、茁壮之意，意义好，又不会使人误解。这一符合壮族人民心愿的建议得到了壮族人民的拥护。同年10月12日，国务院作出批复，正式将"僮族"称为"壮族"。

3. 壮族语言文字

壮族有自己的语言即壮语，壮语属汉藏语系壮侗语族壮傣语支。根据壮语语音特点和词汇差异，可分为北部方言和南部方言两大方言。北部方言没有送气音，南部方言有送气音。两大方言大抵以郁江、邕江、右江为分界线，延伸到云南文山壮族、苗族自治州一带。北部方言又分桂北、柳江、红水河、邕北、右江、桂边、邱北（云南境内）、连山（广东境内）等八个土语区，使用北部方言的人口占壮族全部人口的70%；南部方言有邕南、左江、德靖、砚广与文麻（云南境内）等五个土语区。要指出的是由于南部方言区在地域上与越南接壤，越南的侬族、岱族又与壮族同源，语言可相通。还有泰语、老挝语、缅甸掸语也与壮语有着密切的关系，它们都属于壮侗语族壮傣语支。

说到文字，可追溯到唐代，那时壮族先民借用汉字的形、声、义，创造了一种叫"土俗字"的方块字（古壮字1万多，正体字近5 000个）。这种文字，兴于宋而盛于明清。由于没有达到规范化，没有在本民族通用，只在民间用来记录经书、民歌。新中国成立后，党和人民政府为了提高壮族人民的科学文化水平，大力支持关怀壮族人民创造本民族的文字即拼音壮文。这套拼音壮文以拉丁字母为字母，以壮族北部方言为基础方言，以武鸣县的壮语语音为标准音。1957年11月29日，国务院通过了壮文方案，并批准在壮族地区推行。至此，壮族人民有了合法的、统一的文字，结束了有语言而无正式文字的历史。目前，广西很多的党政机关、社会团体、企事业单位、学校等部门的印章和牌匾使用了壮、汉两种文字书写。我们天天接触的人民币上印有壮文"中国人民银行"字样。

4. 壮族民间文学与戏剧

壮族民间文学，内容丰富，多姿多彩，至今仍受人们的喜爱和称赞。

民间文学流传最多的是民间故事，有神话故事，有英雄人物故事，有爱情故事，有山水动植物故事，等等，内容广泛，形式多样，形象生动，流传甚广。如《姆六甲》《布洛陀》等创世神话故事，就长期流传于红水河和右江流域的壮族地区。姆六甲是壮族神话中的始祖神、创世神，反映壮族祖先母系社会的斗争生活面貌，体现母系的巨大权威。布洛陀为第二代始祖神，反映的是壮族原始父系社会人类的生活和斗争。现经整理出版的《布洛陀经诗》，分8篇25章，共5741行。集流传神话、唱本之大成，以诗的语言和形式，生动描述了布洛陀造天、造地、造太阳、造日月星辰、造火、造谷米、造牛等的"造化"过程，告诉人们天地日月的形成、人类的起源、各种农作物和牲畜的来历，以及远古时期人们的生活习俗等，是壮族的一部古老而又内容丰富的创世史诗，是壮族民间文学的巨大成就。英雄人物故事如《布伯的故事》《候野射太阳》《岑逊王》《莫一大王》《侬智高》《瓦氏抗倭》等也普遍流传于广西壮族聚居的地方。

壮民歌是壮族民间文学的另一种流行形式。壮乡有"歌海"之称。民歌内容丰富，有引歌、古歌、劳动歌、时政歌、习俗歌、生活歌、情歌、历史传说故事歌、儿歌。形式独特多样，韵律自然有序，优美动听。"歌王""歌师""歌手"，层出不穷，被誉为"歌仙""歌圣"的刘三姐更是其中的杰出代表。每年"三月三"歌节（歌圩），是壮族最隆重的传统民歌集会，来自四面八方的男女老少，聚集到歌圩，对歌、赛歌、赏歌。如武鸣三月三歌圩、田阳敢壮山歌圩、横县邓圩歌圩。"壮族文明在歌中起源，在歌中得以传承"。1999年开始，一年一度的"南宁国际民歌艺术节"吸引了众多国内外著名的歌手和艺术家莅临进行民歌艺术交流；壮民歌艺术正在走向全国，走向世界，壮民族的传统节日愈加焕发青春，充满时代气息与活力。

○ 壮族人民能歌善唱，右江一带称为"欢"，左江一带称为"诗"，桂北一带称为"比"和"欢"，都是唱山歌的意思。壮族歌圩是壮族群众在特定时间、地点举行的唱山歌会。广泛流传于南宁市良庆区、邕宁区、横县、马山县、上林县、隆安县以及百色市、河池市、柳州市等广大壮族地区。它是壮族节日聚会、男女青年社交的场所，除了赛歌赏歌、对歌定情外，还兼有抛绣球、演壮剧等丰富的曲艺、体育、游戏、文娱活动。

壮族民间传统的戏剧有师公戏、壮戏。师公戏流行于桂中，以兴宾、忻城、武宣、象州等地为盛，已由娱神的宗教文艺变成世俗的演唱，成为壮族人民所喜闻乐见的一种表演艺术。壮戏分北路壮戏、南路壮戏等流派，其中北路壮戏流行于百色、田林、西林、凌云等地，南路壮戏流行于德保、靖西、那坡、天等、大新等地，它包括流行于靖西、德保的壮族提线木偶戏和马隘壮戏。

5. 铜鼓文化

广西是古代生产和使用铜鼓的重要地区之一。约在春秋末战国初，生活在广西的壮族先民骆越人就开始铸造和使用铜鼓。这从田东县出土的三面铜鼓（属春秋晚期）得到证实。《后汉书·马援传》记载：（马援）于交趾得骆越铜鼓；《水经注·温水》则说：盖籍度铜鼓，即骆越也。有铜鼓，因得其名。这是关于骆越人铸造和使用铜鼓的最早记载。此后历经发展，至今仍在壮乡一些地方使用。

据不完全统计，广西有铜鼓出土的县市70多个，各级文物博物馆所收藏的铜鼓600多面，民间收藏的难计其数。面径165厘米，高67.5厘米，重达300千克的"铜鼓之王"就在广西北流市出土，珍藏于广西壮族自治区博物馆。广西是中国乃至世界收藏铜鼓最多的地区，不愧为铜鼓的故乡。

广西的铜鼓依照其具体形状及纹饰的不同，可分为滇桂系统和粤桂系统（共八种类型）。滇桂系统铜鼓主要分布于桂西和桂西南，粤桂系统铜鼓主要分布于桂东和桂东南，桂中南则两个系统都有发现。

据资料统计，目前全世界馆藏传世铜鼓2 400多面，其中我国馆藏量1 400面，广西馆藏量600多面，自治区博物馆收藏344面。河池市民间收藏1 400余面，东兰县民间现存量就达612面，中国最大民间铜鼓收藏馆在东兰建成，今收藏铜鼓150余面。

各种类型的铜鼓，不论大小，均有面空腹无底，胸凸腰凹。铸造工艺十分高超，通体用铜合金铸成，厚薄均匀，至今仍难仿制。鼓面上有光芒四射的太阳纹，近边围处铸有伏蛙、蛇斗蛙、马、骑士、牛、牛拉橇、龟、鸟等立体饰物；鼓身的各个部位有鹿纹、船纹、羽人纹、兽纹、云雷纹、方格纹、水波纹、圆圈纹、钱纹、席纹等纹饰；且各种饰物与纹饰还有着丰富的民族文化内涵。总之，一面铜鼓就是一件综合的精美的有浓郁的民族地方特色的文化艺术品。今天壮族的蚂蚜节、彝族的跳弓节、瑶族的达努节及欢度新春和砍牛送葬等等，都使用铜鼓，铜鼓是历史长河沉淀下来的"活化石"。

此外，壮族乐器天琴、葫芦琴、七弦琴、马骨胡、啵咧、八音鼓、边鼓、蜂鼓等至今仍在壮族部分地方流行。

○ 天琴，是壮族最古老的乐器之一，有上千年的历史，壮话称为"鼎叮"，用葫芦制作，音色甜美、圆润，以龙州天琴著名，它流行于广西龙州、宁明、凭祥、防城港一带。天琴由琴杆、弦轴、琴马、琴弦和用葫芦壳制作的琴鼓组成，可独奏、合奏或为歌舞伴奏，演奏者通常佩戴脚铃随节拍晃动。关于天琴有一段民间传说：据说百越壮族先民妈勒到天边寻找太阳，妈勒根据一位仙翁的提示，用葫芦做琴筒、用拐杖做琴杆、用仙翁的胡须做琴弦，制作了一把琴。一路上妈勒弹着这把天琴，消除旅途劳顿，最终追赶上太阳，为壮乡带来了光明和快乐。天琴的名作有《唱天谣》。现改良的龙州天琴，琴音清亮、圆润、甜美悦耳，琴身将壮族铜鼓、绣球、青蛙等壮族文化元素融为一体，具有较高的演奏性、观赏性与收藏性。

6. 左江崖壁画

在左江和其部分支流的沿岸及其附近的峰林石山的悬崖峭壁上，至今保存着一幅幅壮族先民在战国至东汉时用赭红色颜料绘制的内有人像、器物、动物及自然物图像的崖壁画，这些崖壁画统称左江崖壁画。它对研究壮族古代历史、文化具有重大学术价值。

左江崖壁画画面一般距江面20米至60米，最高的约120米，最低的达12米。规模最大的崖画，图像分布范围高约50米，宽172米，图像数量多；最小的不到1米，仅有一个图像。在众多的图像中，人像最多，最大者有3余米高，最小者只有30余厘米，多数身高居于60厘米到100厘米之间。画像色彩鲜明，线条简约，形象古朴，作风粗犷。

据考察统计，至今在左江流域地区已发现崖壁画地点84个，共183处，287个画组，分布范围包括江州区、扶绥县、龙州县、宁明县、大新县、凭祥市等区县市，连绵长达200多千米。其中以宁明县驮龙乡耀达村明江东岸的宁明花山崖壁画和龙州县响水乡棉江村左江右岸的龙州花山崖壁画的场面最为壮观。

宁明花山崖画是左江崖壁画的代表。画面高约50米，宽172米，面积约8 000平方米，有1 900多个图像，包括人、马、铜鼓、刀、剑、钟、船、道路等，其中大小人像有1 300多个，高者3米余，矮者30厘米，多数在60厘米到150厘米。高大者腰挂环首刀，正面或侧身的小人物则双手屈肘向上呈倒"八"字状，下肢曲蹲，围绕高大者做舞蹈动作。整个崖画场面恢弘，气势粗犷雄伟，形象地体现壮民族悠久灿烂的历史文化，是壮民族珍贵的历史遗产。

左江崖壁画具体作于何时？先人为何在临江峭壁上作画？为何独选赭红色颜料？为何崖画历经沧桑风吹雨打日头晒而不褪色？用何工具作画？先人怎样登上悬崖峭壁作画？如何更好地保护"国内岩画所无，世界岩画罕有"的左江崖壁画？至今仍是各持己见，众说纷纭。我们期待着这些谜团能解开。

7. 壮锦和绣球

壮锦是壮族人民传统的编织实用工艺品，用麻纱或棉纱和杂色丝线织造而成。壮锦图案纹饰别致多样，有喜狮滚球、蝴蝶恋花、鱼跃龙门、双龙戏珠、喜鹊闹梅、凤戏牡丹、鸳鸯戏水、福禄寿喜、双凤朝阳等寓意吉祥的图案；有鸟兽虫鱼花草日月云水等自然万物的形象；有水纹、方格纹、几何纹等传统纹饰。编织配色（红绿蓝黄紫）技艺精巧，色彩斑斓，清淡素雅，花而不俗，素而不寡，有很强的艺术感染力，给人以美的享受。壮锦常用作被面、床单、背带、腰带、头巾、围巾、背包、挂包、窗帘、台布、花边、壁挂、锦屏等，有很高的实用价值。

壮锦生产历史久远。从贵港市西汉墓出土的遗物看，当时就已存在。宋时，四川设"蜀锦院",曾仿制八桂织锦工艺织成"广西锦"。明朝中期,被列为贡品。至清代,更名扬全国,被列为我国四大名锦(蜀锦、宋锦、云锦、壮锦)之一。故宫博物院珍藏的四幅壮锦被面就是当年的贡品。壮锦也开始见于史书,"壮锦,各州县出……壮人贵之。""凡贵官富商,莫不争购之"。现在,既有传统特色又充满时代气息的壮锦仍深受国内外游人的青睐与喜爱。

壮绣是在布料上用彩色丝线绣出各种图案纹样。壮族妇女不仅喜爱刺绣,而且大多是刺绣能手。其刺绣的对象涉及面广,图案内容丰富多彩。绣球(飞驼)是壮绣的精品。

绣球制作历史悠久。宋人周去非《岭外代答》记载:男女聚会,各为行列,以五色结为球,歌而抛之,谓之飞驼。绣球多仿柑橘或柚子的结构制成,用以作祈年之物,青年男女定情之物,或供男女青年作文体活动之用。壮家妇女先用纸壳或多层布制成柑橘瓣状,并在每瓣上用色丝或加上色布绣成各种精美活泼富有深意的花纹和图案,然后按6或8或12瓣等组合结成球状,再在绣球的上端系一条便于投掷的彩带,下端系一条五彩的丝穗,使绣球抛在空中带来观赏好效果。如今,"绣球之乡"靖西县旧州镇制作的绣球结构独特,选料考究,手工精制,小巧玲珑,色彩鲜艳,被称为"广西绣球之上品",名声享誉海内外。龙胜、柳州、桂林等地还在用料或外形或绣球填充物等方面作了研究改进,满足了不同层次游客的需求。

此外,在上林三里镇壮族民间流行一种绣饰物"渡河公",又名为"渡老头公",壮语意即"渡灾爷爷"。百色壮族流传久远的一种吉祥绣饰物"麽乜",造型是勇士拥抱龙珠,寓意是守护太阳、拥抱希望,祝福佩戴的人平安吉祥,一度失传,现在又逐渐回到人们的生活中。

8. 壮民俗民风

居俗　历史上壮族多以"干栏"建筑为主,至今生活在山区的壮族仍保持此居住习惯。

"干栏"式建筑通常由上层、下层、阁楼三部分组成。上层住人,入门是堂屋,堂屋后是火塘,供做饭取暖用;有三开间或五开间或七开间住房。阁楼储藏粮食。下层则圈养家禽家畜,或堆放农具和杂物。由于楼下圈养禽畜,臭气上升,十分不卫生。随着社会的发展,人们健康意识的增强,干栏式建筑某部分的用途正逐渐得到改变。

食俗　壮族的饮食,在种植稻米的地区,以大米饭、大米粥为主;在山区则以玉米、小米、薯类为主食。年节喜欢用糯米制成各种粽子、糍粑、糕饼等食品,爱食酸品。靖西酸品及上思枕头粽就很出名。壮族最有特色的传统美食是五色糯米饭。逢传统节日,他们选上好糯米,用可食植物枫叶、红蓝草、黄花、紫蕃藤的浆汁浸泡糯米成黑、红、黄、紫四种颜色,加上未上色的白糯米一起放入蒸笼中蒸熟而成。五色糯米饭,色彩亮艳,质地柔软,清香四溢,吃来美味可口,是节日里待客的佳品。环江、上思烤香猪及德保的"龙棒"（活血食品）等食品也有独特的风味。壮族男子喜欢饮酒，并以酒招待客人。壮族民间流行的串杯酒就是一种饮酒待客礼俗。

衣俗　古代壮人衣着喜青色和黑色。男子多穿对襟短上衣，纽扣以布结之。下裤短而宽大，有的缠绑腿。上年纪男子除扎黑色或青色头巾，还系上腰带。现在，多数地区的壮族男子服饰与当地汉族已无多大差别。妇女上穿短衣，下穿裙或裤，头包印花或提花毛巾，腰系围裙，脚穿绣花鞋。其中南部方言的壮族妇女，多穿短上衣，右边开襟，颈袖襟等边沿有花边，下身穿长裙或百褶裙。北部方言的壮族妇女，多穿无领开胸对襟上衣，下穿长裤或百褶裙，膝部以下镶有数色的织锦花边。至今，壮家上年纪的妇女及山区乡下姑娘仍保持着这种传统服饰。

节俗　壮族最具民族特色的传统节日有"三月三"歌节、牛魂节、蚂蚜节等。

"三月三"歌节于每年农历三月初三在特定的场地举行，有的持续两三天。参加者以未婚男女青年为主，老人小孩亦来游乐助兴。男女青年对歌传情，情投意合者便互赠信物，订秦晋之好。此外，还有抛绣球、碰彩蛋、演壮戏、舞龙凤等丰富的文娱活动。如今"三月三"歌节期间增加了经贸旅游等新内容，更具时代气息，更充满着活力。"三月三"歌节既是传承民族文化的盛会，亦是民族经济交流的盛会。

牛魂节是壮家祭牛神或为牛招魂，具有农耕文化色彩的传统节日。多在每年农历四月初八举行。这一天，各家给牛放假，清扫牛栏，到牛常歇息的地方祭祀牛神，然后给牛喂五色糯米饭、嫩草、甜酒。有的还给牛洗澡，为牛擦背，以表示对牛的珍爱及对牛的慰劳和祝福。

蚂蚜节是桂西东兰、巴马、南丹、天峨等县壮族民间传统节日。因蚂蚜是青蛙的俗名，故此节日又称蛙婆节。节期从农历正月初一至三十（有的地方至十五）日，以大村寨为单位或几个村寨联合举行。节间人们到田间搜寻青蛙，称"请蛙婆"，先获蛙者被称为"蚂蚜头"，吉祥荣耀。此后，众人白天抬着内有青蛙且经装饰了的宝棺到各家报喜，祝福乡亲父老，即"唱蛙婆"。晚上为蚂蚜守灵，叫"孝蛙婆"。最后人们着洁装，击铜鼓，跳舞唱歌，供奉祭品，行"葬蛙婆"祭祀仪式。整个节日活动通过颂蛙神以祈求其给人间带来雨水、保佑丰收、平安无事。

娱俗　抛绣球、铜鼓舞、板鞋舞等是壮族民间流行的文娱活动。

抛绣球，早在唐代就流行。一般有两种玩法：一是由人数相等的男女队分列在作为抛球高度标准的一高竿两边，接住对方抛来的绣球，为胜，获抛球权，对方输球，淘汰一人，直到一方无人能参战才告结束。另一种是设一高竿，竿顶设一径为50厘米的圆洞。男女两队分列竿边，女方先抛绣球，球穿过圆洞即为胜，胜者继续抛球，反之由对方抛球。一来一往，最后以球过圆洞多者赢。

铜鼓舞，流行于红水河沿岸壮族地区。一般在节日喜庆或祭神或欢庆丰收时表演。尤以春节和蚂蚜节活动中盛行。参加跳舞者数人至数十人不等。舞蹈者或手挥雨帽，

第二章 广西各兄弟民族与民族区域自治制度的实施

或敲打竹筒，或撞击皮鼓，还不时对唱山歌。舞步随着伴奏铜鼓亢奋激扬的鼓点节奏变化。节奏简洁明快，动作强劲威武，场面热烈壮观。

板鞋竞技赛，亦称"三人板鞋舞"。据传源于明代广西土司罗武杰练兵训练之法。罗武杰为了严明军纪，培养士兵合作精神，提高战斗力，常组织3人缚腿赛跑，优胜者赏。后罗武杰随瓦氏夫人赴江浙抗倭。凯旋后，当地壮民为颂扬罗氏功绩，举行盛大的龙灯庆功会，并表演了缚腿赛跑活动。近代初期，为弘扬祖绩，罗氏子孙把3人缚腿赛跑改为3人一组穿板鞋比赛，看哪一组先到达终点。这项竞技赛需要组员团结合作，步调一致，默契配合，且紧张有趣，深受群众喜爱而流行至今并不时在大雅之堂进行表演。2007年，在第八届全国少数民族传统体育运动会上板鞋舞首次被列为比赛项目。

婚恋俗 壮族青年男女除在歌圩对歌传情求偶外，还通过抛绣球、碰红蛋、赠鞋等方式传情定情，寻找意中人。抛绣球一般在节日活动中进行，姑娘若看中了某位男小伙，便将绣球有意抛去，男方接过绣球，若亦有情意，即系小饰物于绣球上回抛给姑娘，两人就算定情了。随后双双离开，找个幽静之地互诉衷肠。碰红蛋一般也在节日活动中进行。相互有所认识的青年男女，主动拿着自己的红蛋去碰意中人手中的红蛋，若双方的红蛋同时碰破，则被视为两人命运相连，有姻缘情分。于是，两人便将蛋心互赠共尝，结为知己，然后离开，来到幽静处谈情说爱。若只是单方碰破，则被认为两人无缘，在旁的人便要他（她）自己把蛋吃掉，或者送给对方，以表示彼此相识一番。若面对一方有意握蛋碰来，而另一方则无心无意，那么，他（她）就会赶紧护住自己的红蛋，不让对方碰破，以此来婉拒对方的求爱。赠鞋，一般是男方提出请女方帮自己做一双鞋，若女方愿和男方相爱，则在鞋底留打死结的线头，喻"生死相连，永不分离"；或不钉鞋扣，鞋垫布后跟不缝完，暗示"你愿意连就连"。若鞋打活结，或钉齐鞋扣，垫布后跟已缝完，表示女方婉转拒绝。上述习俗反映了壮族的传统文化心理和婚姻道德观念，与当今社会提倡恋爱自由、婚姻自主的风尚不谋而合。

历史上，部分壮族地区青年男女通过自由恋爱父母同意成婚，仍盛行"入赘婚"婚俗，即"女娶男嫁，夫从妻居"的婚俗。即使行"男娶女嫁，妻从夫居"制的地方，"不落夫家"的习俗也依然存在。即成婚后，女子仍住在娘家，只有逢年过节、婚丧、农忙，才回夫家小住，有身孕后才回夫家定居。这种"不落夫家"的婚俗是"夫从妻居"制向"妻从夫居"制过渡的一种婚姻形态，反映了母权制对父权制的顽强抗争，直至近现代才逐渐改变。

葬俗 壮族的丧葬习俗，主要流行土葬、二次葬、岩葬等。所谓土葬就是人过世后，以棺木敛尸入土安葬。二次葬又称"捡骨葬"，这种葬俗对死者一般是暂时寄葬于某处，待其筋肉腐朽，再捡骨盛瓮在原地或另择地行大葬。岩葬，是一种特殊的葬俗，就是人过世后，不埋入土，而是敛尸入棺，在悬崖峭壁上凿孔插桩置放棺木；或是在悬崖上凿洞，纳棺其中；或就岩石的裂隙和天然岩洞，将棺木抬进去，凌空悬置。

○ 广西是古代岩葬发现较多的地区之一，主要分布于西南地区的隆安、平果、大新、江州、龙州等县区，全州、南丹、永福、柳江、武宣等县也有发现。岩葬棺木放置的岩洞多数在距地面高达数十米、上百米的悬崖绝壁之上。洞内置棺数具或数十具、成百具不等，或平置，或堆叠于崖洞地面。棺木常用一段圆木挖刻而成，棺木大小不一。

广西壮族岩葬延续年代较长，从目前出土的遗址看，以武鸣县仙湖镇发现的属新石器时代晚期的岩葬为最早，直到民国时期还在部分壮族地区流行，以明、清时期岩葬为多。

淳朴的民风　壮族在长期的历史发展过程中形成了孝敬父母、尊老爱幼；为人"质直尚信"，重信誉；讲互助团结，"与而不求其报"；热情好客，真诚相待；崇尚勤劳，鄙视懒惰等传统美德与朴实的民风，至今仍得到传承和弘扬。原来相对保守的、与社会发展不相适应的观念与做法，也正随着改革开放的不断深入发生深刻的变化。

9. 壮医药

壮医历史悠久，从出土文物考证，至少有2 500多年历史。壮医诊疗疾病的宝贵经验，多以家庭秘传和传徒师授的方式流传于民间，特别是在壮族聚居的崇左市、来宾市、河池市、百色市及南宁市、柳州市的部分县等流传较广。

壮医的诊疗技术和方法有腹诊、甲诊、脉诊、目诊、陶针疗法、角吸疗法、骨弓疗法、针挑疗法、药线点灸疗法、艾灸和灯花灸疗法以及药物内服、外洗、熏蒸、敷药、药刮、药垫等。这些丰富有效简便易行的诊病治病方法，是壮族人民长期与疾病作斗争所积累的宝贵经验，历千年而不衰，对本民族的繁衍昌盛作出了巨大的贡献，至今仍然受到壮族和其他兄弟民族广大群众的欢迎。如壮医药线点灸疗法对内科、外科、妇产科、小儿科、皮肤科、五官科等疾病中，凡属于寒、热、肿、瘦、痛、麻、痒等7个范畴的疾病，有着较好的疗效，颇受患者的欢迎。目前已有20多个省、市、自治区的数百医疗单位，和我国港、澳两个特别行政区以及新加坡、英国、澳大利亚等国家的医疗单位推广应用了这个方法。

○ 壮医药线点灸疗法是采用经过药物泡制的苎麻线，点燃后直接灼灸患者体表的一定穴位或部位，以治疗疾病的一种医疗方法。人体有300多个穴位都可以用壮医药线点灸治疗，治疗范围涉及内、外、妇、儿、五官和皮肤等200多种疾病。尤其对皮肤病、风湿痛症、炎症、重感、腹痛呕吐、腹泻、慢性胃肠炎、慢性盆腔炎和体表肿痛等病，疗效显著。

广西对壮医丰富多彩的诊疗方法和大量的验方秘方进行研究整理，探讨壮医的基础理论和诊疗规律。已收集到10 000多个民间医药验方、秘方。一批有价值的专著和论文，如《陶针疗法》《壮族民间脉诊的探讨》《壮医药线点灸疗法》《壮医针挑疗法》《壮族民间用药简编》《壮医源流综论》《关于壮族医学史的初步探讨》《壮医学术体系综论》等，相继出版和发表，结束了壮医药在历史上没有理论专著的历史。特别是构成壮药质量标准的基本体系的重大科研成果《中国壮药原色图谱》《常用壮药生药学质量标准研究》《中国壮药志》（卷一）等三本专著的出版，结束了壮药没有文字系统记载的历史，为壮药的生产加工贸易及深度开发提供可靠的质量标准依据。随着壮医药体系的形成，壮民族医药和藏、蒙古、维吾尔民族医药体系共同组成了我国少数民族医药体系。

壮医大多使用天然药物（动物、植物、矿物）治病。许多壮族民间医生或采或种，掌握丰富的药物知识。据卫生部门调查，壮医常用天然药物有600多种。采集、采制出上万种壮药标本。靖西县至今仍有壮医药交易市场。壮药善于解毒，而且解毒的范围较广，包括解蛇毒、虫毒、食物中毒、药物中毒、箭毒、蛊毒等。广西著名的蛇药就是壮药的一大贡献。壮药在治疗白血病方面也有独特疗效。

○ 据不完全统计，目前广西有民间壮医药人员三千多人，其中不乏名老壮医，如罗家安，擅长针挑疗法，行医60余载，著有《府症针方图解》一书；陈建英（女），擅长骨弓疗法、灯花灸疗法，著有《灯花灸穴位图解》一书；农秀英（女），擅长腹诊，诊治妇科各种疾病；龙玉乾，擅长药线点灸疗法；莫五妹（女），擅长火针疗法，治疗各类风湿性疾病，等等。为了传承壮民族医药，造福人类，在各级政府大力支持下，广西设有广西壮医医院。广西中医大学设有壮医学专业培养壮医本科生和研究生。

10. 黑衣壮

黑衣壮是壮族四十多个族群之一，主要聚居在广西那坡县的弄文、弄陇、马独、龙华等村屯，共有近万户人家，约5.13万人。传说用蓝靛及蓝靛染制的黑衣曾使族群化凶为吉，转危为安，"黑"便成了黑衣壮的族群标记。黑衣壮崇黑爱黑，以黑为美。既有壮族的共性，又有自身的特点，至今仍保留着古老的文化。

黑衣壮服饰以黑色为贵为主，黑头巾、黑衣裙、黑裤子、黑布鞋，全身黑，四季黑，构成了黑衣壮独特的区域服饰文化。其中女性服装由钉红布扣的黑短上衣、中层黑叠裙、下部黑长裤组成，实用大方，朴素美观，造型奇特，别有风韵，为广西其他壮族地区所少有，着装行走时微风轻拂，婀娜多姿，优美动人。喜唱山歌，"尼的呀"山歌曲调清新，艺术魅力独特，被誉为广西音乐的原始富矿；善以舞言事，跳黑枪舞、献衣舞、对联舞、祝寿舞、抛红带舞（男女交流）、8字舞（男女集体舞）、黑伦舞（庆胜利）、铜鼓舞等。住房以干栏建筑居多，不过房下层多由打磨过的坚固石柱支撑，上层用木头搭建。崇尚族内通婚，保存"不落夫家"的婚俗。祖宗坟墓多在住房或菜园附近，且用瓦片覆盖。

○ 非物质文化遗产指被各群体、团体、有时为个人视为其文化遗产的各种实践、表演、表现形式、知识和技能及其有关的工具、实物、工艺和文化场所。非物质文化遗产是活的遗产，更注重的是技能、技术、知识的承传，是活的财富，一切以人为主线。

非物质文化遗产包括了人类的情感，包含着难以言传的意义和不可估量的价值。

非物质文化遗产包括五个方面：口头传说和表述，包括作为非物质文化遗产媒介的语言；表演艺术；社会风俗、礼仪、节庆；有关自然界和宇宙的知识和实践；传统的手工艺技能。

广西壮族入选国家非物质文化遗产名录的非物质文化遗产包括：布洛陀、刘三姐歌谣、那坡黑衣壮民歌、壮剧、壮族织锦技艺、壮族蚂㠛节、壮族歌圩、壮族铜鼓习俗、马山壮族三声部民歌、平果壮族嘹歌、"壮医药线点针灸疗法""广西八音""田阳舞狮技艺"。

（二）汉族

汉族是广西人口最多的民族。2010年年末，汉族人口3 201.90万，占广西总人口的62.06%。除玉林市、北海市、梧州市、钦州市、贵港市、贺州市、桂林市及南宁市、柳州市为汉族的主要分布区外，百色市、河池市、崇左市、来宾市等也广泛分布有汉族，且多居城镇。在桂西、桂西北的西林、隆林、凌云、乐业、天峨、东兰、巴马、凤山等县，还有部分汉族分散生活在高山区，称为"高山汉族"。

汉族人口在广西占多数以及形成现今这种地域分布格局，经历了漫长的发展过程。先秦时期，仅有百越民族世代生息在包括广西在内的岭南地区。秦汉时期，因军事战争和巩固政权的需要，汉人开始有组织地从中原各地进驻广西东北部与东部，有的已深入到桂南地区，未归者自然就成了第一批安居广西的汉人。三国两晋南北朝时期，中原地区分裂动荡，出于避乱求生，北方一些大族举族而下，落籍桂东北、桂东，以至该地域的汉人有所增加。唐宋至元明，一方面，因各种原因汉人南下源源不断，同时，受汉族先进的政治经济文化的巨大影响，部分壮族先民接受汉文化，融合于汉民族之中，桂东北桂东的汉人急剧增加；另一方面，守边建边固边的需要，汉人分布从桂东扩展到桂西，散居桂西各地，而且有部分已同化于壮族等少数民族之中，形成了汉族与壮族等少数民族谁也离不开谁的密切关系，"你中有我，我中有你"。清代以后至民国时期，受谋生或经济利益的驱动以及政府经济政策的诱导，来自湖南、江西、福建、广东的农民、手工业者、商人等大量涌入桂东北、桂东南；广东商人更是吹响了西进的号角，"无东不成市"。结果在桂东北、桂东南乃至桂南，汉人已渐居绝大多数，仅有少部分离城镇较远或交通不便的山区，人们继续保持和延续他们原有的生活习俗。在桂西、桂西北，由于沿江谷地和平原被开发殆尽，前来谋生的汉人不得已只好进入山区甚至深山野岭与少数民族杂居。

迁徙而客居广西的汉人，因祖籍或迁入先后、职业、居地环境、语言等不同而有各种繁多的称谓。如粤东人、江西人、湖广人、中原人、北人等，是以迁入汉人的祖籍或原居地称呼；"新人""来人""老汉人"等，则以迁入的先后来定名；菜园人、蔗

第二章　广西各兄弟民族与民族区域自治制度的实施

园人、射耕人等，是由于从事的职业不同而称之；"高山汉""山湖广""平原人"等则得名于居住环境的不同；"官人""客家人""白话人""平话人"等依其方言而叫。当然对土著居民而言，一般又泛称迁入的汉人为"客人""客"或"民户""民人"等。

广西汉族基本上讲汉语，少部分还会讲壮语及其他少数民族语言。汉语属汉藏语系汉语族。广西的汉语方言有粤语、西南官话、客家话、平话、湘语、闽语等六种。粤语是广西汉语中流行最广的一种方言，俗称白话。广西粤语与广州话相近，互能听懂。主要分布于桂东南地区和横县、南宁以及左、右江一带县城集镇。西南官话是广西汉族第二大汉语方言，以桂林话与柳州话流行最广，俗称桂柳话。主要分布于桂林市、柳州市、来宾市、河池市以及贺州市部分县，桂西、桂西北、桂中也有部分少数民族使用西南官话。客家话是广西第三大汉语方言，主要流行于陆川、博白、贵港、柳江、柳城以及贺州市等。为保持其语言风格特点，客家人恪守"宁卖祖宗田，不忘祖宗言"的祖训。平话，流行于北起灵川，南至凭祥，西达百色，东至灵山的广大地域的交通要道附近。其历史久远，是北方汉族移民居留少数民族地区，长期与当地壮侗等少数民族语言融合而形成的。据说教育家雷沛鸿，莫文骅将军，还有大人物李宗仁所讲的母语就是平话。湘语，集中分布于桂北的全州、灌阳、资源以及兴安大部。闽语，主要分布于博白、陆川以及八步区、平乐、桂平、平南、柳州、柳江等地。

汉族的文字简称汉字。汉字是世界上最古老的文字之一，已有 6 000 年左右的历史，由甲骨文、金文逐渐演变成今天的方块字，共有 5 万个字以上，通用的有 7 千字左右。20 世纪 50 年代以来，中国政府有计划地进行文字改革，制定了《汉语拼音方案》，推广普通话，简化汉字，并沿用至今。

进入广西的汉人地域观念浓厚，为加强同乡联系，往来互助，其建立的会馆遍布广西各地城镇，尤以广东会馆、湖南会馆、江西会馆、福建会馆为多。宗族观念强烈，流行编族谱，各地同姓宗族多有祠堂，有同宗联合祭祖的习俗。多神崇拜为主，村有社庙，家则建厅堂设神台供奉家神。婚姻多保持传统仪式，媒婆说亲、合八字、哭嫁、闹洞房、回门等程序在农村依然流行。葬式以二次葬为主，农村不少地方仍保留着某些繁杂的葬仪，如做道场、守灵、唱孝、祭奠等。

汉族在桂南、桂北流行采茶戏。采茶戏早年在福建、安徽、江西叫"采茶灯"，湖南、湖北叫"采茶歌"，广西桂北地区叫"采茶舞"。清代乾隆年间，"采茶灯""采茶歌""采茶舞"是一种民俗活动，到了道光年间，"采茶灯""采茶歌""采茶舞"开始以故事为主线，编写出有人物、有性格、有情节的小戏，被称为"采茶戏"，也叫"唱采茶"。钦州"唱采茶"与各种民间艺术有千丝万缕的关联，通过不断吸收各派艺术精华，丰富和发展自身的风格，形成了独具特色的钦州"唱采茶"。这种由民间歌舞发展而成的戏种，具有浓厚的生活气息和鲜明的地方特色，深受广西桂南地区群众的欢迎。傩舞是广西浦北县的一种传统民间曲艺，现为自治区级非物质文化遗产。当地民众将表演傩舞俗称为"跳岭头",一般在农历八月至十月间表演。演员在傩神庙佩戴神话形象、历史名人、世俗人物等角色的面具,边舞边"傩、傩……"地呼喊,奔跑、跳跃,以驱除"疫鬼",祈求一年平安。

广西汉族入选国家非物质文化遗产名录的非物质文化遗产主要有:桂剧、采茶戏、彩调、南宁市邕剧、桂林市广西文场(曲艺)、钦州市泥兴陶烧制技艺、宾阳县炮龙节、藤县舞狮技艺。

（三）瑶族

瑶族是一个历史悠久、文化灿烂的古老民族,同时也是一个世界性的民族。瑶族主要分布在广西壮族自治区,其次是相邻的广东、湖南、云南、贵州、江西等省。此外,还有数十万分布在东南亚及欧美一些国家,如越南、老挝、泰国、缅甸、法国、美国、加拿大等。据统计,2007年广西有瑶族人口152.8万,约占全国瑶族人口的62%,占广西总人口的3.06%,分布在69个县市。

据文献资料记载,在广西,瑶族是在宋代从湖南、广东迁来的。经历代的频繁迁徙,从北部的越城岭、大南山、都庞岭、大苗山、九万大山、萌渚岭到南部的十万大山,从东部的大桂山到西部的金钟山、青龙山、都阳山的广阔地域,都有瑶族分布或聚居,或与壮、苗、侗、汉等族杂居,故素有"岭南无山不有瑶"之说。目前,居住在桂林市、河池市、百色市、贺州市、来宾市山区的瑶族人口达100多万,占广西瑶族人口的大多数。其中又以都安、恭城、富川、金秀、巴马、大化六个瑶族自治县的瑶族相对集中。此外,全州、龙胜、灌阳、临桂、平乐、荔浦、南丹、凤山、宜州、东兰、凌云、田林、平果、田东、钟山、八步区、昭平、三江、融水、上林、马山、平南、蒙山、防城等地也有一定数量的瑶族散居。大分散、小集中是瑶族分布的特点。

瑶族源于南蛮中的长沙、武陵蛮。南北朝时,出现"莫徭"称呼,这是瑶族族称的开始。此后,由于瑶族迁徙频繁,居地不一,支系众多,且经济生活有异,服饰五彩缤纷,等等,故名称复杂繁多。据瑶族学者黄钰、黄方平的调查研究统计,瑶族的自称有60多种,如勉、优勉、门、金门、敏、标敏、布努、努努、拉珈等。其中自称勉、门、敏等的瑶族人数最多,分布也最广,其含义是"人"的意思。瑶族的他称有456种,如崇拜盘瓠的称盘瑶,崇拜密洛陀的称布努瑶等;反映其经济生活的有山子瑶、茶山瑶、蓝靛瑶、过山瑶等;以居地称呼的有金秀瑶、东山瑶、坳瑶、桂林瑶、融江瑶等;以服饰命名的有红瑶、白裤瑶、花蓝瑶等;以姓氏称呼的有盘家瑶、侯家瑶、胡家瑶等;包含有政治内容的有安宁瑶、太平瑶、下山瑶、熟瑶、生瑶等。尽管历史上瑶族名称杂多,以前又遭歧视、侮辱,封建统治者曾把徭由彳旁改为犭旁,然而他们在意识上都认定自己是瑶人,是瑶族。新中国成立后,中国共产党实行民族平等政策,废除了从前对瑶族带有歧视侮辱性的称呼,把自称、他称的各地瑶人统称为瑶族。

第二章　广西各兄弟民族与民族区域自治制度的实施

瑶族本民族的语言，即瑶语。由于历史上的原因，瑶族语言在形成的过程中，并没有成为统一的民族语言。在其内部，瑶语又可分为"勉语""布努语""拉珈语"等三大语言。它们均具有汉藏语系语言所共有的特征，都是汉藏语系的语言，但它们又分别属于不同的语族和语支，其中勉语属苗瑶语族瑶语支，布努语属苗瑶语族苗语支，拉珈语属壮侗语族侗水语支。勉语使用的范围最广（含桂、湘、粤、黔、滇），人数最多。分布国外讲勉语的瑶族多能与我国操勉语的瑶族进行直接交流。布努语主要在广西都安、巴马、河池等地以及湘、黔、滇部分地方流行。拉珈语，集中分布在金秀瑶族自治县的部分地区。值得注意的是，广西恭城、灌阳、富川、龙胜等地有一部分瑶族，约十多万人已不使用瑶语，而是讲一种汉族土语。由于长期与汉、壮、苗等族接触，各地瑶族一般又兼通汉语，部分兼通壮语和苗语。广西北部的瑶族多会讲汉语西南官话的云南方言、贵州方言、广西桂林柳州方言，广西东南部的瑶族多会讲汉语粤方言。如金秀瑶族自治县周边各县有壮族和讲桂柳话的汉族、讲粤方言的汉族，这里的瑶族除讲本支系的瑶语外，不少人还会讲别的支系的瑶语和壮语、汉语西南官话桂柳话、汉语粤方言。瑶族人民的语言才能，有利于他们吸收外民族的文化，有利于瑶族的发展。

○ 历史上瑶族没有自己的文字，很早以来就习用汉字，至今保存着很多历史文献都是用汉字记载。新中国成立后，党和人民政府十分重视瑶族语文，采纳了瑶族要求创造本民族文字的意见。从20世纪50年代起，语言专家和语言工作者先后多次到瑶区进行调查研究。1958年春，完成了瑶语普查，在此基础上制定了第一个瑶文方案，准备推行。1980年，全国民族语文会议上，瑶文问题又列入议程讨论，并制定了《瑶文方案》（草案），试用"勉"语拼音方案，全部采用拉丁字母作瑶文字母。1983年起，先后在广西、广东、云南省（区）部分瑶族地区开办瑶文班，进行瑶文试验，试验中的瑶文收到较好效果，得到广大瑶民支持和欢迎。后来还在中央民族学院和广西民族学院，先后增设瑶语专业，招收大专生，培训骨干，为瑶文推广使用做好了准备。

瑶族反映人类起源和祖先来源的神话故事传说如《盘古开天地》《伏羲兄妹》《盘瓠》《盘王》《密洛陀》等长期在本民族中流传，家喻户晓。《侯大苟的故事》，再现了瑶人崇敬的英雄的伟大。《盘王歌》《密洛陀》古歌被称为瑶族史诗，是瑶族珍贵的文化遗产，犹如圣书一般。《评皇券牒》（也称《过山榜》），是瑶族的重要文献，是研究瑶族历史的珍贵资料。

民族艺术则以瑶舞和瑶绣出名。《长鼓舞》《铜鼓舞》是瑶族最具代表性的舞蹈，世代相传。《长鼓舞》多是过盘王节时跳，流传于金秀、龙胜、荔浦、富川、贺州等地。一般由四男执鼓拍打起舞，四女携彩带唱盘王歌助兴，刚柔结合，美不胜收。《铜鼓舞》多在盛大节日或祭祀活动时跳，流行于都安、巴马、东兰、马山一带。主要由三人表演，一男打铜鼓，一男击皮鼓，一女持扇或斗笠边舞边扇，还有若干姑娘穿插伴舞。动作粗犷有力，舞姿优美大方，场面欢快热烈。瑶绣是一种用针和色线（红、绿、黄、白、黑五种）在白布或蓝靛布上绣制花纹的工艺美术。一般绣白布时用红、绿、黄、黑色线，绣蓝靛布时用红、绿、黄、白的色线。瑶族妇女凭借熟练的技艺，在没有底图的情况下，就能绣出各种五彩斑斓、富于变化、具有美感的图案纹样，用于制作男女服装、腰带、头巾、被面等。一件瑶绣就是一幅艺术珍品。此外，瑶族的挑花采用"十"字法挑出的各式图案也十分精美，深得人们喜爱。

瑶族多居高山密林或石山区，村寨依山而建，一般有 10 户左右人家。房屋多为竹木结构，也有土墙，上盖瓦片；少数有砖瓦房。由三间或五间组成，中为厅堂，两侧是灶房及火堂，后为卧室和客房；两侧设有两门，一为平常进出，一为便于姑娘谈情说爱进出；正面开大门，是婚丧祭祀时进出。"花衣斑斓"是瑶族服饰的写照。男子多穿对襟或左大襟上衣，穿宽大长裤，系腰带，扎绑腿。妇女或长衣长裤或短衣百褶裙，扎腰带或围裙，缠绑脚；头饰千姿百态，顶板瑶、平头瑶、红头瑶、尖头瑶等称呼由此而得；喜戴银饰物，银牌、银项圈、银手镯、银链等各显其美。男女服装多用青布制作，并用各色丝线或绣物点缀，精美耐看。饮食以玉米、薯类、豆类为主。爱吃酢肉，忌吃狗肉。桂北一带瑶族有"打油茶"的习俗，清乾隆帝称恭城瑶族油茶为爽汤。巴马瑶族自治县成为世界第五个长寿之乡，据研究，与当地瑶人饮食习俗有关。他们除食用玉米、豆类外，还常食用白薯、苦脉菜，常饮山泉溪水，以火麻油为食用油。

"盘王节"和"达努节"是瑶族众多节日中最隆重的传统节日。盘王节是瑶族同胞祭祀祖先或还盘王愿的节日。从前各地多在秋后的农闲期举办，时间长短不一。节日期间，人们盛装打扮，载歌载舞，唱《盘王歌》颂扬祖先盘王的伟大恩德；跳《长鼓舞》表达对祖先盘王的思念。杀牲设宴，款待亲友；盛装打扮，走亲访友，好不热闹。青年男女通过摆"歌堂"，唱歌对歌，通宵达旦，情投意合者还互赠信物，共叙衷情，点燃爱的火花。经 1984 年全国瑶族代表南宁会议商定，盘王节统一为每年农历十月十六日，内容更加丰富多彩，表达了瑶族人民对未来生活的憧憬。达努节，又称祝著节，是分布在都安、巴马、大化、马山一带的布努瑶的盛大节日。每三、五年一次，多在农历五月二十九日举行，故又称二九节。据传是为了纪念始祖密洛陀。过节时，各家杀鸡宰羊，备好美酒，亲朋好友聚宴共欢。各村寨打铜鼓赛铜鼓，吹唢呐唱密洛陀歌，跳起刚健优美的铜鼓舞，还有赛马、斗鸡、射箭比赛，场面热闹非凡。附近兄弟民族也应邀参加，增进了各民族间的友好团结。桂东北、大瑶山、十万大山的瑶民过尝新节（吃新米），富川的瑶民有敬鸟节。

历史上瑶族实行族内婚，男女婚恋比较自由，双方情投意合，征求父母意见后即可成婚，但各地方式不尽一样。如田林县的一些青年男女以抹脸"打花猫"的方式谈情说爱；融水县一些地方青年习惯用"走寨"方式寻找意中人；金秀茶山瑶有"爬楼"的婚恋习俗，小伙子以歌传话，若吊楼里的姑娘有意则以歌相对，帮助他爬入吊楼，经多次爬楼，心心相印，就互赠信物，直至缔结连理。南丹白裤瑶青年男女以"走妹"

第二章 广西各兄弟民族与民族区域自治制度的实施

方式择偶。走妹这天，众多男女梳妆打扮，聚集于山坡或森林中，如果女方看到中意的男子，就向对方示意或唱歌求爱，双方满意时，互赠信物，继续交往。居住桂南山区的一些瑶族则在雕刻有龙凤的竹筒上，以是否送或返相思豆来试探对方的心意。同时，瑶族地区还盛行"招郎"上门的婚姻习俗，寡妇"继弦"也不受歧视，婚礼仪式简朴有趣，成亲聘品戒重。这些传统，与当今社会发展和时代进步所倡导的婚姻自主、简朴文明的新风不谋而合，这是值得传承的。

打陀螺是居住在南丹、巴马等地瑶族男子喜爱的一项娱乐体育活动。双方人数各五至十人不等。一般以击中对方陀螺或击中对方陀螺后双方陀螺旋转时间长短决定胜负。由于陀螺大的重达1 500克，小的也有250克，且染成各种颜色，陀螺旋转时，就像一幅五彩斑斓的动感画面，让人目不暇接。推竹竿是桂北瑶族群众喜爱的文娱体育活动。比赛时，双方用手顶着一根二米来长的毛竹竿往对方方向拼命推，把竿中标志推过中界线者获胜。此外，瑶族还练就了几项至今仍传承的惊险绝技，即"上刀山""下火海"。"上刀山"是在木梯上安装锋利的刀子作为梯级，赤足踏在利刃上蹬上蹬下，脚底的肌肤竟丝毫未损。"下火海"则是一步一步走过一条七米多长，由烧得通红木炭（铁犁、竹筒油灯）铺成的火路，脚底安然无恙。

白裤瑶是瑶族的一个分支，因男子都穿刚过膝的白裤而得名。主要聚居在南丹县八圩、里湖瑶族乡一带，总人口约3万人。男子上穿黑色Y字形上衣，下着白色大裤裆紧身短裤（下沿有五条垂直红线条）；妇女上穿无领无袖无扣衣（冬穿右衽有袖衣），花背牌（方形图案），下着蜡染百褶裙。男女皆蓄发，包白巾（黑巾），上系黑（白）布带。独创的猴鼓舞（模仿老猴边击鼓边跳舞）粗犷豪迈，葬俗神秘悠远，民居谷仓别有韵味。由于历史、自然环境等方面的因素，白裤瑶至今仍保存延续着这种独特和丰富的传统文化，被国内外专家公认为"民俗活化石"，"在人类学、社会学、民族学、旅游学等方面具有重要的研究价值"。目前经过运作的"甘河白裤瑶新村"，展示了白裤瑶的日常生活和民族风情，吸引了众多中外游客，同时也帮助着他们摆脱贫困。白裤瑶生态博物馆在里湖乡建成。

红瑶也是瑶族的一个分支，因妇女身着鲜艳的红衣而得名。主要居住在龙胜各族自治县，总人口13 000多人。红瑶男子穿带盘扣的青衣裤；妇女上着红衣，下配青裙，头发或包或结，从发式可辨婚否，耳上戴硕大银耳环，喜留秀美长发，有的两米多，有一套独特的洗护发的妙法，使头发乌黑发亮。寨子选寨花光漂亮还不行，也要与时俱进，才貌俱佳方能配得上寨花的称号。如今，红瑶在从事农耕的同时，也因地制宜搞起了旅游资源开发，争取早日奔小康。每年农历六月初六，是龙脊梯田景区的金坑瑶寨红瑶的"晒衣节"。

广西瑶族入选国家非物质文化遗产名录的非物质文化遗产有：瑶族服饰、瑶族盘王节、富川瑶族蝴蝶歌、田林瑶族铜鼓舞、富川瑶族长鼓舞、"密洛陀"、瑶族黄泥鼓舞。

○ 广西金秀瑶族自治县是新中国成立后设立的第一个瑶族自治县，这里居住着坳瑶、茶山瑶、盘瑶、花篮瑶、山子瑶等5个瑶族支系，是中国瑶族支系最多的县份，被费孝通誉为"世界瑶族文化研究中心"。

（四）苗族

苗族是一个传统文化古朴灿烂而又充满活力的民族。自称"木""蒙""达木""达吉"；他称则较多。以服饰颜色称呼的有"红苗""花苗""白苗""黑苗"等，以住地而定名的有"高地苗""八寨苗""清水苗"等，以所种植经济作物而称的有"栽姜苗""草苗"等，因从前统治者侮辱而见名的有"熟苗""生苗""麻布苗"等。新中国成立后，统一称为苗族。2007年年末广西苗族人口48万，占全国苗族人口的6.7%，占广西总人口的0.96%。其中融水苗族自治县的苗族人口最多约20万人，其次为隆林、三江、龙胜等。

苗族历史久远。据研究，上古时期居于江淮一带的"三苗"是其先民，此后不断向西南地区迁徙。秦汉之际，苗族先民已居住在洞庭湖一带和湘西、黔东的五溪地区，属史称"五溪蛮"或"武陵蛮"的一部分。唐宋时，部分苗族人从湘西沿湘黔边境迁入广西北部；明清时，部分苗人由黔南、黔西南移居广西西北部、西部。现今，从桂北的资源、龙胜、三江、融水、罗城、环江到桂西北的南丹，以及桂西的隆林、西林、田林、那坡等县都有苗族分布，桂中的都安、忻城、兴宾、象州等县区有苗族散居，就是历代迁徙的结果。

从桂北至桂西北至桂西，苗族居住的高山大岭，绵延千里，史称"千里苗疆"。这里虽远离热闹都市，但蕴藏着丰富的森林资源和土产及中草药资源，是桂北、桂西北、桂西的重要水源中心。融水、三江、龙胜、资源苗民区，是广西乃至全国重要的木材产地，还盛产楠竹、篙竹、毛竹等，其中融水被誉为"杉木王国"。旧时有"死在柳州"之说，是因柳州的棺材久负盛名，而其用棺木就是融水苗民区的"白云糖杉"。环江北部的苗族乡，位于九万大山中，出产红椎、米椎等贵重木材。隆林、西林等县苗民区，位于金钟山中，也是广西重要林区和木材产地。此外，苗族聚居区还出产桐油、茶油、茶叶、木耳、香菇和药材等特产。

苗族有本民族的语言苗语。苗语属汉藏语系苗瑶语族苗语支。苗族因迁徙频繁，居住分散，形成了三大方言及多种土语，且不容易相通。其中融水、三江、龙胜等县的苗语属黔东方言的南部土语，广西苗族讲此方言土语的人数最多。隆林、西林、那坡等县的苗语属川黔滇次方言第一土语，全国来讲，使用此种方言土语的人口最多。南丹、都安、金城江区等地的苗语属湘西方言西部土语。桂北的苗语部分属黔东方言，部分属湘西方言。部分苗族有自己的文字，如"坡拉字母苗文"（俗称"老苗文"），现仍在川、黔、滇部分苗族中使用。另一部分苗族文字已失传。新中国成立后，设计的

第二章　广西各兄弟民族与民族区域自治制度的实施

三种新苗文方案于 1957 年由中央民族事务委员会批准开始在黔、滇、湘等省试验推行。

苗族是个能歌善舞的民族。男子喜欢吹芦笙，女子善于踩堂，"男歌女舞"。芦笙是苗（瑶、侗）族最主要的吹奏乐器。分大、中、小三种类型。均由笙斗、笙管和簧片三部分构成。笙斗用木制作，空腹，背面凿六孔；笙管由竹子做成，各有两孔，并附有斜口竹筒，插入笙斗孔；簧片置于孔间。吹奏时，气由管口入腹中振动簧片而发出嗡嗡声。芦笙有单人吹、双人吹、集体吹等。遇到重大节日，村寨之间进行芦笙比赛，更是场面宏大，热闹非凡。如融水安太乡芦笙节，常常有数十堂（队）参赛，一时间上千把芦笙吹起来，气势磅礴，高亢雄浑，好远的地方都能听到演奏声。苗族吹奏芦笙，都要以舞蹈配合。一般是在芦笙群外围由数十甚至上百的姑娘随着笙曲，翩翩起舞，称芦笙舞或踩堂舞。芦笙舞种类较多，因各地习俗不同而有所差别。如今芦笙演奏已经走出苗寨，登上了大雅之堂，成了全国民族艺术会演、少数民族传统体育运动会的保留节目。1993 年还在香港举行的亚洲艺术节上一展风采。

苗族善于织锦。苗锦主要有锦边、锦带、锦幅三种，是苗族妇女精心制作的传统手工艺品。各种苗锦以黑色、深红色、白色、蓝色等丝绒线交织而成，图案丰富，古朴新颖，素雅多姿，结实耐用，与壮锦、瑶锦齐名，深受国内外各民族喜爱。苗族还擅长"蜡染"工艺，即用蜡刀蘸蜡在白布上画好构思的图案，即浸入染缸染色，再经沸水煮后，蜡脱去即出现蓝底或黑底白花图案。这一古老的工艺至今仍在苗族妇女中传承。

○ 百鸟衣的出现是源于苗族人民对鸟的崇拜之情。在过去，苗族祖先在迁徙过程中都会上山猎鸟以获取生存的食物来源，为此他们视鸟为吉祥物，把各种各样的鸟儿绣到了自己穿着的衣服上，甚至是绣满上百只形态各异、造型独特的鸟图腾图案，就连衣服飘带上都点缀有白色的鸟羽毛，从而演变为苗族人视为圣衣的百鸟衣，由此展现苗族灿烂、丰富的图腾文化。民间收藏的一件百鸟衣专供男性穿着，不管是其衣身还是衣袖都很宽大，而且衣尾下垂的飘带也很长，整件衣服色彩绚丽。丝线的颜色多达数十种，且色泽光鲜艳丽；衣上的苗绣精细多变，其中绣满了大大小小、形状各异的上百只吉祥鸟的图案，有的还被神化了，充分展现了苗族服饰崇尚图腾文化的鲜明特色。让人最为叫绝的是，虽然百鸟衣上每一处的鸟图腾都各不相同，且用色也不一样，但整体上却对称、协调和相对统一。这件百鸟衣出自 20 世纪六七十年代，当时是由苗寨里多人合作，包括养蚕、做土布、纺丝线、染色、手工刺绣、裁剪等多重工序，花费两年多的时间完成的。

苗屋多为木结构，以瓦或杉树皮、茅草等覆盖屋顶。各地房屋形式不尽相同。山区多吊脚楼，在二三层阶梯的坡地上，利用山坡的自然地势，于下方竖立较长的木柱，上方则竖立较短的木柱来支撑，上铺楼板，盖房屋，住人；楼下不住人，用于堆放杂物或关养家畜。桂北和桂东北土山区的苗族人民以糯米、大米为主食，杂以玉米、小米、红薯等。桂西石山区的苗族则以玉米为主食，辅以大米、木薯、南瓜等。苗族喜食酒、辣椒、酸菜。桂北苗族喜欢腌制酸鱼、酸肉，也有"打油茶"的习惯，融水苗家还有烤吃鲤鱼之俗。桂西北隆林、西林、田林等地的苗族喜爱腌制辣椒骨和做豆腐霉。辣椒骨是将新鲜动物骨头舂烂，拌上辣椒、生姜、花椒、米酒、盐等，置于坛内密封半月后即可食用。它味香而辣，可增进食欲，祛风御寒，防治感冒，是苗家传统美食，也是待客的佳品。融水一带苗家宴客，流行喊酒。

苗族服饰，男子一般头缠包头巾，穿对襟或大襟短衣，裤与壮、汉族相同。妇女服饰分便装和盛装，种类繁多。便装一般为大襟右衽衣，衣长齐腰，下穿百褶裙或宽阔短裤。裙的长短不一，有的裙长过膝，有的仅及膝盖，有蓝靛色、青蓝色、黑色和白色等。盛装布料精选，五彩斑斓，领边、襟旁、袖口、裙摆等镶有精致的苗锦或挑绣的花边。姑娘穿盛装时头上插银簪、银花，戴项链、项圈、胸牌、耳环、手镯等多种，显得美丽多姿，别有风采。

苗族的传统节日较多，如苗年、芦笙节、斗马节、拉鼓节、跳坡、社节、四月八、中元节等。苗年是苗族最重要的节日。不过各地过节时间不一。广西融水一带苗族习惯以农历十一月十五至十二月十五为节期。苗年前夕，各家搞清洁卫生，蒸年糕舂糍粑，杀猪宰鸡备酒。岁末全家围灶守岁吃团圆饭。苗年到时，寨人互相道贺，祭拜祖宗神灵。接着聚集芦笙坪，男女吹笙踩堂。节日期间，苗寨间还"打同年"，赛芦笙，有的村寨还举行斗牛、斗马、斗鸡、斗鸟、射击、拥抱摔跤等活动。有些地方还举行"跳坡"，进行爬竿比赛，决出"竿王"。青年男女则利用苗年这个机会，开展社交活动，结交朋友，寻找意中人。拉鼓节是苗族祭祀先祖的节日。一般是若干年过一次，时间在农历十月。分制鼓、拉鼓、送鼓三个阶段。拉鼓是高潮。各村寨男女分执由泡桐木制成的长约二米的鼓一端在平缓的山坡地竞拉，边拉边唱拉鼓歌，既祭祖又娱乐，同时培养村寨团结向上的精神。社节是苗家祭祀土地神和祖先的节日。分春社、秋社。节日期间苗家互相宴请，并集中某地进行各种娱乐活动。四月八，是融水、资源等地苗族敬牛的节日。这天要蒸乌米饭、杀鸡宰鸭为牛做生日。中元节，是资源一带苗族的传统歌节，历时三天三夜，邻近的各族群众赶来参加对歌、唱歌，同时还挑着土特产品前来交易，扩展了歌节的内容。

斗马是广西苗族的一项传统民间文娱活动，是骏马之间力与勇的较量。每次两匹公马上场角逐，惊险刺激，最后获胜者夺冠，并给予披红挂彩。斗马深受群众喜爱，吸引了成千上万人前来观看。为满足苗族同胞的娱乐需求，1987年，融水苗族自治县决定将11月26日县庆日定为斗马节的日期。爬竿是隆林、西林一带苗族青年喜爱的体育活动。多在村寨上的坡场上进行。一般先在坡场中间立起一根高的竿子，竿端挂上美酒、腊肉等，爬竿者按规定上竿下竿，能爬上竿顶，喝上美酒，拿到腊肉，且速度最快而动作惊险优美者获胜。

历史上苗族男女青年一般通过如"走寨""坡会求偶""抢鸡蛋""踩脚示爱"等方式交往认识,自由恋爱,谈婚论嫁。结婚要征询父母的意见,若父母反对,或无力举办婚礼,则采取私逃的办法。有些地方至今还有"姑舅表婚"的近亲结婚现象和不落夫家习俗。

(五)侗族

侗族是广西的土著民族,自称金。源于古代百越的骆越支系。历史上与壮族、仫佬族、毛南族、水族及布依族等有同源关系。魏晋唐宋时期,称"僚"。因"僚人"居住的地方多山岭、溪流,田地是山间的峒场,故史籍依地形称"溪峒""溪垌",居住在"溪峒"中的僚人称"峒僚""峒蛮""峒苗""峒人""峒丁"等。当然,冠上这些称呼的人除了侗族先民外,还包括壮、仫佬、毛南、水及布依族的先民。后来伴随着历史的发展,这种泛称的含义逐渐变化,至清代,"峒""垌""洞人"变成了侗族的专称。新中国建立后,统一称为侗族。

2007 年年末,广西侗族有 33.73 万人,占广西总人口的 0.67%,占全国侗族的 16%。他们主要聚居在桂北的山区,其中三江侗族自治县、融水苗族自治县、龙胜各族自治县的侗族人口最集中,占广西侗族人口的绝大多数。只有少数分散于融安、罗城等地,与壮、瑶、苗、仫佬、毛南等民族杂居。

侗族分布的桂北山区,土山土岭多,气候条件十分适合植物的生长。三江侗族自治县,山林资源丰富,历来以盛产杉木、竹子、茶油、桐油而闻名,是广西杉木、毛竹、茶油、桐油四大商品生产基地之一。新中国成立后至改革开放前后期间,每年都向国家提供了大量的林产物资,为国家经济建设和人民生活幸福作出了贡献。侗族分布较多的龙胜也是广西重要的木材基地和茶油、桐油生产基地。融水县洞安、寨怀等侗族聚居区,山林资源也很丰富。总之,侗族与竹木林结下了不解之缘,竹木林也成了侗族赖以生存的重要物质条件,财富之源,正如民间谚语所言,"栽杉种桐,永世不穷","家有千竿竹,全家衣食足","家有千蔸漆,不愁穿和吃"。如今,侗族人民继续充分利用自身的优越条件,扩大林业生产,保护林业资源,"两年杂粮三年桐,七年茶果满山红,八年翠竹遍山岭,十年杉木郁郁葱葱",实现生态效益和经济效益双丰收。

侗族有本民族的语言侗语,侗语属汉藏语系壮侗语族侗水语支,分南北方言,各有三种土语。广西侗族操南部方言,其中龙胜、三江独峒的侗语属第一土语,三江和里的侗语属第二土语,融水的侗语属第三土语。因有的侗族和汉族以及苗、水、壮、瑶等民族杂居,故他们除兼通汉语外,还懂其他民族的语言。侗族以前一般用汉文作为书面工具,新中国成立后的 1958 年国家批准了以侗族南部方言为基础方言,以贵州省榕江县车江侗话为标准音,全部采用拉丁字母的《侗文方案》(草案)试验推行。

侗乡鼓楼和风雨桥是体现侗族人民高超建筑艺术的杰作。鼓楼是侗家独特的,不用一钉一铆的全木结构建筑，是侗族村寨集会、议事、娱乐的公共场所，是侗寨的标志。因楼中悬有大鼓，故称鼓楼。一般一个村寨有一个，大的村寨有数个，多建在村寨的中心。鼓楼有宝塔式、亭阁式、宫殿式、干栏式等，底层为四方形，楼顶面有四面形、六面形，层层叠上，有三层、五层、七层、九层不等。闻名的三江县八江乡马胖鼓楼属塔式鼓楼，分九层，高15米，宽10多米，气势宏伟庄严。层层叠叠的飞檐翘瓴，各种吉祥饰物和民族图案，庄严中又透着一种朴素的美。全部采用接榫结构，在大中柱子上凿通洞眼，用榫头衔接，长短木条斜穿直插，严密坚固，至今仍具有较高的建筑科学研究价值。现被定为国家级重点保护文物。近年，三江县城建造的颐和鼓楼，蔚为壮观。

风雨桥又称永济桥，是在河溪上建造的一种有独特风格的长廊式木桥，供人们避风雨、娱乐、休息。其长度视河面宽度而定，一般宽3至5米。风雨桥在侗乡随处可见，仅三江林溪、八江、独峒三个乡就有100座以上，最负盛名的当数林溪乡的程阳风雨桥。此桥是由程阳、马安等村寨50位侗族老人于1916年领头民间捐资，侗家工匠石含章、吴金千等人设计，历时十多年才建成的。桥长77.76米，四孔五墩，宽3.8米，高11.52米，集桥、廊、亭三者于一体。桥墩由大块青石砌成六柱体；墩上是连排的大杉木，上面铺木板为桥面；桥面上立柱建成五个楼亭，其中中央的属四层六角塔形楼亭，余为四角宫殿式楼亭，楼亭翘角刷成白色，顶端有葫芦串成尖顶，十分醒目，楼亭用长廊连接；桥面两边装栏杆设座位，方便行人歇脚乘凉。和鼓楼一样，桥身全部用杉木凿榫衔接，大小木条斜穿直套，纵横交错，互相依赖，紧密牢固。这是侗族人民智慧的结晶，是一件完整而优美的艺术品，具有极高的建筑科学价值和艺术价值。国家为此发行了程阳风雨桥邮票一枚，名人郭沫若也赋诗题字赞美，"竹木一身坚胜铁"，1982年被定为国家重点保护文物。此外，三江县芭团风雨桥，已有100多年历史，长50米，二台一墩，两孔三亭，人畜分道，主桥面行人，牛马另走一边，既卫生又安全，道出了侗家人自古注意卫生的文明风貌。此桥也已被定为国家重点保护文物。现在，一座长368米，宽16米，有7个楼亭的大型风雨桥又屹立在三江县城。

侗族是一个善歌善舞的民族，在生产和生活中常常唱歌跳舞。其中"多耶"热烈欢快，极富民族情趣。"多耶"是一种集体歌舞，专在集合、迎宾或盛大节日中在鼓楼前表演。表演男女人数不限，各围成圆圈，男的用手相互攀肩，摇头顿足，又跳又唱；女的手拉手，按节拍起腿，边唱边舞。一般先由女队唱三支歌，男队就还三支歌。每三支为一套，每次唱数套甚至数十套，兴尽方散。女队采二声部合唱，男队一领众和，领唱者唱主要内容，和者重复唱末句或只唱衬词"耶哈耶"，男声雄浑，女声娇扬悦耳，歌舞配合有序，协调整齐，有强烈的艺术感染力。当"多耶"进入高潮时，兴奋的来宾、观众会情不自禁地加入唱跳行列，共同联欢，气氛热烈。

侗族村寨多建在河溪边，依山傍水，一般有一二百户，小者数十户，大者五六百户。房屋多是用杉木建造的木楼，二三层高。楼中有小木柱附挂在大木柱之外而不着地，或因地势原因，底层立高低不一的柱脚，形成吊脚楼。侗人着装喜以蓝色为主，"蓝衣侗"由此得名。男子多穿对襟短衣，大管便裤，头缠长巾。妇女冬春穿右衽衣，夏秋着对襟衣，多着裤，节日里穿百褶裙，系绑腿，着云鞋，喜戴各种银饰。

"打油茶"是侗家人的特色小吃。把用茶油炒过的茶叶熬成的滚茶水冲入放有爆米花、炒花生、炒黄豆或加上猪肝、粉肠等菜肴的碗中而成。油茶甘醇清香，侗家人常喝不厌，有客至，必以油茶款待。如今，侗家"打油茶"已进入到区内外一些城市的饭店、宾馆，使海内外更多的朋友领略到这种与众不同的侗家传统风味。侗家人还喜欢酸食，素有"侗不离酸"之说。各家用酸坛腌泡的酸品种类繁多，有素有荤，如酸菜、酸笋、酸豆、酸萝卜、酸瓜、酸鱼、酸鸭、酸肉等。素酸品作为家常菜，必不可少，荤酸品香醇可口，是待客或馈赠的风味佳品。此外，上山劳动时，侗人有吃"竹筒饭"之俗，此饭色泽淡黄，味美芳香，能健脾胃促消化，增进身体健康。侗家的节日有农历十一月初一过的冬节，又称侗年。这是喜庆丰收、祝福来年的节日。各家舂糯米糍粑，或杀鸡，或宰猪羊，拿出自酿米酒，还有腌制的禾花酸鱼，与亲朋好友同贺。三江县独峒侗族的三月三芦笙节，大赛芦笙三天，人们才肯离去。青年男女通过"行歌坐夜""月堆华"（共耕地）等方式建立友谊，谈情说爱。相邻村寨之间还在正月初二进行"月也"（集体做客），表演各种民俗节目，加强了解，增进友谊。

抢花炮是侗族一项具有民族特色的体育活动。各地抢花炮的时间不尽相同。如龙胜县平等乡的侗族在农历六月二十六；三江县林溪在十月二十六，富禄在三月三，斗江在二月十五。其中三江县富禄镇三月三花炮节最有名。其时，三江县各地、贵州和湖南两省邻近各县的侗壮苗汉等民族数万人集中富禄镇，或参战或观赏，人山人海，热闹非凡。

抢花炮一般在一个长约60米、宽约50米的空旷坪地进行。以村寨为单位组队报名，人数10到20人不等。点燃铁炮后，用彩色红线或红绸缠着的铁圈即花炮直冲天空。双方抢炮者快速出动抢夺，挤钻护栏，虚虚实实，先把铁圈放到指定位置方为胜。花炮分头炮、二炮、三炮抢，胜者依次为第一名、第二名、第三名，获得荣誉和奖励。抢花炮场面惊险、激烈、刺激，被外人誉为"东方的橄榄球"。现在"抢花炮"已被列为全国少数民族传统体育运动会正式比赛项目。

○ 花炮，又称"抢花炮"或"中国式橄榄球"，是侗族、壮族等少数民族的传统运动。在1986年乌鲁木齐举行的第三届全国少数民族传统体育运动会上，花炮第一次被列为正式比赛项目。花炮比赛中，双方需各有8名队员出场。与西方橄榄球运动类似，比赛开始时，抢得花炮一方快速向对方炮台区跑进，可用传递、掩护、假动作等战术多人配合，组织进攻。另一方可以拦截、阻挡、追赶、搂抱（合理部位）等方法抢到花炮或阻止持花炮运动员前进。全场比赛时间40分钟，把花炮投入对方的篮内即为得一分。得分多者为胜队。

侗族有敬老美德，并世代传承至今。如对老年人按辈分或品行特长来称呼，热心公益或舍己为人的老年男女分别称为"探娃公""探娃杂"，擅长建桥或善于配芦笙曲调的老年男子分称"桑条公""桑伦公"，巧织侗锦或能创作优秀民歌的老年妇女分称为"桑滩杂""桑嘎杂"。在居家方面，老少同堂，让老人坐在明亮温暖舒适的位置；新谷成熟，新米饭要先端给老人尝新；宴饮时要先给老人夹菜斟酒。公共建筑建成，要恭请德高望重的老人"栽美"。对鳏寡老人给予关照，即便是外地迁来的也一视同仁。

侗家人十分热心公益事业。大到村寨鼓楼、风雨桥，小到寨内青石板路、路边歇脚凉亭，侗人都乐意自愿献工献料、捐资出钱，建成各项工程。正如《程阳风雨桥序》所言："深蒙各界仁人志士，善男信女，慷慨输将，解囊乐助，捐金献银，同修善念，舍木施工，工襄美举，集腋成裘……而今工程告竣，荡荡坦道，通达四处。巍巍楼阁，列竖江中。往来称便，远近讴歌……"这是侗人崇高精神风貌的体现。

（六）仫佬族

仫佬族是广西的土著民族，源于我国南方的百越族群。其先民在唐以前称骆越人、僚人。元明清以后，"木娄""木娄苗""木佬""穆佬""姆佬""木老苗""伶""伶僚"等称谓见于文献典籍中。在与各民族交往过程中，仫佬族自称"谨"或"伶"，兄弟民族则称他们为"布谨"或"姆佬"等。新中国成立后，根据民族平等原则和本民族意愿，统一称为仫佬族。

2007年年末，广西仫佬族人口约17.7万，占全国仫佬族人口的98%，占全区总人口的0.34%。仫佬族主要聚居在桂北的罗城仫佬族自治县，少部分散居在宜州市、柳城、融水、忻城、柳江、金城江区、环江等地。

仫佬族有自己民族的语言即仫佬语，仫佬语属汉藏语系壮侗语族侗水语支，与侗语、毛南语非常接近。因仫佬族与壮、瑶、苗、侗、毛南等族杂处，故大多数仫佬族人兼通壮语、相邻民族的语言以及汉语。仫佬族没有自己民族的文字，通用汉文。

仫佬族自古以来以农业为主，山间平地水田以种水稻为主，旱地以种玉米为主，间种黄豆、红薯等。农业生产中有以"马代牛耕"和"女人耕田"的传统。用马耕田、拉货、骑马赶路，成了仫佬族姑娘的乐事，养马、用马、赛马成了她们的拿手绝活。在汉人的影响下，仫佬族人也乐于经商、喜于经商，"以商补农"。至今，罗城东门、四把、黄金、龙岸、小长安等地仍是"仫佬山乡"的大市场，各地客商云集。仫佬山乡煤炭资源丰富，有"煤海"之称。从宋代开始，他们就知道挖煤、用煤。他们以当地盛产的煤矸石、焦炭、白泥等为原料制作的煤沙罐炊具，不易腐蚀，经久耐用，用来蒸煮和盛装食品，数天不变味、不变色。此外，各家各户制作的地炉，以煤作燃料，烧水、煮食、烘物、取暖，方便实用干净。

仫佬族人多住山区或半山区，依山傍水建村落。住房多为砖瓦结构的矮楼建筑。牲畜栏圈一般与住房分开，卫生整洁。喜欢酸食，腌制各种酸料供日常饮食之需；爱吃糯米饭，用糯米制作各种食品。"桐叶粽"（狗舌糍粑）和"斗糍粑"是仫佬族传统的风味食品。

仫佬族传统节日有依饭节、走坡节、二月社。依饭节，仫佬族语叫"做依饭""敬依饭公爷"等，是仫佬族人祭祖、祭神，感恩还愿、庆丰收，祈求保护人畜平安和五谷丰登的传统的盛大节日。一般三年一大庆，两年一小庆，多在立冬后的某日举行。仫佬族以血缘聚居，同姓一个宗族，一个宗族为一"冬"，过节时，一般以"冬"为单位在公共祠堂举行。人们把最饱满、最长的谷穗用彩带悬挂在墙上，桌上则摆满用芋头、红薯制成的象征五谷丰登、六畜兴旺的黄牛、水牛模型和五色糯米饭团、甜酒、芝麻、黄豆、花生、八角以及鸡鸭鱼肉等祭品，祭供"依饭公公"。待祭典完后，全村男女老少围着桌子载歌载舞大会餐，欢度节日。节日间诵唱的一些歌谣规劝众人尊老爱幼，遵守社会公德，不干伤天害理的事，要勤俭持家，奉公守法，是有积极意义的。

走坡节（后生节）是仫佬族青年男女社交活动的一种形式，主要通过走坡对歌传情说爱，寻求意中人，多在每年的农历春节和中秋节前后举行。一般是男方先唱"邀请歌"，接着女方对唱"相逢歌""问村歌"，若男女双方有情意，则又分唱"谈情歌""初结歌"，对歌行将结束时唱表示依恋之情的"分离歌"。经过几次走坡，双方满意，乃喜结良缘。罗城仫佬族自治县成立后，县人民政府根据广大仫佬族群众的意愿和要求，公告决定每年农历八月十五日为仫佬族的"走坡节"。如今走坡节的内容更丰富多彩，形式更多样。

"二月社"是仫佬族的集体祭祀日，目的是祈求社王保佑族人五谷丰登，岁岁平安。

届时先以煮熟的猪头、猪脚、猪尾和猪内脏祭供社王，仪式结束后，再把剩下的生猪肉平均分给各户。同时，各家还杀鸡、包粽粑，热热闹闹地过节。

柳城县古砦仫佬族民族乡每年12月举行开塘节，把鱼从鱼塘打捞上来，按人头分给每户人家，以示有福同享。

（七）毛南族

毛南族是广西土著民族，来源于唐宋时代分布居住在此地的"僚人"。根据历史记载，毛南族名称是由地名而来的。早在宋代，今毛南族居地就有"茆难""茅难"等地名，居此地的人因地称"茆难蛮"或"茅难蛮"。元明时期，又有"茆难团""茆难堡""茅难处""毛难里"等行政区划名称的记载，居此区划的自然是"茆难蛮"或"毛难人"。清末至民国年间，"毛难""冒南""毛南"等称呼出现于史籍中。新中国成立初期，被正式确定为单一民族，统称"毛难族"。后来，毛难人认为此名欠雅，易引起误会，要求更名。1987年，经国务院批准，改称"毛南族"，满足了毛南族人民的意愿。

2007年年末，毛南族人口7.73万人，主要分布在环江毛南族自治县，尤以该县西部的上南、中南、下南俗称三南为多，其余散居在金城江区、南丹县、宜州市、都安县一带。乡村多同姓聚族而居，自成村落。圩镇多异姓杂居，联系密切。

毛南族多数居住在大石山区，山多田地少，他们十分重视有限的耕地，"土能生黄金，寸土也要耕"；很珍惜有限的耕地，建房起屋不占用耕地，提高耕地的使用效率。所种作物，平地水田以水稻为主，山地则以玉米、薯类、豆类和瓜类为主。毛南山区，气候温和，草木茂盛，毛南族人家因地制宜，用"圈养""囤肥"方法饲育菜牛，小者二百多斤，大者三四百斤，菜牛肉浅红凝重，肥瘦相间，不膻不腻，肉质细腻，鲜美可口，有"肉中上品"之称，民国时代就远销上海、广州、港澳和东南亚，毛南族地区被誉为"菜牛之乡"。现在，毛南山乡已被列为广西菜牛生产基地。

毛南族有自己的语言即毛南语，毛南语属汉藏语系壮侗语族侗水语支，无方言土语之分，各地毛南族可用毛南语相互通话，毛南族青壮年还会讲汉语、壮语。无自己的文字，通用汉字。

毛南族的民间艺术以雕刻和编织闻名。雕刻有木雕和石雕。木雕以木面具为主，木雕面具是毛南族值得自豪的民间工艺品。从前，毛南族崇拜多神，用坚木给每种神雕成木面具。各种神的面具姿态生动，刀法或细腻、或粗犷，反映了毛南族雕刻艺人无限的想象力和高超的艺术水平。如慈祥的万岁娘娘的面具，脸部弯曲有致的皱纹刻画出这位女神地位的尊贵。至今，木雕面具民间仍有保存，有的已为博物馆收集展览，有的在节日表演时还在使用。石雕以墓碑有名。如中南凤腾山一带留下的数以百计的古石墓，那些墓碑犹如露天的石雕展览馆，有的墓碑呈楼阁式，由数块巨石雕刻而成。碑前有刻有龙麟的圆形石柱，碑上除刻有大小文字外，还有雕镂精细、栩栩如生的众多图案，碑顶端刻有庄重古朴的各种造型。这些石雕作品，千姿百态，栩栩如生，给人美不胜收的感觉，反映了毛南族高超的石雕艺术创造才能。

毛南人用当地出产的金竹、墨竹破成竹篾，精心编织而成的"花竹帽"，美观大方，工艺精致，国内外闻名。作为生活用品，戴在头上，通风爽快、轻巧舒适；作为工艺品，让人打扮得更漂亮，有情人也常把它当作信物。新中国成立之初，曾在全国民族工艺品展览会上展出，为北京、上海等地博物馆所珍藏，后作为文化交流的艺术品而传到国外。

历史上毛南人有读书习文风尚，文化水平比较高。他们重视教育，兴办私塾、学馆。清朝末年，就出了举人和文武秀才多人。民国初期，居住地域设立了县立高等小学三所，行政村也相继办有初级小学。学生上进心强，勤奋好学刻苦，有的学生还升到外地读中学、大学，这在当时是很了不起的，故有"三南文风颇盛"的赞誉。新中国成立后，更是人才辈出，众多的毛南族子弟在各行各业上大显身手，建功立业。为让学子完成学业，毛南人家常常慷慨解囊，兄弟姐妹、亲朋好友、左邻右舍相互帮助，蔚然成风，代代相传。

毛南族群众喜欢吃酸，毛南三酸很有特色。罗番是一种螺蛳汤。毛南族人把山溪里生长的一种大螺蛳洗净，用猪油炒至透熟发香后，趁热倒到坛中，再倒入浓浓的第一道淘米水、烤香的猪筒骨和少量生糯米粒，密封三个月后即可食用。腩腥是用猪肉或牛肉做成的酸肉，做法与侗族的荤酸大体相同。瓮煨是一种特殊的盐水坛。把生盐用水煮开溶化，待其冷却后，滤渣倒入坛中再加入青椒等，把坛口封好，一个月后就成了"瓮煨"。毛南人不仅用瓮煨腌各种素酸，而且还可以腌制出与"腩腥"风味不同的各种荤酸。此外，用自产的黄豆制成的豆腐圆，洁白细嫩，是宴席的佳肴；把红薯经晒后蒸成的"甜红薯"，柔软清甜，是颇有民族风味的食品。

毛南族最盛大的传统节日是分龙节，多在每年农历五月间举行。因在三界庙集体祭祀，故也叫庙节。节前先椎杀公牛，用牛头、尾、脚、内脏祭龙，过节时先以村寨为单位举行两天的庙祭仪式，到了第三天的分龙日，家家户户都蒸起五色糯米饭和粉蒸肉，并把粘着密密麻麻饭团的柳枝插到中堂，祈求当年五谷丰登。然后出嫁的女儿携儿带女，用"发多"（毛南语，一种大如扇面的灌木阔叶）包起五色饭和粉蒸肉，装在竹篮里，回娘家与父母兄弟姐妹团聚，庆贺节日。未婚青年男女则相邀于水边树下山间对歌嬉戏，约会恋爱，尽情欢乐。

毛南族的体育以竞技为主，"同顶""同填""同拼"和"骑马摔跤"较具民族特色。"同顶"是由两个小伙子用肚皮各自顶住竹竿的一端，依仗自己肚皮的弹力、腿力和臂力，顶住对方的推力并伺机将对方推出界外。"同填"是由两个人用肩膀互相冲撞，以把对方撞出界外或撞倒在地为赢。"同拼"的器械只有一根扁担，一人用两手握牢扁担的一端，呈半蹲姿势，另一人则把扁担的另一端举到头顶，运足力气后徐徐下压，同时扭转扁担，以扁担能否翻转定输赢。"骑马摔跤"是四人一组比赛，主角骑在由三人组成的品字形的"马"背上，与对方摔跤，谁被拉下"马"谁就输。

（八）回族

回族是中国人口仅次于壮族的少数民族。在广西，回族是从外地迁入的民族。根据史书记载，宋朝大将狄青南下平叛时，有少量回族人随军到广西，战事结束，当中一部分就留下来了。元明清以后，一些回民又从河北、山东、云南、广东等地迁来。2007年年末，广西回族人口3.1万人，主要分布在桂林市、柳州市、南宁市、临桂、阳朔、灵川、永福、鹿寨、右江、南丹、金城江、宜州、都安等县市区也有一部分居住，具有"大分散，小集中"的特点。回族多数住在城市、圩镇，并自成街巷而居，只有桂北几个县的回族居于农村，自成村落。

他们使用汉语，通用汉字。多信奉伊斯兰教，以《古兰经》为经典，人多之地建清真寺，作为宗教活动场所，或举行聚会、调解纠纷、兴办教育用。

居于广西的回民，多数以经营手工业、小商业和饮食业为主要的经济活动。少数居于农村的回民，耕种田地的同时，也做些小生意，或做屠宰，或搞运输。谚语说："穆斯林，两大行，小买小卖宰牛羊。"正是他们经济生活的真实写照。回民以大米、面为主食，多吃牛、羊、鸡、鸭、鱼肉，忌吃猪、狗、马、驴、骡肉，忌食一切不经过屠宰而死的动物肉。人居集中地，一般有自己开设的回民餐馆、饭店，环境卫生干净，饭菜可口。逢年过节，喜欢用油炸的各种油香饼招待八方宾客和馈赠亲朋好友。穿着与汉人差不多，唯男子头上习惯戴白帽子。

回民的传统节日有圣纪节、开斋节、古尔邦节。圣纪节在伊斯兰教历三月十二日举行，这一天是伊斯兰教创始人穆罕默德诞生的纪念日子，也是穆罕默德逝世的日子。回民聚集在清真寺做礼拜，听阿訇诵经演说，讲述圣绩，捐些钱财，寺里以饭菜招待来者。开斋节在回历十月举行。伊斯兰教历九月，所有成年的、身心健康的穆斯林男女都要履行一个月的斋戒，即从日出后到日落前，不得进食。斋月过后的第一天，举行开斋节，届时人们沐浴净身，盛装来到清真寺，举行会礼、团拜、聚餐等活动，还要施散钱财，听阿訇讲经，祈祷亡人。过节期间，各户人家准备丰富食品，全家饮宴。出嫁女偕夫带儿女回家团圆。古尔邦节也称"宰牲节"，开斋节后第70天，即伊斯兰教历的十二月十日举行，节期三天。期间人们要去清真寺参加会礼，向麦加方向叩拜；举行宰牲典礼，将所宰牛、羊肉分三份，以送亲友邻居或济贫施舍或留作自家宴用。

（九）京族

京族约在明朝年间因捕鱼而由越南涂山漂海迁居来广西，至今已有近500年的历史。新中国成立前，曾称"安南"，新中国成立后，一度自称或被他称为"越族"，1958年经国务院批准，按照本民族的意愿，正式定为称"京族"。京族是中国人口最少的少数民族之一，2007年年末有2.15万人，全部分布在广西的北部湾地区，主要聚居在东兴市，有1万多人，且集中在江平镇，其余分布钦州、防城港等地。在江平镇的京族又主要集中在京族三岛——山心、巫头、万尾以及潭吉等地。京族讲京族语，多数人也会讲汉语粤方言。京族语和越南语同出一源，其系属问题有待研究确定。没有本民族的文字，通用汉文。

京族是广西少数民族中唯一以渔业为主的民族，世世代代靠海吃海，与大海为伴，与风浪为伍。国家实行改革开放和中越关系正常化以后，他们充分利用沿海滩涂，大力发展水产养殖业和水产品加工业；利用地缘和语言相通优势，积极开展边境对外贸易；依靠海滨旖旎风光，浓郁民族风情，水上航运便利，壮大旅游产业，迅速走上了致富道路，生活发生了翻天覆地的变化。据调查，早在1998年，巫头村人均收入达8 000元，京族三岛1 600余户几乎家家住上小洋楼，95%的居民有摩托车，20%的居民买了小车,金银首饰、高档通信工具户户都有。

"唱哈节"是京族最为隆重的传统节日。唱哈京语即唱歌之意。过节的日期各地不同,有的是农历六月初十,有的是八月初十,有的是正月十五。节日除举行迎神、祭神、送神各种仪式以及饮宴外,唱哈是一项不可缺少的重要活动。唱哈通常是三人,一个哈妹任主唱,一个哈妹敲梆配合,主配角轮换,一个哈哥依曲调琴伴奏。传说的镇海大王、历史上的英雄、渔民的生活情感、周围的动植物等等是唱哈的主要内容。女子不论老幼,在哈节上唱歌者都可称哈妹。唱哈节一般在各村寨的哈亭进行。参加者除京族外,还有当地的壮族和汉族等民族。

独弦琴是京族特有的珍贵乐器。独弦琴是用半片大竹筒或三片木板做成。方形长匣作琴身,长约83厘米,一头插上一根小圆木与琴身成直角,另一头安上一个把手,小圆木和把手间系上弦线,即成了独弦琴。演奏时,右手用小竹片拨动弦线,左手以不同的力度不断滑动按弦,琴便发出悠扬的乐声,其音多带颤音和装饰音,如海浪起伏,婉转动听。独弦琴的曲目大多与出海有关,以婉转抒情居多,听起来令人柔肠百结。在喜庆节日,独弦琴常常担当重要的角色。

京族的服饰独具特色,女子上身内挂一块菱形的遮胸布,外穿一件窄袖紧身对襟无领的短上衣,下身穿宽的黑色或褐色裤子,外出时,另穿窄袖的外衣,喜戴耳环。男子则穿长至膝盖、窄袖袒胸的上衣,长而宽的裤子,腰间束带。现在只有部分妇女还保留这样的装束,其余的大都与邻近的汉族服装相同。

饮食方面,喜欢制作"鲶汁"(用从海上捕得的小鱼腌制滤出而成)作调味品,使菜肴更加鲜美可口。

青年男女除以对歌试情缘外,还有"踢沙"和"掷木叶"。喜庆节日的时候,小伙和姑娘们便踏着月色来到沙滩上,若小伙子看上哪个姑娘,便会走到她身边,将沙踢到她身上,若姑娘有意,会踢回沙子;也有摘下一片叶,掷到姑娘身上,若姑娘有意,会以同样的动作加以回应。双方确定意向后,便会避开人群,坐到沙滩上或躲到丛林中互诉衷肠。

跳竹杠是京族传统体育。一般为8男8女轮流打竹杠,轮流跳。打竹杠的8人分成两排距离约3.5米,面对面盘腿坐下,相对的两人双手握着两条细竹杠的末端,由8人中的一人统一指挥,按着一定的节拍,同时向下不断地敲打粗竹杠,并且每对细竹杠时开时合,跳竹杠的8人则按节拍在竹杠间跳各种动作,统一从一面进另一面出,可单人跳、双人跳、三人跳或成队跳,开合时,双脚必须腾空或停在细竹杠的空隙中,既不能踩着竹杠,也不能被不断开合的竹杠夹着。

(十)水族

水族自称"虽",他称为"水",源于古代骆越的一支。唐、宋时代,在今环江北部以及贵州三都、荔波、独山、都均等地置"抚水州"，其境内的"抚水蛮"即为今水族等民族的先民。明清时期，"水""水家苗""水家"等称谓见于史籍。新中国成立后，根据民族意愿，国务院于1956年确定其族称为"水族"。水族是广西的土著民族，不过，今天广西的水族有许多大约是在清末民国初从贵州的三都、荔波、独山等县迁来的。此后，由于各种原因，广西与贵州相邻各县，水族时有往返迁移。2007年年末，广西水族人口为1.4万人，主要分布在融水、南丹、宜州、环江、金城江等县市区，多与壮、瑶、苗、侗、汉等民族杂居。

水族有自己本民族的语言即水语，水语属汉藏语系壮侗语族侗水语支，不分方言，有三洞、阳安、潘洞等土语。由于和杂居的兄弟民族关系友好融洽，水族除讲本民族语言外，还学会了讲壮、汉、瑶、苗、侗等民族的语言。历史上水族人制作了自己的历法即水历。水历以阴历九月为一年之首，阴历八月为一年之终。

端节是水族最大的节日，相当于汉族的春节，时间在农历九月初九。节日期间，各村寨男女老少兴高采烈，穿着民族盛装，举行"赶端坡"，或相互道贺，或纵情唱歌、跳舞，或参加或观赏赛马、斗牛、斗鸡等娱乐活动。邻近各族群众纷纷赶来助兴，端坡人群如潮，歌声如海，欢乐异常。南丹、金城江水族还过卯节，即夏收夏种后找一个卯日庆丰收，青年男女赶坡约会寻找意中人。

水族特别喜欢吃鱼类食品，"鱼包韭菜"是最有特色的水族佳肴。先把鲤鱼或草鱼沿腹破开洗净，用酒、葱、蒜、姜、盐及糟辣等佐料略腌一下，再将洗好的韭菜等填到鱼腹中清炖或清蒸而成。

（十一）彝族

中国彝族主要分布四川、云南、贵州等省。据民间传说，广西的彝族是从云南、贵州甚至四川等地陆续迁来的，至于迁移时间，往上约早至唐、宋，往下则晚到明末清初。2007年，广西的彝族人口为7 500余人，主要分布在隆林各族自治县的德峨、克长、者浪、岩茶等乡和那坡县的城厢、百都、下华等乡，少数分散在西林、田林县境内。居住在广西的彝族按其服饰分有黑彝、白彝和红彝（又称花彝）三种，黑彝分布在隆林和西林，白彝和红彝分布在那坡。彝族有自己的民族语言即彝语，彝语属汉藏语系藏缅语族彝语支，有六大方言以及多种次方言和土语。广西彝语属东部方言的贵州盘县次方言的盘南土语。不过，广西境内穿不同服饰的彝族，他们之间的语言差别很大，几乎互不相通。

跳弓节（又称"跳公节"）是居住在那坡县（或云南富宁县）一带的彝族人民最重要的节日，也是比较独特的节日。一般在农历四月上旬或中旬举行，具体日子各地不一。整个节日一般三天。第一天中午，全村男女老少，个个盛装来到村子的舞坪集中。舞坪正中种着两丛金竹，金竹（传说先人用金竹做的弓弩退敌）周围摆着酒、肉、五色饭、虾米等食品，旁边还支着一对铜鼓。然后在有关人员的带领下举行各种祭祀仪式，伴随着阵阵铜鼓声，人们围着金竹跳舞唱歌，赛马游行示威，纪念祖先，怀念金竹，好不热闹。第二天的活动大体相同。第三天，由寨子里的头领人物带领全村老少上山祭拜山神。那坡一带彝族在农历八月下旬还有修路节，村寨男女老少义务去修路，以方便行走运输。农历三月三，有护林节，祭山祝林木茂盛。节后各家相互检查护林情况，乱砍滥伐林木者受罚，护林有功者嘉奖。

火把节也是彝族隆重的节日，但在广西隆林一带有些变化，那里的彝族常将传统的火把节同壮族的"六月六"结合起来一起过。这一天，村寨杀牛，彝族同胞把小块牛肉用竹签串着烧熟先敬祖先，村寨男女青年又拿着牛肉和紫色糯饭到高山上给布谷鸟送饭，祭山神。然后，聚集在一起举行观鸟、赛马、斗牛、摔跤等各种活动，尽情欢乐。

"打磨秋"是彝族人民喜爱的一项传统体育活动，多在秋后举行。先在村寨晒场上竖起一根两三米高的圆木柱作轴心，再在柱顶装上一条长约两丈的活动横杆。比赛时两个体重相近的人各坐横杆的一端，用力朝同一个方向蹬地，使横杆转动并上下飞摆，哪个感到头晕哪个就算输。

"抹黑脸"是隆林一带彝族很特殊的一种传统习俗，用以表达祝愿和情谊。多在节日或喜庆日子里进行。"抹黑脸"开始时，相互用双手沾着锅底的黑灰向对方的脸上抹去，同样对方也抹过来，你来我往，甚至蘸着油沾着锅灰来抹，最后双方都变成了大花脸，个个喜笑颜开，乐不可支。

彝族的刺绣品很有特点，它不像常规那样用种种颜色的彩线绣成，而是先绣好再染上各种鲜艳的颜色，使之既像绣品，又像绘画，别有一番风味。

（十二）仡佬族

仡佬族，源于古代南方僚人的一支。唐宋时，史书有"仡佬""仡僚""革老"等记载。广西仡佬族一部自称"图里"，一部自称"牙克"，一部自称"濮留"，大约是明清时期陆续从贵州迁来的，因多居于山冲地带，又称"仡佬冲"。仡佬族是广西少数民族人口中人数最少的民族，2007年人口为3 000余人。主要分布在隆林各族自治县的德峨、长发、岩茶、常么、者浪等乡，与隆林交界的西林县境内也有少量的仡佬族居住点。由于人口稀少，仡佬族多与汉、壮、苗、彝等民族杂居，关系友好融洽。多数能操壮语、苗语、汉语，用汉文。据研究，仡佬语属汉藏语系壮侗语族仡佬语支。广西仡佬语有哈哈仡佬方言、多罗仡佬方言、来人仡佬方言三支。

仡佬族人特别爱吃狗肉，几乎家家都养狗。为老人祝寿时，多杀狗设宴；平时贵客临门，也多以狗肉宴款待。煮菜喜欢拌辣椒，所制辣椒骨是传统食品，美味可口。

农历正月十四日，仡佬族要举行隆重的拜树仪式，称为"拜树节"。仡佬族地方山多岭多树木多，各家各户都有数量不等的林木、果树，那是他们生产生活的重要组成部分，故"拜树节"家家户户举行，十分隆重。过完"拜树节"，全村寨就开始一年的植树造林活动。这一直是他们民族的优良传统，通过"拜树节"活动，积极造林、护林，绿化荒山，保护环境，为子孙后代造福。

○ 当前，随着城市化进程加速，大规模城乡建设持续展开，文化遗产及其生存环境受到严重威胁。为了推动文化遗产的有效保护和传承发展，有利于调动全社会保护文化遗产的积极性，一些地方建立了生态（社区）博物馆。生态（社区）博物馆是一种通过村落、街区建筑格局、整体风貌、生产生活等传统文化和生态环境综合保护和展示，整体再现人类文明发展轨迹的新型博物馆。到2011年5月，在各级政府的支持下，在广西民族博物馆直接指导下，广西已建立了南丹里湖白裤瑶、三江侗族、靖西旧州壮族、贺州客家、那坡黑衣壮、灵川长岗岭商道古村、东兴京族、融水安太苗族、龙胜龙脊壮族、金秀坳瑶等10个民族生态博物馆。

二、民族区域自治制度在广西的实施

（一）民族区域自治制度

1. 民族区域自治的基本含义

民族区域自治是在国家统一领导下，各少数民族聚居的地方实行区域自治，设立自治机关，行使自治权。这种民族区域自治，是国家的集中统一与少数民族聚居地方的区域自治有机的结合，"是民族自治与区域自治的正确结合，是经济因素与政治因素的正确结合"，而不是单纯的民族自治或地方自治或行政自治，在政治上更不是独立的。

民族区域自治是中国共产党把马克思列宁主义关于民族问题的基本理论与中国国情和革命实践相结合的伟大创举，是中国共产党对马克思主义民族理论的创新与发展，是中国共产党解决中国民族问题的基本政策，是中华人民共和国的一项基本政治制度。

2. 民族区域自治制度的形成与确立

民族区域自治确定为中国共产党解决国内民族问题、实现民族平等的一项基本政治制度，经历了长期的艰辛的理论和实践探索。

1938年10月，毛泽东在《论新阶段》报告中就指出：允许蒙、回、藏、苗、彝、番各民族与汉族有平等权利，在共同对日原则下，有自己管理自己事务之权，同时与汉族联合建立统一的国家。这种以民族平等、自治和国家统一为原则解决国内民族问题的主张，是创立中国特色的民族区域自治理论的奠基石。1941年5月，中央政治局

第二章 广西各兄弟民族与民族区域自治制度的实施

批准的《陕甘宁边区施政纲领》规定：依据民族平等原则，实行蒙、回民族与汉族在政治经济上的平等权利，建立蒙、回民族的自治区。1946年10月，中共中央提出"对内蒙古工作的基本方针，目前是实行区域自治"。在党的领导下，1947年5月1日，内蒙古自治区宣告成立。这是我们党运用马克思主义民族理论解决国内民族问题的成功实践，为其他少数民族和民族地区实行民族区域自治树立了榜样。

新中国成立前夕，中国共产党从我国国情和民族问题的实际出发，在认真总结了解放区推行民族区域自治的经验，以及与苏联的情况作了详尽的比较研究以后，提出我国应采用民族区域自治的方式而不宜实行像苏联那样的联邦制的方式解决国内民族问题。1949年9月下旬，中国人民政治协商会议第一届全体会议通过的具有临时宪法作用的《共同纲领》明确规定：中华人民共和国境内"各少数民族聚居的地区，应实行民族区域自治"。正式把民族区域自治确立为解决民族问题的基本制度。

3. 民族区域自治制度的实施根据

中国共产党在解决国内民族问题时，既不采取苏联等社会主义国家实行的民族共和国联邦制，也不用西方国家的联邦制，而是选择适合国情的民族区域自治制度，是有特定的历史条件和现实背景的。

第一，从长期历史发展来看，中国自秦开始就是一个中央集权的统一多民族国家。此后历代，虽有分有合，但统一的多民族国家的格局一直没有改变，"大一统"成为中国的政治传统和历史传统。

第二，从各民族人口及其分布情况来看，汉族人口占全国总人口的绝大多数，少数民族人口在全国总人口中所占比例只6%，各少数民族之间人口比重也相差悬殊，各民族人口大杂居，小聚居，交错居住，即使少数民族相对比较集中的地区，也有两个以上甚至十几个民族杂居和交错居住。这种分布状况说明，任何一个民族都不可能从地理环境、分布空间、经济生活等方面自成体系。

第三，从民族关系情况来看，在长期中央集权的统一国家里，中国各民族之间在政治、经济、文化上形成了密切联系。尤其是各民族人民在中国共产党的领导下经过长期的共同的革命斗争，推翻了三座大山，实现了各民族的解放，创建了各民族共同的家园——中华人民共和国，各民族间结成了谁也离不开谁的荣辱与共的血肉联系，同呼吸、共命运、心连心。与此同时，中国各族人民也深深地认识到：中国共产党是为各族人民谋幸福，是各族人民利益的忠实代表，是凝聚各族人民力量的核心。他们坚决拥护党的民族政策。

第四，从历代中央政权治理上看，自秦汉以来，在中央集权统一的国家里，历代封建王朝对少数民族和民族地区采取不同于汉族地区的管理政策，"修其教不易其俗，齐其政不易其宜"，由少数民族首领管理少数民族地方。民族区域自治是对这一政策在形式上的延续和创新。正如江泽民同志指出的：我们党处理民族问题的政策和制度"既深刻总结了我国历史上处理民族问题的经验教训，也积极借鉴了世界上一些国家处理民族问题的经验教训，因而具有历史和现实的科学依据"。

4. 民族区域自治制度在中国的积极推行

新中国成立后，根据《共同纲领》，党和政府在全国范围内积极推行民族区域自治。首先，形成了三级民族区域自治地方的体系。1954年颁布的《中华人民共和国宪法》，明确规定民族自治地方分为自治区、自治州、自治县，以民族乡为重要补充形式。此后，新疆、广西、宁夏、西藏四个自治区相继成立。其次，根据实际情况，着眼于加强民族团结和加快民族地区发展的长远利益，重视经过各界人士和群众的充分协商，达成共识，建立民族自治地方。如新疆、广西、宁夏、西藏四个自治区的建立和内蒙古自治区行政区域的调整都是用这种方法来处理的。再次，充分考虑各少数民族的实际，民族自治地方形式灵活多样。主要有如下四种类型：一是以一个少数民族聚居区为主建立的，如新疆维吾尔族自治区，吉林省延边朝鲜族自治州，甘肃省肃南裕固族自治县等。二是由两个以上少数民族聚居区联合建立的，如云南文山壮族、苗族自治州、广西龙胜各族自治县、广东连山壮族、瑶族自治县等。三是在一个大的民族自治地方内，其他少数民族可以建立行政地位小的自治地方。如广西壮族自治区内建有融水苗族、环江毛南族等12个自治县等。四是一个民族可以在不同的聚居区建立相应的自治地方，如藏族，除建立西藏自治区外，还在云南、四川、青海、甘肃等省建立了自治州和自治县。此外，在推行民族区域自治的同时，为了保障散居地方少数民族的合法权益，国务院1983年发出《国务院关于建立民族乡问题的通知》，1992年发布《民族乡行政工作条例》和《城市民族工作条例》，对散居地方少数民族政治、经济、文化等各方面权益的保护做出了详细的规定。

截至2002年年底，全国共建立了154个民族自治地方，其中有5个自治区、30个自治州和119个自治县（旗）。此外，还成立了1 256个民族乡。55个少数民族中已有44个建立了自己的民族自治地方。实行区域自治的少数民族人口约占少数民族总人口的75%，民族自治地方行政区域面积约占全国总面积的64%。

这样，"这种民族区域自治……不仅使聚居的民族能够享受到自治权利，而且使杂居的民族也能够享受到自治权利。从人口多的民族到人口少的民族，从大聚居的民族到小聚居的民族，几乎都成立了相当的自治单位，充分享受了民族自治权利。这样的制度是史无前例的创举。"

5. 实行民族区域自治制度的积极作用

民族区域自治制度实行六十多年来，取得了巨大成就。这表明民族区域自治制度是符合马克思主义的民族理论，符合中国的基本国情，符合中国各族人民的根本利益，是中国共产党人的一个伟大的历史性创举，具有巨大的政治优势。

首先，推行民族区域自治，有利于保持与巩固国家统一，增强中华民族的凝聚力。

第二章 广西各兄弟民族与民族区域自治制度的实施

《中华人民共和国宪法》第4条及《中华人民共和国民族区域自治法》第2条明确规定："各民族自治地方都是中华人民共和国不可分离的部分"。民族自治地方设立的自治机关（含各级人民代表大会和人民政府）是"国家的一级地方政权机关"，行使宪法规定的地方国家机关的职权，同时，"必须维护国家的统一，保证宪法和法律在本地方的遵守和执行"，"要把国家的整体利益放在首位，积极完成上级国家机关交给的各项任务"。"各民族自治地方的人民政府都是国务院统一领导下的国家行政机关，都服从国务院"。此外，《中华人民共和国宪法》第52条规定：中华人民共和国公民有维护国家统一和全国各民族团结的义务。《中华人民共和国民族区域自治法》第52条规定：民族自治地方的自治机关保障本地方内各民族都享有宪法规定的公民权利，并且教育他们履行公民应尽的义务，等等。这些规定从根本上改变了旧中国许多民族地区存在的不同程度的割据状态，实现了国家在政治上的高度统一，巩固了祖国的边防。

其次，推行民族区域自治，有利于保障民族平等，有利于保障少数民族当家做主。《中华人民共和国宪法》规定：中华人民共和国各民族一律平等。宪法和民族区域自治法都规定各少数民族聚居的地方实行区域自治。不论是人口多的民族还是人口少的民族，是居住在一般省、直辖市，还是居住在自治区、自治州的范围，不管其原来处于何种社会发展阶段，不管其聚居区域的大小，少数民族人口所占本自治地方的比例如何，都有实行民族区域自治的权利。少数民族平等的民主权利得到体现。当然，民族自治地方的自治机关，不仅保障实行自治的民族的权利，还要保障自治区域内其他民族公民的平等权利。民族自治地方的自治机关在行使宪法规定的同级地方国家机关的职权的同时，依照宪法和民族区域自治法及其他法律规定的权限，又行使自治权。换言之，既有管理本民族内部事务权利，也有管理本地区内部事务的权利。

民族自治地方的人民代表大会有权依照当地民族的政治、经济和文化的特点，制定自治条例和单行条例。对不适合民族自治地方实际情况的上级国家机关的决议、决定、命令和指示有变通执行或者停止执行的权利。民族自治地方的人民代表大会常务委员会中应当有实行区域自治的民族的公民担任主任或副主任。自治区主席、自治州州长、自治县县长由实行区域自治的民族的公民担任。民族自治地方的自治机关所属工作部门的干部中，应当合理配备实行区域自治的民族和其他少数民族的人员。民族自治地方的自治机关在国家计划的指导下，根据本地方的特点和需要，制定经济建设的方针、政策和计划，自主地安排和管理地方的经济建设事业；有管理地方财政的自治权；自主地发展民族教育，根据条件和需要发展高等教育，培养各少数民族专业人才；有权使用当地通用的一种或几种语言文字执行任务；培养和任用少数民族干部自主权等等。这样各少数民族就能够充分地表达自己的意见和愿望，实现当家做主。

再次，推行民族区域自治，有利于各民族共同发展繁荣。加快民族自治地方的经济发展，实现各民族共同繁荣，是实行民族区域自治的根本目的之一。在建立民族自治地方和划定民族自治地方的行政区域时,有利于民族自治地方的发展是一个重要的着眼点。如将一部分汉族聚居的城镇和经济文化比较发达的汉族地区划归民族自治地方,就是兼顾了既有利于各少数民族的平等自治,又有利于民族地区经济文化的发展而作出决定的。正如邓小平所说:"不把经济搞上去,民族区域自治就是空的。"在有关民族的法规里,许多关于促进民族自治地方经济和社会发展的规定,利于民族自治地方和各民族的经济得到较快的发展,逐步消除历史上遗留下来的各民族在经济发展方面的差距,实现各民族共同繁荣。

如"上级国家机关应当帮助、指导民族自治地方经济发展战略的研究、制定和实施,从财政、金融、物资、技术和人才等方面,帮助各民族自治地方加速发展经济、教育、科学技术、文化、卫生、体育事业。""国家制定优惠政策,引导和鼓励国内外资金投向民族自治地方。""国家根据统一规划和市场需求,优先在民族自治地方合理安排资源开发项目和基础设施建设项目。"国家制定优惠政策,扶持民族自治地方发展对外贸易,实行优惠的边境贸易政策。通过各种形式,"增加对民族自治地方的资金投入,用于加快民族自治地方经济发展和社会进步,逐步缩小与发达地区的差距"。上级国家机关应当组织、支持和鼓励经济发达地区与民族自治地方开展经济、技术协作和多层次、多方面的对口支援。国家引导和鼓励经济发达地区的企业按照互利互惠的原则,到民族自治地方投资,开展多种形式的经济合作。"国家和上级人民政府应当从财政、金融、物资、技术、人才等方面加大对民族自治地方的贫困地区的扶持力度,帮助贫困人口尽快摆脱贫困状况,实现小康。"等等。

最后,推行民族区域自治,有利于各民族的文化教育事业不断发展,各民族的科学文化水平不断提高。同时,使各民族的优秀传统文化得到更好的保护和发展。《民族区域自治法》规定:国家加大对民族自治地方的教育投入,并采取特殊措施,帮助民族自治地方加速普及九年义务教育和发展其他教育事业,提高各民族人民的科学文化水平。国家举办民族高等学校,在高等学校举办民族班、民族预科班,专门或者主要招收少数民族学生,并且可以采取定向招生、定向分配的办法。高等学校和中等专业学校招收新生的时候,对少数民族考生适当放宽录取标准和条件,对人口特少的少数民族考生给予特殊照顾。"民族自治地方的自治机关组织、支持有关单位和部门收集、整理、翻译和出版民族历史文化书籍,保护民族的名胜古迹、珍贵文物和其他重要历史文化遗产,继承和发展优秀的民族传统文化。"

(二)民族区域自治在广西的实行

广西壮族自治区是在壮族聚居的广西建立的自治地方,在广西壮族自治区,壮族是广西壮族自治区实行区域自治的民族。广西壮族自治区的成立经历了倡议、酝酿讨论,到通过、诞生的过程。

第二章 广西各兄弟民族与民族区域自治制度的实施

1952年12月,为了适应广西壮族人民当家做主的迫切愿望,根据《中国人民政治协商会议共同纲领》和《中华人民共和国民族区域自治实施纲要》的规定,在广西省内建立了桂西壮族自治区,下辖宜山、百色、邕宁三个专区、34个县(后扩建为42个县),面积11.1万多平方千米,人口626万多人,其中壮族420万人,占总人口的67.09%。1956年按宪法改为桂西壮族自治州。桂西壮族自治州成立后,各方面的工作都取得了很大的成绩。但是自治州一级的民族区域自治,与壮族在祖国各民族大家庭中的地位不相适应。壮族是广西的土著民族,有悠久的历史和灿烂的文化。当时,壮族是我国少数民族中人口最多的民族,壮族人口占广西总人口的36.9%,居住地区面积占广西总面积的60%,居住地区也很集中。在人口相对较少的蒙古族、维吾尔族都已经建立了省一级的自治区,西藏也成立了自治区筹备委员会,回族也准备建立自治区的情况下,壮族人民迫切要求建立省一级的自治地方。根据广西壮族人民的意愿,1956年10月,党中央倡议建立省一级的壮族自治区。

对于建立省一级的壮族自治区,原来设想了好几个方案,其中主要的有两个:一个是"合的方案",即把广西全省改建为自治区;另一个是"分的方案",即把广西划分为两个部分,保留广西省的建制,管辖当时广西省的东部地区,大体上包括桂林、平乐、容县三个专区和梧州、桂林两个市;另把广西省西部壮族为主的少数民族地区划出来建立省一级的壮族自治区,管辖的区域大体上包括宜山、百色、邕宁三个专区和南宁、柳州两个市。究竟是采用"合的方案",还是采用"分的方案",这是关系到正确执行党的民族区域自治政策的重大问题。在党中央的亲切关怀和周恩来的直接指导下,中共广西省委在全省范围内,广泛发动群众,一边学习党中央实行民族区域自治的政策,一边就建立省一级的壮族自治区的问题,进行充分讨论。最后,大家统一了认识,一致拥护采取"合的方案",以广西省现辖区域为单位建立广西壮族自治区。1957年6月,国务院作出成立广西壮族自治区的决定。7月,第一届全国人民代表大会第四次会议批准了国务院的决定,通过了相应的决议。

1958年3月5日,广西壮族自治区第一届人民代表大会第一次会议在南宁隆重举行,庄严宣告广西壮族自治区正式成立。国务院副总理贺龙同志代表党中央、国务院和毛泽东主席前来祝贺和指导。会上选举了广西壮族自治区人民委员会主席、副主席和委员,韦国清(壮族)任自治区主席。广西壮族自治区的成立,是我国民族区域自治史上的又一座丰碑,表明了党和国家对壮族在祖国多民族大家庭中应有地位的确认,是壮族有史以来真正享受民族平等权利的开始。它对充分发扬广西各族人民当家做主的精神,进一步建立各民族平等、团结、互助、合作的社会主义关系,加速广西各族共同发展和共同繁荣起了巨大的推动作用。

在广西壮族自治区成立前后及20世纪八九十年代,广西区内少数民族聚居的地方又根据民族区域自治政策先后建立了一些民族自治县(详见表2-1)。有较多苗族、瑶族人口聚居的西林、凌云从1992年起享受民族自治县的待遇；资源县从1995年起享受民族自治县的政策待遇。1993年防城各族自治县撤县设区后，其原享受的民族自治县经济政策待遇不变。此外，1984年以来，作为民族区域自治的重要补充形式的民族乡，在全区先后建立或恢复了63个，其中瑶族乡46个，苗族乡8个，瑶族苗族乡1个，侗族乡1个，回族乡1个，仫佬族乡1个。1996年，经自治区人民政府批准，平南县大鹏镇享受民族乡政策待遇。至2013年年末，全区设有民族乡为59个，详见表2-2。

表 2-1　广西民族自治县一览表

名　　称	所在地（市）	政府所在地	建立时间
龙胜各族自治县	桂林市	龙胜镇	1951.8
金秀瑶族自治县	来宾市	金秀镇	1952.5
融水苗族自治县	柳州市	融水镇	1952.11
三江侗族自治县	柳州市	古宜镇	1952.12
隆林各族自治县	百色市	新州镇	1953.1
都安瑶族自治县	河池市	安阳镇	1955.12
巴马瑶族自治县	河池市	巴马镇	1956.2
防城各族自治县（现已改为防城区）	防城港市	防城镇	1958.5
富川瑶族自治县	贺州市	富阳镇	1984.1
罗城仫佬族自治县	河池市	东门镇	1984.1
环江毛南族自治县	河池市	思恩镇	1987.11
大化瑶族自治县	河池市	大化镇	1987.12
恭城瑶族自治县	桂林市	恭城镇	1990.10

表 2-2　广西民族乡一览表

名　　称	所属县（市、区）	名称	所属县（市、区）
八桂瑶族乡	田林县	同练瑶族乡	融水县
八渡瑶族乡	田林县	滚贝侗族乡	融水县
潞城瑶族乡	田林县	高基瑶族乡	三江县
利周瑶族乡	田林县	同乐苗族乡	三江县
足别瑶族苗族乡	西林县	富禄苗族乡	三江县
普合苗族乡	西林县	古砦仫佬族乡	柳城县
那佐苗族乡	西林县	车田苗族乡	资源县
玉洪瑶族乡	凌云县	河口瑶族乡	资源县
沙里瑶族乡	凌云县	两水苗族乡	资源县

第二章　广西各兄弟民族与民族区域自治制度的实施

续表

名　　称	所属县（市、区）	名称	所属县（市、区）
朝里瑶族乡	凌云县	大境瑶族乡	灵川县
伶站瑶族乡	凌云县	兰田瑶族乡	灵川县
作登瑶族乡	田东县	大发瑶族乡	平乐县
汪甸瑶族乡	右江区	洞井瑶族乡	灌阳县
里当瑶族乡	马山县	浦芦瑶族乡	荔浦县
三弄瑶族乡	东兰县	东山瑶族乡	全州县
八腊瑶族乡	天峨县	蕉江瑶族乡	全州县
平乐瑶族乡	凤山县	两安瑶族乡	钟山县
江洲瑶族乡	凤山县	花山瑶族乡	钟山县
金牙瑶族乡	凤山县	黄洞瑶族乡	八步区
北牙瑶族乡	宜州市	大平瑶族乡	八步区
福龙瑶族乡	宜州市	长坪瑶族乡	蒙山县
驯乐苗族乡	环江县	夏宜瑶族乡	蒙山县
中堡苗族乡	南丹县	仙回瑶族乡	昭平县
八圩瑶族乡	南丹县	南屏瑶族乡	上思县
里湖瑶族乡	南丹县	马练瑶族乡	平南县
镇圩瑶族乡	上林县	国安瑶族乡	平南县
古寨瑶族乡	马山县	宛田瑶族乡	临桂县
华江瑶族乡	兴安县	黄沙瑶族乡	临桂县
西山瑶族乡	灌阳县	草坪回族乡	桂林市

第三章 八桂优势资源与科学合理开发利用

一、土地资源的开发与保护

（一）充分利用多种土地资源，因地制宜发展多种经营

1. 根据不同土地类型，因地制宜发展生产

桂西、桂中、桂北和桂东部分地区以山地为主，耕地有限，旱地多水田少，农耕生产条件先天不足，但众多的山体分布连续，且气候温和，垂直变化明显，雨水适中，适合发展林果业、牧业，生产特色土产品。因此，应把主要精力放在山上，打山的主意，从实际出发，宜林则林，广种用材林、经济林，宜牧则牧，养牛养羊，宜副则副，宜果则果，并对石山区进行封山育林。此外，在利用山地资源优势时，要积极调整林种结构不合理现象，要改变边远山区草地利用偏轻，管护无序，而农区低丘和平原草地利用偏重，甚至使资源枯竭的做法，走可持续发展的道路。

以低山丘陵为主兼平原之地，如桂东、桂南、桂北和桂中部分地区，地势低，地形和缓，耕地相对较多，水田广，加上雨水热量充足，发展农业，种植亚热带、热带经济作物和水果比较有优势，所以应在田地上做文章，水田旱地各有其用，播种水稻，种植甘蔗、花生、木薯、黄红麻、烟草、茶树、桑树以及各种亚热带、热带水果，发挥土地应有潜力。

2. 大力搞好耕地的保护工作

广西山地多，平地少，耕地面积更少。据统计，2000年，全区有耕地面积仅265.8万公顷，仅占土地面积的11%，人均耕地面积仅0.06公顷，大大低于全国人均水平。且耕地以红壤土为主，酸性土多。因此，做好现有耕地的保护工作，意义十分重大。一方面要严格控制基建用地，尽量不占用耕地；另一方面被合法使用的耕地要通过多种方式选地补足，保持耕地总量不变并有适度增加。同时，采取措施，加强生态环境保护和建设，恢复森林和植被，防止水土流失及土地石漠化，减少耕地因自然因素的损耗，科学合理开发利用宜农荒地。另外，要提高耕地复种指数，冬季农田撂荒现象要改变；要改变重用轻养的做法，深耕改土，科学使用化学肥料，积极使用农家肥，培养地力，

提高耕地使用效率。

（二）岩溶地貌及对其保护与合理利用

1. 岩溶地貌的概况

广西以多山著称，境内石灰岩（碳酸盐类岩石）分布面积很广。据有关部门统计，石灰岩地面积达 12.2 多平方千米，占全区总面积的一半以上。石灰岩地区可溶性岩类经水的长期溶蚀、侵蚀而形成的地貌称岩溶地貌。因今斯洛文尼亚南部的喀斯特对此种地貌研究较早较多，故岩溶地貌又称喀斯特地貌。广西除少数县市外，绝大多数县市都有面积或大或小的岩溶地形。河池市岩溶占市总面积的66%，来宾市、崇左市等也占较大比例；都安瑶族自治县岩溶占县总面积的90%以上，居各县市之首。

广西的岩溶类型复杂，依其成因和形态大致可分为峰丛洼地、峰林谷地、残峰平原三大类型。

岩溶峰丛洼地主要分布于桂中和桂西，其中以都阳山为中心的周围诸县，如都安、大化、东兰、巴马、凤山是最大的连片峰丛洼地。其特点是石山高大，山峰成丛，峰顶几乎齐平；峰丛间有洼地（弄），或大或小，或高或低，或蜂窝状或串珠状；过境河流岸高水低，地表水流少，地下水深藏；溶洼多数干旱无水，少数雨季有涝患。广西的贫困人口主要分布于此地域，扶贫脱贫工作任重道远。

岩溶峰林谷地，主要分布在桂东北和桂东南，桂中和桂西部分地区也有。那里石山如林，成行成列，分立为主；峰林之间多为槽形谷地，宽阔的溶蚀洼地也能见到；地表有常流河，地下水埋藏也不深，水源尚可。这有利于农耕，栽种林果木，进行多种经营。桂林至阳朔一带的岩溶地形，是峰林谷地的典型代表。同时，石峰内部，由于水体沿石灰岩的裂隙、层理或岩性较软的部分进行溶蚀侵蚀，便形成大量长短不等、大小不一的洞穴，这些洞穴相互沟通，形成地下岩溶水流的通道，以后由于地壳运动抬升，地下水面相对下降，于是河道干涸，便形成深邃曲折的溶洞。有大量碳酸钙的水体在溶洞里发生凝结，形成了千奇百怪形态万千的石钟乳、石笋、石柱及似串珠、帷幔、瀑布等奇异石景。"桂林山水甲天下"和靖西自然风光有"小桂林"之称，正是根植于此类资源。

岩溶残峰平原，主要分布在柳州、来宾、宾阳、贵港、武鸣、玉林等地。其特点是石山分散，残峰或孤立或三五成群散布在溶蚀平原上。平原有的土层深厚，微坡起伏；有的土层稍薄，地面平坦开阔；或积水成洼，或石芽裸露。而且地表河多，地下水埋藏浅，水资源随处可见，是广西水稻、甘蔗、玉米、果菜的主要产区，经济比较发达，人口密集，交通极为方便。

2. 扬长避短，保护并科学合理开发利用岩溶资源

第一，加大力度开发利用岩溶峰林与溶洞优势旅游资源，发展旅游业。众所周知，石灰岩峰林和溶洞是广西旅游资源的主体,是广西建设旅游大省的主要根基。那么,如何最大限度地利用呢？首先,对已开发的重点山体溶洞,要切实加强保护。尤其是山体的水土保持工作要做好,让山体长青,植被常盛。如桂林市的象鼻山、伏波山、叠彩山,柳州市的鱼峰山等。其次,加大普查考察力度,积极发现开发新的石峰和溶洞,充分利用大自然赐予的资源,给日益兴旺的旅游业注入新的生机和活力。如桂林市冠岩,荔浦县丰鱼岩、银子岩,钟山县碧水岩,马山县金伦岩,凌云县水源洞和纳灵洞,凤山县水源洞,巴马县百魔洞、百鸟岩和水晶宫,德保县吉星岩,大新县龙宫,鹿寨县九龙洞,灌阳县黑岩及文市镇石林的开发吸引了众多游人不断前往游览观光。靖西县龙邦的音泉洞、新靖的卧龙洞,南丹的珍珠洞,有待进一步开发。再次,山峰及岩洞的开发利用,既要重视自然景观,也要注意人文资源内涵的挖掘,尽量使两者有机融合起来,以提高旅游产品的品位和档次。没有文化底蕴的旅游产品其持续力是不长久的,竞争力也不会强。最后,以名山和名洞为依托,让地域民族或民俗风情风貌展现出来,以增加旅游产品的亲和力,丰富名旅游产品的内容。桂林市漓江民俗风情园、柳州市大龙潭民族风情园、宜州市刘三姐风情园、百色市松林岛民族风情点、武鸣县伊岭岩壮民族风情区的做法可以借鉴,值得推广。

　　第二,峰丛洼地类岩溶资源的保护刻不容缓。此类大石山区,山高坡陡,土壤浅薄,耕地有限且分散,易旱有涝,农耕条件差,群众生产生活条件恶劣,有些地方人畜饮水都有困难。因此,不再损害破坏现有生态环境,防止水土流失,遏止石漠化,是迫切要解决的问题。同时还应采取积极有效的措施,立足当前,着眼长远,标本兼治,综合开发,从根本上改善生态环境。山上退耕还林、还竹,栽种一些既能加快生态环境恢复、短期又能带来经济实惠的乔木和竹子及林果木,发展林果业、畜牧业和竹产品加工业；山下利用有限的平台地及稳定的耕地面积发展粮食生产,如种植水稻、玉米等,或经济作物如甘蔗和烤烟等。

　　另外,在保护好生态环境的基础上,要积极开发具有较高旅游价值的峰丛洼地的自然景观。如大化县的七百弄,国家地质公园,方圆250多平方千米,有5 000多座山峰、1 000多个千姿百态的深洼地,是世界喀斯特峰丛洼地发育最典型的地区,地貌集中而独特,旅游价值、科学研究价值较高。如乐业县地球最大的天坑群,目前已发现28个天坑,在世界上的自然景观中,具有稀少、奇特、险峻、壮丽、秀美、生态环境独特的特点。其中最深最大的大石围天坑,深达613米,南北宽420米,东西长600多米,坑底面积9.6万平方米,周边为被刀削似的悬崖绝壁,属典型的喀斯特漏斗奇观,集独特奇绝地下溶洞、地下原始森林、珍稀动物及地下暗河于一体的巨型天坑。天坑底部林中有洞,洞中有河,河流湍急,且有冷热交汇的两条庞大的地下暗河。地下暗河中的石笋挺拔丛生,石帘晶莹透亮,科学考察研究和旅游观赏价值极高。如今乐业天坑群已成为"国际岩溶与洞穴探险科考基地"。此外,在巴马瑶族自治县所略乡弄中村发现了号龙天坑，它东西长 800 米，南北宽 600 米，最大深度为 509.3 米，最小深度 185.4 米；燕洞乡交乐村发现了交乐天坑，它南北长 750 米，东西宽 400 米，最大深度为 325 米，最小深度 283.2 米，均具有较高的旅游开发、科学考察和科研价值。2009 年广西环江洛阳镇文雅村发现宏大第二大天坑群有四个天坑，其中哥爱天坑直径约 500 米，深约 400 米，仅次于大石围天坑，有待开发。

二、水力资源的开发与充分利用

1. 加快开发利用丰富的水力资源，大力发展水电事业，把广西建设成为"西电东送"的重要基地

红水河是我国水力资源的"富矿"，在充分发挥已建成的红水河梯级水电站即天生桥一级、二级，岩滩、大化、百龙滩、恶滩、平班、龙滩、桥巩水电站的基础上，要抓住国家实施西部大开发向纵深发展的难得机遇，加快建设大藤峡水电站的速度。同时，要加快建设右江河段的百色水利枢纽工程二期工程，浔江河段的梧州长洲水电站工程三、四期工程，右江田东鱼梁航运枢纽工程。随着这些工程的陆续建成，广西作为重要西电东送的基地更加巩固，广西的水电资源优势才能有效地转化为经济优势，促进广西经济的发展，并为广东经济发展提供能源保证。

龙滩水电站：红水河梯级开发的龙头水电站。位于珠江干流红水河上游的广西天峨县。该电站以发电为主，兼具防洪、航运、灌溉、生态等综合功能，是国家实施西部大开发和"西电东送"战略的标志工程。规划总装机容量 540 万千瓦，年发电量 187 亿千瓦时。本期装机容量为 420 万千瓦，年发电量 156 亿千瓦时，总投资 243 亿元，是目前国内和亚洲仅次于长江三峡的巨型水电站。它的开发和建设，不仅为广西和南方电网提供巨大的电力，还可提高红水河中下游及西江流域的防洪能力，并可大大提高下游已建和待建的梯级电站的效益。同时，对改善红水河航运条件，推动地方经济发展及解决广西西部地区脱贫致富都具有巨大作用。

百色水利枢纽工程：位于百色市上游 22 千米的右江河段上，是一座以防洪为主，兼发电、灌溉、航运、供水等综合利用的大型水利枢纽工程。主坝高 130 米，正常蓄水位 228 米，总库容量为 56 亿立方米，其中防洪库容达 16.4 亿立方米。它的建成，可使下游的首府南宁防洪能力提高到 50 年一遇的标准，保护人口 187 万多。水电设计装机容量为 54 万千瓦，年发电量 16.9 亿千瓦时，其中 70% 为枯水期电能。百色至南宁通航能力提高到 500 吨级船舶，上游库区形成 300 千米的深水航道，通航规模可达 2 300 吨，为开辟一条沟通云、桂、粤三省区出海通道创造有利条件，也有利于促进广西、云南经济发展，改变右江革命老区的贫困落后面貌。百色水利枢纽工程第二期待建。

长洲水利枢纽工程：2003—2009 年建设。国家"西电东送"、广西"十一五"期间

的重点工程项目，是西江干流上最大的水利枢纽工程，项目总投资72.3亿元，发电厂房安装15台灯泡式贯流机组，总装机容量63万千瓦，最大坝高56米，坝顶长3 521米，被誉为贯流式机组中的"三峡工程"。长洲水利枢纽双线船闸建成通航，使过去险滩重重、通货能力吨位仅有300吨的航道变成畅通无阻、通货吨位提高到2 000吨的"水上高速公路"，为"黄金水道"重振昔日雄风作出了重要贡献。同时，随着库区蓄水，长洲库区内的各种防护设施的兴建和完善，使防护区的防洪能力得到极大的改善，使梧州和贵港两市的22个乡镇实行提水灌溉，灌溉面积可增加25.8万亩。此外，库区蓄水后形成的17.3万平方千米的水域面积，每年养殖净收益约1 425万元。长洲水利枢纽工程第三、四期在建。

　　大藤峡水利枢纽工程位于珠江流域西江水系黔江干流大藤峡峡谷出口弩滩上。坝址以上控制流域面积19.86万平方千米，约占西江流域面积的56.4%。水库总库容30.13亿立方米，防洪库容15亿立方米，大藤峡水利枢纽与上游龙滩水库，以及北江飞来峡水库联合运用，可将西江中下游和北江三角洲重点防洪保护对象的防洪标准由50年一遇提高到100年至200年一遇。工程可渠化黔江、红水河、柳江航道279千米，打通西江航运中线、北线通道，为打造西江黄金水道创造条件；通过水资源优化配置，保障澳门及珠江三角洲1 500万人的供水安全，改善西江下游及珠江三角洲的河湖生态环境；水电站装机容量160万千瓦，年均发电量70亿千瓦时，极大地缓解广西电力紧张；设计灌溉面积66.35万亩，可缓解桂中干旱缺水的局面。总投资280亿元，建设总工期为9年。目前该工程正在建设中。

　　〇 由于广西受季风气候影响明显，年内降水分布不均，枯水期水能资源受一定影响，因此在大力开发水电资源的同时，还要积极利用本区拥有的其他能源发电，以解决季节性的电网调峰容量不足。来宾市、合山市以煤为原料的发电厂要进一步改造，提高效益。要充分利用北部湾天然气充足的优势，加快用天然气发电的力度。同时要加紧研究利用沿海丰富的潮汐资源发电，进一步壮大利用风力发电的规模。加快防城港核电厂建设速度，储备核电建设项目，争取早日向北部湾经济区输送电。

　　广西在国家南线"西电东送"通道上处于优势位置和中心环节，东离用电大省广东近，电损耗小，输电成本低，西联云南、贵州，是西电东送的电网支撑和电源补充基地，因此要加快建设完善电网主干网络，建设若干条通向广东的输电线路，以及一批变电站，即直接向广东送电，又使广西与云南、贵州电网连接，为云南、贵州向广东送电起中转作用。

2. 利用丰富的水资源，做好水上航运文章

　　广西水资源丰富，江河水源充足，十分有利于航运。据统计，广西共有通航河流53条，主要有西江航运干线、右江、南盘江、红水河、柳江、黔江、左江、绣江、桂江、贺江等，呈叶脉状分布。其中西江航运干线，号称黄金水道。西江航运干线（广西段）

起于南宁，止于梧州界首，全长570千米，是国家水运建设重点"一纵两横两网"主通道中"一横"的重要组成部分，是广西内河航道"一线三通道"中的主干线，是我国西南水运出海通道以及"西煤东运"的交通要道。

西江航运干线上接右江、红水河、柳黔江等，上溯云贵，下达广东，连通港澳。而水路运输具有占地省、成本低、运量大、能耗排污小、港口综合运输枢纽功能等优势。从运输成本看，以贵港至广州为例，水路每吨千米的综合运价仅是铁路的1/3、公路的1/6，从耗能方面看，水路每千吨千米耗油不到公路的1/9。从南宁至广州850多千米，每千万吨物流，走西江耗油4万吨，走公路要50万吨，走铁路要9万吨。因此，打造西江黄金水道，对促进区域经济协调发展是十分重要的。在现有1 000吨级船舶可从南宁出发，经横县西津，过贵港，通桂平，达梧州，直通广州、香港和澳门，2 000吨级船舶可从贵港起航，经梧州，直达珠三角港澳的基础上，要加快南宁至贵港（南宁民生码头至贵港航运枢纽）二级航道清障疏通以及贵港航运2 000吨级船闸和长洲航运枢纽三四线船闸的建设，着手准备贵港至梧州3 000吨级航道升级工作，实施西江航运干线扩能工程。同时，目前要充分利用这条西南出海通道主动脉的便捷价廉优势，依托过境城市，想方设法，组织货源，最大限度地发挥其潜力，为区域经济发展服务。

在充分发挥西江航运干线主通道作用的同时，要充分利用国家给予的政策和项目，加快建设西江支流的中、南、北线通道，以改善区内涉江少数民族贫困地区的交通条件，开发流域内资源，同时使云、贵、川通往广东的水运通道得到延伸。目前，中线要加紧完成突破性工程即西南水运出海通道工程（曹渡河口至桥巩段）。南线除加快建设右江田东鱼梁枢纽工程、南宁老口航运枢纽外，还要争取尽快建百色水利枢纽2×500吨级兼顾1 000吨级升船机，实施云南富宁至百色Ⅲ线航道整治工程，渠化航道，开辟云南经百色、过南宁、出梧州、达粤港澳的水上出海通道。同时，加快左江河道复航工程建设。北线要加紧整治融江和柳江，提高从三江县老堡口到柳州的通船吨位达到300，柳州以下可航行1 000吨级船舶，使贵州经广西北部通广东的水上通道愈加顺畅。总之，经过整治，形成以西江航道干线为主通道，红水河、右江、柳江、黔江水运航道顺畅，上通滇、黔，下达粤港澳的内河水运通道。

西南水运出海通道工程（曹渡河口至桥巩段）全长450.2千米，起于广西与贵州交界的曹渡河口，止于来宾桥巩电站坝址，建设工期为3年，主要建设内容为航道整治工程和港口工程，其中航道整治主要内容为炸礁工程、陆上炸石工程、航标及配套设施工程，共整治滩险44个；港口工程主要是建设天峨港、东兰港（各建一个500吨级泊位、设计通过能力均为20万吨/年）以及30个客货渡码头，其中天峨县有11个客货渡码头，南丹县有4个，东兰县9个，大化县6个。工程建成后，该河段可以达到四级航道标准，与上下游河段航道建设等级相衔接，常年通航500吨级船舶。

郁江老口枢纽工程为郁江干流第七个梯级，位于郁江河段左江与右江汇合口下游约 4.7 千米处。工程建设以航运、防洪为主，结合发电，兼顾改善南宁市水环境等水资源综合利用。2011 年开工，2014 年将完工。老口枢纽正常蓄水位 75.5 米，总库容 28.8 亿立方米。设计船闸通航等级为 1 000 吨级，闸室有效尺度为长 190 米，宽 12 米，槛上水深 3.5 米。船闸设计单向年通过能力达 1 200 万吨。可实现右江全线河道渠化，右江航道达到Ⅲ级标准，通航 1 000 吨级船舶。工程建成后，老口枢纽将与百色水库联合调度，可将南宁市防洪标准从现在的 50 年一遇提高到 200 年一遇。南宁将从老口水库引水，补充市区南湖、相思湖等主要湖泊和 18 条内河，这些水资源都将由"死水"变"活水"，改善南宁的水环境和居住条件。更进一步打造广西内河连通珠三角经济圈的水上运输大动脉，扩大西江流域各市的对外开放，促进区域经济协调发展。

○ 同时，加紧做好开通平陆运河的各项准备工作。根据《广西壮族自治区内河水运发展规划》，规划中的平陆运河北起南宁市下游 151 千米横县境内，南至钦江出海口，长约 122 千米，运河开挖长约 30 千米，海路延伸 18 千米至钦州港，直达北部湾。根据规划，将来平陆运河通航后，可沟通西江航运干线与广西北部湾三大海港，通过平陆运河和西江航运干线内河骨干航道连通华南地区主要沿海港口，进一步形成河海相通、水陆联运的综合运输网络。平陆运河建成之后，西部地区物资通过西江水路从平陆运河到达北部湾经济区港口出海，要比经由广东黄埔港出海缩短 600 千米行程。

3. 大力开发有旅游价值的河段水资源及流泉飞瀑，发展壮大旅游业

广西地表水及地下水资源较丰富，加上地形地质复杂，因此有旅游价值的水体资源丰富多样，既有溪流峡谷，也有流泉飞瀑，在积极开发利用的同时，要切实做好保护。

桂林市区至阳朔县城的漓江，共 83 千米，蜿蜒于石灰岩峰林与溶蚀小平原之间，一江碧水，清见游鱼，两岸奇峰挺拔，竹林苍翠，岩洞幽奇，田园似锦，风景如画，是世界上风景最美的河段。唐代大诗人韩愈有"江作青罗带，山如碧玉簪"的绝伦描绘；南宋王正功高歌"桂林山水甲天下"，海内外无人不晓。阳朔县遇龙河，徒步探险也非常有趣。

桂西南的左江（龙州段称丽江），河道曲折，奇峰夹岸，峰回水转，风光迷人。其中支流黑水河，更是河水清澈，风景秀丽，明代大旅行家徐霞客称"碧峤濯濯，如芙蓉映色"。明江流向一改常态，从东向西流入左江，大自然造化令人称奇。

桂北资源县境的资江，水清道弯滩多，恰似一条玉带穿梭于奇山秀岭之间。乘船漂流有惊无险，如入一条长长山水画廊。五排河礁多，滩多，潭多，水清湍急，探险漂流刺激惊险，其乐无穷。

桂北经融水的贝江，河水清澈见底，游鱼可数，两岸竹木叠翠。宜州市下枧河，风光绮丽，其中的古龙滩"水似天泻，潭如明镜照人"，进行漂流有惊无险。

布柳河位于乐业县新化乡磨里村，距县城 51 千米，发源于凌云县境内的岑王老山，流经凌云、乐业、天峨三县，于龙滩库区汇入红水河，全长 132 千米。两岸常年绿树成荫，野猴成群，鱼儿穿梭，百鸟争鸣，被专家称为"植物的王国，鸟类的天堂"，有"天堂之旅"的雅号。布柳河上还有一座由三座大山塌陷形成的天然石拱桥，当地人称为"仙人桥"。仙人桥高165米，宽19.2—19.4米，桥厚78米，拱孔高度87米，跨度177米，像一条巨龙横跨在河的两岸，绝景天成，气势雄伟，是罕见的天然石拱桥，被专家称为世界上最大、最美的水上天生桥，具有极高的观赏价值。

桂北兴安县境内，凿修于秦朝的古灵渠，沟通了长江水系和珠江水系，堪与四川境内的都江堰媲美，与北方长城齐名，文化内涵丰富。

大藤峡峡谷，位于桂平市与武宣县之间的黔江干流上，长44千米，有险滩20多处，因江水切割大瑶山余脉的紫荆山而成。两岸丹峰奇秀，赤崖壁立，蔚为壮观，徐霞客泛舟游览曾赞语不绝。

通灵大峡谷，位于靖西县东南部30千米，包含通灵峡等五个峡，各峡谷之间有大的地下河相通，长十多千米。峡谷内有特高瀑布群、溪流、古悬葬，自然景观与人文景观交融，应加大力度进行开发。靖西县湖润镇古龙山峡谷群，足足有6.8千米。

摩天岭大峡谷，位于兴安县境内，峡谷幽深，山势峭拔，有原始林木，烂漫的山花，连着的清泉瀑布，或飞流直下，或轻歌曼舞，十分壮观，有待加紧开发。

德天瀑布源于黑水河上游的归春河，终年有水，经大新县德天村处遇断崖跌落而成瀑布。宽120米，落差70多米，纵深60米。与紧邻的越南板约瀑布相连，宽200多米，是亚洲第一、世界第二大的跨国瀑布。瀑布气势磅礴，三级跌落，水势激荡，声闻数里，蔚为壮观。

此外，还有靖西县三叠岭瀑布、资源县宝鼎瀑布、象州县大冲瀑布、昭平县马三家瀑布、贺州市仙姑瀑布、临桂县红滩瀑布、隆林县冷水瀑布、圣堂山瀑布、横县九龙瀑布、灵川县古东瀑布、上思县应天府瀑布、龙州县响水瀑布、百色福禄河瀑布群等。

广西还有各种各样的流泉。如温泉，水温常年在25℃以上。象州温泉，在县城东热水村田畴中，有泉水多处，每小时可出水200吨，水温在77℃以上。水中含硫多，治疗皮肤病有疗效。龙胜温泉，在龙胜城东矮岭溪边，有十多处出水点，水温达60℃。水质清澈，微含硫黄，可治皮肤病。其旁有一股山溪流水，可调节水温，是疗养度假的好去处。陆川温泉，在陆川县城南的九州江江畔河滩上，水温在53℃，可水沐，可沙沐，是疗养度假的好地方。属温泉的还有容县黎村温泉，贺州市南乡大汤温泉和姑婆山路花温泉，武鸣县灵水（水温在23℃）、博白温罗村温泉，平乐县鱼堰屯温泉，全州县炎井温泉等。冷泉，水温常年在当地年平均气温以下。在兴安县东部海洋山脚下发现有广西唯一的冷泉，水温在9℃。此外，各地还形成了一些奇特的泉，桂平市西山的乳泉，因雨后地层中的镭蜕变而产生的一种氡气伴随泉水并形成乳白状溢出而得名。德保县喊泉遇雨季，对泉口大喊，泉水猛增并哗哗涌出。兴安县喊水井，夏季每天可喊出水来，但其余季节则隔数天才出。天等县愣特潭，应喊声而缩退，声止则续流。

田阳有变色泉，黑、蓝、红交替出现。

三、扬长补短利用开发矿产资源

1. 充分发挥有色金属矿产资源优势，加快重点发展有色金属产业

有色金属矿产是广西的优势资源，品种多，储量丰，分布广，且数矿共生，又可独为大矿，加上广西水资源丰富，因此，重点开发加快发展有色金属工业，把它作为广西经济发展的龙头，前景将十分广阔。

锡是广西重要的有色金属矿产资源，探明保储量达128万吨，占全国锡矿总储量的三分之一，主要分布在南丹、罗城、河池、融水、恭城、贺州、钟山等县市。其中南丹大厂锡矿储量最丰富。此矿占全国锡储量的四分之一以上，且品位高，又伴生有铅、锌、锑、铜等金属矿床，是世界上罕见的富集矿区。目前，南丹锡产量占全国的一半，锌、锑产量在全国也占有较大的比重，"锡库"名不虚传。今后锡矿业还应加强产品的科技含量，注重深加工，提高产品的附加值，并走规模化集团化经营，延伸产业链，以进一步提高产品的竞争力，立于不败之地。同时要注意环境污染的治理。

广西铝土矿储量约占全国总量的27%以上，主要集中在平果、田东、田阳、德保、靖西和贵港等地。其中平果铝土矿石储量大，铝硅比值高，露天开采条件好，是个得天独厚的国内外罕见的大型铝矿，现已建成的平果铝业公司是我国最大的、技术最先进的铝业基地。华银铝业、信发铝业、银海铝业等一批铝工业重点企业也迅速崛起。今后还应充分发挥铝资源优势，在发展氧化铝、电解铝的同时，要大力发展铝材加工业，拓展铝产品的市场份额，形成从原料铝土矿的采掘到精致铝产品进入市场的完整铝产业链，同时加快铝业集团化建设步伐，做大铝业"蛋糕"文章，以铝兴县，以铝兴百，以铝兴桂。

广西的锑矿探明储量有50万吨，占全国总储量的1/4，主要分布在南丹、河池、隆林、西林、田林等县市。

广西钨矿探明储量40万吨，居全国第4位，主要分布在武鸣、钟山、资源等十多个县市。其中武鸣大明山、钟山珊瑚、资源牛塘界为广西三个大型钨矿床。

铅锌矿以南丹大厂、融安泗顶矿比较著名。大新、岑溪等地也有分布。

黄金矿以桂东南地区和桂西地区为主。桂东南又以藤县桃花金矿、贵港市覃塘龙头山金矿出名。桂西以田林高龙金矿、凤山金牙金矿著称。

广西探明储量居全国第1位的矿种有锰、锑、重稀土、铪、钪、砷、化肥用灰岩、压电水晶、玛瑙、水泥配料用页岩、膨润土、水泥配料用泥岩等12种。

2. 以锰为主的黑色金属矿产资源

广西是全国缺铁省区之一，铁矿仅占全国总储量的0.6%，且矿区分散，规模小，品位低，这是广西矿产资源结构中的一大不足。

然而，广西有丰富的锰、钒、钛等黑色金属。锰是广西最重要的黑色金属，这是广西矿产资源的又一大优势，其储量占全国的较大份额，而且矿层厚，品质优，埋藏浅易开采，弥补了铁的不足。锰矿主要分布大新、天等、靖西、来宾、柳江、平乐、荔浦、桂平、宜州等县市。其中大新县下雷锰矿是我国最大的锰矿床，也是我国产量最大质量最优的锰矿。来宾市锰矿区规模也不小。依托丰富的锰矿资源，广西锰业发展已初具规模，目前已形成了以大新中信大锰、新振锰业、靖西三叠锰业为代表的锰系深加工企业群，以八一锰业等为代表的桂中锰系铁合金产业集群以及在北部湾畔即将崛起的超大型沿海钢铁冶金产业集群。今后锰业的发展要尽快整合，走向规模化集团化，加强对锰矿进行深加工，要利用新技术、新工艺，大力发展具有较高附加值的产品，进一步提高经济效益、社会效益。

钒是炼制高速切削钢和合金钢的原料。目前已发现两个大钒矿，储量在全国名列前茅：一个是上林县西部钒矿带，长33千米；一个是罗城县怀群钒矿。应抓紧进行开发，以矿带动地方经济的发展。

钛铁是高级合金钢和钛白粉的原料，储量居全国第3位，主要分布在藤县及北流江、南流江、右江两岸及沿海的合浦县。

广西目前探明资源量最大的煤系硫铁矿矿床——广西河池市凤山县福家坡矿区硫铁矿，已通过专家评审。目前，这个大型矿床已探明硫铁矿资源量近1亿吨，超过了广西之前已探明的硫铁矿资源量的总和。福家坡矿区位于广西凤山县西南部中亭乡先锋屯—平乐乡那兰屯一带，面积约63平方千米，含矿层地表出露长度达30千米。

3. 潜力较大的石油和天然气燃料矿产

广西是全国缺煤省区之一，煤层薄，灰分多，发热量低，开采条件复杂，煤种不全，缺工业用煤和炼焦煤，这是广西矿产资源结构中又一不足。现存的合山、罗城、环江、百色、田东、南宁、钦州、钟山等煤矿规模都不大。目前广西年消耗煤炭约6 000万吨，自采煤量约800万吨，缺口煤炭靠从区外调运，如贵州、越南、东北。但煤炭供应形势不容乐观。

广西的石油和天然气随着钻探工作的推进，前景相对乐观。已开采的田东油田，油气资源富集，油藏类型多，埋藏浅，潜力很大。北部湾涠洲岛附近油田所产原油油质好，黏度小，含硫量少，含沥青量低，易提炼。因此，加大力度拓宽利用油气资源的路子，或进行深加工，或用燃气发电，以发展经济。

4. 非金属矿产前景广阔

非金属矿产是指除金属和燃料能源矿产以外的矿产资源，目前广西已发现有60多种（全国79种），储量较大，其中有29种名列全国前十名，属非金属矿富区。

水泥用石灰岩，属建材非金属矿产，目前区内已探明该矿床49处，保有储量近32

亿吨。矿石氧化钙含量高，杂质和有害成分少，品级高。但水泥生产容易带来环境污染的问题，因此，在开发利用此类资源时，要充分运用新技术、新工艺，要充分考虑水泥生产布局，力争做到开发利用资源时，既能产生经济效益，又不对环境产生污染，收到良好的社会效益。近年来，贵港市把引进实力雄厚的水泥企业作为突破口，应用先进窑外分解新型干法生产工艺，结束了传统立窑生产水泥的历史，节约生产成本，提高产品质量，水泥产业绿色升级。

滑石属建材非金属矿产，广泛用以造纸、制漆、橡胶和日用化学工业，也是美术雕刻的好材料，探明储量居全国第3位。其中龙胜三门镇的鸡爪、古坪、上朗3处为特大型矿区，藏量占全国总量的三分之一，且品位高，易开采，质量优，是广西重要的出口产品。上林县镇圩马鞍山、龙胜各族自治县桐子山2处为中型矿床，凌云县那洪为小型矿床。在开发利用中，要加快滑石矿的深加工，进一步提高产品的附加值，这样才能在国际市场中有较强的竞争力。

大理石是石灰岩经变质作用后形成的，是石中之王。色泽调和、花纹如画、裂隙少、块度大的成为上等建筑装饰材料。主要分布在凭祥、恭城、灌阳、钟山、富川、德保、凤山等县市。凭祥的汉白玉，石质细致，光泽度高，有玉质感，抗压抗折性强，是优质汉白玉。钟山大理石储量达14亿立方米，有白色、灰黑色等十多品种。在装饰材料强调环保的今天，大理石市场潜力大。花岗岩属高级建筑材料，主要分布在桂东南、桂东北、桂南。岑溪市花岗岩储量丰富，质量上乘，其中"岑溪红"质量和色彩都十分出色，博白县的"博白黑"，更是世界上稀有产品，其抗压抗折强度高，吸水率低。不过，在开发利用花岗岩中，要防止污染环境问题的出现，生产的产品要符合环保标准要求。

合浦高岭土矿是我国三大优质高岭土矿基地之一，矿区面积约12平方千米，探明储量5.71亿吨，约占全国高岭土储量的20%。高岭土具有很强的可塑性、黏结性、烧结性及烧后洁白等特性，除陶瓷、造纸和橡胶工业外，它还广泛应用于石化、医药、涂料、纺织、国防尖端技术等领域，包括原子反应堆、航天飞机、宇宙飞船的耐高温部件，高岭土都是必需的原料。近年已开始开发。

四、丰富的旅游资源有待大力开发充分利用

旅游资源一般可以分为自然旅游资源和人文旅游资源。自然旅游资源主要指对旅游者具有吸引力的自然风光与山水名胜，如名山奇峰异洞，峡谷赤壁丹霞，溪流秀湖飞瀑，流泉海滨沙滩，珍奇动物名树等。人文旅游资源，是悠久历史的见证，主要包括古遗迹遗址、古代建筑（古城、塔、阁、河、墓、寺、观、祠、庙、关、桥、民居、园林等）、出土文物、摩崖石刻碑林、革命纪念地、文化艺术、风土民情等内容，既有

第三章 八桂优势资源与科学合理开发利用

有形的,也有无形的。它能使旅游者感兴趣并能给人以知识、教育、乐趣以及享受。

广西的自然旅游资源得天独厚,丰富多样,让人流连忘返。人文旅游资源源远流长,丰富多彩,使人记忆犹新。加快旅游资源的开发和利用,广西成为旅游大省不会遥远。下面就广西四大旅游区的旅游资源作大概介绍。

(一)桂北旅游区(以山水民族风情为特色)

桂林:中国著名的风景旅游城市,典型的喀斯特地貌构成了山清水秀、洞奇石美的桂林山水风光。如诗如画的桂林山水让世界各地的旅游者流连忘返。一水(漓江)二洞(芦笛岩、七星岩)三山(象鼻山、伏波山、叠彩山)是桂林山水的精华。还有榕湖、杉湖、桂湖、木龙湖等四湖。境内的冠岩,洞内溶岩奇艳,既可电梯观光,也可乘电车巡游,亦可乘舟探奇。还有甑皮岩遗址、靖江王城和王陵、桂海碑林、八路军桂林办事处旧址、桂林博物馆、桂林愚自乐园艺术园、桂林神龙水世界。

阳朔县:以山水田园风光而闻名于世,有山水甲桂林之称。阳朔西街,名副其实的"中国第一洋人街"。街上店名、牌匾全是英文书写,经营店铺的多为来自美国、加拿大、印尼等国的商人,是各国朋友相互交流、沟通情感的窗口。还有世外桃源景区、遇龙河、千年古榕、实景《印象·刘三姐》演出地。

临桂县:李宗仁故居、陈宏谋宗祠、白崇禧故居、飞虎队遗址等。

荔浦县:丰鱼岩,亚洲第一洞,长5.3千米,洞中有暗河,可乘船览胜,亦可步行参观。还有银子岩、大中华博物苑、世界华商国际投资论坛永久会址龙怀、荔江湾景区。

灵川县:青狮潭旅游度假区、大圩古镇和古东瀑布、桂北民俗博物馆、美食狗肉文化等。

兴安县:古运河灵渠景区、古秦城、古严关遗址、灵湖乐满地休闲世界、红军突破湘江烈士碑园、猫儿山国家级自然保护区、秦家大院等。

资源县:幽险奇秀的资江、八角寨丹霞地貌、天门山、五排河、宝鼎瀑布等。

龙胜县:龙脊梯田(平安壮族梯田、金坑瑶族梯田)、"人间瑶池"矮岭温泉、花坪国家自然保护区、民族风情(银水侗寨、金竹壮寨、白面红瑶)等。

恭城县:文庙(孔庙)、武庙(关帝庙)、周渭祠(内藏《梅山图》)、湖南会馆、红岩新村、大岭桃花节等。

全州县:湘山寺、天湖、炎井温泉、燕窝楼、全州禾花鱼美食等。

永福县:明永宁古城、百寿岩、板峡湖。

灌阳县:黑岩(神宫)、文市石林、千家洞自然保护区、瑶公馆等。

三江县:程阳风雨桥、岜团风雨桥、马胖鼓楼、颐和鼓楼、三江风雨桥、侗家油茶。

融水县:贝江、元宝山、苗侗民族风情、老君洞。

融安县:红茶沟森林公园。

鹿寨县：香桥岩景区。

柳州市：柳侯祠、大龙潭、鱼峰山、中华石都、胡志明故居、韩国临时政府活动（抗日）旧址、柳州文庙。

来宾市：麒麟山人遗址。

金秀县：圣塘山、莲花山、世界瑶都民族风情、奇花异草珍稀动物。

忻城县：莫氏土司衙门。

武宣县：孔庙、百崖大峡谷、太平天国称王遗址。

象州县：石巷迷宫、象州温泉、妙皇湖。

（二）桂南旅游区（以边关情、滨海景为主）

南宁市：广西壮族自治区的首府，有"绿城"之称。市区有青秀山风景区（龙象塔、观音禅寺）、广西药用植物园、广西民族文物苑、广西博物馆、广西民族博物馆、扬美古镇、南宁国际民歌节、良凤江国家森林公园、南宁国际会展中心、嘉和城温泉景区、九曲湾温泉景区、八桂田园景区、乡村大世界、动物园，凤凰湖、昆仑关抗日阵亡烈士碑、顶狮山文化遗址、竹泉岛。

武鸣县：灵水、伊岭岩、明秀园、起凤山。

宾阳县：程思远故居、南城古桥。

上林县：三里洋渡山水、大龙洞、唐代智城遗址、大明山雪景、廖州刺史韦敬办智城碑、六合坚固大宅颂碑。

马山县：金伦洞、灵阳寺、百龙滩风光。

隆安县：龙虎山（猴山）

横县：西津库区、九龙瀑布、伏波庙、大圣山。

崇左市：石景林、左江斜塔（世界八大斜塔之一）、白头叶猴自然保护区。

宁明县：左江花山风景区、花山崖壁画。

凭祥市：友谊关（中国九大名关之一）、边关金鸡山（右辅山）古炮台、大清国万人坟、地下长城、大连城、弄尧和浦寨中越边贸市场。

龙州县：弄岗自然保护区、红八军旧址、抗法小连城（南疆长城）、边关古炮台、法国领事馆旧址、陈勇烈祠、保元宫、龙州起义纪念馆。

大新县：德天瀑布、黑水河风光、明仕田园、53号界碑、沙屯叠瀑、恩城自然保护区、龙宫。

北海市：北海银滩（中国第一滩）、涠洲岛（南国蓬莱）、冠头岭、海底世界、海洋之窗、英领事馆旧址、北海老街、白龙珍珠城遗址。

合浦县：星岛湖、山口红树林自然保护区、大士阁、合浦汉墓公园、陈铭枢故居、惠爱桥。

钦州市：刘永福故居三宣堂、冯子材故居宫保府、三娘湾景区、八寨沟景区、龙门七十二泾。

灵山县：楹联村民俗文化。

浦北县：五黄岭原始森林风景区。

东兴市：金滩、京族三岛风情、大清国钦州界一号界碑、边境公路零公里标志景点竹山港、东兴国门、巫头白鹤山、林海雪原等。

上思县：十万大山亚热带雨林，瑶族风情，那板水库。

防城港市：江山半岛旅游区（白浪滩）、峒中温泉、唐代潭蓬运河、港口区建设成就。

（三）桂西旅游区（以小平足迹和奇山异水为特色）

百色市：红七军军部旧址（粤东会馆）、红七军政治部旧址（清风楼）、百色起义纪念馆、澄碧湖风景区、大王岭景区。

西林县：岑氏土司府。

隆林县：多彩民族风情。

平果县：敢摩岩、平果铝工业建设成就。

田东县：右江工农民主政府旧址。

田阳县：右江河谷生态农业观光、布洛陀遗址。

凌云县：水源洞、纳灵洞、凌云白毫茶。

靖西县：旧州古镇、通灵大峡谷及瀑布、坡嘎拉"地下长城"、古龙山峡谷、绣球工艺品、靖西壮族博物馆、鹅泉、刘永福黑旗军"简字营义勇墓"、文天祥部将张天宗墓。

乐业县：大石围等天坑群、百朗大峡谷、布柳河风光、仙人桥、罗妹莲花洞。

那坡县：老虎跳大峡谷、黑衣壮风情。

天峨县：龙滩大峡谷、龙滩水电站新貌、川洞、峨里湖、仙人桥、犀牛泉、蚂蚜圣母。

巴马县：百鸟岩、盘阳河风光、长寿村寨探秘（地脉环境、民俗）、龙洪风光、瑶族风情。

南丹县：白裤瑶民族风情、瑶山洞天、温泉。

东兰县：魁星楼（红七军前委旧址）、广西农民运动讲习所旧址（列宁岩）、东兰烈士陵园、韦拔群烈士故居、韦国清将军故居、东兰民间铜鼓收藏馆。

大化县：七百弄风景区、岩滩电站湖光山色。

河池市：六甲小三峡、红军标语楼。

凤山县：凤山国家地质公园、三门海天窗群、鸳鸯湖。

宜州市：山谷（黄庭坚）祠、白龙公园、下枧河、古龙河、刘三姐风情园。

罗城县：剑江风光、清瑞祠（于成龙）、多吉寺。

（四）桂东旅游区（历史文化宗教为特色）

桂平市：西山（自然与人文景观为一体，林秀、石奇、泉甘、茶香，佛教圣地——龙华寺、洗石庵）、金田起义旧址、大藤峡风光、东塔、韦昌辉故居、北回归线公园。

平南县：平南黄花岗五烈士纪念馆、梁嵩纪念馆。

贵港市：南山寺、东湖。

梧州市：龙母庙、鸳鸯江、中山纪念堂、四恩寺、骑楼城。

苍梧县：李济深故居。

藤县：石表山休闲景区。

蒙山县：永安旧址。

岑溪市：石庙。

贺州市：姑婆山、大桂山、瑶族风情、临贺故城、玉印浮山、黄田镇石林。

昭平县：黄姚古镇建筑、五叠泉瀑布。

富川县：明城、秀水状元村、瑞光塔、百柱庙、回澜风雨桥。

钟山：荷塘奇峰、碧水岩。

玉林市：佛子山、云天民俗文化城。

兴业县：鹿峰山景区。

容县：天南杰构——真武阁、道教圣地——都峤山、杨贵妃故里、华侨之乡。

北流市：勾漏洞、孔庙大成殿、李明瑞、俞作豫烈士纪念馆。

陆川县：古园林建筑——谢鲁山庄、水月岩、龙珠湖、陆川温泉。

博白县：宴石山。

○ 网民投票广西最好玩的十个地方：桂林漓江风景区、桂林阳朔西街、贺州昭平黄姚古镇、桂林兴安乐满地度假区、大新德天瀑布、梧州中国骑楼博物城、梧州龙母太庙、南宁上林大明山、北海银滩旅游度假区、桂平西山。

○ 字的奇闻：桂林阳朔王元任即清书法家书写的带字，古字中有字；在崇左也留下寿字碑内含千年寿三字；永福县有百寿图，大的长175厘米，宽148厘米，内有一百多个小寿字；容县都峤山庆寿岩有个佛字高108米，宽88米。

（五）旅游专题节日

南宁市：南宁国际民歌艺术节。

桂林市：桂林山水旅游节、广西旅游登山节。

北海市：国际珍珠节、海滩文化节。

柳州市：国际奇石节。

百色市：芒果节、布洛陀旅游文化节。

梧州市：龙母文化节、人工宝石节。

河池市：铜鼓艺术节。

钦州市：国际海豚节、三娘湾观潮节。

来宾市：盘古文化灯会。

崇左市：花山民族文化艺术节。

凭祥市：边关旅游节。

资源：河灯歌节。

容县：沙田柚品尝节。

龙胜县：红瑶红衣节、龙脊梯田文化旅游节。

隆安县：金丝猴旅游节。

大新县：龙眼节。

巴马县：长寿食品文化节。

平果县：木棉花观赏节。

恭城县：月柿节。

阳朔：漓江渔火节。

横县：茉莉花茶节。

博白县：客家文化节、桂园节。

永福县：福寿节。

桂平市：西山浴佛节。

金秀县：杜鹃花节。

灵川县：古东瀑布红枫节。

富川县：脐橙节。

靖西县：民族文化旅游节。

南丹县：中国白裤瑶陀螺文化节、铜鼓节。

田阳县：布洛陀文化旅游节。

田林县：北路壮剧节。

西林县：句町文化节。

凌云县：茶文化节。

右江区：民歌节。

临桂县：名人文化节。

融水县：斗马节。

田东县：芒果文化节。

恭城：桃花节。

兴安：桂林米粉节。

柳城县：生态蜜橘文化节。
凤山县：洞穴国际探险节。
武鸣县：三月三歌节。
西乡塘区：香蕉节。
浦北县：香蕉节。
黄洞瑶族乡：瑶族文化艺术节。
福绵管理区：服装节。

（六）广西各地主要红色旅游资源

百色市：右江区中国工农红军第七军军部和政治部旧址（包括粤东会馆、清风楼）、百色起义纪念馆，乐业县中国工农红军第七军、第八军会师军部旧址、田东县右江工农民主政府旧址、田东百谷红军村，靖西县黑旗军抗法战争遗址。

崇左市：龙州县中国工农红军第八军军部旧址、龙州起义纪念馆、小连城，凭祥市友谊关（包括友谊关关楼、法式楼、金鸡山炮台、左辅山炮台等）、大连城、浦寨国际边贸城、广西凭祥综合保税区。

桂林市：市区及灵川县八路军桂林办事处旧址（包括桂林市中山北路14号旧址和灵川县莫村物资转运站旧址两大部分）、兴安县红军长征突破湘江烈士纪念碑园、资源县老山界、全州县觉山铺阻击战场旧址（湘江战役最大的阻击战场）、灌阳县新圩阻击战战场旧址（湘江战役三大阻击战主战场之一）、兴安县光华铺阻击战战场遗址（湘江战役三大阻击战主战场之一）、龙胜县红军楼、桂林市区、临桂县李宗仁故居及官邸。

河池市：东兰县东兰烈士陵园、中共红七军前委、东兰县苏维埃政府旧址（魁星楼）、广西农民运动讲习所旧址（列宁岩）、韦拔群故居、金城江区红军标语楼、河池市龙滩水电站、岩滩水电站等红水河梯级水电站，宜州市村民自治第一村（合寨村）。

南宁市：市区广西烈士陵园，昆仑关战役旧址，李明瑞、韦拔群烈士纪念碑园，邓颖超纪念馆，广西民族博物馆，横县西津水电站。

梧州市：梧州中山纪念堂、中共梧州地委和广西特委旧址、蒙山县太平天国永安活动旧址。

玉林市：桂东南抗日武装起义纪念塔，北流市李明瑞、俞作豫纪念公园，博白县王力故居。

钦州市：刘永福、冯子材旧居建筑群，孙中山领导的钦廉防城起义旧址、仙岛公园孙中山铜像。

北海市：北海城市蜕变（小渔村到滨海城市）、北海地角古炮台旧址、涠洲岛革命烈士纪念碑。

防城港市：防城区钦廉防城起义旧址，防城港临海工业，东兴口岸，东兴大清国一号、五号界碑。

柳州市：柳州钢铁厂、柳州五菱集团、柳州市工业博物馆、百里柳江等城市景观。

贵港市：中共广西省第一次代表大会旧址、桂平市金田起义地址、太平军前军指挥部旧址（三界庙）、平南县辛亥革命黄花岗起义平南县五烈士纪念塔。

来宾市：金秀县大瑶山剿匪纪念公园（纪念碑）、合山市矿业遗迹。

贺州市：贺州平桂矿业遗迹、昭平县黄姚古镇中共广西省工委黄姚旧址、抗战时期遗址遗物。

（七）地方名菜、风味小吃和旅游购物

地方名菜与风味小吃：桂林米粉（讲究卤水），柳州螺蛳粉（讲究螺蛳汤），南宁老友粉，玉林牛巴粉，宾阳酸粉，蒲庙生榨粉，桂平罗秀米粉，全州红油米粉；壮族五色糯米饭，南宁香糯八宝饭；陆川烤乳猪和乌石猪脚，巴马烤香猪，上思烤乳猪，荔浦芋扣肉；玉林牛巴和肉蛋，梧州纸包鸡，龙胜龙脊清水鸡，龙州芝麻鸭，南宁高峰柠檬鸭，全州醋血鸭，桂林白果老鸭汤；灵川狗肉，宾阳白切狗；百色河池全羊汤；合浦鹅肥肝；北海海鲜，阳朔啤酒鱼，全州黄焖禾花鱼，横县鱼生，桂平浔江鱼，灵马鲶鱼，桂西油鱼、没六鱼；平乐十八酿，南宁焖田螺，阳朔田螺酿；苗山油炸地龙（蚯蚓）和地龙汤；梧州冰泉豆浆和龟苓膏；苗族、瑶族、侗族的打油茶；博白空心菜，广西酸野等。

梧州纸包鸡，采用纯正三黄鸡，用姜汁、蒜蓉、香麻油、白糖、汾酒，加入广西特产八角和陈皮、草果、大小茴香、红谷米、五香粉、古月粉配成调料。鸡块浸料后用炸过的"玉口纸"包成荷叶状，立即落锅以武火炸至纸包鸡浮上，油面呈棕褐色，鸡块金黄，滚油不入内，味汁不外泻。因此气味芳香，鲜嫩甘美。

桂林白果老鸭汤，主要原料是产在桂林兴安、灵川一带的白果（银杏）和老鸭，用文火清炖而成，其特点是汤微苦，果香肉甜，营养丰富，四季皆宜。白果性凉，老鸭清火，所以白果炖老鸭既是一道可口的菜肴，又是一种滋补五脏、开胃生津、化痰止咳、润肺益气的上好补品。

南宁柠檬鸭是深受南宁人喜爱的家常菜。其做法精髓在于鸭肉入锅用大火猛炒后，将切成丝的酸姜、酸荞头、酸辣椒、酸梅、生姜、蒜泥等佐料入锅同炒，拌匀后改用文火焖至八成熟，再加柱候酱、花生酱、生抽等调料一起炒至香味出来，临出锅前再加入腌制酸柠檬和紫苏。此菜甜中带酸、爽口开胃，是南宁传统的夏秋席上佳肴。

○ 网民投票的广西最好吃的十种小吃：梧州龟苓膏、梧州凉茶、南宁粉饺、玉林肉蛋、黄姚豆腐酿、环江香猪、南宁老友粉、桂林米粉、柳州螺蛳粉、玉林猪脚粉。

旅游购物（有纪念观赏且使用独特意义的土特产或工艺品）：桂林三宝（即三花酒、辣椒酱、豆腐乳），阳朔折纸扇，合浦珍珠及贝雕，容县沙田柚，永福罗汉果，靖西绣球，荔浦芋，田林八渡笋，钦州泥兴陶，恭城柿饼，覃塘、黎塘莲藕，环江竹席，柳州工

艺小棺材、奇石，柳城云片糕，德保、都安、博白藤编，宾阳竹编，玉林大蒜头，横县大头菜，东兰墨米和板栗，象州红米，百色芒果，梧州人工宝石，南宁酸野，那龙香蕉，博白桂圆肉，都安地苏竹帽，昭平黄皮糖、瑶山香菇、灵香草，苗山冬笋，壮瑶侗锦和苗绣等。

（八）开发利用旅游资源的若干思考

（1）要广开渠道，筹措资金，继续坚持"国家、地方、部门、集体、个人一起上"的方针，"谁投资谁受益"的原则，要培育多元化投资主体，加快开发旅游资源，建设更多新的景区、景点。

（2）在开发利用旅游资源，尤其是开发自然旅游资源时，从一开始就要十分注意旅游景区、景点的综合规划，生态环境保护，尽量保持旅游资源的原貌。还要防止新景区、景点出现环境污染，营造舒适的旅游环境。

（3）既要重视自然旅游资源的开发，也要充分挖掘具有深厚文化底蕴的人文旅游资源，尽量做到两者的有机结合，这也是提高旅游产品品位的一个重要因素，广西在这方面仍需要加强。

（4）开发旅游资源要根据各地的具体资源优势，坚持独特性，有特色，人无我有，人有我优。包括旅游产品和工艺品也要有自己的特点。同时，对新旧景区、景点要进行必要的包装，以满足市场不断变化的需求。

（5）景区景点内的基础设施和配套服务设施要跟上，如路、护栏、标示牌、告示牌、洗手间等，同时要提高、强化旅游服务质量，要让游客有"高高兴兴来游，欢欢喜喜回去"的温暖感觉。

（6）要加快发挥利用贫困地区的旅游资源优势，通过发展旅游业来促进当地各族群众尽快脱贫致富。如开展民族风情旅游、森林旅游、自然风光旅游，就可以吸引大量游客，就可以增加收入。

○ 红色旅游：红色旅游是指以1921年中国共产党建立以后的革命纪念地、纪念物及其所承载的革命精神为吸引物，组织接待旅游者进行参观游览，实现学习革命精神，接受革命传统教育和振奋精神、放松身心、增加阅历的旅游活动。红色旅游是把红色人文景观和绿色自然景观结合起来，把革命传统教育与促进旅游产业发展结合起来的一种新型的主题旅游形式。其打造的红色旅游线路和经典景区，既可以观光赏景，也可以了解革命历史、增长革命斗争知识、学习革命斗争精神、培育新的时代精神，并使之成为一种文化。《2011—2015年全国红色旅游发展规划纲要》提出：红色旅游是一项政治工程、文化工程、富民工程和民心工程，还提出了丰富红色旅游内容体系的要求：以革命战争时期内容为重点，将1840年以来中国大地上发生的以爱国主义和革命传统精神为主题、有代表性的重大事件和重要人物的历史文化遗存纳入红色旅游发展范围。

并按主题内容划分为 4 个时期：一是 1840 年至 1921 年，重点反映中国人民面对西方列强入侵和封建王朝压迫展开的不屈不挠、艰难求索的奋斗历程；二是 1921 年至 1949 年，重点反映中国共产党领导全国各族人民推翻反动政权、夺取全国胜利、建立人民共和国，实现民族独立和人民解放的奋斗历程；三是 1949 年至 1978 年，重点反映中国共产党带领全国各族人民确立社会主义基本制度，在"一穷二白"的基础上自力更生、艰苦奋斗，进行社会主义革命和建设的奋斗历程；四是 1978 年以来，重点反映中国共产党在新的历史时期，实行改革开放，不断探索和发展中国特色社会主义的奋斗历程。这为新时期红色旅游赋予了新的内涵和精神，拓展了红色旅游发展的空间，提升了发展红色旅游的层次。

○ 乡村旅游：利用乡村特殊的自然环境、田园风光、生产经营形态、民俗风情、农耕文化、乡村聚落等资源，为旅游者提供观光、休闲、度假、体验、健身、娱乐和购物的一种新型的农业、生态、民俗旅游，其目标是"以旅强农、以农促旅、农旅结合、形成互动的产业链延伸"。目前，乡村旅游已成为广西旅游业的品牌，并已形成了 6 类乡村旅游产品：农家乐（渔家乐等），农业新村，如恭城县红岩瑶族村、玉林北流罗政村；民俗（族）文化村寨或古村落，如宾阳蔡氏书香古宅、灵川县大圩古镇；集观光、体验、购物于一体的农园，如南宁乡村大世界、柳州农工商农业观光旅游区、桂林刘三姐茶园、田阳布洛陀芒果风情园等；高科技生态农业观光园，如广西八桂田园、广西现代科技示范中心、南宁金满园、北海田野科技种业园等；依托乡村名胜开展乡村旅游，如桂林龙胜平安乡的平安壮寨和黄洛红瑶村寨，借助驰名中外的绝景——龙脊梯田稻作文化景观；融合当地乡村民族风情开展的乡村旅游，如阳朔高田镇栎村、百色乐业火卖生态文化村、贵港桂平广西北回归线小汶生态村等。

五、利用沿海优势，合理开发海洋资源

1. 加快沿海港口建设，使沿海区位优势转化为经济优势

目前西南地区通过铁路和高等级公路，已经与广西沿海主要港口城市基本连通。沿海港口是西南地区最便捷的出海口的格局基本形成。西南地区货物从广西沿海港口出海比从广东湛江或广州港出海，运输距离缩短了 700 至 1 300 千米。因此要加快广西沿海港口建设，包括岸上基础设施建设、大吨深水泊位码头建设、深水港航道建设，才能满足境内外货物进出口的需要。同时，在港口城市还要规划建设一批为货物进出服务的专业市场，使大宗商品大进大出，形成巨大物流，实现增加通过港口通道进出的货物。此外，港口城市还要充分利用地缘优势，选择一些大进大出、两头在外、技术层次较高的资本密集型产业和工业项目上马，如建大型火核电厂、建大型钢铁厂、打造石油化工基地、林浆纸生产基地、电子信息产业基地、粮油食品基地、修造船基地、

海产品深加工基地等,形成强大的工业生产能力,增强港口城市的经济实力,形成较强大的人流物流资金流等,推动港口服务功能的进一步发展。

○ 广西防城港钢铁基地:2012年5月,预计投资600多亿元、规模达千万吨(其中年产铁850万吨,钢(坯)920万吨、材860万吨,并预留进一步发展的条件)的广西防城港钢铁基地项目全面开工,这是目前中国西部沿海规模最大的钢铁项目。防城港钢铁基地项目是国家钢铁产业布局调整转型升级的示范项目,也是国家新一轮西部大开发的重大工程和广西北部湾经济区全面开发、开放的标志性工程。

2. 利用滩涂、浅海、深海,大力发展养殖业

广西沿海滩涂面积不少,浅海面积较大,海底平坦,流入北部湾的河流水中含有大量的有机物和营养盐类,浮游生物种类多,生长快,发展海水养殖条件得天独厚,有着很大的潜力。因此,利用这种资源优势,发展有较高经济价值的养殖品种,如珍珠、文蛤、对虾、青蟹、牡蛎、海参、中华鳖、沙虫以及各种珍贵鱼类等,就能把资源优势转为经济优势,加快地方经济的发展。珍珠,浑圆玉亮,辉艳闪光,是一种高贵的装饰品和重要药材。它生长在一些海水珠贝(软体动物)或淡水珠贝中。以广西合浦珍珠(又称南珠)最有名,"西珠不如东珠,东珠不如南珠"。沙虫,是海上软体动物中沙蚕的一种,体形像一条大蚯蚓,只是没有环节及刚毛,退潮时,它在沙滩上打洞空居。用之熬汤,汤水白如牛奶,鲜美滋养;油炸酥松香脆。海参,海上棘皮动物,状如蚂蟥,长一尺多,手臂般粗。其营养丰富,每百克蛋白质含量76.5克。

不过,在开发利用这种优势资源时,有两个方面需要注意:一是发展海水养殖要合理科学,注意保护好海洋生态环境,不要造成海域环境污染。尤其是不要为了眼前利益,乱围垦造田,挖塘搞养殖,污染海水,影响红树林的存活;或乱砍伐红树林,筑塘养殖,那样会得不偿失,付出惨重代价。因为红树林就是如虾、贝等许多海洋经济动物赖以生存的系统,是近岸水体的生物净化筛,对重金属、农药、生活和养殖污水及海上溢油等均有很大的净化作用,并能有效地减缓赤潮的发生。二是实施科技养殖,以科技求发展,以科技创效益。2001年,北海铁山港区某对虾养殖基地,先把普通虾塘改为标准虾池,又把虾池改为高位池,最后把高位池改为工厂化养虾,这是对养虾模式的大胆创新改革。工厂化养虾平均亩产值达12万元,经济利益明显。推广科学养殖文蛤,亩产值超过一万元。推广深水育珠技术更能使珠贝成活率及含珠量比浅水育珠提高四分之一以上。近年,在北海市铁山港区、防城港市白龙珍珠港海域、斜阳岛以西海域建设深水网箱养殖。深水网箱一般设置在远离海岸、水深15~40米的半开放或开放海域。与传统网箱相比,深水网箱抗风浪能力强(可抵御12级台风)、应用海域广阔、养殖容量大、病害少品质好、产量大效益高、水环境污染少、使用年限长、科技含量与自动化程度较高。如防城港一公司在白龙珍珠港海域设置深水网箱120口,养殖水体约9万立方米,当年金鲳鱼、三刀鱼、军曹鱼等总产量约1 200吨,总产值约2 800

万元，经济效益相当明显。

3. 充分挖掘海岸带旅游资源，发展旅游业

广西海岸带有着丰富的旅游资源，发展滨海旅游潜力巨大，前景广阔。

广西海滩广阔，其中软质沙滩占绝大部分。最令人心旷神怡的是北海银滩。银滩宽阔平坦（绵延24千米，宽0.5千米），沙白细软，水清浪柔，阳光充足，冬暖夏凉，空气清新，环境幽雅，是理想的海滨浴场和水上运动场所，是旅游度假和避暑的胜地，享有"南方北戴河""天下第一滩""东方夏威夷"的美誉。东兴金滩，绵延13千米，沙显金黄色，开发前景十分广阔。防城港市江山半岛的月亮湾、白浪滩（大平坡）、怪石滩也很美，企沙的玉石滩、天堂滩有待进一步开发。

广西有众多的海岛，有独特的魅力。除前面所述外，较著名的还有钦州市的七十二泾，它位于钦州湾海上。众多大小不一的小岛参差错落，星罗棋布，散列于海中，形成无数回环往复，曲折多变的水道。七十二泾，谓其多之意。岛上绿树成荫，鸟雀相呼。乘船游览，如入迷津，扑朔迷离。

北部湾近海区域，生长着广阔的红树林，被称为"海上森林"。她奇特的自然景观和巨大的生态价值令人惊叹不已。其中合浦县山口红树林，面积达5 000亩，是我国面积最大的海上森林，已被定为国家级海洋生态自然保护区。林内树形奇特，盘根错节，退潮时成了根雕的世界；碧水绿树间时有鸟鹤停歇，远远看去，如升起一片云，落下一片雪，蔚为壮观。防城港市渔洲坪红树林，是我国最大的连片城市红树林，面积在5 000亩上下。北海市大冠沙的沙生红树林，面积也有1 500亩。亚洲唯一的岛群红树林在钦州市。青翠的红树林与湛蓝海水相辉映，景色更加迷人。

六、保护、开发、利用丰富的动植物资源

（一）保护珍稀濒危动物，大力发展家禽家畜

1. 保护珍稀濒危动物

野生动物是国家宝贵的自然资源，是全人类的共同财富。保护野生动物资源，对于维护自然生态平衡、开展科学研究、发展经济、改善和丰富人民的物质和文化生活，具有重要的作用和意义。因此，一方面，要加强宣传和严格执行国家《野生动物保护法》《陆生野生动物保护实施条例》和自治区有关保护野生动物的法规、法令和政策，另一方面要给野生动物营造一个良好的利于栖身生存的空间和生态环境，不乱砍滥伐林木，不非法捕杀、运输、买卖野生动物，不宰食野生动物。如南丹县八圩瑶族乡经过人工造林和封山育林，保护生态，已灭迹了半个世纪的猴子、猫头鹰、果子狸、穿山甲等野生动物近来又重返大自然，在山林中活动。忻城县北更乡从20世纪80年代初起各

户人家种桑养蚕，建造沼气池，用沼气烧火煮饭，不再上山砍柴，恢复了山间树林，好久不见的猴子又回来了。江州区罗白乡弄官山，由于当地群众不上山打柴，不偷猎，又退耕还林，野生动物生存的环境有很大的改观，珍稀国家一级保护野生动物白头叶猴就从1998年3月的16群147只，到2001年5月发展20群212只。2005年崇左白头叶猴自然保护区设立以来，白头叶猴数量明显增加，已由20世纪80年代初期300多只增加到2012年120群的937只。近年，已绝迹50多年的东部黑冠长臂猿在靖西邦亮林区又出现了，2012年6月分布在广西境内有24只（全球仅110只）。

此外，要创造条件在野生动物相对集中的地方建立野生动物自然保护区，有条件地建立野生动物人工繁殖中心或基地。目前广西已经建了10多个野生动物自然保护区，梧州市已建立了世界上最大黑叶猴人工繁殖基地，从1977年至今已育成黑叶仔猴100只以上。桂林熊虎山庄，建于1993年，现被列为国家级濒危动物繁殖基地，该山庄已经成功繁殖东北虎、华南虎、孟加拉虎和白老虎500只以上，黑熊300只以上，非洲狮100只以上，成为全球最大的集虎、熊、狮等珍稀动物观光、野化、科研和繁殖于一体的多元化野生动物基地。

附：受国家一级保护的野生动物（26种）

白头叶猴（白头乌猿，广西特有）、黑叶猴（乌猿）、蜂猴（懒猴）、熊猴（青猴）、豚尾猴（平顶猴）、黑长臂猿、梅花鹿、白鹳、黑鹳、中华秋沙鸭、金雕、白肩雕、海南山鹧鸪、黄腹角雉（角鸡）、黑颈长尾雉、白颈长尾雉、鼍（银鱼）、鳄蜥（大睡蛇，广西特有，动物活化石）、巨蜥（四脚蛇）、蟒（蟒蛇或大南蛇）、云豹（龟魂豹）、豹（金钱豹）、华南虎（黄斑虎）、儒艮（海牛或美人鱼）、中华白海豚、中华鲟。

附：受国家二级保护的部分野生动物（124种，此为部分）

红面猴、短尾猴、猕猴、穿山甲、豺、黑熊（狗熊）、水獭、大灵猫、小灵猫、金猫、林鹿（麝香）、水鹿（野牛）、斑羚（青羊）、海南虎、小天鹅、鸳鸯、红腹锦鸡（金鸡）、白腹锦鸡（铜鸡）、猫头鹰、金钱龟、玳瑁、山瑞鳖、大壁虎（蛤蚧）、娃娃鱼、虎纹蛙（田鸡）、原鸡（野鸡）、红腹角雉（角鸡）等等。

附：受自治区重点保护的部分野生动物（147种，此为部分）

华南兔（野兔）、红腹松鼠、豪猪、中华竹鼠、黄鼠狼、旱獭、果子狸、狐狸、貉、大杜鹃（布谷鸟）、八哥、鹩歌、喜鹊、乌鸦、土画眉、画眉、红嘴相思鸟、乌龟、金环蛇、银环蛇、眼镜蛇、五步蛇、山蚂蟥、马氏珠贝、鸡冠鸟、豹猫等等。

白头叶猴，至今已有300多万年的历史，是全球25种最濒危的灵长类动物之一，目前它们也被公认为世界最稀有的猴类。在我国现有的6种叶猴——黑叶猴、白头叶猴、长尾叶猴、菲氏叶猴、戴帽叶猴和白臀叶猴——中只有白头叶猴为我国所独有，并且仅仅分布在广西左江和明江之间的一个十分狭小的三角形地带内，面积不足200平方千米。2009年年底，岜盆自然保护区的白头叶猴已经达到了400只左右，板利自然保护区也达到了300余只，加上广西龙岗国家级自然保护区内的80余只，总数已经达到了800只左右。2012年总数达到937只。

广西野生动物自然保护区如表3-1所示。

表3-1 广西野生动物自然保护区一览表

名 称	地 点	保护对象	级 别
大新恩城自然保护区	大新	黑叶猴、猕猴、冠斑猴	国家级
崇左白头叶猴自然保护区	江州、扶绥	白头叶猴、猕猴、黑叶猴	国家级
涠洲岛鸟类保护区	北海	各种候鸟和旅鸟	自治区级
金钟山鸟类保护区	隆林	鸟类（黑颈长尾雉）	国家级
建新鸟类保护区	龙胜	迁徙鸟类	自治区级
古修珍贵动物保护区	蒙山	鳄蜥及鸟类	自治区级
王子山雉类自然保护区	西林	雉类	自治区级
合浦儒艮自然保护区	合浦	儒艮（美人鱼）	国家级
三锁鸟类保护区	融安	红腹角雉、黄腹角雉等	自治区级
拉勾鸟类保护区	鹿寨	白颈长尾雉等	自治级
泗涧山自然保护区	融水	大鲵及其生境	自治区级
大桂山鳄蜥自然保护区	贺州市	鳄蜥	国家级
龙滩自然保护区	天峨	猕猴	自治区级
凌云洞穴鱼类自然保护区		珍稀洞穴水生生物	自治区级
邦亮东部黑冠长臂猿自然保护区	靖西	东部黑冠长臂猿	国家级
红水河来宾段珍稀鱼类自然保护区	来宾市	珍稀鱼类	自治区级
左江佛耳丽蚌自然保护区	江州、龙州	佛耳丽蚌等淡水贝	自治区级
那兰鹭鸟自然保护区（南宁市邕宁区）	-	鹭鸟及其生境	自治区级
防城万鹤山鹭鸟自然保护区	防城区	鹭鸟及其生境	自治区级

2. 积极引导大力发展有地方特色的禽畜品种

广西家禽、家畜品种不少，有牛、猪、鸡、羊、马、鸭、鹅等29个品种。其中有些具有地方特色的优良品种有较长的放饲养历史，逐渐形成了一种品牌，并在区内外港澳地区有一定的知名度，因此要积极利用，加快特色禽畜品种的生产，提高经济效益，推动地方经济上台阶。

隆林黄牛：毛色多为黄色、角黑或蜡黄、鼻镜肉色或黑色，肌肉发达，重五六百斤，肉役兼用。适应寒冷或不嫌湿热气候。隆林地处高寒山区，牧草丰盛，是黄牛的主要产地。南丹县、北海市涠洲岛也盛产黄牛。

富川水牛：著名的耕牛，个儿高大，皮肤灰黑，眼大而明亮，角似弯弓，性情温驯，耐粗料，体型硕壮少生病，一般重800斤左右。此外，西林水牛也十分有名。

环江菜牛：个子不大，重二三百斤，实行舍饲圈养，长膘快，且肉粉红鲜嫩，肥瘦相间。由于质佳味美，环江菜牛畅销广东、港澳及东南亚，环江也因此成为全国商品牛基地之一。

巴马香猪：巴马一些山区地带采用以子配母的方式繁殖的纯种猪。头臀黑毛，腰身白毛，体小皮薄骨细，肉味鲜香，为餐桌上的佳肴，名声享誉全国，目前要尽量利用这种有形无形的资源优势，上规模，形成产业化生产，逐步使其变为地方的支柱产业。此外，环江也盛产香猪。

陆川肥猪：陆川肥猪是我国九大良种猪之一，国家级畜禽遗传资源保护品种，以仔多快长、早熟易肥、骨小肉厚、皮薄肉嫩、味道香甜、适应性强等闻名全国。体重二三百斤，头背耳尾呈黑色，胸腹脚颈为白色。用来做扣肉、烤乳猪，其味更属上乘。全州东山猪、隆林猪、德保猪、桂中花猪也是八桂有名的地方猪种。

德保矮马：历史久远的广马中的一个特异品种，堪称马中珍奇，主要产于百色市的德保、那坡、右江区等县区。这种马体高一米左右，最矮的成年马仅84厘米。虽貌不惊人，但短小精悍，善爬山，耐重驮，吃粗料，性情温驯，适合家庭运输，如乘坐来旅游观光，更有一番情趣。凤山乔音乡也有矮马。

容县霞烟鸡：脚矮身圆，胸宽臀大，体如船底，似有两个胸脯，皮薄肉厚，骨脆肉松，炒炖切吃口味均独特。在港澳东南亚地区，被视为席上珍品，至今仍需求不断。

岑溪三黄鸡：因毛黄、嘴黄、脚黄而得名，体型美观，膘肥体壮，肉质鲜嫩，是有名的肉用鸡，至今仍远销港澳等地。

东兰三乌鸡：因毛乌、皮乌、骨乌而得名。东兰本地土鸡孵化的仔鸡中，好几群才发现一两只，因此较为珍稀，也引起了中国科学院专家的重视并前来考察。对这一珍稀的禽种，要尽快做好品种的选种、育种工作，扩大品种群体，发挥其经济价值。

此外，南丹瑶鸡、凌云乌鸡、灵山香鸡、钦州小董土鸡、天等土鸡、钦州松山草鸡、防城光坡鸡等以及防城港番鸭，德保、靖西、西林麻鸭，隆林、都安、田林山羊，灵川狗等都各有自己的特色，都值得加以重视与开发。

近年，广西各地积极培选或引进优良禽畜品种，收到了较好效果，增加了收入，也丰富了人民的菜篮子。如玉林巨东三黄鸡、参茸鸡，南宁良凤鸡，隆安丁当鸡，柳州麻花鸡，合浦琅德鹅、灰鹅，容县琅德鹅，天峨琅德鹅、白鹅，马山黑山羊等，同时各地群众还在庭院建池养殖各种龟、鳖。

陆川猪、环江香猪、巴马香猪三个品种被列为国家级保护畜禽品种。2006年，中国的西南矮马和英国的设特兰矮马并称世界两大矮马源流，而在中国西南矮马中，尤以德保矮马最优。

3. 发展家禽、家畜应注意的若干问题

第一,在市场经济逐步形成的过程中,要敢于冲破传统的自然经济的束缚,改变"养牛为耕田,养猪等过年,养鸡仅为油盐"的观念,树立市场经济的意识。要有不仅要挣够小钱,还要赚大钱的饲养思路。

第二,各地政府要对饲养家禽、家畜有足够的重视,尤其是要引导农家因地制宜、取长避短,利用本地的优越的原料资源进行饲养,同时,也要重视家禽、家畜的销售,既管导养又抓卖,这样才不至于挫伤农家的积极性。

第三,要搞好饲养家禽、家畜的技术指导,县乡的技术人员要下到农家第一线,手把手传授技术,面对面回答相关疑难问题,减少因技术原因导致的自然灾害和人为操作不当带来的损失,增加农户投入的信心和勇气。

第四,要重视优良品种的引进,要培养满足市场需求的新型品种。近年广西阳朔县金宝乡山区农户,利用本地的野猪与从巴马购进的香猪以人工授精的方式进行杂交,取得成功,经过"联姻"诞生的野香猪,味香肉嫩,无膻味,深得客户的欢迎,目前野香猪供不应求,有价无市,发展前景广阔。

第五,政府或当地相关部门,要想方设法给予此类项目资金扶持,特别是对有一定规模、有巨大市场潜力的饲养项目,要提供贷款。这样才能不断扩大生产,增强竞争力,进而形成产业化,成为地方经济发展的龙头,带动地方经济的发展。

(二)保护古老珍稀树种,合理开发、利用各种植物资源

1. 切实加强对国家重点保护植物的保护,留住已不多的天然资源

广西野生植物资源种类较多,其中有不少珍稀名贵植物属于国家重点保护植物,因此要严加监控保护,严禁砍伐。

金花茶:国家一级保护植物,主要分布在广西西南部,如防城区、隆安县等,天峨县也有发现。它有"植物界的大熊猫"之称,一般高二至六米,金黄色的花瓣千姿百态,鲜润艳丽,且花期长,具有较高的观赏和科研价值。

银杉:国家一级保护植物,分布于龙胜县花坪和金秀县大瑶山,属活化石植物。主干高,主枝前端平列,树冠如伞盖,有较高的科研价值。

桫椤:国家一级保护植物,主要生于桂平市大平山、天峨县、靖西县、金秀县、临桂县、贺州市等。树干粗大,茎高而直,叶片大,羽状分裂复叶,属与恐龙同时代的植物,科研价值高。

望天树:国家一级保护植物,生长于龙州、那坡、大新、田阳、巴马、大化、都安等县。树干直高,顶部有枝叶,属我国最高的树种,成片的望天树林,极具观赏价值。

红豆杉:国家一级保护植物,猫儿山上已发现红豆杉和南方红豆杉两个种群。呈零星分布，与阔叶树种混交形成阔混交林，分布在面积约 2 000 亩的范围，共有 100 多株，树径在 40 厘米左右，高 10 米左右，树龄估计已有 250～300 年。大瑶山也发现有红豆杉。

此外，还有国家二级保护植物，如冷杉、银杏、铁杉、水松、蒜头果、鹅掌楸、福建柏、蚬木、铁黎木、金丝李、万年木、紫荆木等 50 多种；国家三级保护植物，如肥牛树、任木、龙血树等 60 多种。

2. 具有较高经济价值的植物资源

（1）速生丰产用材树。

杉木：属世界优良用材树种之一，主要分布在桂北。融水、三江、融安是主产区。

松树：约占广西森林面积的二分之一，主要品种有马尾松和云南松，前者集中在桂东各县，后者分布在桂西各县。

毛竹：又称南竹，主要分布在桂东北、桂北，以资源、兴安、龙胜、灵川、融水、融安、三江以及河池市北部县较多。

桉树：引进的外来树种，初期主要在桂南、桂东南及左右江谷地栽种，现向北回归线以北扩展，14 个市 102 个县（市、区）都有种植。桉树是造纸的重要原料，桉片可大量出口赚外汇，还可做板材加工。据统计，2011 年全区桉树面积发展到 2 700 多万亩，约占全区人工商品林面积的四分之一。

（2）药用植物。

桂树：主要生长在桂东南的平南、岑溪、藤县、容县及十万大山的防城区。桂树一身都是宝，尤其是桂皮为常用名中药，广西的桂皮占全国的十分之七以上，在国内外市场上有较高声誉。

田七：又称三七，属名贵中药材，"出自田州"，现主要产于靖西、德保等县。其中靖西田七产量高，颗大坚实滑身，被誉为田七之乡。

八角：又名大茴香，既是重要的调味品，也是重要的药材。广西八角产量居全国第一，主要产于桂西南和桂东南，如防城区、龙州、德保、岑溪等县市。"龙州八角"早就出名，"天保茴油"更是驰名天下，有"没有天保茴油，法国香水不香"誉称。至今八角种植区域有所扩大，八角和用八角枝叶制成的茴油在国际市场仍占绝大部分的份额，深细精加工有待进一步发展。

罗汉果：含有丰富的维生素 C 和甜味素，营养价值高，多用于医药和饮料行业。主要产于桂林市和柳州市的一些县，其中永福年产量最高，是有名的"罗汉果之乡"，产品畅销港澳及东南亚地区。南宁市也试种成功。

金银花：一种能清热解暑的药材，主要产于桂中、桂西南、桂东北的部分县，其中马山县、忻城县年产量较高。广西的金银花花柔干爽，气味清香，因此广西与山东、河南并列为全国三大产地。

白果：又称银杏、公孙树。参天落叶，长龄巨树，一身皆是宝，核仁营养丰富，既是美食品，又有较高的医药价值。主要生长于灵川、兴安等县。

此外，广西的山药、半夏、茯苓、首乌、两面针、绞股蓝、灵香草、鸡血藤、穿心莲等等药用植物的产量在全国也居前列。

（3）野生水果。

猕猴桃：其叶圆有毛边呈锯状，面绿底白；果呈椭圆形，棕绿色；皮上有毛；肉酸甜可口，富有维生素C，生食做饮料均可。龙胜、资源是主要产地，大瑶山、大苗山、隆林、容县也有分布。

刺梨：果似核桃大小，全身长刺，是一种富含人体所需多种营养成分的珍贵野果，每百克鲜果含维生素C 2 500毫克，是"维C之王"。主要产于乐业县、隆林县。

山葡萄：富含各种营养物质及维生素，有特别风味。都安、永福县产量较多，且已用来酿造葡萄酒。

此外，山楂、人面果、鸡皮果、番石榴、杨梅、山黄皮、余甘子、桃金娘等野生水果也为人们喜爱，极具开发价值。

（4）经济林木。

油茶：是一种木本油料植物，其籽能产优质食用油。广西大部分地方都有，总产量居全国前列，以三江、融安、龙胜、百色、贺州、巴马等县市为多。

油桐：工业用油料植物，主要有三年桐和千年桐品种，分布在桂西、桂北、桂东南、桂东北，以天峨、龙胜、三江、田林等县产量为多。

广西山地多，气候适宜，是茶树的原产地之一。龙州县、平南县、灵山县、凌云县、昭平县是传统产茶大县。近年金秀、三江等县也大量种植茶树，茶产业在当地经济中有重要地位。广西茶有一定历史的是凌云白毫茶、贵港覃塘毛尖茶、横县南山白毛茶、贺州开山白毛茶、桂平西山茶、金秀白牛茶、西林王子山白毫茶、蒙山屯巴白毛茶。昭平将军峰云绿茶、将军峰银杉茶和象棋云雾茶、桂林毛尖、平南青山银针、灵山陆屋茶、武鸣景雅轩毛尖、金秀瑶王毛峰等是广西名茶中的新秀。苍梧六堡茶属黑茶，已有200多年历史。横县茉莉花茶、大新苦丁茶、大瑶山甜茶特色优势明显，深受消费者欢迎，应加强品牌的树立和宣传。

3. 种植优良珍贵树种，前景广阔

广西是历史上珍贵树种种植的传统产区，已有数百年的人工栽培经验。广西地貌类型和土壤种类的多样性，为广西特有的、多样化的珍贵树种发展提供了得天独厚的土地资源。加快优良珍贵树种发展的步伐，使优良珍贵树种成为广西造林主角，势在必行。

第一，随着人与自然和谐相处观念的树立，森林健康和森林可持续经营已成为当今社会对现代林业提出的要求。2000年以前，广西用材林主要以马尾松、湿地松和杉木等针叶树为主，2000年以后重点发展速丰林时又以速丰桉为主。但从整个发展情况来看，树种单一，林分结构简单，生物多样性差，生态系统不稳定，容易发生森林火灾和大面积病虫害，甚至存在影响整个生态环境安全的隐患。

第二，传统的松、杉、桉主要用于木片、制浆造纸、胶合板、单板、方材等，无法用来加工高档家具、高档建筑用材和装饰用材等，无法满足社会对木材资源的多样性需求。铁力木、红椎、西南桦、火力楠、米老排、任豆等树种，材质较好、生长速度快、商品利用价值高、市场前景广。且此类木材做成的实木家具，具有美观大方、绿色环保、经久耐用、古色古香、收藏升值等特点，是今后家具发展的方向和主流。沉香、红豆杉、檀香等有保健功能，符合人们追求健康，自我保健的需求。

第三，经过多年的试验，从林业健康和可持续发展的角度看，发展优良珍贵树种可以解决大面积的杉木和桉树的轮作树种问题。如红椎、西南桦、秃杉、火力楠等将是杉木很好的轮作树种，杂交相思将是大面积桉树替代或轮作的最佳树种。

第四，珍贵树种大多数为阔叶树，具有良好的生态功能和景观功能，加之以培育大径材为目的，非常适合作为公益林来种植。可结合退耕还林、风防林、海防林等林业生态工程营造珍贵树种，或者对公益林区中低效林有计划地逐步进行改造，有目的地补植、补种或套种一些优良珍贵树种，既可改善林分结构，提高林分质量，更好地发挥生态功能，又能充分利用公益林增加森林后备资源和储备珍贵木材资源。如在桂西北和桂北的中、高海拔地区主要发展秃杉和西楠桦；在桂东、桂南地区主要发展红椎、荷木、柚木，并试种杂交相思等；在石山地区主要发展任豆、香椿、降香黄檀（黄花梨）等。

当然发展珍贵树种不能一刀切，必须坚持适地适树原则。如黄花梨喜光，对土壤肥力的要求不甚苛刻，一般肥力中等以上的红壤、赤红壤、砖红壤，均可生长成材，但在肥沃土地生长更快。它能适应石灰岩山地环境，成活率也可达95%。黄花梨现在在崇左、凭祥、南宁、马山、合浦等地有引种栽培。天然产自于印度、缅甸、泰国和老挝等热带国家或地区的柚木，就适合生于砂页岩、花岗岩、砂岩、片岩等多种母岩发育成的土壤。它要求土层深厚、肥沃、湿润，特别要求土壤具有良好的排水和透气性。在南亚热带的低山、丘陵地较肥沃的土壤均可种植，且零星种植和混农种植比连片种植效果更好。属于国家二级保护植物的珍贵药用植物土沉香，是热带、南亚热带常绿季雨林和山地雨林的常见树种。土沉香植株的再生能力很强，可在断干、断枝或砍伐后，萌发新的枝条。在广西南亚热带以南的低山、丘陵地较肥沃的土壤中可种植。目前土沉香，在广西主要分布于陆川、东兴、崇左、龙州、上林、武鸣等地。名贵的树种紫檀（檀香紫檀、降香黄檀、大叶紫檀），原产印度、泰国、马来西亚及越南。在广西北热带和南亚热带南缘的低山、丘陵地较肥沃的土壤中都可种植。桂北山地还可种植国家一级保护植物红豆杉。广西有红豆杉和南方红豆杉，它们分布于桂北和桂东北的资源、龙胜、灌阳、灵川、临桂、三江、大苗山等地。红豆杉生长较慢，人工栽培可显著提高生长速度。广西临桂海拔560米的低山造林成活率为100%。珍贵濒危树种格木，也是珍稀优质硬材。在广西主要分布在梧州、藤县、武鸣、靖西、龙州、东兴、合浦等地。其垂直分布在海拔800米以下低丘陵地带的疏林中。据试验，格木与杉木混交造林，能相互促进生长。广西容县的"真武阁"和广西合浦的"格木桥"，全部用格木建成，并无一钉一铁，分别经历400多年和200多年，至今完好无损，可见格木坚固耐用。格木性喜群生，适合连片营造纯林，也可与松、杉或阔叶树等营造混交林，其生长速度中等，稀植时生长较慢。格木的小径材、枝丫、梢头等可作小工具用材，如算盘框、算盘子、秤杆及雨伞和各种日常用具的把柄等，用途广泛。

（三）自然保护区的建设

1. 自然保护区概况

广西动植物资源十分丰富，其中不乏世界古老珍稀种类。为了在一定范围内恢复或保护自然环境，让这些动植物、森林生态得以保存延续，广西从1961年起至今已先后建立了各种级别、各种类型的自然保护区78个，面积145.1万公顷，占全区面积的6.1%。

合浦山口红树林国家级自然保护区：面积8 000公顷，其中红树林面积7 200公顷，是全国连片较大、保存较完整的天然红树林分布区。红树林的经济价值很高。红树林林区是各种海鸟觅食栖息繁育的场所，是南移北迁候鸟的停歇天堂。

弄岗国家级自然保护区：位于广西龙州、宁明两县境内，面积10 080公顷，保护着石灰岩季节性雨林，以及白头叶猴、黑叶猴、黑长臂猿等珍稀动物和金花茶、蚬木、金丝李、紫荆木等珍稀植物，还有龙血树等药用植物。

大瑶山国家级自然保护区：位于金秀瑶族自治县境内，面积24 907.3公顷，山上森林茂密，常绿阔叶林保存量居广西各山首位。植物种类有2 300多种，如有国家保护植物银杉、桫椤等。有各种动物1 220多种，如有国家保护动物鳄蜥、红腹角雉、娃娃鱼等。

花坪国家级自然保护区：位于广西龙胜、临桂两县境内，面积17 400公顷，主要保护对象是中亚热带常绿阔叶林和国家珍稀树种，如银杉、福建柏、鹅掌楸等。此外保护区内还有很多珍禽异兽，如红腹角雉、锦鸡、青猴（熊猴）、黑熊等。

防城金花茶国家级自然保护区：在防城港市防城区内，面积9 195公顷，主要保护特有珍稀植物金花茶（约41万株）以及森林生态系统。它是世界上唯一的金花茶自然保护区。

大明山国家级自然保护区：在上林、武鸣、宾阳及马山等县交界处，面积16 994公顷，主要保护常绿阔叶林、水源涵养林和自然景观。有植物1 700多种，珍稀动物40多种，山中可观日出云海，偶见"佛光"，严冬可欣赏到山雪冰挂的南国奇观，人称"广西庐山"。

猫儿山国家级自然保护区：位于资源与兴安、龙胜之间，面积17 008.5公顷，主要保护中亚热带常绿阔叶林、水源涵养林和栖息于此的野生动物。其中有野生植物2 120多种，如红豆杉、铁杉林、银杏、钟萼木等；野生动物310多种，如云豹、黄腹角雉、白颈长尾雉、金钱豹等。还有众多的杜鹃花、第二次世界大战时美军飞机失事点纪念碑等人文景观。猫儿山还是漓江、资江、浔江的发源地。

十万大山国家级自然保护区：位于上思县和防城区、钦州市交界，面积5.8万公顷，分布有完整的原始状态的亚热带雨林。有植物多达2 233种，有金花茶、罗汉松、狭叶坡垒、紫荆木等珍贵树种；动物396种，其中有猿猴、黑颈长雉、海南虎斑鸠等珍稀动物。

北仑河口国家级自然保护区：位于防城港市东兴市，面积3 000公顷，主要保护红树林生态系统。

环江木论国家级自然保护区：位于罗城县、环江县之间，面积8 969公顷，主要保护中亚热带石灰岩常绿阔叶林混交林生态系统。

合浦营盘——英罗港儒艮国家级自然保护区：位于合浦县，面积35 000公顷，主要保护儒艮及海洋生态系统。

灌阳千家洞国家级自然保护区：位于灌阳县，面积12 231公顷，主要保护水源涵养林及野生动植物。

岑王老山国家级自然保护区：位于田林县、凌云县之间，面积18 994公顷，主要保护季风常绿阔叶林。

九万大山国家级自然保护区：在融水、罗城、环江之间，面积25 212.8公顷，主要保护水源涵林。

金钟山黑颈长尾雉国家级自然保护区：在隆林各族自治县，面积20 924.4公顷，主要保护鸟类及其生存环境。

雅长兰科植物国家级自然保护区：在乐业县，面积22 062公顷，主要保护兰科植物及其生态系统。

崇左白头叶猴国家级自然保护区：2012年年初建立，地处我国西南部广西崇左市境内，保护区由间断分布的4片石山区组成，即扶绥县的岜盆片、扶绥和江州交界区域的大陵片、江州区的驮逐片和江州区的板利片，总面积为25 578公顷。主要保护对象为白头叶猴、黑叶猴等野生动物及其赖以生存的喀斯特石山森林生态系统。

大桂山鳄蜥国家级自然保护区：位于贺州市八步区，面积3 780公顷，主要保护世界珍稀濒危动物鳄蜥及其生存环境。

国家级自然保护区还有：元宝山国家级自然保护区（位于融水县，保护冷杉、珍稀动物和水源涵养林）、邦亮东部黑冠长臂猿国家级自然保护区（位于靖西县，保护东部黑冠长臂猿及北热带岩溶山地季雨林生态系统）、恩城国家级自然保护区（位于大新县，保护黑叶猴、猕猴等珍稀动物）。

自治区级自然保护区：主要有弄拉自然保护区（马山，保护南亚热带岩溶森林生态系统）、三十六弄—陇均自然保护区（武鸣，保护苏铁、林麝等珍稀动植物）、龙虎山自然保护区（隆安，保护猕猴、珍贵药用植物及自然景观）、龙山自然保护区（上林，保护常绿阔叶林和典型山地森林生态系统）、泗涧山大鲵自然保护区（融水，大鲵及其生态环境）、青狮潭水源林自然保护区（灵川，保护水库水源林）、海洋山自然保护区（灵川、恭城、灌阳、阳朔、全州、兴安，保护水源涵养林）、架桥岭水源林自然保护区（永福、荔浦、阳朔，保护水源涵养林）、五福宝顶自然保护区（全州，保护水源涵养林）、寿城自然保护区（永福、临桂，保护水源涵养林）、建新鸟类自然保护区（龙胜，保护迁徙候鸟）、银竹老山自然保护区（资源，保护冷杉和珍稀动物）、银山殿自然保护区（恭城，保护水源涵养林及野生动植物）、古修自然保护区（蒙山，保护野生动植物）、涠洲岛鸟类自然保护区（北海市，保护各种候鸟、旅鸟）、茅尾海红树林自然保护区（钦州市，保护红树林系统）、大平山自然保护区（桂平市，保护水源林、桫椤及鳄蜥）、那林自然保护区（博白，野生动植物及生境）、天堂山自然保护区（容县，保护森林生态系统及水源涵养林）、大容山自然保护区（玉州区、北流市、兴业县，保护森林生态系统及水源涵养林）、滑水冲自然保护区（贺州市，保护水源林及野生动物）、姑婆山水源林自然保护区（贺州市，保护水源涵养林）、七冲自然保护区（昭平县，保护常绿阔叶林及山地森林系统）、西岭山自然保护区（富川县，保护水源涵养林及野生动植物）、三匹虎自然保护区（南丹、天峨县，保护水源涵养林及珍稀动植物）、龙滩自然保护区（天峨，保护猕猴及水源涵养林）、大王岭自然保护区（百色市，保护水源涵养林）、黄莲山—兴旺自然保护区（德保县，保护水源涵养林）、底定自然保护区（靖西县，保护水源涵养林及野生动植物）、老虎跳自然保护区（那坡县，保护水源涵养林及野生动植物）、泗水河自然保护区（凌云县，保护水源涵养林）、王子山雉类自然保护区（西林县，保护雉类及其栖息地、南亚热带森林生态系统）、那佐苏铁自然保护区（西林县，保护水源涵养林及野生动植物）、大哄豹自然保护区（隆林县，保护岩溶森林系统及黑叶猴等珍稀动物）、洞穴鱼类自然保护区（凌云县，保护珍稀洞穴水生物及水域生态系统）、红水河来宾河段珍稀鱼类自然保护区（来宾市，保护珍稀鱼类及栖息地、产卵场）、金秀老山自然保护区（金秀县，保护南亚热带常绿阔叶林、珍稀动植物）、左江佛耳丽蚌自然保护区（江州区、龙州县，保护佛耳丽蚌等淡水贝类及栖息地）、西大明山自然保护区（扶绥、江州区、隆安、大新，水源涵养林）、下雷自然保护区（大新，保护水源涵养林及猕猴）。

龙虎山保护区：位于隆安县，以保护天然药物为特色，有药用植物900多种，如砂仁、金银花、鸡骨草、鸡血藤等。还有珍贵名树，如金花茶、蚬木、格木、金丝李等，以及黑叶猴、果子狸、蛤蚧、穿山甲等野生动物。尤其是众多的猕猴在驯养师的调养下，能给游人带来无穷的乐趣。

青狮潭水源林保护区：处甘棠河上游及青狮潭水库周围，天然阔叶林和毛竹茂密，对涵养甘棠河及青狮潭水库水源起了重要作用。

2. 自然保护区保护与开发的几点建议

（1）大力宣传有关法律法规，提高保护区周边群众的保护意识，坚决打击盗伐林木、捕猎收购野生动物的不法行为，严厉惩罚犯罪分子。

（2）在加强建设管理现有自然保护区的基础上，一方面整合已有的自然保护区，提高自然保护区的档次或级别，另一方面新建一批森林生态或野生生物或湿地生态或地质遗迹或古生物遗迹等各种不同级别的自然保护区，扩大自然保护区的总数和保护面积。

（3）依靠科技，加强攻关，对珍稀野生动物进行人工科学饲养繁殖，甚至商业化养殖，避免珍稀种类灭绝。这样有利于保护动物资源，满足人们的需求。对古老珍稀的奇花名树，也要采取综合有效措施。经济价值较高的植物，则可通过科技手段变野生为人工栽培，并加大人工栽培的力度，扩大其面积和产量，发展地方经济。

（4）保护区自然资源极其丰富，珍稀物种多样，自然景观奇特，因此，以自然保护区为依托，合理开发各种特色旅游项目，如观赏野生动植物、森林科考、江河漂流、登高探险、览地貌奇观、享保健疗养等等。以开发促保护，用保护带动合理开发，达到既能保护生物资源，又能利用这种优势资源为人类服务的目的。

七、利用优越的气候资源等，发展农林牧副渔业

1. 广西各地主要的优越气候条件

桂北、桂西北：气候垂直变化明显，雨水尚可，太阳辐射能低，年均气温稍低，发展林牧业有优势。

桂西：雨量相对偏少，夏凉冬冷，无霜期居中，发展林牧业有优势。

桂西南：左、右江河谷地区太阳辐射能高，夏热冬暖，夏雨多，春水少，日照多，总雨量偏少，宜植旱地作物、果菜；山地区雨水多些，有益于农林作物生长。

桂南：水量最多，几乎无冬，热量最丰富，发展农林果渔业条件得天独厚。

桂东南：冬暖夏热，水多湿润，寒霜少见，对农林果菜的发展十分有利。

桂东：热季时间长，雨水充沛，气候湿润，非常有利于需水量大的作物生长。

桂东北：夏热冬冷，四季分明，雨早到且多，发展农业及林果业很有利。

桂中：年降水量偏少，夏热冬暖，宜发展农业、经济作物、经济林木、果菜、养殖。

2. 扬长避短，因地制宜发展地方经济

罗城县：宜植杉木、松树、竹子、油桐，栽木薯、甘蔗、姜。

第三章 八桂优势资源与科学合理开发利用

环江县：养桑蚕，种植香糯，扩大菜牛、香猪生产，形成规模。

三江县：进一步发挥杉木、毛竹种植优势，提高油茶、油桐、茶业的生产效益。

融水县：杉林、毛竹要继续保持优势，要加大竹笋生产，开发香鸭，种沙田柚。

乐业县：可种植云南松、杉木、杂木、栎木等，扩大油桐、油茶、八角、核桃的生产，充分利用草场资源，养殖山羊，开发刺梨，强化香菇、云耳的销售环节。

凌云县：种杉木、马尾松及八角、油桐、白毫茶，开发利用金银花、首乌等药用植物，还要加快开发宜林宜牧荒地。

田林县：杉木、松树以及油茶、油桐、八角等品种的开发仍有较大潜力；田七、杜仲、砂仁等药用植物和山楂果要进一步开发；云耳、八渡笋要上档次，要深加工。

隆林县：除云南松、杉木、油桐外，要充分利用牧草丰富优势，加快发展牛、山羊、猪特色养殖，种烤烟。

天峨县：抓好云南松、杉木、油桐、油茶的种管，开发大果山楂，利用水域阔、牧草好养山羊、大鹅，种甜竹笋、育反季节蔬菜增加收入。

凤山县：大力发展杉木、马尾松、油茶、油桐、八角等用材林、经济林。

南丹县：发展杉木、松树、油桐、油茶的同时，要开发宜林宜牧地，栽甜梨，扩大长角辣椒的种植，养牛、瑶鸡要上规模。

东兰县：种油桐、油茶、八角，加大板栗、木薯种植面积，搞好深加工。墨米、兰木香粳要种出效益，利用草场大力发展养羊。

巴马县：油茶、油桐、板栗种植面积要巩固扩大。长寿原料火麻要推广种植，纯种香猪资源要保护开发利用好，加快宜林宜果宜牧坡地开发。还要多种木薯。

金城江区：抓油茶、油桐、竹子、板栗、沙田柚的种植。宜种姜、甘蔗、花生、芝麻。宜牧宜山地草场要加快开发。

西林县：宜种植杉木、松树、油桐、油茶、板栗、核桃。在火姜、云耳扩种基础上要找销路，要利用好草资源，发展山羊、水牛养殖。

右江区：种好油桐、油茶、八角，重点发展芒果、甘蔗等热带、亚热带作物和水稻种优良品种。

平果县：种植水稻优良品种，栽甘蔗、木薯、黄豆、花生及龙眼、油茶。

田东县：可种芒果、香蕉、甘蔗，栽种水稻优良品种，大力发展时令蔬菜。

田阳县：栽芒果、香蕉、甘蔗、西瓜、花生，大力发展冬菜，竹子。

那坡县：可发展农业；多种杉木、油茶、八角、肉桂；开发利用好中草药材金不换、金银花等。

德保县：可发展农业，发展叶用八角、果八角、田七。搞好蛤蚧养殖，利用开发藤条。

靖西县：宜发展农业，植大果山楂、金银花、八角、烤烟。种田七、香糯，养麻鸭。

凭祥市：宜水稻、红薯、花生、甘蔗、木薯、八角等种植。

龙州县：宜种八角、木薯、龙眼、木菠萝、山黄皮、甘蔗、茶（红碎茶）。可开发利用药用植物，也可利用自然保护区发展旅游业。

宁明县：要种植水稻优良品种；种马尾松用材林及八角；栽甘蔗、花生、菠萝；广种蔬菜；利用珍稀动植物发展旅游业。

天等县：植八角、甘蔗、苦丁茶、肉姜、辣椒；抓鸡、牛养殖。

大新县：种龙眼、果蔗、苦丁茶，养蛤蚧；用山地搞养殖。

江州区：种花生、黄豆、红瓜子；发展甘蔗、木薯；利用白头叶猴保护区发展旅游。

扶绥县：种剑麻、桉树、木薯、甘蔗；栽培黄豆、花生、西瓜等。

隆安县：发展甘蔗、木薯、花生；种荔枝、板栗、香蕉；充分利用龙虎山药用植物。

上思县：栽种松树；种八角、龙眼、木薯、甘蔗；利用草药植物；保护珍稀野生动植物，培育旅游资源。

南宁市：种甘蔗、香蕉、木薯，可产红黑提葡萄、菠萝。

武鸣县：种龙眼（含反季节龙眼）、西瓜等。

邕宁县：水稻、甘蔗、西瓜、菠萝、淮山、果菜等均宜种植。要大力发展养殖。

钦州市：农业搞产业化经营；荔枝等创名牌佳果；发展海水养殖。

浦北县：发展优质亚热带果菜，如荔枝、龙眼、香蕉等；种植优质水稻；搞多种经营。

灵山县：种植优质水稻、荔枝、甘蔗、龙眼、柑、香蕉。

防城港市：种植八角、玉桂、香蕉，发展海水养殖。

东兴市：发展海水养殖、边贸。

北海市：发展海水养殖、蔬菜、花卉等。

合浦县：种植水稻、花生、蔬菜；发展海水养殖。

横县：种植水稻、甘蔗、桑蚕、茉莉花茶、大头菜等。

贵港市：种植甘蔗、龙眼、桉树、马蹄、莲藕、毛尖茶。

平南县：种植水稻、肉桂及桂皮、龙眼等。

桂平市：种植优质水稻、荔枝、龙眼、糖蔗、蔬菜；发展水产养殖。

岑溪市：种植水稻及经济林松脂、玉桂、八角、竹子、水果。

藤县：种植水稻、红薯、花生、芝麻、无籽西瓜、松脂等林副产品。

玉州区：种植水稻、大蒜、荔枝、龙眼；发展淡水养殖。

兴业县：种植水稻及荔枝、龙眼、香蕉等林果。

容县：种植水稻、松脂、沙田柚、荔枝、龙眼；发展鸡、猪苗。

北流市：种植水稻、红薯、荔枝、龙眼等。

陆川县：种植水稻、红薯、花生、芝麻、荔枝、龙眼；养殖陆川猪。

第三章 八桂优势资源与科学合理开发利用

博白县：种植优质水稻、龙眼、荔枝；养殖猪鸡等。

昭平县：发展松林、油茶、茶、沙田柚。

蒙山县：种植水稻、甘蔗、桑蚕、黄豆、沙田柚、柑橙。

梧州市：种植蔬菜、甘蔗；发展养殖。

苍梧县：种植松杉用材林及松脂，水稻、荔枝、沙田柚、玉桂、八角、油茶。

恭城县：种植杉木、松树，栽月柿、沙田柚、柑橙。

龙胜县：种植杉木、油茶、油桐、楠竹、茶；发展猕猴桃的深加工；开发罗汉果。

资源县：种杉、松树、毛竹、油桐；抓好猕猴桃、杨梅的深加工；加紧中草药的开发；大力发展种植西红柿。

融安县：种植杉木、毛竹、油茶、金橘、罗汉果。

荔浦县：种植水稻、橙、荔浦芋、马蹄；发展生猪养殖。

阳朔县：种植柿子、沙田柚、金橘（销俄罗斯）。

平乐县：种植水稻、玉米、沙田柚、柑橙、柿子、苎麻、板栗。

全州县：种植优质稻、柑橙、大蒜、辣椒、白果；养殖禾花鱼；发展家庭养殖业。

灵川县：种植水稻、白果、毛竹、柑橘、黄豆、蔬菜等。

兴安县：种植葡萄、白果、毛竹、柑橘、水稻；饲养生猪。

永福县：种植罗汉果、山葡萄，养殖桑蚕等。

灌阳县：种植红薯、枣、梨、柑橙、山苍子等。

八步区：开发用材林，经济林、种植油茶、油桐；发展蔬菜水果及生猪种养。

钟山县：种植水稻、红薯、烤烟等。

富川县：种植优质水稻、烤烟、果菜、中药材等；养殖畜禽等。

都安县：种植玉米、甘蔗、山药及油茶、油桐等；养山羊。

宜州市：种植沙姜、沙田柚；养桑蚕。

忻城县：种植金银花、佛手瓜、养桑蚕、牛羊。

武宣县：种植优质水稻、秋冬菜、甘蔗。

鹿寨县：养桑蚕等。

象州县：种植优质水稻；发展林果及畜牧水产。

金秀县：发展林业，种植经济作物油桐、玉桂、八角、油茶、绞股蓝等，林副产品。

柳州市：种植粮油作物，糖蔗、果蔗、蔬菜、柑橙；发展养殖。

柳城县：种植水稻、黄豆、甘蔗、花生；种茶；发展林果业。

柳江县：种植水稻、糖蔗、蔬菜、玉米、花生、水果；养瘦肉型猪。

马山县：养黑山羊；种植竹子、金花茶、桑、木薯。

上林县：种木薯、甘蔗等、发展水产养殖。

宾阳县：种植糖蔗、莲藕、大白菜、甜瓜、甜豆、青刀豆、西红柿。

3. 利用气候资源种植经营的成功案例

案例一：甘蔗生长所需温度、光照、水量、热量，与广西的气候条件非常适应。多年来，广西甘蔗种植面积在1 500万亩左右（2011年为1 637万亩），甘蔗总量占全国50%以上，产糖800万吨左右，占全国总产量的60%以上。自治区糖料蔗面积、总产量和产糖量位居全国第一。广西成为全国最大的甘蔗及糖业生产基地。目前，甘蔗种植主要分布于南宁、崇左、来宾、柳州、百色、河池、钦州、北海、防城、贵港10个市，共有56个县（市、区）、749个乡镇生产糖料蔗，蔗农人口达2 000万。全区49个贫困县中有36个县主要依赖种植甘蔗解决农民温饱问题。蔗糖业成为广西的"甜蜜事业"。

2010年，广西种植甘蔗面积1 600万亩，产糖近700万吨，占全国总产量的60%以上；糖业销售收入近500亿元，带动运输业、包装业年产值100多亿元；提供就业岗位近10万个，带动农民2 000多万人，占广西农村人口近一半；蔗农收入突破300亿元，人均种蔗收入超1 500元。

案例二：广西土地、气候条件较好，是桑蚕的最适宜区域。继糖料蔗之后，种桑树养蚕得到了快速发展。桑园面积从2000年的30万亩增加到2011年的250多万亩，产茧量从2.95万吨增加到27.5万吨，从全国第6位跃升至第1位。桑蚕产业已发展成为广西继甘蔗产业做成全国"龙头老大"之后的又一新兴农业优势产业，广西也成了全国重要的蚕茧生产基地和"东桑西移"的首接区域。目前广西已形成了三大带，即桂中、桂西北、桂南，五大市即河池市、来宾市、柳州市、南宁市、贵港市桑蚕优势区域。宜州、鹿寨、象州、忻城、合浦、横县等种植户已尝到甜头。今后还会有更多的农民朋友加入这一受益较好的行列的。2011年，广西桑蚕产业发展再创历史新高，鲜茧产量27.5万吨，比上年增长7.79%；蚕农售茧收入80.34亿元，增长19.78%。其中蚕茧产量连续7年全国第一，占全国总产量的25%以上。广西缫丝机总装机量26万绪，生丝产量近2万吨，其中规模以上企业产生丝1.7万吨以上，实现丝绸精加工产值77.73亿元。

案例三：除水稻、玉米外，由于优越的气候条件，沙田柚、柑橘、橙子、木薯、茶树、花生、蔬菜等在全区范围内都基本适宜种植。如柑橘是广西各地均适宜种植发展的唯一大宗水果，种植历史已有4 000年。近几年总产量排全国前列，是广西的一大优势。随着中国—东盟自由贸易区的初步建成，广西柑橘以上市早、品质优、品种多、运距近的特点在抢占东盟市场中占有绝对优势。柑橘产业已成为目前广西水果中规模基础最好、发展潜力最大、出口竞争力最强的优势产业。柑橘是全国除苹果、梨以外对接东盟不可多得的优势品种。中国—东盟自由贸易区建立给广西柑橘带来了大市场，因此，广西要力争在近年成为全国最大的早熟优质柑橘基地。

2011年，广西果园良种覆盖率达92.75%，面积1 480.72万亩，比上年增5.23%，水果产量925.43万吨，比上年增产83万吨，果农年售果收入201亿元，创历史新高；有63个农产品被评为省级名优果品、11个被评为绿色果品、2个被评为中国名牌果品，有 3 家企业 8 个产品获有机认证。

木薯是我国主要热带作物之一，具有适应性强、种植地域广泛、可开发为生物能源等突出特性。广西是全国最大的木薯生产基地，多年来，木薯种植面积、产量、木薯淀粉产量都占全国总量的 70%，木薯酒精产量居全国首位，变性淀粉产量居全国第一位。2011 年，广西木薯种植面积 365.12 万亩，初步统计产量 180 万吨，均占全国 70% 以上。

生物燃料乙醇目前是世界上生产规模最大的生物质能源，在我国人均粮食年产量不足 400 千克的背景下，发展利用荒山、荒坡及盐碱地种木薯，生产燃料乙醇，是生物能源发展的必由之路。广西在这一产业方面大有作为，前景广阔。

广西高山环境、土壤呈微酸性、湿润云雾多，是茶树种植的最适宜区域。茶树生长期长，开采早，产量高，可多次采（30 多次），2 月至 12 月均有采。目前，广西种植茶树的县区不断增多，创品牌，产业化，搞营销是茶产业壮大的出路。

广西充分利用冬闲田地和丰富的温光资源，大力发展秋冬菜为重点的蔬菜产业。2011 年，广西蔬菜种植面积 1715 万亩、产量 2460 万吨，其中秋冬蔬菜占 75% 以上。广西每年调出 800 多万吨生态优质秋冬菜支持北方和粤港澳等地区。广西蔬菜成为本地种植业中继优质粮、糖料蔗、水果后年产值超百亿元的大产业。目前，广西蔬菜播种面积约占全区农作物面积的 20% 左右，产值约占全区农林牧渔业总产值的 10% 左右，成为全国秋冬菜面积最大、调出最多的省区，成为"南菜北运"重要基地及粤港澳地区的"后菜园"。

案例四：各县利用资源优势种植成功的范例。如横县种茉莉花茶、甜玉米、大头菜，田阳、田东县种植芒果、蔬菜，恭城县种月柿、碰柑，兴安县种葡萄、竹子，富川县种脐橙，浦北县种香蕉，凌云、昭平、三江县种茶树，荔浦种芋头，藤县种无籽西瓜，融安县种蜜橘，灵山县种荔枝，东兰、隆安、平乐县种板栗，防城区、金秀、岑溪市种八角，扶绥种剑麻，资源县种西红柿，武鸣县种木薯等等。

4. 拥有地理标志或证明商标的广西地方特产（产品）

地理标志产品，是指产自特定地域，具有质量、声誉或其他特性，本质上取决于该产地的自然因素和人文因素，经审核批准以地理名称进行命名的产品。地理标志产品包括：一是来自本地区的种植、养殖产品；二是原材料全部来自本地区或部分来自其他地区，并在本地区按照特定工艺生产和加工的产品。

2000 年荔浦县"荔浦芋"获得证明商标授权，成为广西第一个获得地理标志保护的产品。截至 2011 年，广西有如下产品获得认证，成为地理标志产品：

荔浦芋、桂林三花酒、桂林腐乳、桂林辣椒酱、桂林西瓜霜、马山黑山羊、环江香猪、罗城野生毛葡萄酒、金秀绞股蓝、大瑶山甜茶、容县沙田柚、合浦南珠、永福罗汉果、凌云白毫茶、巴马香猪、横县茉莉花（茶）、大新苦丁茶、田阳香芒、恭城月柿、广西肉桂、玉林香蒜、阳朔金橘、天等指天椒、忻城金银花、钦州泥兴陶、灵山荔枝、梧州龟苓膏、融安金橘、融水糯米柚、梧州腊肠、南丹瑶鸡、南丹瑶山红梨、南丹碰柑、南丹巴平米、博白桂圆肉、容县霞烟鸡、田东香芒、陆川猪、全州黄花鱼、桂平金田淮山、桂平西山茶、平南石硖龙眼、天峨六画鸡、环江菜牛、田林八渡笋、防城金花茶、梧州六堡茶、全州湘山酒、桂林米粉、灵山凉粉、横县大头菜、柳城蜜橘、灌阳雪梨、东兰板栗、恭城油茶、昭平银杉茶、桂平黄沙鳖、钦州大蚝、鲁比葡萄、象州红米、天峨龙滩珍珠李、东兴红姑娘红薯、信都红瓜子、富川脐橙、钦州石金钱鱼、桂林腐竹、天峨大果山楂、荔浦马蹄、平南墨底鳖、融水香鸭、恭城碰柑。

地理标志是知识产权保护的重要内容,获得地理标志保护的产品在国内外市场可受到不被仿冒、侵害等保护措施,且在进出口贸易中易获得关税、通关等优惠,产品可申请享受"绿色通道"待遇。因此,开展地理标志产品保护工作,是将名特优产品推向国内外市场、开展标准战略、品牌战略的重要举措。培育具有原产地保护的品牌产品,促进地理标志产品的市场流通,将区域资源优势转化为经济优势,带动地方经济的发展,是促进农业增效、农民增收、提升区域竞争力的有效途径。

为了加大对广西地方传统名优、特色产品的保护力度,广西应从保护和提高地方特色优势产品知名度、服务地方经济发展的角度出发,不断扩大保护品种范围,深化地理标志产品保护工作,巩固和扩大特色产品地域品牌优势。具体来讲:一要打好农副产品特色牌,以地理标志申报促进产业规模化发展。积极挖掘和开发利用特色农产品地理资源,把特色农副产品作为申报地理标志产品,做大、做强特色农副产品规模。二要把大力实施地理标志产品保护和实施名牌战略、技术标准化战略有机结合起来,做到相互补充,相互促进,进而促进农业规范化、品牌化发展。三要加强领导对地理标志保护工作的认识。引导地方政府挖掘地方名优、特色产品,加快特色农副产品申请国家地理标志产品保护力度,同时借助地理标志产品建立国家级农业标准化示范区,促进广西名优、特色产品标准化、产业化、规模化发展。

5. 积极预防各种灾害性天气

广西受季风影响,降雨和气温变化大,干旱、水灾、雨寒、台风、冰雹等灾害性天气时有发生,其中以干旱、春寒对农业生产影响最大。因此,各地要高度注意,依靠科学,做好预防工作,减少其可能给农业生产带来的不利影响。

干旱主要有春旱、秋旱。大灾年一般又是春旱连夏旱,或者夏旱连秋旱。春旱以桂西南出现频率高,其次是桂南、桂东。桂东北基本无春旱。秋旱则以桂东北、桂中较常见。如1962年10月到1963年7月,广西许多地方没有下过一场大雨,春旱连夏旱,早稻无水下插,旱地作物无法种,山塘干裂,溪水断流,人畜饮水困难,损失非常大。因此必须重视旱情,最大限度地减少损失。桂中乐滩水库引水灌溉工程就是为解决桂中干旱而建设的。

洪涝即水灾。每年4～9月是广西的汛期，常有大雨、暴雨。由于广西地势起伏大，地表水集流快，洪涝来势猛，对江河沿岸、低洼地、山间田造成损害大。从历史上看，水灾以梧州市、桂林市地域多，河池市地域少。

低温寒潮指倒春寒、寒露风，这是广西春、冬季节主要灾害性天气。寒潮通过三个风口进入广西。一是湘桂走廊风口；二是贺江上游各地风口，由富川、钟山、八步区直抵桂东、桂东南；三是黔桂山间谷地风口，从高原贵州由南丹六寨谷地进入，影响桂西北。

台风指热带风暴，主要在7月、8月、9月份侵袭广西。台风主要从粤沿海入桂东南、桂中、桂西，从北部湾海域影响桂南沿海地区。台风破坏性大，但也给农业生产带来一定好处，可给塘库蓄水，缓解旱情。

冰雹也是一种灾害性天气，由冷暖气流快速交汇而形成，有来势猛、范围小、时间短、破坏大的特点。在广西北多于南，西多于东，山区河谷多于平原。桂西北的金城江区、南丹、西林、隆林、凤山，几乎每年都有1～2次。1955年4月30日下午，百色下冰雹，最大直径35厘米，死伤400多人，耕牛死伤、房屋倒塌不少；农作物受损严重。前几年，南宁、贵港等地也下了冰雹，损失不少。

因此对自然灾害，要重预防，相信科学，早预测，提前采取措施，方能把损失降到最低限度。

第四章　八桂儿女历史功绩彪炳千秋

一、古代广西人民的各种斗争活动

（一）中央王朝在广西的活动

1. 秦朝用兵岭南与灵渠的凿通

秦始皇剪灭六国，统一中原后，为开拓疆土，于公元前219年派尉屠睢率领50万大军南下，对南方百越族采取军事行动。南下大军共分五路："一军塞镡城之岭，一军守九嶷之塞，一军处番禺之都，一军守南野之界，一军结余干之水。"具体部署为：第一路军越过湘桂交界的越城岭（镡城之岭），向广西桂林进军，正面和西瓯接触；第二路越过湖南江华县西南的萌诸岭（九嶷之塞）向广西钟山、贺州进军，在侧面和西瓯接触；第三路军越过湘粤交界的骑田岭进入广东西北，沿连江—北江直指番禺（番禺之都）；第四路军从赣粤交界的大庾岭（南野之界）进入广东北部，沿浈水—北江直指番禺，直接和南越接触；第五路军则集结在江西上饶一带（"余干之水"，今信江），目标是东向直取闽浙南部地区。

战斗开始后，第五路军迅速平定闽浙一带的东瓯、闽越，在其地设会稽郡和闽中郡。第三、第四路军，进展也顺利，没有遇到多大抵抗就取得胜利，占领番禺，征服南越。第一、第二路军进入广西境时，西瓯人仓促应战，西瓯部落首领译吁宋战中身亡。但西瓯人并不气馁，他们很快化整为零，分散退入深山老林，"相置桀骏以为将"，发挥自己特长，并实行坚壁清野，秦军有心打仗，他们避开不打；秦军想要休息，他们却找上门来。西瓯人灵活机动的战略战术，把秦军折磨得精疲力竭，损兵折将，主帅尉屠睢被斩杀，秦军"伏尸流血数十万"，给养也十分困乏，"三年不解甲弛弩"，陷入进退两难的困境。为了扭转这种不利局面，解除秦军的后顾之忧，秦始皇命令监御史禄"以卒凿渠，以通粮道"。接着，倾全国力量，派名将任嚣和赵佗率军增援，继续对西瓯进行军事进攻。西瓯人尽管浴血奋战，顽强抵御，终因力量对比悬殊而失败。至此，秦朝经过长达六年的艰苦征战，于公元前214年，终于征服了岭南越人，并随即在其地设置了南海郡、桂林郡、象郡，还迁徙50万中原居民到这里与越人杂居。从此，岭南的越族成为中华民族的一员，岭南地区成为祖国版图不可分割的一部分。

灵渠位于广西兴安县境，是史禄受命率秦军和广大民工于公元前217—公元前214年开凿的一条人工运河，又称兴安运河。它"扼三楚两粤之咽喉"，沟通湘江和漓江，使长江水系和珠江水系互相连接起来。全长34千米。灵渠的主要工程由铧嘴、大小天平、北渠、南渠以及陡门等部分组成，是一个完整的水道工程体系。铧嘴是用巨石在湘江中叠成一个前端尖锐如犁铧的石坝，使湘江水南北分流，叫做"湘漓分派"。大小天平是两道石堤，用以调节分派的水流量。连接天平的是北渠和南渠，北渠连大天平，河水顺大天平流转入湘江；南渠接小天平，河水顺小天平曲折注入漓江，分派的水流量大致是"三分漓水七分湘"。陡门就是水闸，南渠有32座陡门。船只进入陡门，将闸门关上，使水位升高，船只就能一级一级地上驶，由漓江入湘江，或由湘江入漓江。当年，秦军就是通过灵渠的便利，最终解决了军粮和其他后勤补给问题。

灵渠是世界上最早的人工运河之一，设计科学，结构灵巧，工艺精湛，与陕西的郑国渠、四川的都江堰一道并称为"秦的三大水利工程"。我国著名诗人、历史学家郭沫若称之为："与长城南北相呼应，同为世界之奇观。"1988年1月，国务院已将灵渠列为国家重点文物保护单位。

2. 赵佗经营岭南与汉武帝平定南越王国

秦始皇驾崩不久，各地反秦暴政风起云涌，天下陷入混乱。得到南海郡尉任嚣赏识的赵佗，即"聚兵自守"，以南海郡为根据地，乘机掠取桂林郡，兼并象郡，于公元前207年，建立南越国，自立为"南越武王"。赵佗割据治理岭南期间，施行的各项政策考虑历史的沿袭性或民族地域性和实际可行性，因而使岭南地区社会比较稳定，经济文化得到较大的发展，汉越民族团结得以增进。

第一，"以其党为假守"，继续推行郡县制，杂采秦汉中央王朝的官僚制度。如设丞相、大傅等，实行太子制等。

第二，注意吸收越族首领参加政权管理，发挥其稳定岭南、巩固政权的作用。如首任丞相由越人吕嘉出任，其权力仅次于南越王。还有部分越人在军中被委任要职。

第三，尊重越人习俗，消除汉越民族间的隔阂，改善民族关系。赵佗是河北汉人，自称"蛮夷大长老"，亲近越人，带头尊重和顺从越人风俗习惯，"椎结箕倨"，变服易俗。"越俗好相攻击"有弊，乃使"粤人相攻击之俗益止"，有"岭南华风之开，实始赵佗"之称。

第四，鼓励汉越通婚，推动汉越民族和睦关系的发展。南越王室带头与越人结秦晋之好。如第三任越王婴齐之妻就来自越女，丞相吕嘉宗族"男尽尚王女，女尽嫁王子弟宗室"，还与苍梧王赵光结亲家。

第五，关心重视发展农业生产。吕后下令"毋予蛮夷外粤金铁田器，马牛羊即予，予牡毋予牝。"赵佗即出兵袭击出此主意的长沙王属地，虽有过激之失，但仍可察其一片苦心。同时，介绍中原文化，"以诗礼化其民"，岭南由此出现"冠履聘娶，华风日兴，入汉以后，学校渐兴"。

第六，面对汉初绥抚政策，审时度势，愿北面称臣奉贡，剖符通使，友好往来。

第七，针对各地实际情况，采取多种形式让"诸骆将主民如故"。如分封西瓯君后代为西于王，在交趾地区"以其故俗治"。

赵佗治理南越长达几十年，其"和集百越"的民族政策稳固了其在岭南的统治地位，并为后代所效法。公元前137年，他的孙子赵眜继位。眜死，子婴齐继位。婴齐死，子兴继位。赵眜、婴齐、赵兴三代，都谨守赵佗制定的臣服于汉朝基础上的基本政策，南越与汉朝保持和好，局势稳定。但在赵兴统治后期，当时正是汉武帝在位时期，南越统治集团内部互相倾轧，南越王赵兴仍主张内属汉朝，而连相三王且掌握实权的吕嘉，则公开反对，阴谋叛汉，杀死了汉朝派去的官员和主张内属的赵兴及王太后，并另立越王赵建德，还设伏兵，诱杀汉军。于是，公元前112年，汉武帝决定用兵岭南，"以卫尉路博德为伏波将军，出桂阳，下湟水；主爵都尉杨仆为楼船将军，出豫章，下横浦；故归义（郑严）、粤侯（田甲）二个为戈船、下濑将军，出零陵，或下漓水，或抵苍梧；使驰义侯（何遗）因巴蜀罪人，发夜郎兵下牂柯江"，直逼南越都城番禺。路博德与杨仆率领的汉军于次年攻占番禺，吕嘉、赵建德等败逃被俘。传了五代九十三年的南越国灭亡。汉武帝平定南越后，在其辖地设置苍梧、郁林、合浦等九郡。从此，汉朝巩固了对南方的统治，岭南与中原内地的交往更加频繁，汉族和越人的融合得到进一步发展。

3. 东汉马援南下平息二征起兵

东汉时期，属中国中央王朝辖治的交趾地区发生了征侧、征贰姐妹起兵。二征是交趾麓冷县（今越南永安、福安）人，征侧嫁与骆将子诗索为妻。当时，汉朝委派的交趾太守苏定"贪暴好杀，州人苦之"，苏定杀了诗索，征侧要为丈夫报仇，苏定便对她绳之以法，激化了矛盾。征侧便与其妹征贰于公元40年公开叛汉，"攻其郡，九真、日南、合浦蛮俚皆应之；寇掠岭外六十余城，侧自立为王。""交趾刺史及诸太守仅得自守"。为了维护国家的统一，41年，光武帝拜马援为伏波将军，以扶乐侯刘隆为副手，督楼船将军段志等率长沙、零陵、苍梧兵万余人南下平息。各路兵马合浦汇合后，马援率军"遂缘海而进，随山刊道千余里"，进入交趾地。次年，马援军在浪泊（今越南河内西北一带）大破二征部众。二征部众被斩首者数千，投降者万余人。第三年，擒斩征侧、征贰，传首洛阳。接着，马援挥军继续南进，在九真、日南境内平定二征余党，斩获5 000余人，迁徙其首领。44年，马援还师北上，沿途做了许多有利于地方发展的工作：废除世袭的骆将制度、健全封建郡县制，废除奴隶制法律，推行封建法律，修城池、水利，推广中原的生产技术。这次南下用兵对发展岭南的经济、文化起到了积极的作用，马援在广西也成为一个有影响的历史人物，以其官职命名的桂林"伏波山"、横县"伏波庙"、龙州县"伏波庙"、钦州市"伏波庙"等表明了后人对他的怀念。

4. 安州宁猛力归隋与钦州名始定

隋朝灭陈后，分兵向岭南进军。有崇高威望的岭南"圣母"冼夫人（高凉郡太守冯宝夫人，高凉郡今广东高州恩平县）不愿看到局势动荡，百姓遭殃，率众归顺隋朝，随隋诏使裴矩巡抚诸州。在冼夫人的影响下，苍梧首领陈坦、滕州首领李光署等前来参谒，裴矩委派他们为地方官，管理本部族事务。

597年，令狐熙被任命为"桂州总管十七州诸军事"，是广西地区最高军政长官。令狐熙对少数民族首领采取怀柔、团结政策，取得各族首领的信任。钦州少数民族首领宁猛力，陈时据有南海。隋统一后，改任安州（今钦州境）刺史，仍"恃险骄据，未尝参谒"桂州总管。令狐熙到任后，不以兵威相胁，亲笔写信给他，提出愿与他肝胆相照，交为朋友。得知宁猛力老母患病，又派人送去药物。宁猛力深受感动，随即亲到桂州总管府求见，表示愿意归附隋朝。后令狐熙知广西各地州县多有雷同，因而奏请朝廷改安州为钦州。钦州之名由此而来。宁猛力死后，其子宁长真继任钦州刺史。隋后期，侯莫、陈颖为桂州总管，继续贯彻执行令狐熙的政策，由此"民夷悦服，溪洞生越多来归附"。

5. 爱国将领马雄镇、傅宏烈平叛

1673年12月，平西王吴三桂在云南起兵叛乱，先后波及全国十一个省的清初"三藩之乱"爆发。次年3月，在吴三桂的鼓动下，广西将军孙延龄在桂林起兵作乱。他诱杀了都统王永年等十几名将领，围困广西巡抚马雄镇于衙署。马雄镇身处绝境，不考虑个人及家人安危，秘密派心腹及儿孙赴京奏报朝廷，请求中央政府派"大军速至，恢复广西"，遭孙延龄幽禁，后拒绝诱降，被叛首吴三桂侄孙吴世琮残酷杀害。

1674年9月，受孙延龄的胁迫及战中受挫，广西提督马雄等将领相继投降吴三桂，广西的其他众多文武官员，"或望大兵赴援，或被群贼胁从"，旁观观望，广西全省被吴三桂叛乱势力控制。在这种情况下，曾因揭露吴三桂图谋反叛而被流放到广西苍梧县的原甘肃省庆阳知府傅宏烈决定"投身贼地"，假意从叛，取得了叛军的信任。在征得孙延龄的许可后，他经南宁，到广西西部、云南东南部部分地方招募各族义勇。在募集了5 000义勇后，从叛军手中收复不少失地。1677年5月，康熙帝升傅宏烈为广西巡抚，不久又加封抚蛮灭寇将军，主管广西军政全权，合力平叛。尽管装备不足，战马又少，更无大炮，粮饷也接济不上，但傅宏烈部官兵依然杀敌英勇，收复了梧州、昭平、郁林等地。1679年2月，吴世琮率叛军分三路猛攻梧州城，傅宏烈部与清将军莽依图部密切配合，团结作战，大败叛军，广西平叛战争的被动局面开始扭转。接着，在中央政府的部署下，傅宏烈与莽依图等发起平定广西叛军势力的总攻。此后，清军势如破竹，在广西征战连连告捷，各地纷纷恢复。莽依图等在南宁与城内守军配合夹击，迫使久围南宁的吴世琮负伤而逃。傅宏烈也歼灭柳城、融县叛军。11月17日，泗城土知府岑继禄投诚。至此，整个广西的平叛战争取得了决定性胜利。1680年，傅宏烈受命率部将前往云贵平叛至柳州，被叛军诱骗押送至贵阳，拒绝投降遇害。

（二）广西各族人民反封建政权的斗争

1. 唐代西原僚人起义

唐朝时，在今广西扶绥县一带，建立了西原羁縻州，并把"居广、容之南，邕、桂之西"，北接道州，西接南诏，依阻洞穴，绵地数千里的僚人，称为"西原蛮"。中唐以后，地方封建统治者对当地百姓的搜刮，一方面大大加重了百姓的负担，另一方面也侵害到各族上层分子的切身利益。由此，西原少数民族人民与汉族统治者之间，少数民族上层分子与唐封建朝廷之间，矛盾日益加深，最终酝酿成大规模的起义。

○756年2月，西原黄洞少数民族人民在首领黄乾曜、真崇郁的领导下，联合陆州（今钦州西南）、武阳（今罗城县北）、朱兰（今东兰）等一百余峒，共20万人，进行武装起义。他们推举武承斐、韦敬简作帅，号称中越王；廖殿为桂南王，莫淳为拓南王，相支为南越王，梁奉为镇南王，罗诚为戎成王，莫浔为南海王，下设各级官吏，建立政权。起义军所占地区，"方圆数千里，控带十八州"。杀贪官，开仓库，分财物给贫苦人家，深受百姓欢迎。由于唐统治者采取剿抚两面手法，经过近7个月的苦战，起义军主要首领黄乾曜、真崇郁等牺牲，个别变节投降，起义进入低谷时期。777年，西原各族人民在潘长安的指挥下，东山再起，继续斗争。起义军"连跨州邑"，威震朝廷。在与唐军的激战中，潘长安被俘牺牲，所部损失2万余人，起义受挫。794年，少数民族首领黄少卿又领导西原人再次举行规模更大的斗争，他们攻重镇邕州，陷钦、横、贵、浔四州。其子骁勇善战，前后攻占13个州，势不可当。黄少卿诈降复出后，又联合在邕州附近的黄少度共同作战，攻占宾州（今宾阳县）、峦州（今横县）、严州（今来宾）等。唐调集的湘、鄂、赣等军及容管、邕管所部桂兵与之交战连遭惨败。823年，黄少卿又率部攻邕州，陷左江镇（今南宁市西），再入钦州境，第二年，向西入防城港境，所过地域守官或逃或死。至此，黄少卿领导的起义军占据了岭南西道十八州，范围包括广东西部、广西南部地区，起义进入高潮。后来，唐朝在军事镇压的同时，加大了对义军首领的诱降以及对起义部众施以恩惠进行分化瓦解，至879年，西原各族人民大起义失败。西僚人的起义有力地打击了唐王朝的反动统治，加速了唐朝的灭亡。在广西反封建斗争史上，西原少数民族人民谱写了壮丽的篇章。

2. 唐朝庞勋戍卒起义

唐朝在广西的统治由于西原各族人民的反抗斗争已遭到削弱，而西南地区崛起的南诏乘势不时进行的掠夺骚扰，更使其在广西陷入顾此失彼的状态。861年，"秋，七月，南诏攻邕州，陷之。弘源（经略使）与监军脱身奔峦州，二十余日，蛮支乃还"。仅过三年，"康承训至邕州，蛮寇益炽，诏发许、滑、青、汴、兖、郓、宣、润八道兵以援之。

承训不设斥候，南诏帅群蛮近六万寇邕州。""节度副使李行素帅众治壕栅，甫毕，蛮军已合围。"后来，南诏兵虽"解围去"，然而邕州经过几次洗劫，已是满目疮痍，所以"时南诏知邕州空竭，不复入寇。"

南诏连年侵扰邕州，对唐朝政权造成了很大的威胁。南诏攻陷安南后，唐懿宗急下诏，在徐州、泗州（今江苏泗洪东南），招募3 000人前往岭南西道防守，其中有800人戍守桂州，约定期满三年即回原籍。这些人在桂州戍守了六年，徐泗观察使崔彦曾却一再食言背约，不许他们回归故里，戍兵苦于兵役，群情激愤。于是在868年，公推粮科官庞勋为首，劫库兵，夺路北归。他们从桂州进入湖南、浙江、安徽、江苏，攻占了彭城（今江苏徐州）、濠州（今安徽凤阳）等重要州城。这次起义征途数千里，历时一年多，沿途农民纷纷加入，使这支兵变队伍变成了拥有20多万人的农民起义军，控制了长江、黄河之间的广大地区。最后虽被镇压下去，但唐王朝的力量已受到很大的削弱，并从此逐渐地走向衰亡，正如史书评说"唐亡于黄巢，而祸起于桂林。"桂林庞勋起义揭开了唐末农民起义的序幕。

唐末农民起义爆发后，黄巢起义军转战江南和长江中下游的广大地区。879年，起义军攻下广州，稍事休整即挥师西进，占领桂州。起义军到达桂州时，瑶族人民纷纷响应，攻逼州县。临桂"团练使"于向，带领反动团练数千人，企图消灭前来会合黄巢起义军的瑶族人民武装，双方在都琅山（今都狼岭，位于临桂县两江西南）大战90天。瑶族起义军佯作退却，引敌进入埋伏圈后，突然一声锣响，四处起火，敌人被烧得焦头烂额，预先堆积在山崖上的石头又像雨点般滚下，敌人死的死，降的降，于向当场毙命。这支横行乡里的地主团练全军覆没。

3. 侬智高起兵反宋

侬智高（1025—？）是北宋广南西路广源州人，壮族。广源州在邕州西南，是邕州所属44个羁縻州之一，与交趾（后称安南）接壤，被交趾控制。侬智高的父亲侬全福曾是傥犹州（今扶绥、崇左一带）、广源州的知州，1039年交趾王李德政率军攻打侬全福，进占傥犹州、武勒州（今扶绥境）、万涯州（今大新境）等州，无恶不作，还俘获了侬全福、侬智聪（侬智高兄）等人，解往交趾京城并将其杀害。

侬智高和其母逃脱，投奔雷火洞（今大新县下雷乡）。1041年，侬智高母子回到傥犹州，建立大历国，与交趾抗衡。交趾李氏王朝获知，即派兵来攻，将侬智高掳去。交趾统治者见其父被杀，并未能征服侬氏势力，便改变手法，不仅不予加害，反而笼络收买，放回侬智高并派其去任广源州知州，并将雷、火、频、婆四洞及思浪州归其管辖。第二年，又赐他高郡王印，拜为太保。然侬智高并未臣服交趾，反因屡受凌辱而立志报仇雪耻。他虚以委任，候机再起。1048年他袭取安德州（今靖西境），建南天国，并控制右江地区的田州和云南的特磨州（今云南广南一带）。交趾王朝深恐侬智高势大，急忙派兵袭击。为了抵抗交趾的进犯，侬智高多次遣使邕州请求宋朝廷保护和互市，但均遭拒绝。在"既不得请，又与交趾为仇"而陷入"穷无所归"的情况下，侬智高因而决定起兵反宋。

侬智高和他的部属侬建侯、侬智忠以及广州进士黄玮、黄师宓经过周密策划，于1052年初，正式举兵反宋。4月，侬智高率领部众5 000沿右江东下，首先攻破右江上游重镇横山寨（今田东县平马镇）。5月，占领邕州城，杀邕州知州陈珙，在此建立大南国，自称仁惠皇帝，年号启历，置官属，大赦境内。接着，侬智高又挥师沿江东下，除少数州官稍有抵御外，大多州官闻风夺路而逃。侬部依次攻破横、贵、龚、藤、梧、封（今广东封开）、康（今广东德庆）、端（今广东肇庆）诸州，直逼广州城下。侬军围攻广州57天，7月解围而去，向粤西撤退，攻贺州，占昭州，遭宋将疑兵之计迷惑，停止"北并衡湘"，折而往邕州方向撤退。10月，占宾州，入邕州。

侬军所到之处，所向披靡，队伍迅速发展到数万人。北宋王朝大为震惊，宋仁宗派大将狄青率军数万南下征讨。侬军准备在昆仑关与宋军进行决战。1053年正月，狄青率军至宾州。他一面大力整顿军纪，严明赏罚，处死了数十名钩心斗角、敷衍了事的将校；一面按兵不动，下令征调10天粮草，制造假象迷惑侬军。侬智高探知，以为狄青不会立即进攻，麻痹大意。不料正月上元节次日晚，狄青突然下令出击，乘夜偷渡昆仑关天险。两军在归仁辅（今南宁市三塘镇）摆开战场，狄青指挥骑兵分路冲击，侬军头一次与骑兵厮杀，不知如何对付，损失惨重，侬智高只好回到邕州。宋军追入邕州，侬智高见大势已去，弃城出走，败退特磨州，收集余部3 000多人，准备东山再起。1055年，余靖派兵袭击特磨州，俘侬智高母亲及其长子、次子，侬智高逃奔大理国（今云南大理），后不知所终。

侬智高起兵反宋，是一次反对北宋王朝的民族压迫和阶级压迫，反对北宋王朝对交趾统治集团的侵掠采取屈从忍让和纵容政策的战争，是壮族历史上一次大规模的战争。它反映了壮民族团结同心反抗外来侵犯的精神，打击了北宋王朝在岭南的统治势力，迫使北宋王朝对岭南的统治政策作某些调整，其中接受壮首领归附，增加在广西的驻兵，对维护国家统一有积极意义，在广西少数民族地区逐步建立土司制度，在一定时期对广西的发展产生了积极影响。

4. 明朝大藤峡瑶民起义

明朝时期，朱氏王朝加强对广西的统治，一方面控制和利用土司，施展"以夷制夷"的策略，另一方面又建立卫、所、巡检司等，加强军事弹压。朱氏王朝和土司强行侵占山中各少数民族世代耕种的田地，使阶级矛盾和民族矛盾不断尖锐。于是广西各族人民纷纷进行反抗斗争，这种斗争不仅规模大、范围广，而且几乎贯穿于整个明代，其中瑶族领袖侯大苟领导的大藤峡（位于黔江中下游，传有一大藤横亘黔江两岸得名，界于今桂平、武宣、象州、贵港市之间，瑶民聚居地）瑶民起义，波及两广，惊动全国。

侯大苟，桂平大藤峡附近罗渌峒田头村人，瑶族。他家境贫苦，办事公道，乐于助人，交际广，有正义感，具有强烈的反抗精神，深得人们的爱戴和信任。1442年，侯大苟等率众起义。在与官军交战的过程中，不断总结经验教训，化整为零，分兵作战，接纳来者，起义队伍迅速发展，有步、骑、水三军，共一万多人。1450—1456年起义军取得更大战果，控制了梧州、柳州、浔州三府十余个州县。1463—1465年起义军一支沿江下梧州，攻广东肇庆、罗定、阳江；一支往北流、陆川、博白、广东化州；一支经富川、贺州攻湖南江华、宁远。1463年12月22日，侯大苟率领义军700多人，夜袭梧州城。入城义军杀布政使宋钦等作恶官员，擒按察副使周涛，打开官府，缴获大量武器、金银财宝及粮盐等物资。这次夜袭是大藤峡起义军以少胜多的攻城战术的典型战例。此后义军又多次进占梧州，令封建统治者胆战心惊。明英宗无奈下令悬赏捕捉侯大苟。1465年，受明宪宗之命的佥都御史韩雍和征夷将军、总兵官赵辅，率领北京、南京、江西、湖广等地官兵及湘桂部分士兵16万人，分水陆两路推进大藤峡，残酷镇压瑶民起义。

侯大苟领导的义军，在众寡悬殊的条件下，毫不畏惧，英勇抗击敌人。他们先将妇女儿童转移到比较安全的崖洞，然后在要隘处构筑工事，准备利器，积极防守。敌人以优势的兵力进攻，义军据守的十余处山寨先后丧失，最后撤退到九层楼（山名）上。在山上，义军以石块、滚木和毒箭为武器，打退了敌人的多次进犯。官军一连好几天未能攻下，伤亡惨重。后来，阴险狡猾的韩雍改变战术，采用火攻，令兵士驱赶牛羊上阵，牛羊角束着火把，尾巴绑有燃着的鞭炮，牛羊受惊，四散奔逃，漫山遍野，火光熊熊，官军趁机发射火药，引起森林大火，义军的防卫工事遭到严重破坏，难以坚守。侯大苟率780余义军，与敌拼死肉搏，最后全部壮烈牺牲。

韩雍镇压侯大苟瑶民起义后，把大藤峡改名为"断藤峡"。但大藤并未断，此后，大藤峡的农民起义仍不断发生。大藤峡起义农民的顽强战斗意志，对后来爆发的太平天国革命有着深刻的影响。

（三）旧朝文武官员忠贞守节抗新朝

1. 南宋马塈、娄钤辖守靖江（桂林）而亡

南宋都城临安失守后，1276年六月，元朝派阿里海牙率兵数万进攻广西。南宋守将马塈（今甘肃人，在广西为官）以经略使的名义统领屯戍诸军，保卫靖江府。马塈带领军队3 000人坚守桂林北面的兴安县严关要塞，元军屡攻不克，其将乃以偏师出平乐，过临桂，前后夹攻靖江府。马塈被迫退守靖江府后，敌方多次劝降，许诺高官，他不为所动。在静江府内无粮草、外无援兵的情况下，他置生死于不顾，夜不解甲地坚守府城达三月之久，历大小百余战，最后受伤被俘，壮烈牺牲。其部将娄钤辖率领200多名兵士，继续坚守十多天，但已饥饿不堪。娄钤辖登城要求元军送给粮食，吃饱

投降。元军送入粮食、牛只,宋军椎牛、炊米,牛肉、米饭未熟即食,200多名壮士食毕即炸城牺牲,誓不死敌手。马塈及其部下宁死不屈、视死如归的英雄气概,赢得了后人无限崇敬。

2. 南明瞿式耜、张同敞保桂林成仁,清孔有德烧王府成罪人

入关的清军击败李自成农民军后,迅速向南方挺进。前明官僚地主建立的南京福王政权、浙江鲁王政权和福建唐王政权先后覆灭。1646年10月,广西巡抚瞿式耜和两广总督丁魁楚等拥立桂王朱由榔,在广东肇庆建立政权。次年,改元永历,桂王就是永历帝。

永历帝是个懦弱寡断、贪生怕死的软骨头,当清军攻陷广州,进逼肇庆时,永历帝慌忙遁入广西梧州。肇庆一失守,梧州随之告急,他又由梧州仓皇逃到桂林。当时,瞿式耜守桂林,与湖南总督何腾蛟成掎角之势,他想把桂林组成抗清斗争的中心,要求桂王驻跸桂林,领导抗清运动。但朱由榔风闻清兵来攻,便急急忙忙逃往全州。因此,瞿式耜只好自请留守桂林,在兵微将寡,清军兵临城下的紧急关头,从1647年3月至1648年3月,他指挥军民坚守抗敌,取得了三次保卫桂林城的胜利,使抗清形势有了好转。不久,由于永历朝廷发生了内讧,何腾蛟兵败被俘殉难,反正的降清明将李成栋、金声桓也相继败亡,抗清的大好形势瞬刻消逝。

1650年11月,清将孔有德率领清军攻陷严关,进逼桂林,南明部分守将不战而散。此时,瞿式耜的亲军焦琏部远在平乐,来不及回师,桂林便成了一座空城。这时,两广总督张同敞(张居正之曾孙)自灵川来到桂林,与瞿式耜共同防守。清军攻陷桂林,瞿、张二人被俘。囚禁期间,他们作诗唱和,坚持气节,拒绝清军种种诱降,后被害于叠彩山前。后人在他们就义的地方树了石碑,上刻"瞿张二公殉难处""常熟瞿忠宣江陵张忠烈二公成仁处"等字样,游人至此肃然起敬。

1652年,张献忠大西军余部李定国等率领云、贵农民军,在湖南击溃清军,收复湖南军事重镇——宝庆(今邵阳)。后转军南下,先进占全州继而攻破桂林,时清军桂林守将定南王孔有德,误认为大势已去,将原靖江王府一切建筑物付诸一炬,然后全家自杀。接着,农民军乘胜挥师直指柳州,并横扫雷州、廉州等地。由于是孤军深入,当清军展开反攻时,农民军被迫放弃一度已收复的失地。1656年,李定国护卫永历帝从安隆(今田林县)退入云南,在紧急关头,永历帝出走缅甸。1662年2月,永历帝被引渡回国,最后被吴三桂杀害于昆明,李定国也忧愤病亡。

(四)广西各族人民抵御外来侵略的斗争

1. 北宋苏缄宁死不屈,郭逵受命逐越军出国土

北宋初期,交趾(越南的前身)统治者借着北宋北部事多难以顾及的机会,对我南疆广西一带屡屡侵扰,而且越来越嚣张。1075年,由李常杰统率的交趾兵10万人分

水路、陆路大举进犯我广西，在攻占钦州和廉州后，疯狂向邕州进围。当时邕州守兵有限，仅2 800人，但在知州苏缄（福建人）的指挥下，军民上下一心，分地防守，直到邕城被攻陷，无一人投降。苏缄也与家人以身殉国，表现了崇高的民族气节。（邕州知州苏缄殉难处遗址已被列为南宁市文物保护单位，永久保护。）

交趾兵进占邕城后，城内近6万无辜居民被活活害死，邕城也被烧得精光。第二年，北宋派遣郭逵率兵10万南下反击交趾侵略者。在广西各族人民的大力支援下，迅速收复了邕州、钦州、廉州，把敌人驱逐出国土，并追击大败交趾兵于其境内的富良江，直至其投降。

2. 瓦氏夫人率俍兵抗倭令敌胆寒

瓦氏夫人（1498—1557），明代归顺州（今靖西）土官岑璋之女，名花，壮族。她文武双全，年少时嫁给田州（今田阳）土官岑猛为妻。因当地有同姓不婚之俗，岑花以名代姓出嫁。汉语的花即是壮语的瓦，故又称瓦氏夫人。

明朝嘉靖年间，我国东南沿海一带倭寇猖獗，倭寇烧杀掳掠，无恶不作。为加强抗倭力量，嘉靖帝起用老将张经为南京兵部尚书兼抗倭总督。张经曾在广西为官，深知广西俍兵骁勇善战，便传令广西田州土官岑大寿率兵出征。由于岑大寿年幼，不便亲征。国家有难，匹夫有责，于是瓦氏夫人请求朝廷恩准由她领兵出征。朝廷准其所请，并授予"女兵参将总兵"军衔。瓦氏夫人宣誓："是行也，誓不与贼俱生。"亲率田州、那地、归顺、南丹、东兰等州壮族俍兵近7 000人，经过4个月的行程，到达抗倭前线，隶属总兵俞大猷指挥。广西俍兵与各路官军密切配合，先后参加了金山卫、漕泾镇、王江泾等大小战斗十余次。尤其是王江泾（今浙江嘉兴县）战役中，广西俍兵编为中路，与其他官军配合，围歼倭寇3 000多人，取得了抗倭以来的第一次伟大的胜利。"花瓦家，能杀倭"的民谣从此在江浙一带广为流传。然而，由于朝中之争，忠良被害，前线俍兵的补给困难，瓦氏夫人愤恨不已，积劳成疾，乃告假还乡。1557年病故，终年59岁。

因瓦氏夫人主动应征，英勇作战，屡败倭寇，战绩显著，嘉靖帝诏封她为二品夫人，有"石柱将军"之美誉。此乃我壮家儿女的骄傲。（田阳县至今仍有瓦氏夫人墓碑）

二、近现代广西儿女的反帝反封建斗争

（一）历史背景

1. 杀人不见血的鸦片流毒广西

鸦片早在鸦片战争前已被贩运到广西，一般从东部的广东或南部的合浦流入。那时在桂东各府的城镇就有人私食鸦片。虽然朝廷有令严禁，但因许多官吏从鸦片贩运中得到好处，所以难以禁止且越禁越旺。据调查，19世纪40年代，郁林的长荣圩、贵

县的大坪、桂平的江口圩等地已有数量不等的烟馆。鸦片战争后，鸦片更是无所禁忌地被贩入。

鸦片的泛滥，一是毒害了国民，危及了国民的生命；二是引起了银贵钱贱，影响了民生；三是百姓遭受更严重的盘剥，催逼旧税的同时又增新捐，激化社会矛盾。

2. 列强进行多种形式的经济侵略

第一，先后强迫开设口岸。1876年，英国强迫清政府签订《烟台条约》，北海等被辟为通商口岸，第二年正式开放，是广西最早开辟的通商口岸。1887年，法国与清政府签订《续订中法商务专条》，指定开辟广西龙州为通商口岸。1897年，英国又强迫清政府签订《续议缅甸条约附款专条》，梧州被辟为通商口岸。英国取得了广西内河航行权。1899年，各列强又强迫清政府开辟南宁为通商口岸。1907年正式开放。口岸的开辟，极大地便利了外国侵略者在政治、经济、文化、宗教等方面侵略活动。

第二，在口岸设立利于经济侵略的海关。在北海、龙州、梧州等口岸，各国侵略者设立海关，委任税务司，大幅度降低进出口关税，大肆掠夺广西人民的财富。

第三，倾销洋烟洋货，大肆掠夺土特产品及原料，不仅直接破坏了人民的生产和生活，而且使城乡民族经济遭到严重的摧残。

第四，开设银行，发行外币。法国在龙州开设东方汇理银行，发行纸币（法币）和银元（法光），香港英国银行发行纸币"港纸"和银元"港洋"。他们都以比我国货币高得多的票面价值，充斥广西全境。其目的是达到掠夺我农副土特产品及原料，进而从金融方面控制广西。

3. 列强谋求更多的政治权益

第一，在口岸设领事馆。至今在龙州、梧州及北海等还有法英领事馆旧址，是列强侵略广西的罪证；第二，英法把广西划为其势力范围；第三，夺得矿山开采权和铁路修筑权。

4. 干涉广西地方政务

一是干涉清政府任用官员。1901年4月，清政府任命湖北巡抚于荫霖为广西巡抚，英国却认为其对外国人"心有成见"，清政府只好改命他人；二是直接镇压民众的反抗；三是破坏政令的实行。

5. 从事宗教侵略

一是建立教堂；二是发展教徒；三是干与传教布道无关的政治、经济、文教以及收买人心的所谓"慈善事业"等侵略活动。至1949年新中国成立，法美在广西建天主教堂共138座，拥有教徒38 000人。英美在广西建基督教堂共169座，发展教徒7 000多名。

6. 清广西地方官吏贪污腐败，弄得民不聊生，百姓只能铤而走险

据记载，广西"官吏恣意征求，以肥私囊"不是少数，而是"通省官吏莫不皆然"。这些官吏鱼肉百姓，使得"民生难安"。光绪末年，两广总督岑春煊承认，"广西乱源，咎

在官吏"。黄槐森、王之春当广西巡抚,"用人惟凭贿赂";各种捐税"盈千累万,尽入私囊"。

(二)反抗清政府的斗争

1. 太平军在八桂的斗争(1851年1月—1852年6月)

(1)拜上帝会在广西与团营。

1843年,洪秀全和冯云山等在广东花县创立了拜上帝教。次年5月,洪秀全和冯云山来到广西贵县、桂平一带,以传教作掩护开展革命的宣传组织工作。在桂平紫荆山区(紫荆山在桂平东北,北靠大瑶山,东接平南,东南与金田村隔山并立,西连武宣及象州。田少山多,林木繁茂,地势险要。居民有汉、壮、瑶三个民族。历史上是瑶民与明军交战的地域),他们深入贫苦人家,宣传"天下一家,共享太平","男子皆兄弟,女子皆姐妹",人人一律平等的主张,建立拜上帝会组织,发展拜上帝教的信徒,短短几年,便开辟了紫荆山拜上帝教基地。以桂平为中心,东到平南、藤县,西达贵县,北至武宣和象州,南到郁林、陆川、博白与广东的信宜、化州、廉江等地,也播下了革命的火种,有了拜上帝教的兄弟姐妹。

在拜上帝会组织不断扩展的过程中,拜上帝会的领导骨干初显端倪。除洪秀全、冯云山外,桂平人"机警多谋"的杨秀清入会后,伪托"天父下凡传言",一度安定了会众。武宣人"勇敢刚强"的萧朝贵成为会中一员后,伪托"天兄耶稣下凡附身传言",也有一批会众围着他转。桂平人韦昌辉以及贵县人石达开因受土著地主的嘲弄排挤,愤而举族携家加入拜上帝会。他们号召和带领着各地会众积极开展革命武装的组织和准备工作,起义条件逐渐成熟。

1850年7月,洪秀全召集各地拜上帝会首领,发布"团营"命令,要求各地会众一律依时到达桂平金田村集中,史称"金田团营"。一时间,各地会众变卖田产房屋,扶老携幼,冲破地主武装和清军的阻击,向金田村进发,人数达一万多。12月,极度惊恐的清政府赶紧在平南思旺圩布防,封闭路口,想困死到平南花洲活动的洪秀全等。洪秀全一面命固守,一面令金田出兵夹击。结果援兵直捣思旺圩,大败团练武装和清军,接洪秀全等回到金田,史称"迎主之战"。1851年元旦,又在桂平附近的蔡村江大败清军。团营会众的初试锋芒,长了自身志气,灭了敌方威风。

(2)金田起义与局部推进。

1851年1月11日,正是洪秀全38岁诞辰。桂平紫荆山前的田野上,两万多饱受压迫的贫苦农民在洪秀全的亲自领导下,拿起武器,汇集到金田村西边的犀牛岭古营盘周围,庄严誓师起义,史称金田起义。在万众欢呼声中,洪秀全颁布简明军律五条,命令会众一律蓄发易服,冠名起义军称太平军。(金田起义旧址已被列为国家级重点文物保护单位)接着,洪秀全指挥太平军东进,一举攻占了浔江北岸的重镇江口圩。在那里,他们一面发动群众,对地主富户进行清算斗争;一面接受天地会首领罗大纲、苏三娘（八桂又一女杰，广西灵山县壮族农民，先为天地会首领，后响应洪秀全号召，率众加入太平天国起义，遵照太平军"男女别营"制度，组成一支约一万人太平天国女军。她作战剽悍异常，革命坚决，常令清军闻风丧胆，后陷入湘军重围，身负重伤跳崖殉国，极为悲壮。）所率两千余名天地会成员加入太平军，壮大起义力量；一面依江择险，设防固守，英勇迎战广西提督向荣、钦差大臣李星源、广西巡抚周天爵等部署的清军围攻，把敌人杀得一败涂地，四处逃散。

3月上旬，太平军主动撤出江口圩，西进武宣，与尾追而来的向荣、周天爵所率清军激烈拼杀，连战皆捷。23日，洪秀全在东乡正式称天王，建号太平天国，并以杨秀清为中军主将，萧朝贵为前军主将，冯云山为后军主将，韦昌辉为右军主将，石达开为左军主将。洪秀全称王建号，确立五军主将制，有利于革命战争的胜利发展。

5月中旬，太平军主动撤离武宣，北击象州，连占部分乡圩。后来，由于粮饷日见短缺，又有清将乌兰泰与向荣的阻击，洪秀全决定回师桂平，在紫荆、金田地区驻防。7月至9月，清军又从西、南方向太平军防域进攻。在洪秀全的指挥下，太平军将士声东击西，迂回作战，突出重围。9月中旬，太平军于平南官村大败了乌兰泰军、向荣军。随后乘势向永安州挺进。

（3）永安建制与突围北上。

25日，太平军攻克永安州（今蒙山县）。在永安，太平天国依靠当地群众，和围攻的敌人顽强战斗的同时，积极进行军政建设。12月17日，天王洪秀全发布封王诏令：封杨秀清为东王，萧朝贵为西王，冯云山为南王，韦昌辉为北王，石达开为翼王，各王均受东王杨秀清节制。颁刻《太平条规》《太平军目》等，整顿军纪。定《太平礼制》，规定森严等级，官爵封号世袭。并颁行太平天历，以366天为一年，单月31天，双月30天。永安建制，初步奠定了太平天国建国规模，为推动太平天国革命向前发展准备了条件。

1852年4月，面对清军的四面合围，太平军自身军需的匮乏，洪秀全命令太平军两万军民从永安突围北上。太平军过昭平，经荔浦、阳朔，进临桂，直逼桂林。不久，抵达桂林城下。乌兰泰追至桂林将军桥，太平军伏击成功，伤乌兰泰（不日死于阳朔），歼其大部。接着，太平军频频攻城。由于城墙坚固，缺乏器械，加之清军援兵将至，太平军只好趁夜主动撤出桂林北上，经灵川，克兴安，入全州。6月5日，太平军分水陆两路，顺湘江而下，向湖南进发。在全州蓑衣渡与清军的激烈战斗中，冯云山因伤势恶化，不幸壮烈牺牲，年仅37岁。7日，太平军进入湖南境。所到之处，深受群众欢迎。随后，又攻长沙，占武汉，进军江南，攻占南京，定都为天京。

○ 2. 19世纪中期天地会再举反清义旗

天地会，是一种原始形式的民间秘密团体，又称三点会、三合会、哥老会等，约创立于17世纪后期，以反清复明为目标。18世纪初，在广西就有了活动。至19世纪中期，其组织已遍及全省，并不断进行反清斗争。随着形势的变化，尤其是在太平天

第四章 八桂儿女历史功绩彪炳千秋

国的影响下，反清斗争进入了一个新高潮。其中有的已打破非朱姓不为王的老规矩，据地立国称王，建立天地会政权（表4-1）。

表4-1 19世纪中期天地会反清斗争

组织者	先起事地点	活动范围	建立政权名称
吴凌云、吴亚终（父子）	新宁州（今扶绥县境）	左江一带	延陵国（扶绥）
朱烘英、胡有禄	南宁市	湘桂边界	升平天国（灌阳）
陈开、李文茂	广东佛山市	桂东南、桂中	大成国（桂平）

附：吴凌云、吴亚终父子，今扶绥县壮人。朱烘英，湖南人；胡有绿，今武宣县人，当地著名的天地会首领。陈开、李文茂，今广东人，当地有名的天地会首领。

3. 跨世纪（19世纪末20世纪初）的会党起义

会党是指以反清复明为宗旨的民间秘密团体的总称，又叫天地会。自孙中山创立的兴中会与天地会的首领联络后有此称。19世纪末20世纪初广西会党起义再起（表4-2），由于缺乏明确的斗争纲领，起义成员复杂，有农民、流民、游勇等，会党组织松散，缺乏统一指挥。虽然会党起义最终落败，但其斗争极大地鼓舞了资产阶级革命派的斗志，一些会党人员后来也加入了同盟会，又投入到资产阶级革命派的旗帜下，继续进行武装反清斗争。

表4-2 19世纪末20世纪初会党起义

领导人物	起义活动范围	结局
李立廷	桂东南	失败
王和顺等	南宁一带	被苏元春、岑春煊镇压失败
陆亚发等	柳州一带	遭岑春煊及龙济光、陆荣廷围剿失败

附：李立廷，今陆川县人，天地会首领。王和顺，今邕宁县人，壮族，会党著名领袖，后加入同盟会，得孙中山赏识器重。陆亚发，今邕宁县人，壮族，游勇首领。

4. 20世纪初广西境内同盟会领导下的武装起义（表4-3）

表4-3 20世纪初广西境内同盟会领导下的武装起义

领导人	起义名称	结果
黄兴、王和顺等	钦防起义（200多人参加）	失败退守
黄明堂	镇南关起义（上百人参加，占右辅山炮台；随后孙中山、黄兴、胡汉民亲临阵地）	遭陆荣廷镇压，失败退守
黄兴等	钦廉起义（200多人参加）	失败退守

附：黄明堂，今钦州市人，壮族，早年为边关一带游勇、会党首领，入同盟会，后在广东任职，曾任广西边防督办。

5. 广西独立

受辛亥革命影响,梧州的同盟会会员率队冲进府衙,于1911年10月30日首先宣布独立。随后广西巡抚沈秉坤等宣布省会桂林独立,广西提督陆荣廷也只得宣布南宁独立,柳州的同盟会也率众夺权,宣布独立。其他各州县也在革命浪潮的推动下宣布脱离清朝统治。清王朝在广西的统治宣告结束。

广西独立后,初由巡抚沈秉坤为省都督,布政使王芝祥、提督陆荣廷为省副都督。为独揽广西军政权力,陆荣廷暗中指使亲信部属通电桂林,推举其为省都督。于是,沈秉坤、王芝祥只好借口率师"援鄂"离开广西。1912年,陆荣廷便取得了广西都督的职位,随后把省会从桂林迁到南宁。(陆荣廷,1859—1928年,武鸣人,壮族。幼年已失父母,被迫远走边关,在龙州县水口落脚,被当地谭姓招为女婿。曾参加过三点会,为绿林好汉。在中越边界专抢法国侵略者枪支钱财。中法战争爆发时,投身清军抗法。战后,又与一些游勇结成绿林,干起老本行。后由苏元春招抚,做营管带,率兵镇压过会党起义。不久又受岑春煊举荐,任统领,统十营兵力。1907年,因镇压镇南关起义有功,升右江镇总兵官,不久改任左江总兵官。1911年6月为广西提督,节制全省旧军32营,驻南宁。今南宁人民公园有其建的镇宁炮台,武鸣县有明秀园。)

陆荣廷就任广西都督后,继续打出"桂人治桂"的招牌,网罗亲朋故旧,用人"非龙即马,不平则鸣",逐渐组成了以他为首的政治军事集团,控制了广西军政大权,开始了旧桂系军阀在广西的统治。

上台后,陆荣廷其阶级本性暴露无遗,他仇视革命,为袁世凯集权独裁帮凶,大肆镇压革命,1913年9月,在桂林杀害秘密潜入广西、继续策动反袁的"开国元勋"蒋翊武。(今在桂林立有孙中山亲题的"开国元勋蒋翊武先生就义处"碑和以蒋翊武名命名的"翊武路"。)10月,又从南宁跑到柳州,按袁世凯的电示杀害讨袁的同盟会员刘古香。1915年,袁世凯复辟帝制之时,又接受袁世凯的恩惠,心安理得地做耀武上将军。为扩大自身的力量,又加紧勒索民众,致使广西省穷民贫。

(三) 反抗外来侵略的斗争

1. 广西近代史上的两位民族英雄

(1) 刘永福——黑旗军——抗法抗日。

刘永福,钦州人,先参加农民起义军,后创建黑旗军,活跃于越北山区。不久受越之请,率军援越抗法。1873年12月率军在河内西大败法军,毙其头目安邺。1882年5月再在河内西的纸桥,斩法将李威利,取得大胜。越王封他为三宣提督。后又与清军和越军配合,在临洮大败法军,令敌闻风丧胆。正如民间传颂"刘二打番鬼,越打越好睇"。回国后,又率黑旗军渡海到台湾抗日,尽心尽力,最后因无援被迫内渡。他不愧为民族英雄。（钦州市的刘永福故居即三宣堂已被定为国家级重点文物保护单位。）

（2）冯子材——萃军——镇南关大捷。

中法战争爆发后，由于李鸿章的指使，在越北部的清军消极对敌，节节败退。法军攻陷与炸毁我边防要塞镇南关，还留下傲慢狂妄的文字："广西的门户已不再存在。"危急时刻，年近70的老将冯子材受命率所募萃军赶到抗法前线，并被推为前线主帅。他团结各路友军，重视边关各族人民与越南人民的力量，积极备战布防，并选择在关前隘（今凭祥市卡凤村境内）用土石构筑长墙。1885年3月23日，法军头目尼格里纠合兵力3 000人，配备大炮，进入镇南关，直逼关前隘长墙。冯子材宣誓："誓与长墙共存亡。"第二天，战斗更激烈。法军有的已越上长墙，冯子材当机立断，下令出击，并身先士卒跃出长墙，将士们"誓与长墙俱死"，杀入敌阵，肉搏冲击，迫使法军争相逃命。26日又指挥各军出关乘胜追击，不日据文渊，克谅山，占长庆，歼灭法军1 000多人，其统帅被击成重伤，取得了驰名中外的镇南关大捷，实现了"我们将用法国人的头颅重建我们的门户"的誓言，更导致法国茹费理内阁的垮台。（钦州市冯子材故居已被定为全国重点文物保护单位。）此外，在抗法战争中，英勇抗敌的还有为刘永福出谋划策的唐景崧（灌阳县人），抗法桂军主将苏元春（蒙山县人）、马盛治（蒙山县人），抗法桂军将领陈嘉（荔浦县人，今龙州县仍有陈勇烈祠），刘永福属下将领杨恩著（钦州市人）、黄守忠（宁明县人）、吴凤典（上思县人），时任云贵总督的抗法滇军统帅岑毓英（西林县人）。

中法战争后，时任广西提督兼任督办边防的苏元春，组织军民大力进行边防建设，增关隘固边城，筑炮台置火炮，造兵营修军路，移民实边，为巩固国防作出了贡献。今存凭祥市区北的大连城和龙州县城西的小连城就是当年用石料砌成的御敌长墙。

2. 广西教案

教案指中国近代史上人民群众反对帝国主义控制的教会、教堂和传教士的种种罪行而引起的诉讼案件或外交事件的简称。它是反帝斗争的重要组成部分。据统计，从1856年开始，到1919年，广西境内共发生各种教案共49起，广西东南西北中地域都有发生。其中比较典型的有1856年西林教案、1883年贵港三板桥教案、1884年上思教案、1897年田林乐里教案、1898年永安教案等。广西教案极大地打击了帝国主义宗教侵略势力，也充分反映了广西广大人民的爱国主义精神。

（四）广西军民全力抗击日军入侵

1. 六·一事变

华北事变后，中华民族告急。大敌当前，与蒋介石有矛盾的地方军事实力派新桂系与粤军主张停止内战，共同对付外敌。而蒋介石为首的南京政府却要借抗日必须先统一全国为名，铲除两广地方实力派。这就引起了新桂系头目与陈济棠的不满，于是决定逼蒋抗日。

1936年6月1日，李宗仁、陈济棠在广州召开联席会议，决定第一和第四集团军北上抗日。第二天，向全国发出通电，要求南京中央政府对日抗战，并领导全国抗日。随后两广的军队整编待命出发，往湖南开进。同时，积极高喊"中国人不打中国人""中国军队不打中国军队"等能唤起民众的口号。这就是六一事变，又称两广事变。

但是蒋介石仍是一意孤行，并用收买的办法分化两广内部，迫使陈济棠离粤入港，并对新桂系下手：一是用明升暗降的手法夺新桂系头目的兵权；二是派大军进攻广西，以彻底解决广西。而新桂系则不甘示弱，一面扩军，一面部署，一面进行抗日救国宣传。蒋桂之战一触即发。

此时，中国共产党派人到广西来做李宗仁、白崇禧的工作，一面谴责蒋介石的对日妥协政策，一面赞赏新桂系的抗日行动，又诚恳希望新桂系逼蒋抗日不打内战。救国会派来的杨东纯也向新桂系头目陈述以民族利益为重，团结一切抗日力量，不要轻率开内战，要想法使蒋接受抗日主张，共同对外。最后李宗仁、白崇禧同意与蒋谋和，达成妥协。蒋撤兵解围，重用李、白、黄。新桂系表示，接受任命，服从中央。这就避免了内战，为全面抗战爆发后双方的合作铺平了道路。

2. 八路军桂林办事处和桂林抗日文化城

八路军桂林办事处简称桂林八办，是中国共产党在广西进行抗日统一战线的结果，是根据周恩来与桂系首领白崇禧达成的口头协定于1938年11月中旬成立的。地址设在桂林市中山北路，是一幢浅灰色的两层楼房。该处由李克农任处长，工作人员有100多人。对外它是八路军的公开机构，对内则是中共中央南方局的秘密派出机构，故在灵川县租民房设电台和仓库、招待所、物资转运站。

办事处成立后，在周恩来、叶剑英等领导关怀帮助下，做了大量的工作。

第一，积极宣传中共抗日主张，进行统一战线活动，促进了广西当局与共产党的合作。

第二，领导桂林抗日文化运动，把中共各时期的路线、方针、政策传达到各抗日团体中。

第三，领导广西地下党工作，联络华南、南洋各地党组织。

第四，筹运抗日军需物资，输送过往人员。

1941年1月，皖南事变爆发，桂林形势恶化，办事处被迫撤销，部分人员到了延安，部分人员去了重庆。

桂林抗日文化城是在抗日战争时期形成的，是中国共产党利用国共合作造出的良好政治氛围领导建成的抗日救亡前哨、堡垒，抗战文化的根据地。那时，全国各地从事文化工作的共产党员和进步人士纷纷到桂林,再加上各阶层的群众也积极参加,桂林抗日文化事业空前繁荣。这在当时的中国是独一无二的。真是"文人荟萃,书店林立,新作迭出,好戏连台","繁花竞放,盛极一时"。

一是文人云集,人才济济。当时在桂林的文人有1 000多人,著名的有二百多人。如文学(郭沫若、茅盾、巴金、柳亚子、艾青、夏衍、叶圣陶等)、戏剧(田汉、欧阳予倩等)、美术(徐悲鸿、关山月、丰子恺等)、学者(陶行知、梁漱溟、马君武、雷沛鸿、李四光等)及音乐(张曙)、新闻(胡愈之、范长江)等人才。二是文化团体众多,宣传活动效果明显。如巴金等发起的中华全国文艺界抗敌协会桂林分会、范长江为首的国际新闻社、田汉等为首的新中国剧社。漫画家余所亚的《前线马瘦 后方猪肥》表现了国民党达官贵人逍遥于战外、养尊处优、坐等胜利的羞态,收到较好效果,深受人们的喜爱。三是报纸杂志多,出版事业繁荣。在桂林出版的报纸由一家增到五家十一种,如《救亡日报》《广西日报》《大公报》等。著名出版家赵家璧曾说:"抗战时期国统区的书刊,有80%是桂林出版的。"四是教育事业兴盛,科学学术活跃。桂林的大中学校的共产党员和进步教师积极向学生宣传进步思想。著名学者前来从事科学研究与学术交流活动。

总之,桂林抗日文化城是大西南抗战文化活动和抗日民主运动的中心地之一,是生产抗战精神产品的主要基地。她大大地推动了全民族抗战,促进了中华民族文化的繁荣。

3. 能文能武的广西学生军与南方抗大

广西学生军是抗日战争期间由国民党广西当局组建,得到中国共产党的大力支持,在思想上政治上由共产党员起主导作用的抗日救亡团体。在抗战期间,广西先后组建了三届学生军。

1936年,新桂系头目白崇禧接受了中国共产党地下党员谢和庚的建议,于6月27日,由广西学生抗日救国联合会和广西师专学生发起组织"中华民国国民革命军广西抗日救国学生军",共有300人。他们分别分派到湘桂边、粤桂边和黔桂边等地,或在各县农村宣传"抗日反蒋"。同年,"两广事变"结束后,学生军即行复员。

1937年10月12日,国民党广西当局组建广西学生大队,即第二届广西学生军,参加学生约300人,其中有中共党员10人。学生军在桂林集训两个月后,于12月中旬开赴鄂豫皖抗日前线,担任战地宣传、救护、慰劳等工作。1938年建立了学生军中共支部。1940年3月由于国民党反共形势所迫,学生军党支部率领一批进步青年退到淮南、淮北的新四军根据地,坚持开展抗日救亡运动。

1938年10月,侵华日军先后占领武汉和广州后,广西面临日军入侵的严重威胁。国民党广西当局接受周恩来的建议,决定组建广西学生军,即第三届学生军。当年11月底共招大中学生4 200多人,其中有近百名中共党员,且大多为军中骨干,掌握了基层领导权。学生军在桂林集训期间,叶剑英、郭沫若、夏衍、范长江等应邀到各团作演讲。1939年2月中旬,学生军三个团分别开赴平乐、桂平、宾阳继续集训。4月,学生军分别开赴桂东、桂东南、桂南等日军可能入侵的地区开展抗日救亡工作。他们以各种形式向群众揭露侵华日军的暴行,宣传全国军民抗战的英勇事迹,推动广西抗日救亡运动蓬勃发展。1939年桂南战事发生后,学生军先后两次整编,投入支前、参战和敌后工作,配合部队、游击队或单独直接进行阻击、偷袭、伏击、突围等战斗,共计130多次,成为一支能打仗的队伍。1940年日军撤离广西。第二年6月新桂系当局宣布解散学生军。

总之,广西学生军深入基层,进入前线,用自己的青春热血进行有利于全民族抗战的各种宣传、组训、支前活动以及直接对敌奸作战,从而极大地唤醒了民众的抗日斗敌爱国情怀。在宣传抗日工作中,在与日军战斗中,学生军自身也受到了切身的教育,许多青年志士也因此加深了对中国共产党的认识,并最终选择跟着中国共产党走革命的道路。

1939年春,新桂系当局为培养基层干部,举办广西地方建设干部学校。由于中国共产党的努力,共产党员杨东纯担任该校的教育长,并派一些党员和进步人士到该校任职和学习,从而掌握了该校的领导权。该校参照中国共产党延安抗大的方法进行教学,被誉为"南方抗大"。参加学习的许多中共党员和进步人士毕业后,多分派到基层县区乡政权中工作。他们在当时的抗日救亡运动和后来的解放战争中起了很大的作用。

4. 日军两次入侵广西(1939年和1944年)

(1)桂南会战和昆仑关战役。

1939年11月15日,日本侵略者为配合其战略的转移,切断经南宁通往越南的交通线,断绝国际的援助,迫蒋投降,于是出动约40 000兵力,在钦州湾强行登陆,对广西发动第一次军事侵略。24日日军攻占南宁。12月4日,占领战略要地昆仑关。(昆仑关地处邕宁、宾阳两县交界,是内地经南宁到越南的咽喉,历来为兵家必争之地。)当时国民政府为收复南宁,调集了9个军共25个师15.4万的兵力(桂系有2个军6个师3万人),与日军展开桂南会战。广西"小诸葛"白崇禧任总指挥,陈诚任监军。18日,杜聿明率领的第五军发起主攻,苏联空军也给予大力支援。经过激烈争夺,历时13天,至30日,各军共歼灭日军官兵4 000多人,俘虏一百多人,缴获大量的军用物资,取得攻克昆仑关战役的伟大胜利。为最大限度地消灭敌人,攻下天险,我军了也付出了较大的代价,伤亡一万人。因此,后人为纪念抗日阵亡的将士,在昆仑关附近山上建了"昆仑关战役阵亡将士墓园",内有抗日纪念塔、纪念亭、纪念碑、牌坊,供后人凭吊。(其中的两副对联:血花飞舞,苦战兼旬,攻克昆仑关寒敌胆;华表巍峨,扬威万里,待清倭寇慰忠魂;战绩令人怀壮烈,国殇为鬼亦雄奇。它颂扬了中华民族将士抗日救国,浴血捐躯，勇战外敌的民族气概。）

后来日军虽一度又占领了昆仑关，但已是强弩之末，难以为继，1940年10月底日军被迫撤出广西。侵桂期间，日军犯下了无数的罪行。

（2）国民党军的溃退和日军的暴行。

1944年年初，日军在太平洋战场逐渐失利，与南洋的海上交通线又被美军切断，迫切需要打通通往越南的大陆交通线，于是又发动了豫湘桂战役。6月兵临广西，11月桂林开始进行防守战。数千官兵为守城，壮烈殉国。桂林沦陷，接着柳州沦陷。24日，南宁失守。面对日军的步步进逼，国民党政府却一退再退，广西省府从桂林一迁再迁，但仍是"宜山不宜，都安不安，百色百变"，不得不"北上凌云，安居乐业"。广西大片河山沦陷。

日军两次入侵广西，所到之处，天上用飞机轰炸，地上实行疯狂的灭绝人性的"三光"政策，烧杀抢劫，奸淫掳掠，无恶不作。日军惨绝人寰的暴行给广西各族人民带来了深重的灾难。据不完全统计，日军在广西杀害无辜百姓22万多人，杀伤43万多人，失踪近6万人。仅邕宁县、武鸣县，第一次日军入侵，死亡达11 148人，重伤2 161人；第二次日军入侵死亡15 733人，重伤2 190人。永福县罗锦镇林村岩洞内，当年被日军用火熏死的老人、儿童、妇女近80人。南宁市沙井乡乐贤村有一座"千人坟"，是当年附近村庄与逃难到此处的同胞被日军杀害其遗骸的埋葬地。

面对日军的暴行，沦陷区的人民进行坚决斗争。如邕宁县那连乡群众，在日军第一次入侵时，组织了一支400多人的抗日游击队，与日军进行了大小一百多次的战斗，打死打伤日军200多人。该乡的蒋村、四美、新丁、乌兰四个村，更是联合起来，自发组织武装壮丁，并自费购买重武器，打死不少日军，因此被誉为广西抗日模范村。日军第二次入侵时，河池市六甲镇足直村菜峒壮族韦老太太目睹日寇的暴行，就带领儿子与同胞自发组织了菜峒自卫队。她机智设伏，有一次就毙伤日寇18人。敌人派汉奸威胁她归顺，她怒斥走狗汉奸的贪生怕死、甘当奴才，并说："老奶心中只有一个仇敌——日本强盗。老奶活着是中国人，死是中国鬼！"国民党军驻六甲后，她又给部队充当向导，拦截日军，并提供急需的军用品。1945年3月23日出版的《中央日报》称她为"军队之母"；12月8日的《广西日报》誉她为"女英雄韦老太太"；政府嘉奖她"韦老太太慈母和儿子韦健生，协助国军抗战有功"。

5. 中共广西党组织领导的抗日武装斗争

在日军两次入侵广西期间，广西各族同胞与国民党军队中的爱国将士一起，在"一切为了救亡"的共同口号下，奋起抵抗野蛮日军的侵略。同时，广西各地的地下党组织，共建立了30多支抗日游击队，队员共7 000多人。其中桂北人民抗日武装有：临阳联队，活跃在临桂、阳朔两县，300多人。潞江自卫队，灵川政工队，活跃于灵川县，280多人。全灌自卫武装，活跃于全州、灌阳，260人。柳北人民抗日武装有：

融县人民抗日挺进队,活跃于融县,800多人。镇国政工队,活跃于罗城、融县、柳城,50多人。《柳州日报》警卫队,活跃于柳城、融县、罗城,数十人。融县人民抗日挺秀队活跃于融县,300多人。桂东南抗日武装有:贵县抗日自卫军、横县自卫队、陆川抗日自卫军、博白县民主抗日自卫军、兴业县人民抗日自卫军,等等,共有3 000多人。钦廉四属抗日武装有:合浦抗日游击队、抗日游击队灵山大队、钦县人民抗日解放军、钦防华侨抗日游击大队。此外,省内其他沦陷区,也纷纷组织了规模或大或小的抗日武装。

这些抗日武装队伍,在敌后广泛地开展形式多样的抗日游击战争,消灭来犯日军。据统计,仅从1944年秋至1945年夏的作战中,广西各地游击武装就歼灭日伪军1 000多人。1944年12月,得知日军用木船运送日官兵与军用物资从贵县溯郁江开往南宁。贵县立即出动抗日自卫队与横县自卫队近400人,从两岸对日寇船队夹攻,击毙日军80多人,并缴获木船18条以及各种武器弹药一大批,取得了党领导的广西游击战争的一次重大胜利。活跃于漓江之畔的临阳纵队共300多人,在1944年9月至1945年5月,就先后对日军作战十多次,毙敌18人,俘敌45人,全歼日军两个挺进大队,击溃日军三个大队共550多人的"围剿",击沉日军运粮船四艘,击溃日军运粮队三支,缴获一批军用物资。

(五)反对旧军阀、国民党反动统治的斗争

1. 反对旧军阀的斗争

(1)陆荣廷控制两广。

袁世凯复辟帝制,遭到革命党人和全国各族人民的强烈反对。形势所迫,利益所系,1916年3月,陆荣廷在柳州通电全国,宣布广西独立,任广西都督兼两广护国军总司令,并发表讨袁檄文。袁世凯死后,陆荣廷命桂军进入广东。段祺瑞组阁后,陆荣廷任广东督军,其亲信陈炳焜为广西督军。1917年春,北洋政府命陆荣廷为两广巡阅使,其亲信谭浩明改任广西督军,陈炳焜为广东督军。这样,陆荣廷就控制了两广军政的全部权力,称霸一方,时称"北冯南陆"和"北张南陆",在政治上与冯国璋同为副总统候选人;在军事上与张作霖南北称霸。当年秋季,旧桂系的势力又扩大到湖南。

(2)孙中山策划讨伐陆荣廷。

旧桂系在广东骄横跋扈,不可一世:重征各种税收,大肆举借内外各债;文化专政,无所不用;民众声援"五四"运动,声讨卖国贼,竟遭拘捕。孙中山发表宣言,声讨陆荣廷。他积极扶持粤军陈炯明部,号召西南各省地方实力派联合讨陆。1920年夏,陆荣廷先发制人,进攻驻闽南、漳州的粤军,孙中山下令陈炯明奋起迎战。由于粤籍官兵倒戈,桂军将帅不和,陆荣廷败退广西,粤军占领广州。第二年孙中山又命令陈炯明直奔广西梧州，许崇智直指桂林。湘军、黔军、滇军、赣军响应孙中山的号召，配合粤军共击桂军。桂军刘震寰梧州倒戈，沈鸿英宣布"独立"，陆荣廷见大势已去，率残部遁入越南。陈炯明粤军控制广西后，8月，孙中山任命马君武为广西省省长，省会设在南宁。马君武上任后，提出了禁烟、禁赌、整顿金融、兴办教育、发展实业、开采矿山、建立新军、发展交通等计划，力图实现新政，以改造广西的愿望。但随着孙中山所率北伐军因故返粤，旧桂系残余势力卷土重来，马君武无法主政。第二年5月便辞去省长职。广西又陷入四分五裂的混乱状态中。

2. 两广统一和桂军北伐

（1）广西三方势力。

粤军离桂后，处于四分五裂、各自为政的广西逐步形成了三支较大的势力：一是从旧桂系分裂出来的野心勃勃的沈鸿英部，有部众近2万人，在政治上依附北京政府，主要活动在桂东北和湘粤边地区，随时觊觎着八桂"霸主"的位置；二是重返广西图谋东山再起的陆荣廷及其旧部，收容旧部2万余人，在政治上继续投靠北京政府，占据南宁龙州一带以及桂中、桂西地区，企图凭借昔日的声威，做着"广西王"的美梦；三是新崛起的原旧桂系下级军官李宗仁、白崇禧、黄绍竑等部，有兵力1万多人，他们接受过近代军事政治正规教育，以孙中山领导的广东革命政府为后盾，其势力由弱趋强，有"经营八桂"的抱负，控制了广西最富庶的离粤又近的桂东与桂东南地区。

（2）李宗仁等统一广西。

为了实现统一广西的目的，李宗仁、白崇禧、黄绍竑利用陆、沈矛盾激化之机，决定采取"联沈倒陆，先陆后沈，各个击破"的策略。1924年4月，沈鸿英在桂林包围了前来抢占地盘的陆荣廷，陆部南宁、柳州等地守军驰援桂林。随后，李宗仁、黄绍竑则抓住战机，乘南宁防守空虚，攻占了南宁。接着，又与沈军联合，占领柳州。陆率残部突围入湘，后通电下野，转赴到上海、苏州，被迫退出政治舞台。其左、右江一带的余部见大事不妙，或逃跑或归顺。桂中、桂南、桂西成了李、白、黄的地盘。

1925年初，自以为有恃无恐的沈鸿英偷袭李、白、黄后方基地桂平。李部在广东革命政府粤军李济深部的大力支援下，经过多次激战，歼灭沈部大部分主力，沈通电下野，逃窜广东，出逃香港。与此同时，和沈早有密约的云南军阀唐继尧，则派滇兵从桂西右江和桂北两个方向分别直指南宁和柳州，企图取道入粤，推翻广东革命政府。

针对唐继尧滇军的进逼，在民众的支持下和广东革命政府的支援下，李、白、黄部又联合入桂的李济深等部粤军和驻粤滇军范石生部共同出击滇军。入夏，收复被滇军占据的柳州，迫使滇军弃邕退回云南。至此，广西结束分裂动荡的局面，实现统一。

接着,于南宁成立广西省民政公署,广州国民政府任李宗仁为督办;黄绍竑为民政长,主持全省政务;白崇禧为参谋长。广西民政公署的建立,标志着新桂系军事政治集团的形成和新桂系统治的建立。从此,广西进入以李宗仁、白崇禧、黄绍竑为核心的新桂系统治时期。

(3) 两广统一。

广西统一后的次年,在新桂系的支援下,广东也实现了统一。广州国民政府为争取两广统一的尽快完成,"使两省联合起来,团结在一起,一致地应会中国大局",于1926年1月底,派出汪精卫等到广西慰问援粤桂军将士,并与李宗仁、黄绍竑就两广统一问题进行商谈,李、黄同意"毫无保留地统一",并派白崇禧到广州,进一步协商两广统一具体事项。3月19日,国民政府通过了"两广统一方案",即广西省政府受国民政府之命,处理全省政务;广西现有军队全部改编为国民革命军;两广财政机关及财政计划均受国民政府之指导监督。不久,李、黄、白的桂军改编为国民革命军第七军,李宗仁为军长,参谋长为白崇禧,党代表为黄绍竑。全军设九个旅,共有37 000多人。改组成立广西省政府,黄绍竑任省主席,两广实现了统一。两广统一,增强了国民革命阵营的力量,为以广州为中心的广东革命根据地的巩固,北伐战争的发动提供了有利条件。

(4) 八桂将士出师北伐。

国共两党第一次合作建立后,在中国共产党的政治领导和积极推动下,以推翻北洋军阀为直接目标的北伐战争正在紧锣密鼓地准备。1926年4月,倾向于广州革命政府的湘军唐生智部遭吴佩孚军进攻而陷入困境之际,桂军第七军一个旅迅速北上,与援湘的广东方面的叶挺独立团并肩作战,取得援湘之战的胜利,揭开了北伐战争的序幕。

7月,国民革命军正式出师北伐。军长李宗仁率领的第七军即桂军与北伐友军第四军、第八军一起,在两湖英勇作战,重创吴佩孚军,占长沙,入武汉,捷报频传,战功卓著。后又奉命支援北伐军总司令蒋介石所率中路军,征讨江西孙传芳部,战绩颇多。接着,向安徽挺进,占有利地盘,拖住敌军,有力地策应了友军在京沪一带作战。黄绍竑则留守南宁,防止滇军东进,破坏北伐后方。

此外,投身北伐战争的广西将士还有:李济深,北伐军总司令部总参谋长,北伐第四军军长,广西苍梧县人(今苍梧县有李济深故居);白崇禧,北伐军总司令部副总参谋长,东路军前敌总指挥,广西临桂人;陈铭枢,率北伐第四军第十师(广西合浦人,爱国名将。早年参加同盟会,追随孙中山参加辛亥革命,参与指挥过北伐战争和"一·二八"淞沪抗战,历任国民革命军师长、军长、十九路军总指挥、京沪卫戍司令官、广东省政府主席、行政院代院长等职。新中国成立后,在中国共产党的领导下,参与中国人民政协和建国的筹备工作,先后担任中央人民政府委员、法制委员会主任、中南军政委员会副主席、全国人大常委、全国政协常委、民革中央常委等要职。今合浦县有陈铭枢故居。）；李品仙（广西容县人）、廖磊（广西陆川人），在北伐第八军任职；程思远（广西宾阳人）也参加了北伐战争。

3. 中国共产党反蒋独裁的斗争

（1）八桂先进知识分子宣传介绍马克思主义。

20世纪初期，研究和宣传马克思主义逐步成为时代潮流。一批在省外求学或工作的广西籍先进青年，他们自身认真学习、研究和宣传马克思主义，积极投身到反帝反封建的斗争实践中。他们还自觉地担当起向广西传播马克思主义的重任。黄日葵、谭寿林、宁培英等是他们当中的典范。

黄日葵，广西桂平县桂平镇人。中学毕业后曾东渡日本留学，1918年罢学归国，考入北京大学文科预科学习，后转学英文系本科。五四爱国运动时，是一名闯将和组织者。1920年，与邓中夏等人在李大钊的指导下，发起成立了"北京大学马克思学说研究会"。同时，开始将如《社会主义浅说》等进步书籍邮回家乡，给乡亲们传阅。1921年，加入中国共产党，成为广西籍最早的共产党员。后来，又与在京的广西籍学生谭寿林等联络，从事向家乡广西传播马克思主义的活动。

谭寿林，广西贵县三塘乡谭岭村人。五四运动期间，读中学的谭寿林就是县学生爱国运动的领导人之一。1921年，考入北京大学乙部预科英文班，后入国文系。受北大同乡进步青年的影响，积极学习宣传马克思主义，并先后加入中国社会主义青年团和中国共产党。曾利用假期回乡之机，在县中和街坊公开宣传共产主义，进行马克思主义的传播活动。1923年，又与黄日葵等人联络北大的广西籍学生，成立新广西期成会，并创办《桂光》半月刊，公开介绍马克思主义，寄回广西发行。

宁培英，广西陆川县人。五四爱国运动时，是县学生爱国运动的主要组织者之一。在广东高等师范法科求学时，一面认真学习马克思主义，一面不断把进步书刊寄回家乡中小学。他负责编辑的《群言》，刊登宣传马克思主义的文章，运回广西发行。此刊拥有众多的读者，为扩大马克思主义在八桂大地的传播，作出了积极的贡献。

此外，在省内工作的一批先进知识分子，也在学校和民众中介绍、宣传马克思主义，促进马克思主义在广西的传播。如高孤雁（龙州县人，壮族，在县下冻乡赤光小学任教。）、朱锡昂（博白县人，在省立九中即今玉林高中任校长。）、韦拔群、雷经天、陈勉恕（贵港市人）、陈培仁（贵港市人）等等。

（2）广西第一个中共党支部：中共梧州支部。

20世纪初期，马克思主义在广西的传播和广西工人运动的兴起，为中国共产党广西地方组织的建立提供了思想基础和阶级基础。1925年，中共广东区委决定在梧州建立党的地方组织，然后向广西各地发展。7月，中共广东区委调派中共党员龙启炎到梧州担任《梧州民国日报》总编辑，开展党的工作。8月，又派共青团员周济到梧州任《梧州民国日报》编辑和广西省立二中教师，协助龙启炎工作。9月初，以龙启炎任书记，在梧州建立了广西共青团支部，通过报纸和开办劳工夜校等形式，宣传马列主义及共产党的革命主张，宣传国民革命运动和孙中山的三大革命政策。梧州的工农革命运动由此蓬勃发展。

经过精心的部署和准备，1925年10月，中共梧州支部在梧州马王街义路码头《梧州民国日报》社内正式成立，代号"梧竹枝"，龙启炎担任书记，还有党员周济、钟山、李血泪、李省群、李天和等。这是在广西建立的第一个中国共产党支部。12月，又成立了中共梧州地委，代号"梧祝迪"，谭寿林任书记，负责领导梧州、桂林、桂平等地支部的工作。1926年夏，为适应广西革命形势发展的需要，又成立了南宁地委，书记为陈勉恕，下辖南宁和左、右江的党组织。此外，在柳州、桂林、桂平、容县、玉林、平南、贵县、苍梧、武宣、宾阳、东兰和左、右江以及原属广东的北海、防城等地也陆续建立了党的支部。

（3）韦拔群与右江地区农民运动发展。

韦拔群，广西东兰武篆人，壮族。青年时代，求学于宜山庆远和桂林，并表现出强烈的革命倾向；到长江中下游各省考察，加深了对社会的认识，坚定了救国救民的信念；回乡后又率家乡有志青年前往贵州参加"护国军"讨袁战争。1920年，在广州参加了受孙中山支持的广西籍人建立的"改造广西同志会"，并积极参加讨伐旧桂系陆荣廷的革命活动。1921年，27岁的韦拔群回到东兰，开始从事农民革命运动。次年，曾三次带领农民攻打县城。1925年，他与战友陈伯民进入广州第三届农民运动讲习所学习，受到了较为系统的马克思主义思想教育，由一个激进的民主主义者开始向共产主义转变。农讲所结业后，受国共合作的国民党中央农民部委任为农运特派员回到家乡武篆，指导农民运动，发动和组织农民协会和农民自卫军。同时，在武篆举办了三期农民运动讲习所，指导学员学习马克思主义，强调理论与斗争实践的结合，为右江地区培训近600多名农运骨干，有力地推动右江地区农运的蓬勃开展。至1926年年底，右江各县普遍建立了农民协会，有农会会员10万人；农民武装2 000多人。国民党右派制造的"东兰惨案"发生后，他又利用国共合作的大好时机，揭露惨案真相，迫使广西省当局承认东兰农运的合法地位，进一步促进了东兰农运的发展。到1926年12月，东兰县农民协会有会员78 000余人，农民自卫武装500多人。韦拔群不愧是广西农民运动的先驱，东兰是名副其实的广西农民运动的发源地。中共中央对韦拔群领导的东兰农民运动给予高度评价，称赞"韦同志在东兰已成了海陆丰之彭湃，极得农民信仰"。

〇（4）革命低潮时广西地方党组织领导的农民斗争。

北伐战争前后，蒋介石为达到其专权独断的目的，不择手段，打击革命统一战线中的革命力量。新桂系在广西也应声而起，对共产党人的打击进一步升级。拘捕了中共梧州地委书记谭寿林，架空第七军政治部副主任中共党员黄日葵职位，把广西省党部的中共党员及国民党左派人士几乎全部"清洗"掉。接着，在上海参与策划和发动"四·一二"反革命政变的同时，在广西又开始实行全省范围的"清党"反共行动。大肆通缉逮捕中共党员，刑判中共党员，屠杀革命志士。中共党员高孤雁、廖梦樵、黄士韬、钟山等被杀害；谭寿林、周济、龙启炎、李省群等遭通缉被捕；莫文骅、吴西、陈漫远等被判刑。各地农会干部及群众被惨杀的也不少。广西各地党组织和革命群众团体遭到严重破坏，农民运动也受到严重摧残。革命暂时转入低潮。

面对新桂系反动派的野蛮屠杀，广西各族人民并没有被吓倒，他们在党的领导下，以武装斗争的方式，进行英勇无畏的反击。1927年5月，在中共广西地委负责人邓拔奇、宁培英等人的领导下，苏其礼、古天民及邓誉声等党员，在桂平成立了"广西武平桂三县农民协会军事委员会"，统一领导武宣、平南、桂平三县农军对敌行动。中旬，他们率领三县农军3 000多人，分路围攻桂平三江大平土豪刘瑾堂家，与敌交火五昼夜才主动转移。不久，苏其礼等又指挥三县的瑶、壮、汉农军数千人在平南、大同等地出击反动团局，前来助剿的新桂系军也被击溃多次。7月，在右江一带，地方党特支书记余少杰和严敏与农运负责人韦拔群、陈洪涛（壮族）、黄治峰（壮族）、黄书祥（壮族）等建立广西临时军政委员会，统一领导左右江、南宁一带农军革命斗争，并组建右江农民自卫军，下设第一路农军、第二路农军、第三路农军，由韦拔群、黄治峰、余少杰与黄书祥分别统领。8月初，余少杰和黄治峰指挥第二路农军在奉议县仑圩（今属田阳）暴动，生擒当地团总黄锦升等人，消灭部分团局武装。下旬，黄书祥率第三路农军攻打果德县城（今属平果），守军只好弃城而逃，农军缴获大批武器。8月至9月间，韦拔群指挥第一路农军两千多人，包围已入凤山县城的黄明远营，战斗持续了十多天。11月，在桂南一带，邕宁县吴圩等成立邕宁农民自卫大队，并与左县（今属崇左）、养利（今属大新）等地的农民武装一起作战，攻占了左县县城。12月，在宁培英的指挥下，平南容县交界的劳五区农军分队，突然暴动，毙五人，伤二人，并高喊"建立工农兵政权的广西"的革命口号，令反动当局十分震惊。

广西地方党组织先后领导的多次武装起义，有力地回击了国民党新桂系的屠杀政策，粉碎了反动派武力剿灭革命力量的企图。虽然由于缺乏斗争经验和敌我力量过于悬殊，这些起义大多受挫或失败，但相当一部分革命骨干和武装力量或分散活动，或转移山区坚持斗争，保存了革命火种。通过这些武装起义，广西的共产党人和广大人民群众经受了锻炼，逐步积累了斗争经验，为后来革命斗争的深入开展，为广西红军和农村革命根据地的建立，奠定了初步基础。

（5）百色起义与龙州起义。

北伐战争结束后，国民党内部四大派系（蒋介石、李宗仁、冯玉祥、阎锡山）为争夺权力和地盘，正在酝酿新的军阀混战。1929年夏，桂系军阀在蒋桂战争中失败，李宗仁、黄绍竑、白崇禧逃往香港，广西政局由国民党左派军人俞作柏、李明瑞主持。

俞作柏、李明瑞掌握广西政权后，为巩固其统治地位，要求与中国共产党合作，请求中共派干部到其军政部门协助工作。中共中央便利用这一有利时机，先后派出邓小平（化名邓斌）、张云逸、陈豪人等一批党员干部进入广西，与原先被派回的朱锡昂、雷经天、俞作豫等同志一起开展革命工作，由邓小平负责统一领导。他们被分别安排在省政府、公安局、警备总队等要害部门担任要职，一面积极做好俞作柏、李明瑞等上层人物的统战工作，一面恢复、建立和健全中共党的组织及群众组织。（在中国共产党的推动下，俞作柏、李明瑞采取了一些进步措施：整顿政法机关，清除、逮捕反动分子；镇压"四·一二"反革命政变中的首恶分子；释放被关押的共产党员、共青团员和进步分子；下令实行民主，恢复工会和农民协会组织，拨给东兰、凤山农民一个营的武器装备。）

1929年7月，邓小平到达南宁后，对俞作柏、李明瑞采取了团结、争取、教育的方针，帮助他们整顿和培训部队，组建广西教导总队，并通过共产党员俞作豫向其兄俞作柏、表哥李明瑞推荐，由张云逸任广西教导总队副总队长，并兼任广西警备第四大队大队长，俞作豫任广西警备第五大队大队长。他们到任后，派大批中共党员和骨干改造驻守南宁的广西警备第四、第五大队，撤换反动军官，并在部队中发展中共党员，从而使这三支拥有几千人的武装队伍的领导权掌握在中共党组织手中。

随着统战工作和兵运工作的顺利开展，广西工农运动也迅速恢复和发展。1929年8月，广西省第一次农民代表大会在南宁召开，会议决定成立以雷经天为主任委员、韦拔群为副主任委员的广西省农民协会。9月，在南宁津头村又召开中共广西省第一次代表大会。大会选举雷经天、何谊达、严敏、聂根等同志组成中共广西特委，并决定派人分赴左、右江筹备武装起义。

10月初，正当广西革命形势有了转机之时，广西政局发生了急剧变化：受汪精卫之徒的游说，俞作柏、李明瑞不听中共的真诚劝告，仓促决定与广东军阀张发奎联合反蒋。结果俞、李出兵不到十天，便败退南宁。亲蒋的粤军军阀陈济棠趁势率三个师兵力入桂逼近南宁，引起极大骚动。在此关键时刻，邓小平、张云逸当机立断，决定把三支武装力量转移到农民运动基础较好的左、右江地区。经过精心安排，由俞作豫率领警备第五大队开赴左江地区的龙州，并护送俞作柏、李明瑞同往龙州。（不久，俞作柏取道去香港，李明瑞则留在龙州参加革命，领导起义。）随后邓小平率领警卫部队和机关干部，指挥满载军械物资的船队，溯右江上驶百色。张云逸等则率领第四大队和教导总队共两千多人，从陆路护送前进。这就是南宁兵变。

10月下旬，经邓小平、张云逸等同志的周密部署，广西警备第四大队在雷经天、黄治峰指挥的田东、田阳等县农军的配合下，一举智歼熊镐控制的、反动的广西警备第三大队，共1 000多人，缴枪700余支。与此同时，韦拔群等指挥的东兰、凤山农军，重创当地的土豪武装，先后解放了东兰、凤山县城，从而为举行百色起义扫除了障碍。

1929年10月30日，中共广西前敌委员会（后改为红七军前敌委员会）宣告成立，

第四章　八桂儿女历史功绩彪炳千秋

邓小平任书记,统一领导左、右江地区部队和地方党组织。11月初,得知中共中央关于在左、右江地区举行武装起义、创建红七军和革命根据地的指示时,邓小平立即召开前委会议,决定于12月11日广州起义两周年纪念日这一天举行武装起义。

1929年12月11日,在中共中央代表邓小平和张云逸、陈豪人、韦拔群等领导下,革命武装人员和数千群众,在百色城举行大会,宣布起义,成立中国工农红军第七军,邓小平任政委,张云逸任军长,陈豪人任政治部主任,龚鹤村任参谋长。红七军下辖三个纵队和军部直属队,李谦、胡斌、韦拔群分任第一、第二、第三纵队队长,全军共4 000多人,其中右江地区壮族子弟约占半数以上。(广西东兰县壮家子弟时年15岁的韦国清也参加了起义。新中国成立后因功勋卓著,被授予上将军衔。)

1929年12月中旬,邓小平等一批干部前往龙州。邓小平在龙州主持召开了党员干部会议,决定举行武装起义。1930年2月1日,邓小平、李明瑞、俞作豫领导的广西警备第五大队在龙州举行起义。当天上午,在龙州召开万人群众大会,宣布成立中国工农红军第八军。邓小平任政委,俞作豫任军长,何世昌任政治部主任,宛旦平任参谋长。红八军下辖两个纵队,何家荣、宛旦平分任一、二纵队队长,全军约2 000人。同时大会宣布李明瑞为红七军、红八军总指挥。

在百色起义的同一天,右江各县第一届工农兵代表大会在恩隆(今田东)平马镇召开,工会代表、农民代表、士兵代表80多人出席。大会决定成立右江苏维埃政府,选举雷经天、韦拔群、陈洪涛等13人为右江苏维埃政府第一届执行委员,雷经天任主席。此后,右江东兰、凤山、百色、恩隆、思林(今田东县)、奉议(今田阳县)、果德(今属平果县)、隆安、向都(今属天等县)、凌云、那马(今属马山县)、都安、那地(今属天峨县和南丹县)、河池、恩阳(今田阳县)、镇结(今天等县)等县相继建立苏维埃政府或革命委员会,天保(今属德保县)、隆山(今属马山县)等县部分地区也建立了革命政权,从而形成了16个县连成一片、拥有100多万人口的右江革命根据地。在龙州起义的同一天,左江革命委员会宣告成立,王逸任主席。随后,左江地区龙州、上金(今属龙州县)、凭祥、崇善(今属宁明县)、龙茗(今属天等县)等县先后成立了革命委员会,建成了拥有近百万人口的左江革命根据地。

百色起义和龙州起义是在革命低潮时,我党与执掌广西政权的国民党左派俞作柏、李明瑞建立较好的合作关系的有利条件下组织和发动的。它吸取了南昌起义、秋收起义和广州起义的经验和教训,没有在中心城市先举行起义,而是直接把正规军开赴农村,与农民武装会合,才宣布起义的,丰富了中国共产党以农村包围城市的革命道路的经验。百色起义和龙州起义的胜利给左、右江各族人民以巨大的鼓舞,对全国革命形势的发展也产生了积极的影响。

○(6)红七军主力奉命北上与中共广西地方组织在艰苦斗争中发展。

1929年冬,李宗仁、黄绍竑、白崇禧重新执掌广西政权,随即对革命民众进行反扑。

1930年3月,新桂系调梁朝玑率兵4 000多人进犯龙州。留守龙州城的红八军二纵队等1 000多人浴血奋战,终因敌众我寡而被迫撤出。二纵队队长宛旦平、广西特委委员严敏等壮烈牺牲;军长俞作豫、军政治部主任何世昌分别在广州和南宁被敌人杀害。一纵队在队长何家荣等人的带领下,按邓小平的指示,转移到右江地区与红七军会合。他们沿中越边境、滇桂边境北上,经数月艰苦转战,于同年10月在今乐业县上岗村与前来迎接的红七军会师,余下的三百多人编入红七军,成为红七军的一部分。

与此同时,新桂系军阀又派重兵进攻右江革命根据地。红七军主力转移到黔桂边活动,1930年5月攻占黔东南军事重镇榕江,歼敌两个营,缴枪400余支,大炮、迫击炮数门。随即回师右江,于6月初消灭桂军警卫第四团,一举收复百色、恩阳、奉议、恩隆等县城,红七军声威大震。在此前后,邓小平、雷经天、韦拔群等组织右江各族人民开展土地革命,并采取有力措施,使右江革命根据地得到巩固和发展,红军人数大增。至10月,红七军发展到7 000多人,其中有一半是壮族青年,农民赤卫军近万人。

1930年10月,受李立三主持的中共中央令红七军东进攻打柳州、桂林、广州等地。次月,红七军进抵河池,召开红七军第一次党代会,并对部队进行整编。全军改编为三个师,总指挥为李明瑞,军长为张云逸,政委为邓小平,参谋长为龚鹤村,政治部主任为陈豪人。三个师:19师,师长为龚鹤村(兼),政委为邓小平(兼);20师,师长为李谦,政委为陈豪人(兼);21师,师长为韦拔群,政委为陈洪涛。接着,红七军主力约7 000人从河池出发北上。他们过宜山,到罗城,打融县,入三江,转向黔桂湘边,入湘境,1931年1月又转广西全县,此间红七军强打强攻,兵力损失严重。于是军前委决定放弃打城市的危险做法,拟将队伍开到粤、湘、赣边与中央红军会合,同时缩编队伍为三个团。接着,过灌阳,入湘南,进粤西北,遭敌围攻,伤亡极大,于是决定北上与朱、毛红军会合。3月,到达江西永新县,红七军召开第二次党代会,停止执行李立三"左"冒险主义的做法。随后与兄弟友军在江西打了好几个胜仗,并配合中央主力红军取得了第二次反"围剿"的胜利。7月22日,到达江西于都县桥头圩与彭德怀率领的红三军团胜利会师,并编入红三军团系列,成为中央红军的组成部分。

红七军历时九个月,行程达7 000多里,历经桂、湘、粤、赣四省,大小战斗一百余次,英勇粉碎敌人的围追堵截,战胜了难以想象的种种困难,遭受了很大的损失,从原来的7 000多人减至2 000多人。但他们经受了锻炼和考验,积累了经验和教训,为后来继续进行革命斗争打下了基础。

红七军主力北上后,韦拔群即与陈洪涛、黄松坚(副师长)等返回东兰和凤山等地组建21师。1931年1月,21师在恩隆县宣布成立,下辖四个团。1931年3月开始,新桂系先后派廖磊部与黔军王海平部、粤军陈济棠部等勾结,对右江东兰、凤山根据地进行三次疯狂的"围剿"。在中共右江特委的领导下,在韦拔群、陈洪涛等直接指挥下,使敌人每前进一步都要付出极大代价,仅第一次反"围剿"用地雷炸死、炸伤的敌官兵不下一千余人。在第二次反"围剿"中，针对敌人的严密封锁，红军弹尽粮绝之时，为保存革命力量，又灵活化整为零，分头到右江下游地区，或黔桂边区，积蓄力量，俟机歼敌。在敌人第三次"围剿"中，南丹的红军战士又和地方的赤卫队联防抗敌，激战数昼夜，终因敌众我寡，退守山中。有的战士抱住敌人跳崖壮烈牺牲。1932年10月，在非常艰难的情况下，正准备分头转移的时候，广西壮族人民的好儿子、中国共产党的优秀党员韦拔群于19日凌晨被叛徒杀害于东兰西山赏茶洞，终年39岁。不久，陈洪涛也不幸被捕，牺牲于百色，年仅28岁。右江革命根据地受到血洗而丧失，但是余下的红军游击队仍继续坚持不屈不挠的斗争。

百色、龙州起义以后，中共中央南方局为了加强广西白区的工作，1930年10月，重建了以吴茂祥为书记受南方局领导的广西特委，委员有黄德普、张第杰、麦锦汉。1931年6月，根据实际情况，广西特委改为郁江特委，机关设在贵县，由詹恒祥负责，成员有麦锦汉、陈嘉良、谢锐、陈岸、张第杰、杨建南，主要领导南宁、玉林、贵县的工作。不久，因叛徒招供，特委又迁到邕宁。后来由于受党内"左"倾冒险主义影响，郁江特委遭破坏，特委委员只剩下陈岸一人在玉林一带坚持革命斗争，特委所属各地组织也几乎均被破坏。随着抗日救亡运动的不断高涨，经过多年的艰苦斗争，广西各地的地方党组织逐步恢复发展起来，1936年11月在贵县召开了中共广西省代表大会，成立了中共广西工委，陈岸任书记。广西党组织又继续领导民众投入到抗日救亡大潮中。

（7）红军长征过广西，浴血奋战渡湘江。

1934年9月2日，中央红军长征先遣队红六军团在萧克、王震等率领下，经湖南，突破桂军防堵，从全县东南的清水关进入广西。他们英勇善战，经灌阳文市过灌江，经全县石塘、麻市，在凤凰渡过湘江。在资源县石溪村，击落国民党飞机一架。10日，按中央军委电令，为配合红一方面军行动，迅速进入湖南城步县。让尾追而来的桂军望红军留下的"此处是湘桂交界处，不劳桂军远送"木牌而叹。

1934年11月26日，中央红军八万余人，经湘南过灌阳县东北永安关、雷口关进入广西，向湘江挺进。蒋介石调集了30万兵力，在湘江以东地域部署了一个大包围圈，设置第四道封锁线，妄图从三面夹迫我军，依仗其数量和装备优势，歼灭我军于湘江东岸。中央红军决定多路强渡湘江。红军左翼的红四师从兴安县界首涉渡湘江，占据光华铺，与那里的桂军独立团对峙，以控制背后的界首渡河点。红四师与桂军血战三天三夜，胜利完成了阻击任务。红三军团红五师在师长李天佑的率领下，奉命赶到灌阳新圩，阻击桂军三个师对我军的侧击，激战三昼夜，粉碎了桂军妄图拦腰截断我军左翼、吃掉我军一部的美梦，保证我军迅速抵达界首，抢渡湘江。

红军右翼的红二师，快速从全县大坪过湘江，并北上控制脚山铺，并与从湖南远道而来的红一师协同阻击南下的湘军，随后又有红一军团部及所属二师经大坪过湘江，执行掩护红军大部队抢渡湘江的任务。与此同时，红九军团也在全县凤凰附近渡口渡过湘江。

红军强渡湘江时，彭德怀设指挥部于界首，指挥红军渡湘江。红军在界首镇搭起两道浮桥，毛泽东、朱德、周恩来、王稼祥等率领中央纵队从这里渡过湘江。至2日晚，经过七天七夜血战，红军主力胜利渡过湘江。

湘江战役是中央红军长征以来战斗最激烈、损失最惨重的一场恶战，红军和中央机关人员从8万多人锐减到3万多人。在惨痛的教训下，一些曾支持过"左"倾错误的领导人，逐渐改变态度。

红军渡过湘江后，花了两天时间，越过兴安县、资源县交界的险峻高山老山界，到达资源县塘洞等地。12月6日到达龙胜江底，毛泽东当晚就住在江底乡。10日，红军住在龙胜平等乡龙坪。国民党特务为破坏军民关系，在这里纵火烧民房。周恩来等中央领导组织红军奋力抢救，保护了一百多间民房。并召开群众大会，处决纵火犯，发款救济灾民。至今仍保存有当年保护的红军楼。13日，红军最后一支收容部队离开广西，进入湖南通道县，改向敌人防御力量薄弱的贵州前进。

红军长征在广西历时约一个月，与广西境内少数民族同胞结下深厚的情谊。红军到达龙胜江底乡，遇到曾参加过1933年桂北瑶民起义的小头领冯书林等人，红军表示坚决支持瑶民起义，送给他们一些武器，并在吞龙岩（今叫红军岩）壁上写下"红军绝对保护瑶民"和"继续斗争，再寻光明"的大字宣传党的民族平等政策，鼓励瑶民坚持斗争。瑶民群众为教育后代，永记红军的教导，怀念红军，在山崖壁上刻上诗文："朱毛过瑶山，官恨吾心欢。孟冬甲戌月，瑶胞把家还。"

（8）广西战役。

蒋介石发动全面内战后，中共广西省工委于1947年在横县召开会议，传达中央指示，决定在各地开展武装斗争，创建游击根据地，以配合人民解放军正面战场作战。经过艰辛的斗争，至人民解放军入桂前夕，全省已拥有十多个支（总）队四万多人的游击武装，并先后建立了桂北、柳北、桂东、都宜忻、桂中、桂东南、桂中南、左江、右江、六万大山、十万大山等十多块游击根据地，一些县、区、乡建立了革命政权。

同时，各地党组织继续发动游击武装活动，抢夺敌人占据的军事据点和交通要道，攻占部分县城。动员各族人民筹集粮草，成立支前委员会或各种后援会、运输队、粮食供应站、茶水站、向导站、洗衣队等，做好各项支前准备工作。为加强领导，经中央批准，1949年9月底，成立广西省委，张云逸任书记，陈漫远、莫文骅、何伟、李楚离为副书记。这些都为人民解放军南下解放广西打下了坚实的基础。

1949年10月，在人民解放军的追逼下，败退回广西的白崇禧集团拥有5个兵团共12个军30个师约15万人的兵力，加上逃窜到粤、桂边的余汉谋残部4万多人，总兵力近20万人。白崇禧企图依靠其经营已久的广西老巢，勾结云南、贵州国民党残部，组织所谓"西南联防"，负隅顽抗，等待美援，同时又做撤退海南岛和南逃越南的准备。

第四章　八桂儿女历史功绩彪炳千秋

中央军委和毛泽东同志，深刻分析了敌我斗争形势以及白崇禧的企图，制定明确的战略方针："我对白崇禧及西南各敌均取大迂回动作，插至敌后，先完成包围，然后再回打之。""不给白崇禧桂系军阀立稳脚步或逃跑的机会，将其彻底歼灭在广西境内。"为此，我人民解放军第四野战军（司令员林彪）和第二野战军（第四兵团司令员兼政委陈赓）作出兵分三路挺进广西，围歼白崇禧集团、解放广西的战役部署。即以四野第十三兵团第三十八、三十九两个军共8个师约10万人为西路，由湘西奔袭黔、桂边，占领思恩（今环江县）、河池，关闭白部经贵州西逃云南的通道；以二野第四兵团第十三、十四、十五军及四野第十五兵团第四十三军共4个军共12个师约18万人为南路，由粤西远距迂回粤、桂边的信宜、化州、廉江、博白一带，切断敌经雷州半岛逃往海南岛的道路，与西路军构成对白部的钳形包围；以四野第十二兵团第四十、四十一、四十五军3个军共10个师约14万人为中路，集结于湘、桂边待机，"示弱"于敌，以抑留白崇禧于桂北，待西、南两路形成钳形合击态势后，适时沿湘桂铁路及其以东地区突进，将白崇禧集团歼灭于广西境内。

11月6日，西路军在湘西南发起进攻，揭开广西战役的序幕。接着，由黔东入广西环江、河池、南丹、三江一带。白崇禧见西逃无望，以为南线兵力薄弱，急令其主力第三、十一兵团火速南下，控制粤桂滨海地区，掩护全军从雷州半岛逃往海南岛或流窜越南。11月底12月初，解放军南路大军在广东廉江、信宜及桂东南陆川、北流、容县、玉林、博白一带发起了第一次围歼战，将桂军敌第三、十一兵团及粤敌十三兵团残部基本歼灭，俘敌华中军政长官公署副长官兼第三兵团司令张淦、粤桂边指挥部中将司令喻英奇，毙敌第十一兵团司令胡若愚，使敌精锐丧失，逃海美梦破灭，部署打乱，陷入总崩溃的境地。与此同时，西路军一部继续西进，直插南宁以西地区，一部直向柳州宾阳，11月25日进占柳州，并解放河池、百色、忻城、宾阳等，12月4日南宁解放；中路军沿湘桂线南下，11月22日解放桂林，并抵荔浦、武宣，占富川，入贺县，25日解放梧州。

在解放军各路大军的围歼和追击下，白崇禧见败局已定，急令各路残部向钦县、龙州一带撤退，企图从海上窜琼，或逃入越南。解放军各路大军发扬连续作战、不怕疲劳的顽强作风，日夜兼程，以每天150至200里的速度追击。12月2日至7日，解放军先后于钦县及其北面的小董圩发起第二次围歼战，歼敌华中军政长官公署直属队及第十一兵团大部等4万余人。接着，又在中越边境的宁明、思乐、龙州、上思一带歼敌第一、十兵团等各部残敌2万余人，并解放桂南边境各县。12月11日，解放军又冒雨勇追，攻占祖国南大门镇南关（今友谊关），把鲜艳的五星红旗插上中越边境要塞镇南关的城楼上，广西战役结束，广西全境解放。

在广西战役中，在中共地方党组织领导下，各地游击队除大力做好各种支前工作外，还积极配合南下解放军拦截、围歼、追歼敌军，共歼敌1万多人，解放城市28座，为解放广西作出了重要贡献。桂林、柳州、南宁、梧州市等地下党广泛活动，搜集国民党的大量重要情报及档案资料；组织群众，开展护厂、护校、护路斗争；利用各种关系，争取一批国民党高中级军政人员起义、投诚或接受和平改编，加速我军胜利进程；协助人民解放军接管城市，使四市完整地回到人民手中。

广西战役是我人民解放军军史上一次战果大、代价小的成功战役。历时35天，运用大迂回、大包围、大歼灭的战略战术，共俘敌15万余人，歼敌17.3万余人，除敌第一、第十七兵团残部及其他零散残敌2万余人逃入越境外，白崇禧集团全部被歼灭。此役解放城市80座，缴获大批各种枪炮和军用物资。广西战役的结束，标志着新桂系在广西的统治彻底崩溃，广西获得解放，新民主主义革命在广西取得胜利。

1949年12月2日，经中央人民政府委员会批准，任命张云逸为广西省人民政府主席，陈漫远、李任仁、雷经天为副主席。1950年2月8日，广西省人民政府在南宁正式成立，省会设在南宁。3月，建立南宁、柳州、桂林、梧州四个省辖市人民政府；建立90多个县人民政府。随后，各县逐步建立乡村基层人民政权。广西各族人民在中国共产党领导下获得翻身解放，真正成为国家的主人。广西进入新民主主义社会，并向社会主义发展。

三、当代广西军民的剿匪斗争

广西全境解放，宣告了广西反动政权的彻底覆没。但是潜伏溃散在广西各地的国民党残余武装和地方封建势力，并不甘心失败。他们互相勾结，纠集反革命力量，向新生的革命政权反扑。因此，新中国成立初期，广西各族人民在中国共产党的领导下，为保卫革命胜利果实，巩固人民政权，又进行了一场长达三年（1949年12月—1952年12月）的艰巨的剿匪斗争。

1. 匪源匪患

据统计，新中国成立初期，广西境内公开活动的土匪多达280股，他们控制了许多乡村，集中活动在柳北、大瑶山、大容山、六万大山、十万大山、中越边境、桂黔边界、南宁周围、百色等地区。土匪武装按性质可分为四种类型，即政治土匪、游杂土匪、封建土匪和经济土匪。

政治土匪是指国民党残余部队、地方团队和特务人员，约占土匪人数的80%。主要的有：以甘竞初、甘竞生、杨创奇为首的股匪，有30 000多人，活动于大瑶山一带；以陈与参为首的股匪，有16 000余人，活动于黔桂边区；以何次三、向天雷为首的股匪，有近万人，活动于柳州北部地区；以吴中坚为首的股匪近万人，活动于百色地区；以姚槐为首的股匪活跃于中越边界；以韦秀英为头目的股匪活动于十万大山区，等等。游杂武装是指新中国成立前由失势军官等游杂人员所组织的武装，他们的目的不一，占土匪的10%；封建土匪是指地主恶霸和封建会道门人掌握的武装队伍，他们以独霸一方为目的，约占土匪人数的7%；经济土匪，以掠夺财富为目的，约占土匪人数的3%。

上述土匪，独树旗号，自冠头衔，可谓"司令满山走，将军多如狗"。他们有自己所控制的区域，有些建立了政权，并不断向外窜扰，破坏交通，阻击车船，组织暴动，袭击围攻县乡镇政府，杀人放火，抢劫财物，奸淫妇女，还造谣惑众，制造排外情绪，挑动群众与人民政府、人民解放军对立。1950年1月底，以国民党桂军退役中将钟祖培为首的近3 000匪徒，利用我们征粮工作中的某些偏差和春荒等情况，以"反征粮""反北佬""抢仓库"等口号煽动不明真相的群众，围攻恭城县城，抢走公粮万余担，并杀害政府人员及军队家属，恭城商会会长被剖腹示众，非常残忍。为剿此匪，解放军和工作队牺牲176人（后人在恭城建了烈士纪念碑）。此后，暴动几乎遍及全省。7月，美军入侵朝鲜，土匪再次煽动大规模暴乱。据统计，1950年遭匪袭击围攻的县以下政权机关达220余次。全省区、乡政府有41个被匪摧毁，150个遭匪围攻。有的地区股匪还强迫群众举村暴乱，仅象县（今象州县）就有30多个村庄集体暴乱，被匪杀害的县以下干部、农会会员、民兵及进步群众达7 000余人。

2. 剿匪进程

在党中央、毛泽东主席的领导下，中共广西省委、广西军区在部队基本完成歼灭白崇禧集团残敌任务时，确定了1950年全省压倒一切的中心任务是清剿匪敌、巩固治安、发动群众。当时领导剿匪工作的广西政军领导是：省政府主席兼广西军区司令、政委张云逸，副主席、副司令李天佑，副政委莫文骅等。他们按中央军委制定的"军事打击、政治瓦解、发动群众"三者相结合的方针和镇压与宽大相结合的政策，向全省各地委、各军分区发出命令，成立改编委员会，适时地向残敌展开强大的政治攻势；发布剿匪布告；给残敌指挥官去函，晓以大义；利用开明绅士及敌军家属亲朋劝降，广泛宣传我党我军对敌伪的宽大政策；对负隅顽敌，坚决消灭。同时号召各级党委与政府机关有计划、有组织地配合军事行动。后来，为加快广西剿匪进程，中央又安排中南军区政治部主任陶铸和中共中央华南分局书记叶剑英到广西协助领导剿匪工作。

广西剿匪斗争从追歼残敌到全省清匪反霸肃特结束，大体分为三个队段：1949年12月—1950年11月，为第一阶段。此阶段前期，接受改编归降的敌伪武装，消灭顽敌及进行暴乱的小股土匪。如歼灭横县镇龙山股匪800多人，绥渌县（今扶绥县）后寨石山区股匪500余人，宾阳县东的樟木、蒙公地区股匪700余人。后期，调重兵对桂东南地区实施重点进剿，此地土匪的嚣张气焰被压下来；其他各地也有选择地进行重点进剿。不过，由于部队对匪情还不太清楚，地形不太熟悉，剿匪只取得一些局部的胜利，剿匪任务仍然十分艰巨。1950年11月—1951年5月，为第二阶段。此阶段，由于加强了领导和增调了兵力，确定桂中瑶山与桂南十万大山、六万大山为全省重点剿匪区，重兵进剿，剿匪作战较顺利。不久，又对柳北重点区、黔桂边重点区、百色重点区进行进剿。土匪大量被歼灭，主要匪首纷纷落网。至5月底，全省基本肃清股匪，如期完成了毛泽东主席要求的剿匪任务，毛泽东主席为此专给广西来电嘉勉。1951年6月—1952年12月，为第三阶段。此阶段，参战部队与地方公安在当地党委统一领导下，积极发动群众，全面开展清匪反霸肃敌运动，围歼残余股匪，捕捉潜伏匪首，清除散匪、特务，镇压通匪、济匪、参匪的恶霸，彻底根除了匪患。至12月底，剿匪以全胜宣告结束。

在历时三年的剿匪作战中，我人民解放军先后投入了两个兵团、四个军、19个师和包括民兵在内的全省武装力量约40万人，共歼灭土匪439 378人，缴获各种武器416 620件，收缴民枪237 551件。

3. 剿匪主要战事

（1）桂南十万大山剿匪。

十万大山地处桂南南部，与越南接近，是蒋介石指定的全国15个反共游击根据地之一。1949年12月中上旬，人民解放军先行歼灭了此地外围的多股土匪。25日，人民解放军向十万大山腹地开进，经过数天的进剿，该地区的3万多名土匪基本被消灭，匪首所谓"粤桂边反共救国军"总指挥韦秀英被击毙，一批重要的匪头或被生擒，或被迫投降缴械。

（2）大瑶山会剿。

大瑶山地处柳州、梧州、平乐、桂林等地区10多个县的交界地区，南北约300余里，东西百余里，北与小瑶山相连。那里山峦连绵，地势复杂，山高路窄，林木交错，历来为匪盘踞。集中于该地区的土匪计有8个军、13个师、19个团、7个旅、2个纵队、7个支队番号，有3万多人，组成外围区和中心区两层防线。它是全省土匪的指挥中心。1950年11月8日，大、小瑶山会剿作战开始，解放军以30多个连队为骨干，集中大瑶山外围7个县大队，数个区中队和数万民兵与群众，实行分段守备，并将沿江众多船只全部集中管制。由此构成了一道500多千米的大包围圈。然后于9日、10日开始进剿，以强大的兵力，由不同方向进行多路袭击，同时收拢部队，逐步缩小包围圈，把土匪分割包围在几个狭小的地区内。15日开始全面扫荡，12月2日，以10多个营的兵力分路进入瑶山内部。匪徒构筑工事，多次组织突围、偷渡，但没有一次成功。瑶山会剿50多天，彻底干净利落地消灭了此地的股匪，共歼匪3.8万多人，主要匪首甘竞山、杨创奇、林秀山、韩蒙轩等和重要骨干无一漏网。

（3）郁林兴业剿匪。

郁林、兴业两县土匪，既有其历史根源，更有其社会基础。境内的六万大山和大容山，新中国成立前为经济土匪的剿穴，李宗仁曾屯兵于六万山。新中国成立前夕，国民党军亡命海南岛途经这里时，也流散不少官兵和武器装备。这些国民党残余势力不甘失败，以甘定谋、庞积善为首，分别在郁林、兴业成立了8股"反共救国军"等

第四章 八桂儿女历史功绩彪炳千秋

组织，共计有政治土匪 3 600 余人，胁从匪众 22 000 余人。1950 年 2 月 25 日晚，此地土匪公开暴乱。郁林 25 个乡镇中，有 7 个被土匪攻下，有 8 个被迫撤出，土匪还洗劫村庄，残杀干部，奸淫妇女，干扰解放军解放海南岛的作战行动。从 1949 年 12 月开始，经过准备时期、平息暴乱时期、重点进剿时期、搜捕散匪时期四个阶段，至 1951 年 4 月底，郁林县共歼匪 18 200 余名，缴获武器一大批。兴业县镇压了首要匪霸 290 名，捕匪 200 多人，自新 1 000 多人，缴获枪支一批，子弹万余发。

广西的剿匪在中共中央的领导下，由于有正确的方针和原则，制定了适宜的作战策略和目标，广大参战部队官兵英勇作战，人民群众大力支持，广大民兵积极配合，取得了伟大的胜利。剿匪战争的胜利，对于彻底打倒封建反革命势力，巩固广西人民民主专政，建设人民的新广西，维护社会的稳定，都具有极其重大的意义。

第五章 八桂改革开放新变化回眸

一、由西南出海大通道到连接多区域的国际大通道的构建

西南出海大通道,指国家为推动西南区域经济的发展,根据广西地理区位优势,筹建的西南出海立体交通网络。中央作出这个决策后,广西积极筹措资金,大规模进行通道建设,现基础设施得到明显改善,河海陆空立体交通网络基本形成,较好地完成了构建西南出海大通道的历史使命。目前在完善西南出海大通道的同时,正积极向构建中国东盟国际大通道推进。

(一)公路交通网基本建成

1. 公路建设的巨大成就(表5-1,表5-2)

表5-1 广西公路建设通车里程

时　间	通车里程数/千米
新中国成立前	500
1950年	3 622
1958年	13 570
1970年	20 596
1977年	29 333
1980年	31 624
1990年	36 214
1996年	42 696
2000年	52 900
2006年	90 318
2009年	100 000
2011年	104 896

第五章　八桂改革开放新变化回眸

表 5-2　广西高速公路建设里程

时　　间	通车里数/千米
1997 年	139
2005 年	1 400
2009 年	2 400
2011 年	2 754

新中国成立前，广西公路交通十分落后，公路通车里程短，且标准低、质量差，路况不好，常年失修，利用率低下。清末时历 4 年修建的邕武路，从南宁经武鸣至宁武庄，长 52 千米，是广西最早修建的公路。新中国成立后，公路建设有了一定的发展。1978 年改革开放后，公路建设进入了一个新的发展阶段，尤其是 20 世纪 90 年代以来，广西的公路建设突飞猛进，日新月异，既有高速公路、一级公路、二级公路等主干高等级公路，也有众多的三级、四级公路通达各乡镇行政村。至 2012 年，广西已实现高速公路连接 14 个地级市、连通周边省和出海、出边的网络化目标，形成了东部沿海省区"西进"和云南、贵州、四川、重庆等西南省市"东进"必经的高速公路网，完成县县通二级以上高等级公路、乡乡通柏油（水泥）路，实现行政村通公路的愿望，出海、出边、出省和区域内通畅的现代化公路交通网已经形成。

2. 广西境内建成的主要高等级公路（含高速、一级、二级公路）

桂林—阳朔二级公路：1982 年开工，1987 年完工。全长共 65 千米，路基宽 18 米，路面宽 15 米。此前即 20 世纪 60 年代修建的南宁至永安（即南宁机场路）公路是广西第一条二级公路。

南宁—北海二级公路：1986 年始建，1990 年建成。共长 204 千米，经邕宁、钦州、合浦，行车里程比原路短近 40 千米，行车时间由 8 小时缩短为 4 小时。

南宁—梧州二级公路：1990 年开工，1993 年建成。全长 400 千米，过邕宁、宾阳、贵港、桂平、平南、藤县、苍梧，路基宽 13 米至 28 米，行车路程比原路缩短 100 千米，行车时间减少 6 至 7 个小时。这是首府通往桂东南地区、出广东的重要通道。

桂林—北海高速公路：北起风景名城桂林市，南至海滨名城北海市，纵贯八桂南北，经工业重镇柳州市和桂中来宾市、壮乡首府南宁市，往南与沿海港口城市防城港市、钦州市、北海市相接，全长 652 千米，是国家"五纵七横"国道主干线的重要部分，是全国省区内最长的高速公路，于 1993 年 10 月开工，2000 年 8 月全线开通，全程仅需 5 至 6 个小时。它的建成通车，对促进广西经济的腾飞，推动我国大西南乃至整个西部地区的开放、开发都具有重要作用。它主要由如下几部分组成。

①桂柳高速公路：1993 年动工，1997 年建成，全长 138.5 千米，路基宽 24.5 米，四车道，全封闭，全立交，设计时速为 100 千米/小时。它的建成，实现了广西高速公

路零的突破。

②柳南高速公路：包括柳州至宾阳王灵段，宾阳王灵至南宁段。前者长138千米，四车道，建于1996年11月至1998年12月，路基宽28米，时速为120千米/小时。后者路里程短些。

③南宁至钦州南间段高速公路：1995年开工，1998年通车，全长65千米，六车道，路基宽33.5米。

④钦北高速公路：起于钦州，止于北海。

习惯上又把上述③和④组成的高速公路称为南北高速公路。

桂林—全州黄沙河一级公路：1988年至1997年陆续分段建成，全长120千米，路基宽23米，四车道，过灵川、兴安，南与桂海高速公路干线连接，北过全州县黄沙河入湘，是八桂通达中原的重要通道，其中桂林至全州段是广西第一条一级公路。

钦州—防城高速公路：于1994年至1997年建设，全长97.58千米，是广西建成的第二条高速公路。

金城江—宜州一级公路：于1996年至1998年建设，全长68千米。

南宁坛洛经平果至百色二级公路：坛洛—平果段于1995年至1998年建设，长87千米；平果至百色段于1992年至1995年建设，长107.5千米，总长194.5千米，是西南地区出海公路通道的重要路段。

宜州—柳州高速公路：1998年至2001年建设，西起宜州市叶茂，与金宜一级路相接，东止于柳州新兴，连桂海高速路，过宜州、柳城、柳江，全长112.7千米，是广西第一条东西向高速公路。

百色至靖西高速公路：起于百色市田阳县那坡镇，终点位于靖西县新靖镇，途经田阳、德保、靖西3个县。主线全长97.10千米，采用双向四车道高速公路标准建设，设计行车速度100千米/小时，连接线长40.15千米，总投资73.41亿元。2014年已通车。

靖西至那坡高速公路：起于靖西县新靖镇，终点位于那坡县城厢镇，途经靖西、那坡2个县。主线全长90.371千米，采用双向四车道高速公路标准建设，设计行车速度100千米/小时。连接线长13.91千米。总投资68.82亿元。2014年已通车。

桂平至来宾高速公路：起于桂平市石龙镇，终点位于来宾市良江镇，途经桂平市、武宣县、来宾市兴宾区3个市（县、区）。主线全长87.31千米，主线采用双向六车道和双向四车道高速公路两种标准建设，设计行车速度100千米/小时。连接线长13.95千米。总投资45.53亿元。2014年已通车。

河池—南宁高速公路（分两段）：都安至南宁段，长140.12千米，2001年开工，2004年竣工。河池至都安段，长92.32千米，2010年开工，2014年9月通车。该高速公路是大西南出海大通道广西境内的主通道路段，全程历时两个多小时。

南宁—友谊关高速公路：2001年动工，2005年完工。全长177千米，行程仅需2

个小时，较原来减少一半时间，这是我国通往越南及东南亚地区最便捷通道。

南宁—梧州高速公路：是广西及西南地区连接粤港澳地区的主要公路通道，全长300千米。2003年8月，横县六景镇至兴业县山心镇段高速公路（六景兴业段）已通车，全长100.57千米，使南宁到玉林路段里程减少到190千米，减少了88千米，接兴业至岑溪段、岑溪到梧州高速路。

桂林至梧州高速路：2005至2009年建，全长346千米（含贺州段30千米），包括桂林至阳朔段、阳朔至平乐段、平乐至钟山段、钟山至昭平马江段、马江至梧州段、苍梧至粤郁南段，行程三个小时。这样南宁、贵港、玉林、梧州、贺州、桂林、柳州、来宾组成了广西高速第一圈。

南宁至百色高速公路：2007年年底通车，全长187千米，运行2.5小时。它的贯通，形成了我国西南地区通往广西沿海港口和粤港澳地区以及东盟国家的运输大动脉，对于加快形成广西通畅发达的高速公路网络，推动现代化综合交通运输体系建设，对于推动西部大开发战略深入实施，促进百色革命老区经济社会发展，对于加速构建广西出海出边国际大通道，推动广西北部湾经济区全面开放开发和泛北部湾区域经济合作，意义重大。

百色至隆林高速：全长177.516千米，项目批复概算投资107.84亿元人民币。起于黔桂两省区交界的隆林县平班镇，西连贵州省境内在建的安龙至板坝高速公路，东接南宁（坛洛）至百色高速公路，2011年1月通车。该路不仅从交通上解决了隆林、田林、西林走向北部湾、珠三角地区的通道问题，而且为革命老区经济社会发展带来了重大战略机遇，也成为联系云南、贵州两省最便捷的公路通道，打通了西南地区出海、出边大通道的瓶颈。

六宜高速公路：六寨至河池、宜州至河池高速公路，全长179千米。公路起自河池市南丹县六寨镇龙里，止于宜州市莫村，连接贵州与已经建成通车的柳宜高速公路，2012年7月通车。它的建成进一步缩短了东西部的距离，结束河池市不通高速公路的历史，实现广西所有地级市通高速公路，对广西进一步完善西南出海大通道以及交通网络主骨架有着非常重要的意义。

玉林至铁山港高速公路：位于玉林市和北海市境内，北起玉林市北流西埌镇，与岑溪至兴业高速公路设枢纽互通相接，终点位于北海市铁山港区。途经玉林市的北流市、玉州区、陆川县、博白县和北海市的合浦县、铁山港区，全长175千米。高速公路设计行车速度每小时120千米，采用4车道高速公路建设标准，全线水泥混凝土路面结构，项目总概算77.37亿元人民币，2013年建成通车。它的建成提升了北部湾的通道能力，有利于玉林等地与北海、湛江等沿海港口便捷连接，也为湖南和贵州等省（市）提供了又一条出海、出边陆路通道。

六景至钦州港高速公路：六景至钦州港高速公路起自横县六景镇新兴村，与南宁至柳州高速公路连接，沿线经过峦城、平朗、新福、沙坪、陆屋、久隆，止于钦州港大榄坪，与钦州市滨海一级公路相接。公路主线全长约143千米，双向4车道，设计时速120千米/小时。同步建设刘圩至良圻连接线39千米，2013年通车。六景至钦州港高速公路北接南柳、南梧高速公路，南连广西北部湾钦州保税港区，使位于钦州港的保税港区获得物流上的直接便利，将有力提升北部湾沿海港口，特别是钦州保税港区的竞争力。

钦州至崇左高速公路：钦州至崇左高速公路起自钦州市黄屋屯镇米标村，与南宁至北海高速公路相连接，经米标、那天、洞利、公正、龙楼、上思、柳桥、罗白，止于崇左市元井村，公路主线全长约130千米，双向4车道，设计速度为100千米/小时。同步建设吴圩至上思连接线63千米、板利至东门连接线35千米。2012年通车。钦州至崇左高速公路将钦州保税港区与凭祥边境综合保税港区连接在一起，将促进北部湾沿海港口通过陆路通道与东盟对接，进一步发挥广西在中国—东盟合作中的国际通道、交流桥梁、合作平台的重要作用。

兴安至桂林高速公路：全长近54千米，双向四车道，设计时速为120千米/小时，2013年建成通车。该路的建成使桂林与国家高速公路网实现完全联通。

防城港至东兴高速公路，2013年通车。梧州至贵港高速公路、来宾至马山高速公路、马山至平果高速公路、灌阳至全州凤凰高速公路、柳州至武宣高速路，2015年通车。

此外，还有全州至兴安高速公路、全州至黄沙河高速公路，出湘；贺州市灵峰至八步高速公路、苍梧至郁南（粤省）高速公路、岑溪至筋竹高速公路、岑溪至罗定（粤省）高速公路、合浦到山口高速公路，出粤；百色至罗村口高速公路，出滇。灵川至临桂高速公路，南宁至坛洛高速公路、南宁机场高速公路、南宁绕城高速公路、南宁外环高速公路等。兴业县经容县到岑溪的一级公路，东兴至防城港一级公路，滨海一级公路，南丹县六寨至河池水任的二级公路，河池水任到金城江的二级公路等。

边境公路：2000年至2002年，广西仅用两年时间就修筑了东起于东兴竹山村，西到那坡弄合村，接云南富宁县的边境公路，全长725千米，虽属三级柏油路，但从此边境地区百姓出门难的问题得以解决。

3. 在建的一批高等级公路

截至2015年，广西在建的高速公路主要有：三江至柳州高速公路，桂林至三江高速公路，阳朔至鹿寨高速公路，资源至兴安高速公路，崇左至靖西高速公路，靖西至龙邦高速公路，钟山至富川高速公路，梧州至柳州高速公路（过平南县），贵港至合浦高速公路，岑溪至水汶高速公路，河池至百色高速公路，乐业至百色高速公路，崇左至水口高速公路，贵港至隆安高速公路，荔浦至玉林高速公路等。

桂林至三江高速公路：起于桂林市临桂县，止于柳州市三江侗族自治县独峒乡唐朝村，与贵州境内水口至都匀高速公路对接。建成后，桂三高速公路将进一步密切贵州与广西的联系，将桂东北、黔东南和湘西南等中西部地区连接起来，成为大西南地区通过广西连通粤港澳的便捷通道，对于充分发挥西南出海大通道的优势，构建中国与东盟交通大框架，实施西部大开发战略，加强泛珠三角经济合作具有十分重要的意义。公路主线长135千米，总投资约151亿元，2012年7月开工，计划于2016年建成通行。

来宾至马山、马山至平果高速公路：起于来宾市良江镇吉利村附近，经来宾市迁江镇、平阳镇，上林县三里镇、西燕镇，马山县古零镇、白山镇、乔利乡、周鹿镇，武鸣县灵马镇，平果县四塘镇、坡造镇、马头镇，止于新安镇玻利村附近，与南宁至百色高速公路相接，全长198千米，设计车速每小时100千米，总投资98.9亿元。

河池至百色高速公路：起于金城江区北香圩村，接省级公路阿荣旗至北海公路六寨至河池段，止于百色市右江区那务村，接汕头至昆明高速公路隆林至百色段。在河池境内沿线经枫木店、隘洞镇、红水河、东兰县城、武篆镇、巴马县城、所略乡。主线全长180.41千米，采用全封闭全立交双向四车道，设计车速每小时80千米高速公路标准建设。

西滨海公路主线：全长314.2千米，其中由广西交通投资集团有限公司投资新建的滨海公路主线长156.8千米，主线起于东兴市罗浮江口东岸的杨屋附近，接规划中的中越北仑河二桥引道（一级公路），沿北部湾海岸线经过防城港市东兴镇、江平镇、江山镇、皇帝岭、玉罗岭、公车镇、白沙，钦州市的龙门镇、钦州港、犀牛脚、大风江，北海市的西场镇、高德镇、平阳镇，终于北海的营盘镇。

上述公路建成后，桂东南与云、贵、川、渝、湘的联系将大大加强，扩大了桂西与云、贵、川、渝诸省市的联系，并更利于出边，南部北部湾出海口与西南各省市的往来更顺畅，北部上贵州，出两湖达中原更便捷，西南出海大通道和连接多区域的国际大通道四通八达，畅通无阻的公路网络将进一步完善。到2015年，基本形成以南宁为中心，通达北部湾经济区城市、港口的2小时广西北部湾经济圈；构筑南宁连接全区14个地级市的4小时交通圈，86%以上县城实现半小时内上高速公路；打造一日省际交通圈，实现南宁至邻省省会、邻国首都当日到达。

○ 2010年9月，自治区人民政府以桂政函〔2010〕225号批复了《广西高速公路网规划修编》。

○ 该修编规划总里程8 000千米，布局方案为"6横7纵8支线"，6条横线：包括灌阳（永安关）至三江（唐朝）、贺州（灵峰）至隆林（板坝）、贺州至巴马、苍梧（龙眼咀）至硕龙、岑溪（筋竹）至百色（罗村口）、合浦（山口）至那坡（弄内）。7条纵线：龙胜（思陇）至岑溪（水汶）、资源（梅溪）至铁山港、三江至北海、全州（黄沙河）至友谊关、桂林至南宁第二通道、南丹（六寨）至东兴、天峨（黔桂界）至龙邦。8条支线：桂林至河池、梧州至柳州、武宣至平果、崇左至水口、钟山至富川及贺州联线、松旺至铁山港东岸、六景至钦州港、北流清湾至南宁苏圩。

（二）铁路建设的成就与发展前景

1. 广西境内铁路建设通车里程变化（表 5-3）

表 5-3　广西境内铁路建设通车里程变化

时　　间	通车里程数 / 千米
新中国成立前	539
1950 年	573
1980 年	1 401（国有）309（地方）
1995 年	1 893（国有）580（地方）
1998 年	2 364.4（国有）734（地方）
1999 年	2 595.4（国有）734（地方）
2009 年	3 100 多（国有）近 900（地方）

从上表可知，改革开放以来，广西境内的铁路建设得到迅速发展，铁路通车里程数快速增多，尤其是铁路主要干线通过全面技术改造，列车运行速度全面提高，铁路货物及旅客运送量也得到大幅度增长，钢铁大动脉在西南出海大通道的主骨作用已经体现出来。

2. 广西境内建成的主要铁路线

湘桂线：湘桂线是广西最长的铁路干线，是陆地国际通道。北起湖南衡阳，南至广西友谊关，长 1 043 千米，广西境内长 835 千米。开始修筑于抗日战争时期，后因战乱一些路段遭到毁坏，新中国成立时衡阳至柳州段修复通车，1951 年，来宾至南宁段修复通车，1955 年，凭祥至睦南关段通车，湘桂铁路和睦南关至越南河内的铁路接通。湘桂铁路以柳州、黎塘、南宁站为起点，分别与黔桂线、焦柳线、黎湛线、南防线、南昆线相连接。是广西、海南及粤西地区与华东、华北地区间客货交流的重要铁路运输主通道，亦是广西、湖南、贵州等内陆地区通往东盟国家最便捷的国际运输通道。

黔桂线：北起贵阳，南至柳州，全长 608 千米，广西境内 302 千米，于抗日战争时期开工建设。西北端终点贵阳接川黔、贵昆、湘黔铁路，东端柳州接湘桂铁路、焦柳铁路，向南延伸，通黎湛铁路，南防铁路、南昆铁路，为沟通西南与华南、华中、华东等地区的重要铁路干线，是西南地区通向内地和出海通道。

黎湛线：北起宾阳黎塘，南至广东湛江，全长 318.2 千米，广西境内 231.3 千米，于 1955 年建成通车。后建成复线，途中至贵港站同内河港口贵港相接，至河唇站同河茂铁路相连，延伸三茂铁路至广州。南端终点站湛江同海港相接，是黔、贵、川和两广出海重要交通线之一。

焦柳线：沟通中国南北的又一条铁路干线。北起河南焦作，过广西三江、融水、融安、柳城、柳江，南至柳州南站，全长1 645千米，广西境内三江县水团至柳州南站长256千米，1982年建成。北端月山站同太焦铁路联网，南端柳州南站同湘桂铁路、黔桂铁路接连，为联结华北、华中、华南地区的通道。

南昆线：1990年年底开工，1997年通车。是我国铁路网东西向又一条运输大干线，是建设大西南出海通道主要干线，是一条电气化铁路。东起南宁市，过广西隆安、平果、田东、田阳、百色、田林等县市，经贵州若干县，后分岔支线到贵州红果，干线向西到达云南昆明。全长共898千米，广西境内366千米，年输运能力达2 000万吨。南昆铁路东与湘桂铁路、黎湛铁路、南防铁路连接，西与成昆铁路、贵昆铁路、内昆铁路勾通，构成了西南地区最便捷的出海通道，西南内地通向沿海港口的路程因之明显缩短数百千米。

洛湛线：北起河南洛阳，南至广东湛江。经贺州、梧州、岑溪，一支接玉林。在广西境内约410千米，2009年通车。这是我国南北走向的又一条新的重要出海通道，它的建成，结束了广西东部无铁路的历史，实现广西地市全部通铁路，拉近了贺州与梧州、玉林三市的距离，使广西三个最东边的城市在东进粤港澳的过程中，互相呼应，为建设广西东大门创造了条件。

南防线：北起南宁，经邕宁、钦州，南到沿海城市防城港市，1983年开工，1987年通车。全长173千米，年运输能力700万吨，是我国第一条通向北部湾港口的铁路，它的建成通车，对加快港口、铁路沿线物流，构建西南地区出海通道，扩大对外开放，意义重大。

钦北铁路：北起钦州，南至沿海港口城市北海市的铁路支线，全长104.25千米，1991年开工，1995年通车。

钦港铁路：从钦州东站接轨至钦州港，全线长29.5千米，1993年动工，1996年通车。至此，广西沿海三个港口都通了铁路。

黎钦铁路：北起黎塘，南止钦州，全长156千米，于1996年开工，1998年完工，2000年通车。黎钦铁路的开通，使广西沿海铁路四线（南防、钦北、钦港、黎钦）连三港（防城港、钦州港、北海港）的新格局形成，广西北部和我国中西部地区的货物到达沿海港口的距离大大缩短，沿海各港口的货物吞吐量也随之快速增长。

田东至德保铁路：起于田东，接南昆线，至德保，连德保至靖西铁路。

德保至靖西铁路：北连田东至德保铁路，南接靖西至龙邦铁路，2012年开通，是通过中越边境龙邦口岸与越南对接的又一条铁路。

南宁至钦州高速铁路：全长98.79千米，总投资97.6亿元，为国家一级双线电气化铁路，时速目标值250千米，牵引质量为4 000吨，满足开行双层集装箱列车运输条件。设五象南、大塘、小董西及钦州北4个新建车站。2009年8月开工。2013年年底通车。它的建成在南宁、北海、钦州和防城港之间形成"1小时城市经济圈"，年运输能力从

2 500万吨提升到2.15亿吨以上，进一步确立以南宁为中心的区域性铁路交通枢纽地位，对于优化地区交通结构、改善投资环境具有积极意义，同时大幅缓解北部湾经济区铁路运输压力，大大加快北部湾经济区崛起步伐具有十分重要的作用。

钦北高铁、钦防高铁：又称钦州至北海、钦州至防城港城际铁路，2009年动工建设，2013年通车。新建双线时速200千米标准建设。项目建成，乘动车组从南宁到钦州仅需30分钟，南宁到北海或防城港仅需1小时。直达北部湾三大港口的广西沿海铁路，与南昆、湘桂、黔桂、云桂等铁路连接，构成我国西部地区出海最便捷最快速的大通道。

衡柳高铁、柳南高铁：包括湖南永州至桂林段，桂林段至柳州段，柳州至南宁段，2008年12月动工，2013年通车。新建200千米至250千米时速的双线电气化铁路。这是广西、海南、粤西地区与华中、华东、华北等地区联系的主要通道，也是我国连接越南等东盟国家的国际铁路主通道。

南广高速铁路：起自南宁东站，经黎塘、贵港、梧州进入广东省，经云浮、肇庆、佛山，终至新广州站，正线长度577.1千米，其中广西境内线路长349.8千米，广东境内长227.3千米。2008年11月动工。2014年年底通车。它的建成缩短了南宁至广州间运输距离，运营时间在3小时以内，是桂、粤两省区之间最便捷的快速通道，它与南昆线等铁路共同构成云南、广西与珠江三角洲地区便捷联系的交通纽带，对推进泛珠三角区域合作与发展，增强区域整体经济实力和竞争力，提升珠三角的影响力和辐射力，加强广西北部湾经济区建设，实现区域优势互补和共同发展具有重要意义。此外，南广铁路还可以和相关铁路共同构成东南沿海地区通往越南、老挝、泰国等东盟国家的陆路快速运输通道，能够为东南沿海地区与东盟间加强经贸合作、人员往来提供强大的运输支撑。

贵广铁路：贵阳至广州高速铁路，2008年10月开工，2014年年底通车。全长857千米（其中贵州境内301千米、广西境内348.5千米、广东境内207.5千米），设计250千米以上时速的双线电气化铁路，是穿越我国大西南腹地、连接珠三角的西部大能力快捷通道，成为区域经济合作的桥梁。该路经过我区桂北桂东北的三江、龙胜、临桂、灵川、阳朔、恭城、钟山、八步等县区。

南宁火车东站：位于南宁市凤岭北路北侧，西距南宁站10.4千米，东距屯里站2千米。南宁东站为枢纽主要客运站，南广、湘桂、广西沿海、云桂等多条快速铁路在此交会，是南宁市东部重要的区域综合交通枢纽中心，对促进以南宁为中心，辐射周边城市群的"1.5小时经济圈"的快速发展具有重要的意义和作用。2009年开工，2014年年底建成。

3. 广西境内正在建设改造的铁路

截至"十一五"中期，广西铁路建设取得了不少的成绩。然而，由于广西境内路网总体覆盖面较小，铁路通道少，修建年代早和资金、技术等方面的原因，导致线路先天不足，铁路技术等级和装备水平不高，沿海铁路集疏运条件滞后，铁路运能未能很好地适应经济发展的需要，也影响广西对外开放开发和合作。为了适应广西经济社会发展需要，增强区域合作和交流，提升区位优势，拓展铁路网和提高铁路运输能力，满足快速增长的客货运输需求，自治区党委、政府在国家相关部门的大力支持下，大力推进广西铁路建设，取得了历史性的重大突破，进入了铁路大建设、大发展、大跨越的新时期。2008年10月以来，贵广铁路、南广铁路、云桂铁路、湘桂铁路改造和南宁至钦州、防城港城际铁路等重大项目接连动工兴建，全力打造西南区域铁路出海大通道，全力打造连接泛亚铁路的国际通道。现在各铁路项目建设工作仍积极有序推进。预计到2015年年底，全区铁路营运里程达到5000千米以上，主要繁忙干线实现客货分线；形成以南宁为中心，到北部湾经济区1小时以内、到区内主要城市2小时左右、到周边省会城市3小时左右，到2020年再达到10小时左右通达国内主要中心城市的目标，最终形成以南宁为中心的"12310"高铁经济圈。

云桂高铁：位于广西和云南省境内，线路东起南宁枢纽的南宁东站，沿南昆铁路至百色站，之后经云南省文山州、红河州、玉溪市，最后到达昆明市。长727千米（广西境内323千米），时速达200千米以上的双线电气化铁路。2009年12月开工。修建云桂铁路可提高广州至昆明铁路通道能力，对扩大西南地区出海通道的运输能力，促进云南、广西等西南地区经济社会发展都具有重要的意义。

玉林至铁山港铁路（普铁）：洛湛铁路广西段的延伸，是以货运为主、兼顾客运的区域性铁路，是广西北部湾港特别是铁山港的重要疏港通道。铁路北起黎湛线玉林站，经过福绵区、陆川县、博白县、浦北县、合浦县，南至地方铁路铁山港支线。国家Ⅰ级铁路单线电气化，设计时速160千米，全长98.2千米（另有引入相关工程联络线32.7千米），全线设14个车站；投资估算总额为48.95亿元。2009年12月开工。它的建成将进一步完善广西铁路网布局，扩大铁路运输的机动灵活性，优化北部湾城市群产业分工与合作，促进桂东地区共享北部湾开放开发的资源优势，促进北部湾经济区与中原腹地的客货交流，推动广西经济社会持续快速发展。

沿海铁路黎塘至钦州段扩能工程：始于南宁市黎塘镇，向南延伸至钦州地域，线路途经南宁市辖横县与钦州市辖灵山县、钦北区，是广西沿海铁路的组成部分，也是跨越北部湾地区的区域性铁路干线。黎塘至钦州铁路全长117.5千米，改建车站6个。该铁路扩能改造将进一步强化西南、中南地区出海通道，大幅提升西南、中南地区对外通道的运输能力和运输质量。2009年开工。

合浦至湛江高铁：起点于合浦，终点于湛江，途径铁山港、白沙、青平、遂溪，正线全长121千米，其中广西境内71千米，广东境内50千米。配套建设铁山港、北海联系线和湛江枢纽工程。该铁路为国铁Ⅰ级客货共线，电气化双线铁路，设计时速200千米。项目预计总投资108.4亿元。2011年2月25日，国家发改委批准了项目。项目建成后，将促使西南、西北地区和泛北部湾地区与珠三角、港澳等经济发达地区的联系更为密切，也将大大增强"泛珠三角"发达地区的经济辐射能力，推动"泛珠三角"地区产业转移，这对促进广西和广东西部地区经济社会的协调发展将产生深远影响。

柳州至肇庆高铁（含柳州至梧州段）：为200千米以上时速、长220千米的双线电气化铁路，与黔桂线连接，是贵州等西部省区更为便捷的出海大通道。2014年国发委已批复。

南昆线南宁至百色二线铁路：是南宁至百色的第2条普通铁路线，2014年国发委已批复。

4. 待开工或做前期工作的铁路

湘桂线南宁至凭祥段扩能工程（高铁）：2010年12月国发委批复，新建200千米以上时速、长200千米的双线电气化铁路，以适应中国—东盟自由贸易区的运输需求，建成一条通向越南乃至东南亚国家、连接泛亚铁路的重要通道，为广西面向东盟开放合作提供强有力的支撑。

百色至黄桶铁路：起于贵州黄桶，终于百色，全长390千米（广西境内135千米），是与兰渝、兰新和新老南昆线相衔接，形成一条沟通东盟经广西北部湾地区、与云南东部、贵州西北部、四川南部相连的运输通道，进而连通新疆、青海、西藏、陕西、甘肃、宁夏各省区，构成现代化的西部快捷出海大通道。

贵阳经河池至南宁高速铁路：从贵州省会贵阳经桂西北城市河池市南下直通广西首府南宁市的高速铁路，缩短大西南至沿海的路程。

规划研究的铁路：防城至东兴铁路、靖西至龙邦铁路、贺州至柳州铁路、桂林经河池至百色铁路、田东至来宾铁路。

总之，经过上述建成的铁路，我区"一轴四纵四横"铁路网络体系可基本形成。"一轴"：主要由湘桂铁路通道构成，贯穿我区主要经济带，连接中国与东盟，是广西铁路运输网络的主轴和主动脉；"四纵"：主要由洛阳至湛江铁路接玉林至铁山港铁路、焦作至柳州铁路接黎塘至钦州铁路、金城江至南宁铁路接南宁至防城港铁路、黄桶至百色铁路接田东至龙邦铁路组成，构建便捷、高效、经济的出海出边通道，支撑和促进广西北部湾经济区发展；"四横"：主要由贵阳至广州铁路、黔桂铁路接柳州至肇庆铁路、云桂铁路（南宁至昆明铁路）接南宁至广州铁路（黎塘至湛江铁路）、钦州至北海铁路接合浦至湛江铁路组成，构建连接东中西地区大通道，推动广西与西南地区及粤港澳地区的合作交流。

（三）沿海港口与内河航运的迅速发展

1. 沿海港口发展概况

广西有较长的海岸线，沿海港湾多，可开发的港口多，其中有可开发泊靠万吨以上船舶的港口，如防城港、北海港、钦州港、铁山港、珍珠港等。改革开放以来尤其是广西北部湾经济区上升为国家发展战略至今，广西加快了对沿海主要港口开发建设。2007年年初，广西批准成立"广西北部湾国际港务集团有限公司"，防城港、北海港、钦州港三港实行全面整合，并从2009年3月23日开始，三港区统称为"广西北部湾港"。"广西北部湾港"实现统一规划、统一建设、统一管理，投入巨资进行深水码头等基础设施建设，软硬件条件和环境均得到极大改善。截至2014年上半年，全区沿海港口共有生产泊位241个，其中万吨级以上泊位66个，最大靠泊能力达20万吨级，综合通过能力1.63亿吨，已开通多条与越南、马来西亚等东盟国家的集装箱航线，内外贸航线达38条。按照规划，"十二五"时期，广西将建成防城港域、钦州港域、北海港域3个超亿吨级港域，广西北部湾港的总体吞吐能力达到3.57亿吨。（表5-4）

表5-4 北部湾港总货物吞吐量简表

时间	吞吐能力/亿吨	货物吞吐量/亿吨
1978年		0.005 9
1997年		0.117 8
1999年		0.152 5
2001年		0.160 0
2006年	0.412 0	0.495 0
2009年	0.75	1
2010年		1.2
2011年	1.37	1.53
2012年	2	1.7

2010年1月，广西北部湾港至天津港直达航线开通，从此结束广西北部湾经济区没有南北直达航线的历史。2011年，北部湾开辟了第一条集装箱远洋干线：防城港—南沙—马尼拉—路易斯港—蒙巴萨—纳卡拉—新加坡港，结束了北部湾港没有远洋干线的历史。

2. 广西沿海主要港口

防城港：是我国西南部最大深水港口，全国12个主枢纽港之一。位于防城河口，南临北部湾，是一个隐蔽、避风且有天然海湾深槽的大型良港。1968年动工兴建，1975年建成广西第一个万吨级深水泊位，至1983年已建成的两个万吨级泊位正式运营并对外国籍船舶开放。截至2011年年底，防城港建成万吨至20万吨泊位27个，最大泊位能力为20万吨，与世界100多个国家地区的250多个港口通商通航。2012年港口吞吐能力达亿吨，港口货物吞吐量过亿吨。今后，防城港将以大宗散货运输为主，加快发展集装箱运输，逐步成为具有运输组织、装卸储运、中转换装、临港工业、现代物流、信息服务及保税、加工、配送等多功能的现代化综合性港口。

北海港：位于北海市，是港湾航道畅通，港阔水深的天然良港。1984年北海市成为全国14个开放沿海港口城市之一，加快了港口建设的步伐。北海港全港所辖海岸线东起英罗湾，西至大风江，岸线总长500.13千米。全港共划分为：铁山港港区、石步岭港区、涠洲港区、大风江港区、海角老港区、侨港客运旅游泊位港区、榄根港区、沙田港区等8个港区，其中铁山港区、石步岭港区是建设重点。至2010年，全港共有53个泊位，其中万吨级以上泊位8个，吞吐能力为2 618万吨，与100个以上国家或地区的200多个港口有贸易额往来。2011年年底，北海港口吞吐量达1 590万吨。现在北海港正在加快铁山港区和石步岭港区建设，修建15万吨级泊位、10万吨级泊位、5万吨级泊位，5万吨级以下泊位各若干个，力争港口吞吐能力达到亿吨。今后北海港的石步岭港区将以商贸和旅游服务为主，重点发展现代物流和旅游业，形成以商贸旅游和清洁型物资运输为主的综合性港口；铁山港区发展成为以服务临港工业为主，兼顾大宗散货中转运输及物流、保税、加工等。相信未来几年铁山港区和石步岭港区将会发展成为吞吐能力强、配套服务优、功能设施齐、管理水平高、辐射范围广的现代化大港。

钦州港：是广西沿海深水有极大发展潜力的大港，位于钦州湾内。1992年8月1日举行建港工程奠基典礼。1994年，两个万吨级起步码头建成使用。1994年6月，广西钦州港口岸获国务院批复设立为国家一类口岸，1997年6月正式对外开放，结束了钦州市长期以来"有海无港、有港无口岸"的历史。截至2013年，钦州港有万吨级以上码头泊位20多个，万吨级以下码头泊位50多个，港口吞吐能力近亿吨。2014年，港口吞吐量达6 400多万吨。开通了钦州港—越南海防航线、泰国—钦州港—韩国仁川直航航线、钦州港—韩国—印尼—泰国—越南航线。目前，30万吨级航道和30万吨石油码头泊位正在建设中。今后钦州港先主要依托临港工业开发，形成以能源、原材料等大宗物资运输为主的规模化、集约化港区；后发展成以服务临港工业为主，兼顾为港口腹地利用国际、国内两个市场，两种资源服务的多功能现代化港口。

3. 西南水运出口通道的建设

根据广西《内河规划》显示，广西共有通航河流53条，主要有西江航运干线、右江、南盘江、红水河、柳江、黔江、左江、绣江、桂江、贺江等，呈叶脉状分布。全区内河水运基本形成了以"一干三通道"（西江航运干线和西南出海水运右江南通道、红水河中通道、柳江黔江北通道）为主骨架的发展格局。

（1）西江航运干线的建设。

西江航运干线是一条仅次于长江的黄金水道，是广西及云贵等西南地区与粤港澳地区沟通的一条重要纽带，其中从南宁到广州、香港、澳门的水上航道，全长854千米，是西南水运出海通道的主动脉。改革开放以来，广西对这条主动脉的建设步伐迅速加快，一方面对南宁至梧州航道的险滩恶水进行了清理整治，另一方面在航道的关键地段又先后投巨资建成了桂平航运枢纽工程（一线、二线）、贵港航运枢纽工程和长洲水利枢纽工程（一、二期）、加上以前建成的西津水电站（兼航运），西江航运干线已形成了桂平、贵港、横县西津三个航运梯级，大大提高了南宁至西津至贵港至桂平到梧州的航道通航能力，从此，2000吨级船舶可在南宁至广州数百千米的航道上畅通无阻。

桂平航运枢纽工程：位于桂平市城郊浔江河段，是一个兼具通航与发电功能的内河渠化工程，也是西江航运建设的骨干工程。主要包括近400米的大坝，长190米、宽23米的船闸，上下引航道，装机容量不少的河床式水电站。其中船闸一次可通过两个2×1000吨顶驳的船队，年通过能力1000万吨。整个工程于1986年8月开工，1993年9月竣工，至今，该工程已经开始产生了巨大的经济社会效益。

○ 桂平航运枢纽二线船闸工程：2011年10月31日竣工通航，总投资8.58亿元，按3000吨级标准建设，设计代表船型为3000吨级货船和2×2000吨级顶推船队及港澳线2000吨级集装箱船，设计年通过能力为3100万吨。船闸有效尺寸280m×34m×5.6m（长×宽×门槛水深），船闸门槛水深超过长江三峡船闸0.6米，是目前我国内河已建成的最大单级船闸。桂平二线船闸的启动，大大缓解了一线船闸船舶通过能力不足的压力，改善了西江通航条件，提高了船舶运力与降低成本，促进当地沿江产业的崛起和兴旺，极大促进了大西南和泛珠三角的经济发展。

贵港航运枢纽工程：是继桂平航运工程之后西江航道建设的又一骨干工程。它以航运为主，兼发电防洪灌溉，由拦河大坝、船闸、水电站等组成。其中船闸年通过能力为1200万吨。整个工程投资20亿人民币，于1994年开工，1999年竣工。该工程的建成，对千吨级船舶往来于南宁—广州起了关键性的作用。

梧州长洲水利枢纽（3、4线船闸工程）：广西打造西江亿吨黄金水道的关键工程、龙头工程，工程概算投资约37.56亿元，按Ⅰ级船闸设计和建设，最大通过船舶为3000吨级。2015年建成投入使用。每年单向通过能力约9600万吨，加上原有的一二线船闸工程，整个长洲水利枢纽每年总通过能力达1.36亿吨，有效解决了枢纽的通航压力。

（2）加快西南水运出口通道三支线的建设。

随着西江航运干线主动脉的畅通，充分发挥主动脉的作用，加快西南地区的开放与开发，建设西江支流通道，进一步打通西南地区出海的水上通道，已显得十分必要和非常迫切。

西江支流通道建设分中线通道、南线通道、北线通道建设。中线通道建设主要是清除整治南盘江、北盘江、红水河河段的急流险滩，如2000年12月—2004年8月对乐滩至石龙三江口段进行整治，可通250吨级的船舶。河段上未建船闸的少数水电站如岩滩、大化、百龙滩、乐滩等建了过船闸，使航运顺畅。南线通道建设主要是打通左右江和驮娘江，如右江航运田阳那吉枢纽工程和田东右江鱼梁航运枢纽工程，建了船闸、渠化河道，使右江航道标准达到500吨级。2009年开工建设的南宁老口航运枢纽工程，建成后将使左右江能通航1 000吨级的船舶，实现西江航运往上游发展。北线通道建设主要是打通柳江、融江，经2009年至2011年对柳江的整治，目前500吨级船舶可在柳江航行。

○ 乐滩至石龙三江口航道整治工程：是西南水运出海通道中线起步工程。恶滩至石龙三江口航道整治工程位于广西中部、红水河中下游。始于忻城县恶滩（现称乐滩），途经合山市、来宾市，终于象州县石龙三江口，全线长175.1千米，为天然航道。整治前枯水水位落差36.27米，平均坡降0.25%，共有滩险40处，其中重点碍航滩险8处。该整治工程的36个险滩于2000年月12月开始整治，2003年元月完工，并于2003年7月通过交工验收；助导航及通信工程于2003年5月开工，2004年8月通过交工验收。经过整治该航道尺度达到Ⅴ级标准，可通航250吨级机动驳，使船舶通行时间大为缩短，增大了船舶的通过能力，减少航行事故的发生，极大地促进了红水河水上通道的建设。

4. 广西主要内河港口

中国近代时期，广西就有北海（1876年）、龙州（1887年）、梧州（1897年）、南宁（1907年）对外开放，但那是帝国主义侵略中国、强加给中国的产物，是国家主权遭到破坏的见证，是被迫对外开放的。新中国成立后，国家正式批准内河港口梧州对外开放。改革开放以来，尤其是提出建设西江亿吨黄金水道战略后，广西内河港口建设成绩斐然。现有7个内河港口，按照规划，这些港口的级别和功能将划分为主要港口、地区性重要港口和一般港口三个层次。以南宁、贵港、梧州3个主要港口为核心，百色、来宾、柳州、崇左4个地区性重要港口为重要组成部分，其他一般港口为补充，形成布局合理、层次分明、功能明确的内河港口体系。

截至2013年底，广西内河通航里程达5 600多千米，内河港口泊位达到469个，千吨级以上泊位超过100个，港口吞吐能力超过1亿吨，港口货物吞吐量超过1亿吨，成为大西南地区货物出海中转运输的重要基地。西江黄金水道已成为仅次于长江的大能力内河运输通道，为促进和深化广西及西南地区和珠三角地区的区域合作发挥了重要作用。

梧州港：是对外开放港口，广西重要的内河港口，位于梧州浔江、桂江、西江的交汇处，扼广西内河水运咽喉，素有"水上门户"之称。往下东航可直达广州、香港、澳门，溯浔江西上可到南宁、桂平、贵港、百色、柳州，沿桂江北上可至阳朔和桂林。是广西各地和云贵川等地进出口货物的集散地。目前已与100多个国家及地区有贸易额往来。2011年梧州港货物吞吐量2 071万吨，仅次于贵港。今后梧州港将逐步发展成为以集装箱、件杂货、能源和矿建材料运输为主，相应发展临港工业和现代物流业，兼顾旅游客运的综合性港口。

贵港港：对外开放港口，是广西最大的现代化的水路、铁路联运中转内河港，是华南、西南地区内河第一大港，全国内河十强港之一。位于贵港市东郊郁江河段。下可达梧州、广州和港澳等地，溯郁江而上可通南宁、百色。港区有铁路专线与贵港火车站连接，是桂东南地区物资和云贵川出口物资中转站。2009年，贵港港口有码头泊位123个，年综合通过能力达3 600万吨和20万标准箱，运力占广西内河运力的56%。2011年该港口的货物吞吐量为4 107万吨。未来贵港港将加快发展成为西南地区煤炭、矿石、集装箱等大宗物资，以及外贸物资运输服务和以矿建材料运输为主服务临港工业的综合性港口，并相应发展港口物流业。

南宁港：是广西重要的内河转运港，位于南宁市邕江河段。上溯左江能达龙州港，溯右江可通百色；下行能抵贵港、梧州、广州、港澳。港区有铁路专线与南宁火车站相接。广西各地和云贵川的进出口货物可通过此港中转。目前，千吨级船队可从南宁直抵广州及港澳。2011年南宁港吞吐量为777万吨。今后南宁港将逐步发展成为以集装箱、件杂货、矿建材料及煤运输为主，相应发展临港工业和现代物流业的综合性港口。

此外，柳州港、百色港、桂平港等也是广西有一定吞吐能力的内河港，随着港口改造工程的完成，其货物吞吐量会有进一步的提高。来宾市新港正在建设中，显现生机盎然景象。2011年港口吞吐量达923万吨。

5.广西独特的三条出海出边大通道的形成。

第一条：南向出海主通道——以防城港、北海、钦州三个出海口为龙头。

第二条：东向西江内河黄金通道——主要经贵港、梧州方向直下珠三角，通粤港澳出海。

第三条：西南向出边大通道——以凭祥为主通向东南亚各国。

从地理位置来看，广西从祖国边陲，到祖国西南出海大通道，到今天逐步形成中国与东盟交往发展的多区域国际大通道枢纽。从社会发展来看，广西从老少边山穷，人们少有问津，到现在成为多区域开放合作交汇中心。

（四）航空建设的发展

1. **航空事业的发展**

改革开放以前，广西航空建设属起步阶段。改革开放以后，随着航空建设项目的推进，广西航空事业得到了一定的发展。跨入20世纪90年代以后，更是快速发展。目前，广西已建成桂林（含两江国际机场、奇峰岭机场）、南宁、北海、柳州、梧州、百色、河池七个机场。形成以桂林机场为国家重点旅游枢纽机场，南宁机场为西南重要国际机场，北海、柳州机场为国内次干线机场，百色、河池和梧州机场为国内支线机场的广西航空群体。空中航线、航班多、飞机起降次增多，出入更方便，旅客吞吐量、货物吞吐量大大增多。到2013年，广西机场管理集团顺利实现旅客吞吐量达1 570.7万人次。由广西辐射出去的通航航线212条，可通航国内外87个城市，其中国际航线由3条发展为19条。以南宁为枢纽的面向东盟的空中桥梁初步建成。目前除文莱、菲律宾外,南宁至东盟8个国家的首都定期航班全部开通。这标志着广西航空事业的发展迈上了新台阶,实现了历史性的飞跃。广西民航客运量表见5-5。

除航空客运外,广西机场在充分挖掘国内货运市场潜力的同时,全面实施广西航空物流大通道的规划。2011年10月20日,由广西机场管理集团牵头统筹规划南宁首条国际航空货运航线——南宁至孟加拉达卡国际货运包机航线顺利开通。广西近期正在加快推进开通广西至香港、越南胡志明、新加坡、印度马德拉斯、斯里兰卡科伦坡等地国际(地区)货运航线,加速把广西建设成为面向东盟的国际航空物流枢纽。今后广西还将进一步加快航空物流大通道建设,努力打造三个航空物流中心:在南宁空港城项目的基础上,将南宁打造为国内乃至亚洲最大的水产品集散中心、水果和特色农产品集散中心,将桂林打造面向珠三角和长三角的物流转运中心。

此外,广西的通用航空事业开展的飞播造林、航空护林、人工降雨、物理探矿、航空摄影等项目了也取得显著成绩。其中飞播造林面积几乎占广西森林面积的一半。

表5-5 广西民航客运量

时间	客运量/万人次
1978年	10
1980年	16.74
1985年	42.93
1990年	69
1995年	282
1998年	301
2000年	360
2007年	800
2010年	1 201

2. 广西境内主要机场

桂林两江国际机场:位于桂林市所辖临桂县两江镇东,离桂林市约29千米。1993年开工,1996年竣工。该机场跑道长2 800多米,可起降大型客机,同时停放20架飞机,年吞吐能力500万人次,高峰期旅客吞吐量可达每小时2 500人次。机场设备先进,环境优美,是我国现代化的国际航空港之一,曾被评为全国首批五大文明机场之一。据统计,2011年桂林机场旅客吞吐量完成548.9万人,同比增长4.4%,位居全国运输机场的30位;货邮吞吐量完成33 613.7吨,同比增长3.3%,位居全国运输机场的36位;航班起降架次完成47 431架次,同比减少1.4%,位居全国运输机场的38位。

南宁吴圩机场:位于南宁所辖邕宁县吴圩,始建于1959年,后多次扩建。目前,该机场可同时停放8架大中型客机,年旅客吞吐能力为250万人次,高峰小时达1 000人次。现成为面向东盟的国际门户枢纽机场。2010年下半年,南宁机场拥有定期国内航线61条、国际航线9条、地区航线3条，每周达一千班次左右，通航城市47个，吞吐已接近600万人次。2011年南宁机场旅客吞吐量完成646.4万人，同比增长14.8%，位居全国运输机场的27位；货邮吞吐量完成67 633.5吨，同比增长21.6%，位居全国运输机场的26位；航班起降架次完成59 181架次，同比增长12.9%，位居全国运输机场的31位。2012年7月南宁吴圩国际机场新航站区及配套设施建设工程（以下简称南宁机场新航站区工程）可行性研究报告已获国家发改委正式批复。根据南宁机场总体规划，南宁机场建设分本期、中期、远期，本期工程按照满足2020年旅客吞吐量1 600万人次、货邮吞吐量16.4万吨的目标设计，项目建设包括在现有跑道东侧建设一条长3 200米的平行滑行道，新建18万平方米的航站楼，50个机位的站坪及配套建设助航灯光、通信、消防、供电、供冷、供热、供气及雨水、污水、污水处理和辅助生产生活服务设施等，工程总投资68.88亿元。

北海福成机场：位于北海市东北部。1985年开工，1986年完工。1992年又进行了扩建改造。目前，该机场跑道长3 200米，年旅客吞能力270万人次，高峰小时达1 350人次，能起降大型客机。在政府政策支持下，2009年，北海航空市场逐步发展壮大，在北海投入运力的航空公司增至8家，航线达到13条，可以通达全国13个热点城市，每周进出港航班接近200个，旅客年吞吐量首次突破50万人次大关，增速位于全国支线机场前列。2011年北海机场旅客吞吐量完成69.9万人，同比增长0.7%，位居全国运输机场的63位；货邮吞吐量完成4 027.9吨，同比增长41.4%，位居全国运输机场的60位；航班起降架次完成24 931架次，同比增长136.2%，位居全国运输机场的50位。

柳州白莲机场：2011年下半年开始，柳州机场在飞航线11条，从柳州可直飞北京、上海、广州、深圳、成都、重庆、武汉、三亚、海口、厦门、温州、西安、长沙、青岛等14个城市，每周航班达110多班。2011年柳州机场旅客吞吐量完成60.09万人，同比增长86.8%，位居全国运输机场的67位；货邮吞吐量完成5 035.3吨，同比增长31.0%，位居全国运输机场的53位；航班起降架次完成9 136架次，同比增长131.3%，位居全国运输机场的71位。

梧州长洲岛机场：梧州机场旅客吞吐量完成3.3万人，同比减少22.9%，位居全国运输机场的154位；货邮吞吐量完成14.7吨，同比增长9.6%，位居全国运输机场的145位；航班起降架次完成5 357架次，同比减少55.8%，位居全国运输机场的85位。

百色田阳机场（属军民合用机场）：在区域内开设直升机或小型飞机旅游专线，直飞旅游景区，区内开设至桂林、柳州、南宁、梧州航线，区外开设至广州、昆明、贵阳、北京、三亚、海口等航线。百色人坐飞机出行的愿望已经实现，百色老区与外界的距离大大缩短。2011年百色机场旅客吞吐量完成2.6万人，同比减少56.2%，位居全国运输机场的158位；航班起降架次完成1 167架次，同比减少16.6%，位居全国运输机场的142位。

2015年，南宁伶俐、桂林兴安通用机场项目在建设中。

○ 2012开通了兰州至南宁至三亚航线，结束了广西与甘肃不通航的历史；开通南宁至南京至长春航线，有利于广西与吉林的往来交流。

（五）邮电通讯的迅猛发展

新中国成立前，广西邮电通讯建设极其缓慢。新中国成立后，特别是改革开放30年来，广西邮政通讯获得了飞速发展，已成广西国民经济基础产业中发展最快的产业。邮政业从传统步入现代，电信业从无到有，构建了全方位、多层次、多方式的网络体系，加快了信息化进程。

1. 邮政从传统步入现代，服务水平明显提升

（1）邮政综合支撑能力显著增强。新中国成立前，广西邮政业基础差、规模小、网点稀少、设备陈旧、技术落后，大多依靠人工完成，工作效率低下。新中国成立后，逐年加大资金投入，重点增加邮政局（所）经营设施、投递网建设、速递物流专业化经营，加强主要城市邮件处理中心包裹分拣系统的技术改造，进一步提升了广西邮政业的生产运营能力，邮政作业逐步由手工向机械化、自动化、信息化转化，邮政综合支撑能力显著增强。2008年，广西邮政业完成投资17 393万元，是1950年的789.7倍。邮政拥有生产用房667 290平方米，报刊分发流水线3条，包裹分拣机3套，ATM自动柜员机552台，POS机521台，火车邮厢8个，邮政汽车1 823辆。

（2）邮政业务网络更趋优化完善。广西在提升邮政业基础设施水平的同时，十分注重邮政网络的建设，特别是改革开放以来，进一步加大了邮政网络建设力度，初步建成了区域快速集散网络平台，已经形成了沟通城乡、覆盖全区、连通全国、通向世界的现代邮政网络。2008年，广西邮政局（所、代办点）由1950年的962处增加到3 857处；邮政信筒7 301个，比1950年增长552.5%；邮路总长度达到了163 600千米，比1950年增加了138 728千米；其中航空邮路29 053千米，铁路邮路4 907千米。此外，广西农村邮政代办点得到大力发展，2008年，农村邮政局（所、代办点）达1 235个，占全部比重32%，大大改变了农村邮政的落后面貌，而且布局更趋合理。

（3）传统邮政业务快速增长。2008年，广西邮政行业完成函件业务量7 613万件，比1950年增长885.2%；完成包裹邮件130.1万件，是1950年的30.9倍；汇票280.4万笔，比1950年增加了266.7万笔；报纸累计份数19 870万份，比1950年增长了5 187.99%；杂志累计份数3 343万份，是1950年的742.9倍。

（4）邮政新业务快速崛起。改革开放前，邮政业务种类比较单一，改革开放后，邮政业在大力发展传统业务的同时，不断开拓新业务，相继推出了特快专递（EMS）、集邮业务、邮政储蓄、邮政物流等业务新品种，且发展迅猛。2008年，特快专递（1988年开设，当年的业务量为1.3万件）738.9万件，是1988年的568.4倍；集邮业务78.46

万枚；邮政储蓄年末余额441.1亿元，比1987年增加了440亿元；速递物流业务完成5 898万元，比2003年增长115.96%。特别是近两三年，邮政速递物流与中外运快递、民航快递等国有快递企业和以顺丰、申通、宅急送等为代表的民营快递企业及以DHL、联邦快递等为代表的外资快递企业一起推动了广西快递市场的发展，快递企业服务能力显著提升。

（5）服务水平逐步提高，服务质量明显改善。邮政部门在认真履行普遍服务的同时，增设窗口服务、上门服务、电话服务、网上服务、手机短信服务，为城乡居民提供多种形式的服务套餐，服务范围的广度和深度不断扩展。此外，继续优化畅销报刊作业的接报、交运、运输、投递流程，进一步压缩内部处理时限，并不断提高服务的质量。到2008年年底，广西平均每一个邮政局（所、代办点）服务面积为147平方千米，服务人口为3万人。邮政公司还利用邮政网点的优势，积极为"三农"服务。2010年全区邮政农资分销配送各类化肥、农药、种子等累计2.77万吨，实现配送额1亿多元。获得邮政集团公司西部投资"示范县"及"百万县"共计19个，有力地支持了广西农村经济的发展。

（6）邮政业务总量不断增加。广西邮政业务总量，2008年是18.3亿元，2011年是32.84亿元。

2. 电信建设超常规发展，电信业务丰富多彩，通讯能力突飞猛进

（1）通讯网络更趋完善。新中国成立初期，广西仅有铁线电话和幻线电话，电话交换机容量不足34 000门，其中1 000门进制自动电话交换机，全部为人工接转的国际长途电话，通讯十分落后。1991—1995年，广西电信业先后实施了"325"工程和"636"工程，电话交换全部实现了程控化，广西全区进入程控电话时代，结束手摇电话的历史，到2000年全部过渡到数字程控方式，广西电信实现了质的跨越。1992年，广西在南宁开通了900MHz模拟移动电话系统，广西通信业进入了模拟通讯时代，1995年实现全国漫游的同时，又建成GSM制式900MHz数字蜂窝移动电话系统，通信质量明显提升。CDMA通讯网络基本上完成了大规模能力建设后，逐步转入稳定扩容期。现在更先进的3G、4G正受人们的青睐。以ATM为核心的宽带多媒体互联网步入了寻常百姓家。现在，广西电信业已建成了包括光纤、数字微波、卫星、程控交换、移动通讯、数据通讯等通达世界的立体交叉的电信网络。

（2）电信网络能力大幅提升。广西在建立健全立体交叉的电信网络的同时，加快电信网络智能化改造、支撑系统优化和软交换网络引进步伐，尤其是重点加快新技术实验网、网络升级和优化取代规模扩张、质量取代数量等电信网络建设，推动网络结构扁平化、网络覆盖扩大、光纤向用户驻地延伸的进程，网络能力持续提升。到2008年年底，广西光缆线路长度达到3.64万千米，比1992年新增3.61万千米，年均增长34.97%；长途光缆纤芯长度比1992年新增72.3万千米，达到72.7万千米；长途电话业务电路为6.5万2M，分别比2003年增加5.57万2M，增长627.8%；数据通信网长途电路11.2万2M，增长1187.1%；移动电话基站由2003年的0.8万个增加到2.42万个。

（3）互联网规模不断扩大。广西互联网主体规模不断扩大，资源进一步提升，已初步形成了以基础电信运营企业为主体、以综合性门户网站和专业网站为辅助的，层次清晰、相互支撑、相互促进的发展格局。2008年宽带接入端口由2003年的36.97万个增加到272.4万个，同比增长636.81%，年均增长49.1%，其中ADSL端口同比增长875.9%，年均增长57.7%。2011年广西互联网用户达2071.9万户，增长31.2%，其中宽带用户442.9万户，增长34.0%。

（4）电信增值业务蓬勃发展。一是针对普通用户大力拓展无线宽带业务、在线游戏、移动视频、博客等增值电信业务，并逐渐成为电信业新的增长点；二是专门为行政事业单位这些特定对象提供虚拟专用网、专线互联、会议电视、可视图文、电子数据交换、数据检索、电子信箱、传真存储转发等多项增值电信业务；三是在教育、卫生、金融等领域开展远程教育、远程医疗、证券交易，努力满足社会日益增长的多层次、多元化需要；四是移动短信业务发展迅速，2008年，移动短信比2003年增长598.4%，成为移动数据增值业务的第一大支柱；五是彩铃、WAP、掌中宽带等业务迅速发展，为增值业务快速增长发挥了较大作用；六是电子商务在支付方式、运营模式、物流配送、渠道建设等方面不断创新，吸引越来越多的企业和个人加入到电子商务活动中来，企业信息化及电子商务进程明显加快。

（5）电信业务总量持续增长。2008年，广西电话用户达到2476.31万户，其中，移动电话用户发展快速，达到1627.92万户；固定电话用户达到892万户。2011年电话用户、移动电话用户、固定电话用户、电话普及率数见表5-6。在电话用户快速发展的同时，电话通话量也呈现快速增长态势，特别是移动和IP电话发展非常迅猛。2011年区内电信投资达83.1亿元，电信业务总量完成305.31亿元。

（6）进一步推进农村信息化。一是加快农村地区的通信基础设施建设，扩大农村电信覆盖率；二是构建各类农村信息服务平台，推动增值和互联网业务在农村发展；三是利用固定和移动电话、短信息、宽带上网等多种形式开展面向农村和农民的信息服务；四是开发面向农民的政务、生产、劳务和市场信息资源，有效促进了农村信息化发展；五是广西100%行政村开通固定电话或移动电话，大部分乡镇或村屯开通互联网。

表5-6　2011年广西各地级市电话用户

地级市	常住人口/万人	固定电话/万部	移动电话/万部	合计/万部	人均/部
南宁市	666.16	120	484.4	604.4	0.907
柳州市	375.87	65	220.4	285.4	0.759
桂林市	474.80	76.8	350.3	427.1	0.90

续表

地级市	常住人口/万人	固定电话/万部	移动电话/万部	合计/万部	人均/部
梧州市	288.22	40.07	117.73	157.8	0.547
北海市	153.89	30.1	101.57	131.67	0.885
防城港市	86.69	14.7	59.9	74.6	0.861
钦州市	307.97	40.4	107.3	147.7	0.48
贵港市	411.88	62	140.8	202.8	0.492
玉林市	548.74	74.69	218.48	293.17	0.534
百色市	346.68	46.69	142.63	189.32	0.546
贺州市	195.41	21.6	90.66	112.26	0.574
河池市	336.92	42.43	137.59	180.02	0.53
来宾市	209.97	21.4	95.97	117.37	0.559
崇左市	199.43	20.6	100	120.6	0.605
总计	4 602.66	677.11	2 367.1	3 044.21	0.661

总之，经过多年的建设，广西基本形成区内综合交通网络主骨架；建成通往周边省份和东盟国家的快速运输通道；沿海内河现代化港口群初具规模；区域性国际航空枢纽基本建成；拥有国内国际信息交流的平台。可以预见，把广西建设成为海陆空多种运输方式全面发展、互相衔接的现代化综合立体国际大通道、大枢纽的目标为时不远。

二、八桂经济发展概要

（一）农业经济的发展

长期以来，广西农业以种植业为主，农业生产单一化。改革开放以后，尤其是20世纪80年代后期以来，广西在稳定粮食生产的同时，因地制宜积极发展多种经营，大搞农业综合开发，推动生产全面发展，农业产业结构逐步得到调整并趋于合理。种植业在农业总产值中的比重明显下降，而畜牧业、渔业的比重则明显上升，从表5-7可以看出。

表5-7 广西农业总产值构成表

%

农业产业结构分类	1978年	1998年	2003年	2006年	2008年
种植业	80.1	50.4	48.6	49.8	46.3
林业	4.9	3.9	5.2	4.9	5.4
畜牧业	13.9	36.4	33.3	33.3	36.5
水产业	1.1	9.3	11.2	8.4	8.7

1. 种植业

广西种植的农作物分为粮食作物、经济作物、水果和蔬菜。

粮食作物：广西种植的粮食作物主要有稻谷、玉米、大豆、薯类四大类。其中稻谷、玉米种植的面积最大，产量共占粮食总产量的96%。稻谷主要种植在以湘桂铁路为界的东部地区，如玉林市、钦州市、贵港市、贺州市、梧州市、柳州市及南宁市、桂林市、来宾市部分县市。该地区灌溉条件好，水田比重大。广西主要的粮食生产基地多分布在东部地区。此外，桂北、桂西河谷地区也有种植。玉米也是广西种植的主要粮食作物，人能食，又可作饲料用，种植面积仅次于稻谷。主要在桂西地区种植，如河池市、崇左市、百色市、来宾市。此外，由于玉米喜温，是一种旱粮作物，广西其余地方一般也能种植。大豆分黄豆、青豆、黑豆、褐豆，广西以黄豆、青豆种植为主。主要分布在桂中及桂西山区，以南宁市、来宾市、崇左市、百色市、河池市种植最多，其余各地也有少量种植。薯类包括红薯、芋头及马铃薯，尤以种植红薯普遍。红薯耐旱不怕地瘠，适应性强，宜在全区各地旱地及坡地种植。近几年，冬种马铃薯面积不断扩大。

由于农业生产条件有了明显改善，农民的生产积极性已经调动起来，尤其改革开放以来，通过实施"星火计划"，广西种植产量高、米质好、适应强性的优质品种，粮食生产单位面积产量大幅度提高，粮食作物总产量稳定增加，至1997年，达到1 669万吨，人均有粮360多千克，全区实现了粮食基本自给。2011年，全区粮食作物种植面积达3 072.81千公顷，总产量达1 429.93万吨。今后，广西仍要加紧调整粮食种植结构，积极推广粮食作物尤其是水稻、玉米优质品种，继续扩大优质品种种植面积，推广新的耕作技术，推广科学节水灌溉的方法，这样，才可能使广西的粮食总产量持续稳定提高（表5-8）。

〇 **区域粮食作物产业带**：一是形成水稻产业带。以桂东南的贵港、玉林、梧州、贺州等市为重点打造商品型优质稻产业带，大力发展商品型优质高产品种，目标市场以外销、出口或替代进口为主。以桂北、桂中、桂南的桂林、柳州、来宾、南宁、钦州等5个市为重点，打造自给型高产优质稻产业带，大力发展自给型高产优质品种，以满足区内需求为主。二是形成玉米产业带。以桂西、桂南、桂中地区的河池、百色、来宾、崇左等4个市为重点，发展优质玉米和其他旱杂粮。三是形成薯类产业带。冬种马铃薯产业以桂东南和沿海地区的贵港、钦州、玉林、南宁、梧州、北海、崇左等市为重点。红薯产业以桂林、玉林、贵港、钦北、北海、防城港、梧州、贺州、河池等市为重点。四是形成豆类产业带。以桂中、桂西地区的南宁、来宾、崇左、百色、河池等市为重点，通过间套种等措施，大力发展大豆和杂豆生产。五是形成特色品种基地布局。重点发展东兰墨米，靖西香糯，环江黑糯、香粳，忻城糯玉米，东兴红姑娘红薯，横县甜玉米，象州红米等。

"三免"技术：指的是水稻免耕抛秧、玉米免耕栽培和马铃薯免耕栽培等三项技术。

这是一项与传统耕作完全不同的节本增效轻型栽培技术，也是一种"轻松种地"的技术。水稻免耕是在未经犁耙的稻田上，经适当处理，直接进行水稻抛栽；玉米免耕栽培是在未经犁耙的田地上直接播种玉米，特别适宜石山区推广；冬季马铃薯稻草覆盖栽培是在未经犁耙过的稻田直接将种薯摆放上，然后加以稻草覆盖。"三免"技术"是粮食作物栽培中带方向性的重大技术革命，是农耕革命自主创新系列成果之一。"从2001年开始，广西不断创新完善该技术，在广西各地得到很好的推广。国内专家对广西推广免耕技术誉为五个"全国之最"：推广速度最快、实施面积最大、农民参与程度最高、技术创新最多、综合效益最好。

"三避"技术：指用塑料薄膜遮阳网、果实套袋、作物秸秆覆盖等简易设施对农作物"避大雨暴雨、避高温暴晒、避低温霜冻"的技术。该技术得到了国内外专家的肯定。2001年开始在广西逐步推广，基本上涵盖了广西主要经济作物和各生产环节。不管是桂西北的早春玉米，还是沿海盛夏的大棚花卉，抑或桂南套袋避虫的香蕉，"三避"技术对这些经济作物抵御自然灾害、提高产量、改良品质、调节上市时机等，均起到了重要作用。中国工程院院士、我国植物遗传学著名专家朱英国教授说："我对广西农业科技的这项创新十分认可，'三避'技术真正实现了农民增收和农产品的市场效益、生态效益的科技集成，它的推广应用必将对我国新农村建设发挥重要作用。把'三避'技术视为广西农业科技的第一号创新，一点都不为过！"

表 5-8　广西粮食作物总产量表

时　　间	粮食总产量/万吨
1950 年	432
1957 年	585
1978 年	1 082
1990 年	1 403
1997 年	1 669
1999 年	1 722
2000 年	1 661
2005 年	1 516.2
2007 年	1 396.6
2010 年	1 412.32
2011 年	1 429.93

经济作物：广西经济作物种类较多，其中以种植甘蔗、花生（油料作物）、木薯、蚕桑、茶叶、水果、蔬菜居多。

甘蔗是广西优势经济作物，近年的种植面积都在1 000千公顷以上，2011年达到1 091.6千公顷。近年糖料蔗平均总产量都稳定在7 000多万吨，2011年为7 269.96

万吨。蔗糖产量也连续多年在 700 万吨左右，2011 年为 720 万吨。至 2011 年，糖料蔗种植面积、原料蔗产量和产糖量均占全国 60% 以上，连续 19 年排全国第一。甘蔗成为八桂土地上的"糖罐子"。一些县市通过种植甘蔗，财政收入大增，农民的钱袋子也鼓了起来。如崇左市江州区就是靠种植甘蔗脱贫发展起来，其人均产蔗、产蔗糖居全国县市首位。

甘蔗是热带性经济作物，生长所需热量和水较多。北回归线横穿广西中南部，这里气候湿热，红色土壤富含甜蔗生长所需的多种矿物质，甘蔗生长环境得天独厚。目前，邕江至浔江流域区、南部沿海区、左右江流域区、红水河流域区、柳江流域区是广西甘蔗种植主要分布区。其中左江、邕江至浔江流域区是广西最重要的生产基地，甘蔗种植面积、榨糖能力在全区都占有较大份额。全国著名的制糖企业——贵糖（集团）股份有限公司就建在郁江的左岸。

为了发挥优势，扬长避短，保持制糖业稳定可持续健康发展，广西农业部门在深入调查研究的基础上，提出了发展广西蔗糖业新的生产思路和对策。

首先是稳定糖料蔗种植面积，变广种低产多收为少种高产多收。"十二五"时期，广西甘蔗种植面积稳定在 1 600 万亩，大力提高单产，以满足广西年产糖占全国总产量 60% 以上的需要。

其次，实施科技兴蔗的战略，大力推广高含糖量、高出糖率的糖料新品种，提高原料蔗含糖量。同时选择好田好地，推广使用现代化先进技术，扩大"吨糖田"种植。

再次，调整糖料蔗种植区域布局，糖料蔗生产逐步向经济相对较落后的桂西南、桂中转移，南宁市、来宾市、崇左市、柳州市等适当扩大糖料蔗种植面积，钦州市、北海市、百色市、贵港市、防城港市有选择地种植，河池市可增加新蔗区，而桂林、梧州、玉林、贺州等 4 市将逐步退出糖料蔗生产。并重点扶持 30 多个糖料蔗生产基地。

花生是广西重要的油料经济作物，是广西民众食用油的基本原料。广西气温高，作物生长期长，宜种花生的沙壤土和沙土面积广。今后在扩大种植面积同时，要注重深加工，要创品牌，力争改变总产量与产品市场占有率不匹配的现状，取得更好经济效益。

木薯是一种重要经济作物，用途广泛。除加工成干片、淀粉外，还可进行深加工，提高产品的科技含量和附加值，也是生物质能源的重要材料，其种植前景乐观。目前南宁市、崇左市、钦州市等种植木薯，经济效益已经渐现。2011 年木薯种植面积 237.50 千公顷，产量达 180.33 万吨。今后应加强在桂西南、桂东南、沿海的一些区域扩大种植。

茶叶，也是广西重要经济作物。白毛绿茶在全国也有一定知名度，并在国际上获过奖，销售海外。苍梧"六堡茶"名闻海内外。昭平将军峰茶形成了特色品牌。凌云县白毫茶久负盛名，乾隆时成为贡品，全国 21 个优良茶品种之一。现在该县是全国创建无公害茶叶生产示范基地。"八桂凌云"牌白毫茶、"浪伏牌"有机茶有一定知名度。改革开放30多年来,横县种植茉莉花茶享誉全国,该县茉莉花茶加工量占全国一半,被命名为"中国茉莉花之乡",西南地区最大的茶叶交易市场就在该县。茉莉花茶飘香国内外,财源滚滚来。南宁市、崇左市部分县区种植苦丁茶也收到了较好的经济效益。

广西属亚热带季风气候,种植亚热带、热带水果条件优越。加上重技术、重品种、重改良,水果种植得到很大发展。2011年果园面积970万千公顷,园林水果产量达943.81万吨,已经形成了一批水果生产基地,如容县、平乐、宜州、融水等沙田柚基地,博白、武鸣、大新、贵港、灵山等龙眼基地,南宁、防城港、钦州、宁明等菠萝基地,右江河谷(田阳、田东、右江区)芒果基地(全国最大芒果生产基地),防城港、藤县、北流、灵山、桂平、合浦等荔枝基地,浦北、玉林、南宁、灵山、崇左等香蕉基地,兴安、灵山、钦州、玉州、恭城、灌阳、阳朔、融安、富川、柳江等柑橘橙基地。其中传统大宗水果荔枝、龙眼、芒果、香蕉、菠萝、沙田柚产量继续保持全国前列的地位。白果(兴安、灵川)、月柿(恭城、平乐等)、板栗(隆安、东兰等)、核桃(河池、百色市)、南方梨(桂北地区)、夏熟葡萄(桂北地区)、两熟葡萄(桂中南地区)生产基地初步形成,并开始在全国崭露头角。时令水果如桂北、桂中地区种植的桃、李、杨梅、枇杷、枣,桂南地区如南宁、钦州、北海、防城港等生产的火龙果、番石榴、杨桃、青枣等已有一定的生产规模,市场前景看好。总之,水果的种植在广西农业经济中占有举足轻重的地位,水果生产已成为不少县的经济支柱产业和当地群众脱贫致富的主要门路。因此,各地要抓住中国东盟自由贸易区建成的历史机遇,选准互补优势品种,壮大生产企业,发展规模化经营,培育水果品牌,才能提高广西水果竞争力。

发展蔬菜业,大力种植蔬菜,是广西调整农业结构的结果。2011年广西蔬菜播种面积1 040.72千公顷,总产量2 246.4万吨。今后仍要利用调减的农作物耕地,秋冬闲田,种植有市场需求潜力的蔬菜品种,扩大优质蔬菜品种种植面积,发展优质蔬菜产品。特别是要针对北方市场的季节空当,根据各地的资源状况,通过调整蔬菜品种和种植期,做到秋菜上市延期,冬菜上市提前,满足北方市场的需求,进一步提高种菜的经济效益,让蔬菜业成为农村城郊百姓的"钱袋子"。如桂北、桂东、桂东南、桂中要继续注重秋菜的生产,桂东南、桂南、右江河谷、桂西、桂北、桂中继续巩固冬菜的种植。据统计,2010年,广西秋冬菜种植面积达1 319.81万亩,占全国"南菜北运"主产区(广东、广西、海南、云南)秋冬菜种植面积2 765万亩的47.7%,秋冬菜种植面积和产量均居全国第一,广西已建成全国最大的"南菜北运"生产基地。2011年,年输出秋冬蔬菜1 547万多吨。培育夏秋反季节蔬菜种植区域,如贺州、梧州、河池可栽种如白菜、茄瓜、菜豆等,玉林南部、钦州、北海可种植辣椒、萝卜、胡萝卜等,防城港生产芥菜、菜心、黄瓜等。同时,蔬菜生产要进一步规模化,推广无公害生产,进行商品化处理,走品牌营销策略,实行产供销一条龙服务。广西右江河谷一带、桂中武宣及宾阳一带、南宁市区及横县一带、贺州八步一带、玉林市、北海市、资源县等有成功的做法和经验。南宁、右江河谷、玉林、贺州八步、北海、横县等已成为广西南菜北运的重要基地。

○ 2010年百色蔬菜种植面积152.62万亩，产量达到253.19万吨，产值达到38.03亿元。这些蔬菜以外调为主，大白菜、西红柿、青椒、菜心、四季豆等多是当年10月至次年4月上市。目前百色已经形成了三大蔬菜种植区：一是右江河谷秋冬菜种植区，包括右江区、田阳、田东、平果等四县（区），涌现"田阳小番茄"、"田东甜椒"、右江区"福禄大肉芥菜"、"平果霸王花"等品牌。二是北部土山绿叶蔬菜及多年生蔬菜种植区。以绿叶类蔬菜为主，商品菜以八渡笋、生姜为主要特色产品，"田林八渡笋""西林生姜"成为产业化程度比较高，具有国际市场竞争力的名特优蔬菜品种。三是南部石山区蔬菜种植区。包括德保、靖西、那坡等三县，出现了"靖西大肉姜""德保指天椒"等地方名牌产品。

○ 为带动农民增加收入，引导农业追赶高科技，树立广西农业现代化成功典型，广西近年来陆续在全区投巨资（7亿多元）建设十大农业示范园区；即南宁心圩镇（2 000亩）的南宁现代农业科技示范园；田阳百育镇（8 500亩）的右江河谷现代农业实验区，在钦州尖山及兴港镇（7 200亩）的沿海现代农业实验区，来宾凤凰镇（9 000亩）的桂中现代农业实验区，宜州矮山乡（800亩）的桂西北现代农业实验区，贵港根竹（8 500亩）的贵港现代农业实验区，桂林雁山（1 200亩）桂林现代农业科技示范园，玉林名山及城西（1 000亩）的玉林现代农业科技示范园，苍梧大坡镇（2 000亩）的梧州现代农业科技示范园，贺州仁义镇（1 150亩）的贺州现代农业科技示范园。

食用菌被誉为21世纪的健康食品。近年来，由于原食用菌强省栽培原料资源短缺、种植成本上升，我国食用菌产业出现"北移西扩"的发展趋势。广西喀斯特地貌、亚热带气候和丰富的桑枝、蔗渣资源对食用菌生产提供了最佳天然条件。为做强、做大食用菌产业，2005年，自治区政府把发展食用菌产业列为"自治区重点支持的农业新兴优势产业"之一，由自治区农业厅组织实施。多年来，陆续引进、选育和推广一批名特优新品种。蘑菇"二次发酵"栽培、反季节栽培和代用料栽培等一项项新技术得到迅速推广，"蚕粪—蘑菇—桑园""桑枝—香菇、木耳种植"等10多种生态栽培模式不断创新。并引进扩建了数10家食用菌加工销售企业，年综合加工能力得到提高，推动了全区食用菌产业化发展。各地涌现了一批菇菌生产专业村和专业大户。阳朔县阳朔垌村采用山涧水浸润培育出的香菇不用化肥、农药，香气沁人，味道鲜美，全村年产香菇90万千克，产值400多万元，村民大都盖上了"香菇楼"；横县栽培食用菌面积扩大，产量产值增加。全州县绍水镇蘑菇质好价高，菇农效益明显。目前，广西食用菌生产已初步形成桂中、桂东南蘑菇种植区，桂北、桂西北香菇种植区，桂西木耳种植区，城郊珍稀菇种植区等产业带。全区食用菌行业从业人口20多万人，从事食用菌菌种生产经营的单位（大户）300多家。2011年食用菌总产量已发展到93万多吨。

2. 林业

在历史上广西曾有丰富的森林资源。但因乱砍滥伐、毁林开荒及山林火灾，所剩林木不多。新中国成立初期，广西森林面积少，森林覆盖率仅8.2%，成为缺林少材的省区。

20世纪70年代以来，广西大力开展人工造林、飞播造林、封山育林，林业迅速发展。"十一五"时期，更是广西林业发展最快的时期。到2011年，广西森林覆盖率已由2005年的52.7%提高至60.5%，森林总面积2.16亿亩。桂北、桂东、桂西北三大林区地位得到巩固，桂东南、桂南林区茁壮成长。林种结构调整工作已取得成效，经济林木自改革开放以来迅速发展，初步形成了年产油茶籽1 000吨的油茶（油茶，很好的经济林，贱生，也可成为退耕还林的主力军，前景广阔。右江、红水河一带应选种）基地10多个，年产桂皮500吨以上的玉桂商品基地县7个，年产八角500吨以上的八角基地县10多个。2010年，松香产量30万吨，占全国总产量40%以上，出口量20万吨，占世界松香贸易量的30%，在国际市场上占有重要地位。八角、茴油、肉桂等特色林产品产量稳居全国第1位。其中八角产量占全国的85%以上，茴油占全国的90%以上，肉桂占全国的50%以上。速丰生产用材林（速丰林）桉、良种松杉、竹子等种植面积扩大。人工林、经济林、速丰林、木材采伐指标限额、木材产量等指标都居全国第一位。以林浆纸一体化、木材深加工、林产化工、油茶、花卉、森林旅游等优势产业为主体的现代林业产业体系初步形成，并取得明显的经济效益。2010年，林产业总产值达1 277亿元。20世纪90年代以来，广西依托国有林场、自然保护区和森林公园的森林旅游总经营面积已超过54万公顷，年均接待游客超过100万人次，已成为林业新的经济增长点。不过，目前仅限于十万大山、姑婆山、大桂山、八角寨、龙胜温泉、良凤江、石门、大明山等地的开发，今后要加快开发力度，扩展开发范围，增加开发内容，由单一山水观光向多项目推进，全面考虑旅游六要素即宿食行游娱购在森林旅游中的特色。

今后，林业发展还要继续做好退耕还林的工作，宜林荒地的造林工作，注意防护林、水源林的保护管理扩种工作，加快建立速丰林、特色经济林、珍贵树种的选优培育基地，重视林下经济发展，做好森林旅游资源开发与保护生态环境的工作。

○"十二五"时期花卉产业布局：广西花卉产业将着重发展"一心、一带、四区、百村"区域布局框架。"一心"是中国—东盟国际花卉贸易集散中心；"一带"是西江"黄金水道"沿江花卉产业带；"四区"是北部湾现代花卉产业集聚区、桂北旅游观光花卉产业园区、桂西特色花卉产业园区和玉林海峡两岸花卉合作产业园区；"百村"是100个花卉生产专业村。

○2011—2020年，广西规划建设9个千百万亩特色经济林基地：一是在柳州、桂林、梧州、百色、河池、贺州等地建设千万亩油茶基地；二是在十万大山、六万大山、大瑶山、大明山、金钟山等区域建设百万亩八角基地；三是在玉林、梧州、贵港、崇左等地建设百万亩肉桂基地；四是在百色、河池等地建设百万亩油桐基地；五是在河池、百色、桂林和南宁等地建设百万亩板栗基地；六是在河池、百色等地建设百万亩核桃基地；七是在贺州、来宾、南宁、梧州、贵港、百色、柳州、桂林和崇左等地建设百万亩茶叶基地；八是在百色、南宁、柳州、桂林、玉林、贵港和来宾等地建设百万亩笋材两用竹基地；九是因地制宜建设4个百万亩热带水果基地。8个经济林加工"百亿元产业"包括重点打造油茶产品加工、八角产品加工、肉桂产品加工、油桐产品加工、板栗产品加工、核桃产品加工、木本药材加工、鲜果产品加工等。

3. 畜牧业

广西地处亚热带，山地丘陵面积广大，雨水丰富，具有发展畜牧业的良好条件。其中桂西山区，草坡草场多，产量高，气候温和，水源充足，牧草常长，牲畜越冬方便，是广西食草牲畜的主产区。东部地区种植粮食作物水稻多，粮食丰富，稻谷皮糠能为家畜、家禽提供饲料，是广西猪、禽的主产区。它们生产的禽畜已成为广西重要出口物资，畅销港澳及东南亚。随着城乡人民生活水平日益提高，所需肉蛋乳等食品大幅度增加，发展畜牧业前景广阔。目前，广西发展畜牧业要处理好如下几方面工作：一是继续提高畜牧业在农业经济中的比重，使畜牧业在农业经济中占有合理的比例；二是改变畜牧业生产单家独户的分散经营模式，形成规模化经营，向规模要效益；三是饲养户、大户及养殖基地要增强商品经济、市场经济意识，要遵循市场经济规律，要结合地方实际选择饲养的优良品种，以取得较好的经济效益。

当前，在稳定发展猪、鸡、鸭等大宗畜禽生产的同时，应着重饲养菜牛、奶牛、奶羊、山羊、兔等草食畜禽，尤其是奶牛要加快发展。2001年，全区存栏奶牛仅12 000多头。南宁市仅有3 000多头，产奶7 000多吨，每天20吨，可分装成8万瓶，而全市高峰期订量达25万瓶，难以满足需要。广西发展奶业空间巨大，目前广西有牛700多万头，其中水牛近460万头，把本地牛改良（人工授精、胚胎移植）为奶牛，对广西奶业工程有重要的意义。当前，桂林、南宁、武宣、来宾、北流、河池、上思、灵山等奶牛基地建设取得了较好效益。

○ 2009年，灵山县奶水牛存栏2.03万头，鲜奶产量6 400多吨，实现产值1.56亿元，居广西县级首位。"奶水牛养1头，油盐零花不用愁；奶水牛养5头，三年拔地盖新楼；奶水牛养10头，年年富得直冒油。"这是一首在灵山县广为传唱的民谣，是奶农发家致富的真实写照。

4. 水产业

广西有众多的江河，星罗棋布的山塘、水库和池塘，有利于淡水水产业的发展。改革开放以来，全区淡水产品产量大幅度提高，2011年达到129.7万吨。但淡水面积养殖利用率不高，今后要重视大中型水库的开发利用，要继续发展稻田养鱼，草鱼、鲢鱼、罗非鱼等大众鱼要稳定发展，要推广名特优品种中华鳖、毛蟹、本地塘角鱼、罗氏沼虾、彭泽鲫的养殖，同时抓好江河水产资源保护繁殖工作，恢复江河的生态平衡，要坚决制止急功近利的捕捞做法。

海水水产业是广西水产业的重头戏，2011年海水产品产量158.91万吨。由于广西沿岸浅海和滩涂广阔，可供养殖海产品种面积多，利用浅海、滩涂搞好海水养殖潜力巨大。因此，沿海地区要加大依靠科技、利用海水搞养殖的力度，发展对虾、青蟹、珍珠、文蛤、牡蛎、鲍鱼、海水名贵鱼类、中华鳖等养殖品种，提高海水养殖在海水水产业的比重。同时要合理利用北部湾优良鱼场的资源。海洋捕捞要注重依靠科技，更新捕捞设备，捕捞地或要逐步转向深海、外海和远洋，减轻近海捕捞强度，并在一定时节实行休渔禁令，防止海洋水产资源的衰竭，使海水水产业能稳定持续发展。

总之，广西养殖业要在原有基础上，根据市场需求和各方面优势条件，从本地资源和开发特色产品入手，逐步扩大经营规模，提高产品档次，组织产业群，形成区域性主导产业和拳头产品，走产业化道路。

截至2012年7月，广西水产畜牧业共有674家龙头企业，带动267万农户，占全区农户总数1/3以上。在674家龙头企业中，有101家年销售收入超亿元。其中有年销售收入65亿元的桂林市力源粮油食品有限公司、年销售收入38亿元的广西扬翔饲料有限公司、年销售收入21亿元的温氏集团广西分公司。据自治区水产畜牧兽医局提供的资料，梧州神冠公司的蛋白肠衣产量位居亚洲第一，广西桂柳家禽有限责任公司鸭苗生产供应量按单一企业统计位居全球第一，广西扬翔股份有限公司猪精生产供应量位居全球第一。水产畜牧业在广西大农业中已经成为产业化程度最高的产业，成为广西农业和农村经济的主要支柱和农民增收的重要途径。在龙头企业带动下，广西水产畜牧业良种化、规模化、产业化、标准化水平不断提高。广西奶水牛饲养量、水牛奶产量、近江牡蛎产量、琅德鹅种鹅饲养量名列全国第一，黄羽肉鸡产量、对虾产量排名全国第二，罗非鱼产量排名全国第三，家禽饲养量排名全国第四，龟鳖产量排名全国第六。龙头企业推动优势产品和产业集中度逐步提升，广西养殖业初步构建起"四带四区"发展格局——以沿海3市为主的优势水产品养殖带；以桂西北为主的亚冷水性鱼类特色渔业养殖带；以桂东南为中心的生猪、优质鸡养殖带；以桂西北为主的草食畜禽养殖带；以北部湾经济区为主的罗非鱼养殖区；以河池、百色为主的大水面网箱高效生态养殖区；以南宁、钦州、贵港、崇左为主的龟鳖养殖区；以大中城市城郊为主的奶牛养殖区。

（二）工业经济的发展

新中国成立前，广西工业经济非常薄弱。仅梧州、柳州有零星的家庭作坊式的手工业、小规模的食品工业、轻纺工业以及河池、百色等地有零星的采掘工业、冶炼工业。新中国成立后，经过60多年的发展，尤其是改革开放以来的快速发展，已逐步改变了工业落后的面貌，形成了门类比较齐全的工业体系，工业总产值至1998年达1 727.68亿元，比1950年增长476倍。至2011年，全区工业总产值达1.56万亿元。近年区内投资规模迅速扩大，一大批项目纷纷完工，各门类工业生产能力不断提高，并培育了一批具有地方特色的工业支柱产业和优势产业及一批有特色的产品。目前正在积极推进工业化进程，不断提高工业化水平，以实现广西从农业省区向工业省区的历史性飞跃。

1. 以制糖为主的食品工业

制糖业是广西食品工业最大行业。广西种蔗制糖历史悠久，有"蔗糖之乡"之称。新中国成立后，制糖业发展较快，改革开放以来，制糖业飞速发展，1980年产糖40万吨，1990年产糖138.64万吨，1992年产糖214.18万吨，从此广西糖产量一直保持全国第一。1999年产糖397.5万吨，实现工业产值101.96亿元。2011年产糖702万吨，实现工业产值600多亿元。贵糖榴花牌、柳州凤糖网山牌、南糖云鸥牌、来宾迁糖QT食糖名闻区内外。广西成为全国最大的糖业生产基地，制糖业成为广西经济的支柱产业、优势产业、主导产业及地方财政的主要财源。

至2011年，广西有制糖企业103家，糖业集团31家，年产糖量超过50万吨的集团8家。贵糖（集团）股份有限公司（贵港市）是全国著名的制糖企业，其糖蔗综合利用居国内先进水平。南宁糖业股份有限公司（南宁市）股票已获上市谋求更大的发展。柳州市凤山糖业集团有限公司的组建也产生规模经济效益。南华糖业有限公司（民营企业）与崇左市部分糖厂进行联合，英资博庆公司与河池市一些糖厂联合，都取得良好效果。来宾市的糖厂组建以来宾迁江糖厂为核心的迁江糖业集团，以英资博华糖业公司为中心的博华糖业集团。贵糖与迁糖、凤糖还进行优势互补的项目合作。这种制糖企业强强联合共谋发展，把糖业做大做强，有利于入世后广西蔗糖业竞争力的提高，有利于蔗糖业的持续稳定发展。

○ 今后，制糖业发展要巩固发展优良品种原料蔗，加快糖料蔗收获的机械化，充分依靠科技，加快做好精制糖及深加工、糖业综合利用如蔗渣、糖蜜、滤泥、蔗叶蔗梢的利用和糖业循环项目建设，拉长产业链，拓宽产业带，不断提高制糖业的经济效益和竞争力。重点发展制糖规模50万吨以上或综合利用潜力高的制糖企业集团，如南华糖业集团、南宁东亚集团、农垦糖业集团、凤糖生化集团、南宁糖业、来宾东糖、永鑫华糖、英糖、永凯糖业等。大力培育大型企业集团。鼓励和支持现有制糖企业（集团）进行深层次联合，组建规模更大、实力更强的糖业集团。鼓励多种所有制形式的企业共同发展，平等竞争。鼓励和吸引民营资本、外资以各种适合形式参与糖业结构调整，推进企业的强强联合、以大带小，促进投资主体多元化。要积极推进制糖企业与食糖流通企业、大型物流企业结盟，建立农工贸结合的大型糖业集团，实现农工贸、产供销一体化经营。培育几个年产糖量100万吨以上、产糖量占全区70%以上、分工专业化、经营集约化的企业集团。同时要处理好企业与农户的利益关系。

此外，广西的罐头、酿酒、饮料、卷烟、海产品等食品工业也有了长足进步。立足本地丰富资源而生产的南宁亚热带果菜、荔浦芋扣肉、桂林马蹄、梧州肉类等罐头食品很有地方传统特色，畅销已久。桂林三花酒、桂平乳泉酒、德保蛤蚧酒、全州湘山酒、南宁万力啤酒、桂林漓泉啤酒、南丹丹泉酒、陆川茶花山矿泉水、巴马丽琅矿泉水、梧州龟苓膏、田东增年牌山茶油、巴马莫老爷牌山茶油等区内外已有一定的知名度。南宁真龙系列香烟和柳州甲天下系列香烟也有一定的市场占有率，销路不错。容县黑五类系列食品已深入千家万户。南宁皇氏"甲天下"乳制品已有一定规模。食品业今后要重视有地方特色的果汁饮料、蔬菜加工、调料品等开发。北海的鱿鱼、海参、沙虫、虾米、鱼翅等海产品誉满海内外。加强对对虾、罗非鱼、海水珍珠、大蚝和玉桂、八角的精深加工，提高产品的附加值。

○ 湘山酒是全州地方特产，是我国小曲米香型白酒的代表之一。它选用本地优质大米为原料，选用特制的纯种根霉白曲为糖化发酵剂，采用传统的酿造工艺生产。湘山酒清亮透明、蜜香清雅、入口绵甜，回味怡畅，具有"饮后不口渴，醉也不上头"的优良品质。湘山酒的发展历史深远，史料记载，宋代知府范成大撰写的《桂海虞衡·志酒》中有："燕西有金兰山，汲其泉以酿，及来桂林，而饮瑞露，乃尽酒之妙；声震湖广，则金兰之胜，未必能颉颃也。"比范成大稍后的周去非，在《岭南代答》中也记录了这里酿酒的状况："广右无酒禁，公私皆有美酒，以帅府瑞露为冠。风味蕴藉，似备道全美之君子，声震湖广。"

2. 以铝为主的有色金属工业

有色金属产业是重要的基础原材料产业，产品种类多、应用领域广、产业关联度高，在经济建设、国防建设、社会发展以及稳定就业等方面发挥着重要作用。广西是全国重点有色金属产区之一，有色金属资源丰富，其中锡、锑、钨、铝、铅、锌等矿种探明储量在全国居重要位置，素有"有色金属之乡"的美誉。

改革开放以前有色金属工业发展较慢。改革开放以来，有色金属工业迅速发展，并已走在国内省区的前列，形成了以铝、锡、锌为主兼锑、铟，包括地质勘探、设计施工、科研生产、教育等配套齐全的有色金属工业体系，是全国著名的有色金属工业基地。10种常用有色金属总产量，2009年达110万吨，居全国第九位，工业总产值达503亿元，并初步形成了以百色平果铝、银海铝、华银铝、信发铝为主包括隆林铝、那坡铝、田阳铝在内的铝冶炼基地和以百色为核心地而辐射南宁、来宾、河池等地的铝材深加工基地，以来宾冶炼厂为中心的锡冶炼基地，以柳州锌品股份有限公司为中心的锌冶炼基地，以河池市为中心的锑冶炼及加工基地，以金城江冶炼厂为主的铅锑冶炼加工基地。还创立了一批名优产品，畅销国内外市场，如柳州华锡集团的（广西有色金属公司)金海牌锡锭,平桂矿务局(钟山县)的飞蝶牌锡锭,柳州锌品股份有限公司的三角牌锌锭,南宁铝厂的南南牌铝材。

○ 今后要充分利用本区丰富的水电资源,加快有色金属工业的发展,大力发展氧化铝、电解铝;重点发展高纯铝,高精度铝板带箔,中高档建筑型材、工业材,铝轮毂,铝合金铸件,电线电缆等精深加工;积极发展铝土矿中伴生价值高的镓、钛、铁等多种金属的综合利用。同时,重点发展精炼锡、氧化锡等锡化工产品,精炼锑,氧化锑,高纯铟及铟的各类化合物、高新技术材料,锌合金、超细锌粉、无汞锌粉、纳米氧化锌、超细氧化锌、彩管玻壳氧化锌、氧化锌晶须等锌深加工产品,及铜、钽、铌等金属冶炼及深加工。把百色打造成全国乃至亚洲的铝工业基地,河池打造成中国西部有色金属基地。另外,利用海外资源发展再生铜、铜冶炼及铜深加工。支持有条件的企业采取高效、低耗、低污染的工艺装备,建设若干年产30万吨以上的再生铜、铝生产线,形成回收、拆解、分选、熔炼和深加工体系,提高资源综合利用能力。

3. 以工程机械为主的机械制造业

新中国成立前,广西机械工业十分落后,无独立的机械制造业。新中国成立后,在党和政府大力支持下,机械工业迅速发展,成长壮大。现已形成以工程机械、电工电器、石化通用机械、农业机械和机床工具五个行业为主,以及仪器仪表、重矿机械、机械基础件、食品及包装机械、其他民用机械等行业在内的较为完整的产业体系。2011年,广西机械工业完成产值过千亿元。

在广西众多的机械工业企业中,产销较大,有竞争力的企业主要有:玉柴机器股份有限公司、柳工机械股份有限公司、柳州五菱柳机动力有限公司、玉柴工程机械有限责任公司、桂林橡胶机械厂、桂林机床股份有限公司、南宁五菱桂花车辆有限公司、钦州力顺机械有限公司、桂林电力电容器有限责任公司、桂林国际电线电缆集团、北海银河高科技股份等。目前,广西机械工业企业的一些优势产品和名牌产品已有较高的市场占有率,畅销区内外,并大量出口。中国工程机械行业的领军企业柳工集团,其主要产品包括装载机、挖掘机和压路机等,其中装载机销量居全国第一、世界第二。电工电器、石化通用机械、农业机械和机床工具等行业也拥有一些较具竞争优势的企业和产品,桂林橡胶机械厂硫化机销量列全球第一,桂林机床股份有限公司生产的数控龙门系列、数控床身系列铣床等产品是国家重点支持的高科技新产品,南宁五菱桂花车辆有限公司、钦州力顺机械有限公司的产品畅销东南亚市场,玉柴生产的各种规格的柴油发动机是国内汽车、工程机械、农业机械的首选配套动力,连续多年销量居国内同行首位。玉柴国际股票在美国纽约主板上市。柳州欧维姆预应力技术全国领先,柳空压缩机的国内市场竞争力也较强。

○ 今后,广西机械工业要加强对传统机械生产行业进行技术改造,提高技术装备水平,大力提高机械工业自主创新能力。在工程机械产业上,要扩大轮式装载机、液压挖掘机、振动式压路机、预应力锚固体系等工程机械的生产规模,大力发展工程机械零部件。其他机械产业上,要重点发展橡胶机械、数控机床、输变电设备、压缩机、数显量具、糖业设备、甘蔗机械、节水灌溉设备、农产品精深加工设备、港口机械、船舶机械等。以柳州为中心,依托广西柳工集团,辐射玉林、桂林,建设工程机械产业集群。加快建设桂林机床、桂林橡胶机械生产基地和桂林、柳州、北海电工电器生产基地。培育一批以名牌产品为核心、主导产品优势突出、拥有自主知识产权、核心竞争力强、在行业中有支撑和带动能力的大型企业集团。充分发挥广西作为中国—东盟自由贸易区门户的区位优势,扩大农机产品、机床等价格优势突出、技术水平适用、东盟国家需求量较大的机械产品出口。

4. 以微型汽车为主的汽车产业

广西生产汽车的历史始于20世纪60年代末。近十多年来,尤其是"十五""十一五"时期,广西汽车工业得到了快速的发展,目前已形成了包括载货车(重、中、轻、微型)、客车(大、中、轻、微型)、微型轿车、农用运输车整车制造业,车用内燃机制造业,汽车零部件制造业等较为完整的产业格局,成为广西工业最具实力、最具发展潜力的支柱产业。汽车产业的企业分布在南宁、柳州、桂林、梧州、北海、玉林、钦州、河池、百色、贵港、崇左、来宾、贺州等13个市,主要企业集中在柳州、玉林、桂林、南宁4个市,4市占全区汽车工业经济总量98%以上。2011年,广西汽车产业总产值达1 401.08亿元,居全国第14位。汽车总产量达142.35万辆,其中轿车8.87万辆,居全国第7位。

柳州市是广西汽车工业的主要基地,有汽车整车及零部件生产企业415家,从业人员5.6万人,2011年汽车工业总产值达1 025.05亿元。主要企业有:上汽通用五菱汽车有限责任公司、东风柳州汽车有限公司、中国一汽集团柳州特种汽车厂三大整车生产企业。另外还有柳州五菱专用汽车制造有限公司、柳州市汽车改制厂、柳州延龙汽车有限公司等专用车、改装车生产企业,主要产品有:自卸车、加油车、混凝土搅拌车、洒水车、半挂车、货柜车、冷藏车、保温车、旅游观光车、垃圾车等系列产品。整车制造业快速发展的同时,也带动了一批汽车零配件企业的发展。柳州五菱汽车有限责任公司、广西方盛实业股份有限公司等为上汽通用五菱、东风柳汽专业化、系统化配套的有较强实力的企业,再加上一些专业化配套企业,初步形成了围绕三大整车企业配套的产业集群。目前,柳州已同时拥有上汽、一汽、东风、重汽等国内4大汽车集团整车生产基地,培育出"五菱""乘龙""霸龙""风行""景逸"等具有自主知识产权的全国知名品牌,成为我国7大汽车生产示范基地之一,也是我国12个"国家汽车及零部件出口基地"之一。柳州还有多家企业顺应发展潮流,积极进军新能源汽车领域,为柳州汽车产业的发展注入了新鲜血液。

玉林市与汽车有关的主要企业有广西玉柴机器股份有限公司。该公司是国内最大的中、重吨位车用柴油发动机生产企业。围绕柴油机配套的还有广西玉柴机器配件制造有限公司、广西福达机电制造有限公司、广西中环机械等企业，配套生产曲轴、动力转向油泵、汽车电机、连杆、活塞环等零部件。

桂林市主要有桂林客车工业集团公司，该公司下属桂林大宇客车有限公司、桂林客车发展有限公司、桂林桂联客车工业有限公司三家企业。其中桂林大宇客车有限公司是桂林客车工业集团公司与韩国大宇汽车公司的合资公司。

南宁市的专用车生产企业有南宁专用汽车厂、南方五菱桂花车辆有限公司，主要产品有垃圾车、垃圾转运车、吸粪车、洒水车、自卸车、混凝土搅拌车等系列产品。零部件生产主要企业有南宁八菱汽车配件公司、南宁市汽车配件一厂等企业，主要产品有汽车散热器、油箱、汽车灯具等。

生产低速货车的城市有柳州市、贵港市、河池市、南宁市、钦州市，主要企业有贵港市五菱福达车辆有限责任公司、河池车辆有限责任公司、南宁五菱桂花车辆有限公司、柳州桂泰车辆有限责任公司、钦州中力机械有限责任公司、柳州桂龙车辆有限责任公司等。

○ 目前，广西汽车工业形成了以四大整车企业为主的生产格局：一是上汽通用五菱汽车股份有限公司，生产的产品包括商务用车、微型厢式客车、微型双排货车、微型单排货车、轿车五大系列共210多个品种车型。2003年年底在国内首先推出了雪佛兰品牌轿车，填补了广西轿车生产的空白。2008年拥有自主知识产权新型豪华轿车下线。二是东风柳州汽车有限公司。它是东风汽车公司的控股子公司，也是东风汽车公司在南方重要的载货汽车和轻型乘用汽车生产基地。东风柳汽的产品主要是：中、重吨位载货卡车（包括自卸车系列、牵引车系列、载货汽车系列、仓栅车系列等产品）及面向公务、商务和休闲旅游用车市场的新一代多功能轻型车——东风"风行"商旅车。目前，东风柳汽已形成年产"东风"和"乘龙"商用车、"风行"乘用车数万辆的生产能力。三是一汽集团柳州特种汽车厂，它是中国第一汽车集团公司的全资子公司。生产各种解放系列改装汽车产品151个品种，主导产品为自卸汽车。拥有轻、中、重型不同吨位的各种轴距、不同长度车厢型号的载货汽车、自卸汽车。还生产各种型号的客车底盘、半挂车牵引车、压缩式垃圾车、厢式车、禽畜运输车、车辆运输车等特种车辆，目前已形成数万辆生产能力。四是桂林客车工业集团公司：它是广西公路客车最大的生产企业，也是国家"十五"规划中要重点扶持的企业。公司主要生产经营中高档的大、中、轻型公路客车、城市公交、豪华旅游客车及机关团体用车。目前，公司已具备数千辆各类客车的生产能力。

○ 今后，广西汽车产业要抓住上汽、东风、一汽及通用、雷诺、日产等国内外著名汽车集团齐聚柳州的机遇，加快发展整车，突出发展高附加值的中高档轿车，巩固和扩大微型汽车、车用内燃机的优势地位，做大做强中重型载货汽车、大中型客车，发展低速汽车，大力发展汽车零部件，并形成汽车产业带，同时做宽产业带，带动上游冶金、有色、化工、建材、电子和下游贸易、维修、服务等相关产业的发展。

5. 以炼油为主的石油化工产业

新中国成立前，广西石油化学工业是一片空白。广西石油开采炼制始于1961年田东县的两个小油田。1984年田东县炼油厂正式投产，这是广西第一座正规炼油厂，生产汽油、柴油、煤油等。1990年6月份，田东炼油厂开始生产液化气。至21世纪初，广西石化产业规模仍然偏小。广西石化产业发生大的发展变化是从"十一五"规划时期石化大项目在沿海建设开始的。

2006年12月30日列入国家"十一五"炼油发展规划、建设规模为1 000万吨/年炼油能力、总投资约153亿元的中国石油广西石化千万吨炼油项目在广西钦州港经济开发区举行启动奠基仪式。2008年起该项目陆续投产，生产汽油、柴油等轻质油以及液化石油气、聚丙烯等石化产品。同时，北海炼油异地改造石油化工（20万吨/年聚丙烯）项目、涠洲岛30万吨原油码头及配套工程、北海320万方原油商业储备基地、北海至南宁成品油管道工程、钦州泰兴石油化工有限公司工业白油及溶剂油项目、玉柴石油化工有限公司20万吨/年溶剂油项目、钦州桂金诺磷化工有限公司年产30万吨食品级磷酸技改扩建等大项目开工建设。2010年，田东锦盛化工有限责任公司20万吨/年离子膜烧碱、20万吨/年聚氯乙烯项目，柳州化工集团有限公司20万吨/年离子膜烧碱、20万吨/年聚氯乙烯项目，桂林东方肥料有限公司60万吨/年高浓度尿基复合肥技改项目，梧州市联溢化工公司年产15万吨烧碱项目，还有南宁化工、明阳生化、柳州化学集团、鹿化公司等重大技改项目均建成投产。2010年，规模以上化工企业有629家、总产值为804.9亿元。基本形成了北部湾沿海石油化工、桂中化肥化工、桂南氯碱及精细化工、桂北橡胶化工四大石油和化学工业基地雏形，行业总体规模快速扩大，已形成炼油、化肥、农药、氯碱、橡胶、磷化工、林产化工等20多个行业的石油和化学工业体系，成为广西重要支柱产业之一。2011年石油化工产业产值超过千亿元。

6. 以水电为主的电力工业

广西电力工业开始于1909年。至1949年，广西仅有小型电站32座，总装机容量仅1.02万千瓦，年发电量只有2 700万千瓦时，人均用电仅1.5千瓦时。供电范围有限，农村几乎无法用上电。

新中国成立后，广西采取"水电为主，火电为辅，大中小并举"的电力建设方针，先后建成一批中小型水电站和火电站（厂），电力工业得到初步发展。改革开放以来，广西又集中力量加快开发"水电富矿"红水河梯级电站，建成多个大型水电站，一些火电站（厂）也扩建或新建完工，电力工业快速发展。至1998年年底，广西发电装机容量达610.56万千瓦（水电375.28万千瓦，火电235.28万千瓦），社会用电量达273.58亿千瓦时，发电装机容量和人均用量比1949年分别增长596.58倍和388倍。

2011年，广西发电装机容量达 2 690 万千瓦（水电 1 500 万千瓦，火电 1 185 万千瓦，风电 5 万千瓦），发电量 1 057.4 亿千瓦时（水电 415 亿千瓦时，火电 642 亿千瓦时，风电 0.1 亿千瓦时）社会用电量达 1 112 亿千瓦时。电力工业已成为广西基础产业和支柱产业，在广西经济建设和百姓生活中发挥重要作用。

与此同时，随着低中高压输电线路和变电站的建成，区内电网覆盖全区，广西已实现了乡镇 100% 通电，行政村 95% 以上通电，绝大部分农户用上电；并实现了与云南、贵州、广东的联网运行，形成了南方区域性大电网。广西成为西电东送的基地。

目前，广西已建成的电站（厂）主要有：郁江上的西津水电站、贺江上的合面狮（八步）和龟石（钟山）水电站、龙江上的拉浪等梯级电站（宜州）、融江上的麻石水电站（融水）、红水河上的天生桥一级水电站、天生桥二级水电站（隆林）、岩滩水电站、大化水电站（大化）、百龙滩水电站（马山）、乐滩（忻城）水电站、龙滩水电站（天峨）、平班水电站（隆林）、桥巩水电站（来宾）、浔江上的长洲水电站一至四期、右江上的百色水电站。建成的规模容量大的火电厂有合山火电厂、田东火电厂、柳州火电厂、来宾火电厂、桂林火电厂、盘江火电厂（贵州境内）、防城港火电厂、贵港火电厂、钦州火电厂、百色火电厂、北海火电厂、南宁火电厂。黔江上的大藤峡水电站、防城港红沙核电厂在建。今后，电力工业要继续优先发展水电，适度发展火电，积极发展核电、风电和其他电源，充分发挥各种电源的互补性。重点建设 500 千伏、220 千伏、110 千伏输电线路、变电站，提高电网运行稳定性，形成以水电、火电为主，以 500 千伏、220 千伏、110 千伏电网为骨干电网的产业格局。

广西红沙核电站项目规划建设规模 600 万千瓦。总投资 690 亿元，整体设计，分期建设。一期工程规模为 200 万千瓦，总投资约 250 亿元，由中国广东核电集团有限公司、中国电力投资集团公司、广西投资集团有限公司共同出资建设。工程列入国家"十一五"建设规划，2006 年开展现场准备工作，2008 年具备开工条件。2010 年 7 月正式开工。防城港核电站一期工程采用中广核集团自主品牌的中国改进型压水堆核电技术—CPR1000，建设两台单机容量为 108 万千瓦的压水堆核电机组，设备国产化比例高达 80% 以上。

○ 核电与水电、火电一起构成世界电力的三大能源支柱，核电是一种经济、安全、高效的能源，温室气体排放极其低下，具有容量大，波动小，经济性强，成本低等特点的清洁能源，可有效缓解能源短缺。防城港临海的区位优势，充足的淡水和冷却水资源，稳定的地质生态气候，人口密度小等诸多条件，成为核电站建设前期区位条件。防城港核电站建成后每年可为北部湾经济区提供 150 亿千瓦时安全、清洁、经济的电力，拉动全社会总产出增长约 142 亿元，创造总就业岗位 10 万多个，将有力促进广西社会经济发展。

7. 以钢铁为主的冶金产业

新中国建立前，广西钢铁锰业十分落后。生铁产量少，采锰矿数万吨，没有锰矿加工业。广西钢铁工业始于1958年。改革开放前，钢铁工业生产能力有限。1982年后，钢铁业得到初步发展，产品种类规格增多。21世纪初主要产品有：炼钢、生铁、铸造生铁、钢、中板、薄板、中小型材、线材、无缝管和焊接管等钢材；高炉锰铁、电炉锰铁、锰硅合金、硅铁、钒铁和电解金属锰等铁合金；化工锰粉、电池锰粉、碳酸锰粉、硫酸锰及电解二氧化锰等高新技术产品，一些产品如钢材、铁合金、硫酸锰还出口。钢铁锰业较有名的企业有：柳钢、防城钢铁项目、中信大锰公司、新振锰业、八一锰矿冶炼厂、大新锰矿、木圭锰矿、桂林铁合金厂、八一铁合金厂等。2010年钢锰冶金产业产值超千亿元。

○ 今后应加快柳钢产业结构调整，加快建设防城港钢铁基地，促进广西钢铁产业优化升级；依托资源优势，建设我国重要锰业基地。钢铁方面，做大做强钢铁冶炼；保持建筑长材优势，重点发展以热轧板卷、冷轧板卷、热镀锌卷、彩涂卷为主的精品薄板和优质碳素钢、低合金结构钢、汽车板、管线钢等精深加工。锰业方面，改造提升采选冶产业，主要发展锰系铁合金；重点发展电解金属锰、电解二氧化锰、铁氧体软磁材料及电器元件、不锈钢、无汞碱锰电池及锂锰二次电池、四氧化三锰等精深加工。

8. 前景广阔的建材业

广西有丰富的建筑材料，石灰石、石英砂、石膏、滑石、高岭土、膨润土、大理石、花岗岩储量大，品位高，为建材业发展提供了物质基础。至今，广西已形成以水泥、建筑卫生陶瓷、石材、平板玻璃等为代表的门类齐全的建材工业体系。1998年建材业实现总产值110亿元，比1978年增长18倍。高标号水泥、釉面砖、墙面砖、平板玻璃、卫生陶瓷、水泥制品（压力管、排水管、电杆）、滑石制品、大理石及花岗岩板材、装饰材料等产品均有一定的生产规模，有些被定为优质产品、名牌产品，畅销国内外市场。主要建材工业企业有：柳州水泥厂、黎塘水泥厂、南宁平板玻璃厂、河池广驰企业集团公司等。其中柳州水泥厂建于1958年，属国有大型企业，所产水泥产品大多出口。南宁平板玻璃厂建于1984年，是国内第三座现代化大型平板玻璃生产企业，设计能力年产平板玻璃120万标箱。今后要重点发展旋窑干法水泥、水泥制品、浮法平板玻璃、建筑卫生陶瓷等，加快发展滑石、石灰石、大理石、花岗岩、重晶石等开采及深加工，支持华润、海螺、台泥、鱼峰水泥大企业在广西的发展。

○ 9. 其他产业

（1）林浆纸产业。依托丰富的林、竹、蔗渣等资源，大力发展林浆纸一体化产业，加快发展各类文化生活用纸及纸制品，积极发展家具制造。如斯道拉恩北海年产90万吨浆和90万吨纸；金桂林浆纸钦州年产浆纸180万吨浆和310万吨纸；理文造纸梧州年产60万吨纸；柳州年产50万吨竹浆纸。钦州、北海、梧州形成林浆纸产业群，柳州竹浆纸产业，桂南、桂中形成蔗渣浆纸产业和桑枝纸等包装纸产业群。

（2）医药产业。大力发展心脑血管、糖尿病、抗肿瘤、抗病毒、提高机体免疫功能、速效药物、中药提取物等现代中药；重点发展青蒿琥酯、紫杉醇、喜树碱、左旋多巴、氨基酸等化学药、化学原料药及制剂；培育发展血液制品、基因工程、细胞工程、酶工程等生物制药。

（3）电子信息产业。重点发展电子信息产品制造、软件、通信设备、数字化产品、集成电路与新型电子元器件、信息设备等产业。

（4）新材料产业。重点发展轻质、高强、高韧和耐高温、耐腐蚀的铝及铝合金材料，高分子结构材料，复合材料等高性能结构材料和功能陶瓷材料，液晶材料，金属基复合材料，储能材料，功能晶体材料，稀土材料，超硬材料，磷酸钛氧钾、氧化锌、超细粉非金属矿物、超细锌粉等新型功能材料。

（5）海洋生物产业。重点发展甲壳素酶解法生产壳聚糖及衍生物，珍珠深加工产品，海洋植物资源综合利用，海洋抗癌、抗病毒类药物及治疗心脑血管疾病药物和保健品。

（6）环境保护产业。重点发展工业废水、城市污水处理专用设备，城市垃圾无害化处理专用及配套设备，机动车船内燃机尾气净化装置，工业废气净化装置，节能节水设备，以及共生、伴生矿产资源的综合利用和废旧物资的回收再利用，海水淡化应用工程，微生物技术处理有机废水。

（三）生机勃勃的旅游业

旅游业是利用风景名胜、文物古迹、风土民情等旅游资源和各种旅游设施为满足游人各种不同旅游目的而提供服务的一个独特的社会经济部门，有"无烟工厂"之称，是朝阳产业。广西旅游资源极丰富，旅游业是广西的一大优势产业和特色经济。

改革开放以来，广西加快发展旅游业，旅游业已初具规模。全区旅游景区（点）达400个以上（含国家5A、4A、3A、2A旅游区或点），初步形形成了以桂林为龙头，桂林—柳州—南宁—北海（防城港）为黄金旅游带，桂北、桂南、桂东、桂西四大旅游经济区的新格局。大多数县市发展了旅游业，其中一些县市成为重点旅游县市。截至2012年年底，广西已有国家A级旅游景区175家，其中3家5A景区（桂林漓江、桂林乐满地休闲世界、桂林独秀峰和王城）、88家4A景区、69家3A景区、15家2A景区。桂林、南宁、北海、柳州、玉林、梧州、钦州、贺州、百色、桂平、凭祥、宜州等市相继获得"中国优秀旅游城市"称号；兴安、阳朔、资源、龙胜、荔浦、容县、东兴等荣获"广西优秀旅游城市"称号。据统计，2010年入境旅游人数达到250.24万人次，旅游外汇收入8.07亿美元。国内旅游者达14 073.5万人次，收入898.31亿元。全区旅游总收入952.95亿元，占全区国内生产总值10%。旅游业作为广西新的经济增长点和支柱产业之一已呈现出效益，广西旅游业的发展与自身旅游资源优势和区位优势不相称的状况得到明显改善。

截至2013年,全区有国家级重点风景名胜区3处,即桂林漓江风景名胜区(含桂林市、阳朔县、兴安县等)、桂平西山风景名胜区、花山风景名胜区(含宁明、龙州、江州、大新、凭祥等县市区)。全区有自治区级风景名胜区30多处、国家级旅游度假区1处(即北海银滩旅游度假区),自治区级旅游度假区9处、国家级森林公园20处、自治区级森林公园10多处、国家级重点文物保护单位40多处、自治区级重点文物保护单位近300处。国家级水利风景区有大王滩、澄碧湖、星岛湖、德保鉴河4个,省区级水利风景4个,世界地质公园1个(乐业—凤山地质公园),国家地质公园多处,国家级海洋公园1个(茅尾海)。

○ 随着旅游业的发展,广西旅游产品也从单一的观光产品向观光、度假、休闲和专项、特色产品相结合的多类产品发展,并适时推出重要旅游线路,争创旅游名牌、旅游精品。如桂北山水民俗旅游线(桂林—阳朔—荔浦—灵川—兴安—资源—龙胜—三江—融水—柳州—金秀—恭城)、南国边关风情旅游线(南宁—崇左—宁明—凭祥—龙州—大新—隆安)、环北部湾边境旅游线(南宁—防城港—东兴—钦州—北海)、桂东历史文化宗教名胜旅游线(南宁—桂平—梧州—容县—北流—玉林)、邓小平足迹和奇山秀水寿乡旅游线(南宁—平果—田东—田阳—百色—巴马—凤山—东兰—大化)、桂东民族风情旅游线(桂林—钟山—贺州—富川)、刘三姐故乡壮族风情旅游线(桂林或南宁—柳州—宜州)等。

"十二五"时期广西旅游发展格局

(1)一个龙头:充分发挥桂林旅游的龙头带动作用。

(2)二条旅游发展带:重点建设桂林—柳州、来宾—南宁—北海、钦州、防城港南北旅游发展带和梧州、贺州—贵港、玉林—柳州、来宾—南宁—崇左、百色、河池西江(东西)旅游发展带。

(3)三大国际旅游目的地:打造大桂林、北部湾、红水河流域三大国际旅游目的地。

(4)四大旅游集散地:建设南宁、桂林、梧州、北海四大旅游集散地。

(5)五大旅游品牌:继续培育桂林山水、北部湾浪漫滨海、中越神秘边关、巴马长寿养生、刘三姐民族风情等五大旅游品牌。

(6)六条旅游精品线路:整合推出桂东北山水精华游、中越边关探秘游、北部湾休闲度假游、少数民族风情游、世界长寿之乡休闲养生游、桂东祈福感恩游六条旅游精品线路。

(7)七大旅游发展区:将桂林国家旅游综合改革试验区、南宁凤亭国际生态文化旅游区、左右江红色旅游区、河池生态养生旅游区、北海涠洲岛旅游区、中越国际旅游合作区和桂台(贺州)客家文化旅游合作示范区作为广西旅游发展重要基地,不断探索跨越式发展的新路子。

（8）九大旅游产品：开发提升游览观光、休闲度假、宗教历史文化体验、长寿养生、民族民俗风情、康体运动、红色旅游、会展商务、乡村旅游等九大特色旅游产品。

德保鉴河国家水利风景区位于德保县境内鉴河流域。风景区西起鉴河源头都安乡三合村三合水电站，东至城关镇那龙水电站下游流域段，东西贯长23.3千米，总面积约4.8平方千米，总投资2.08亿元。该景区是以鉴河流域喀斯特自然生态景观以及丰富多彩的壮乡民俗特色风情为背景，以鉴河曲折蜿蜒的优美造型、丰富多样的河道空间变化、世外桃源般的田园美景为特色，集休闲度假、游览观景、民俗体验、水上活动、自然保护与科普教育为一体的具有区域特色的综合型水利风景区。

与此同时，住、食、购、娱、行等各项服务和机构也得到迅速发展。截至2011年，全区共有星级饭店443家（1～5星级），其中五星级12家，即广西沃顿国际大酒店、南宁市邕江宾馆、南宁市桂景大酒店、广西红林大酒店、柳州饭店、桂林喜来登饭店、桂林帝苑酒店、兴安乐满地度假酒店、桂林漓江大瀑布饭店、阳朔碧莲江景大酒店、北海香格里拉大饭店、钦州白海豚国际酒店。四星级57家。国际、国内各种旅行社400多家，旅游客车3 360多辆，游船700多艘，旅游车船基本能满足游客的需要。

此外，与旅游业同属第三产业的现代商贸流通业等也得到较快的发展。如南宁百货大楼、利客隆超市、梦之岛购物中心、华联超市、桂林市微笑堂等大大活跃了商品交流，满足了百姓的需求。

（四）非公有制经济的发展

改革开放以来，广西个体、私营等各种形式的非公有制经济得到较快发展。据统计，截至2010年年初，广西共有个体工商户130万户，共有注册资金303.6亿元，从业人员221.6万人。私营企业116 433户，注册资本1 909亿元，从业人员已达169.71万人。其中一些有影响的私营经济企业脱颖而出，对广西的经济建设发展作出了贡献。

广西秋潮集团有限公司成立于1998年年初，是由南宁义海日塑有限责任公司、南宁秋潮医保有限责任公司、南宁秋潮钟表有限责任公司和广西医科大学制药厂四个经济实体组建而成的民营企业集团。公司现有员工1 600人，其中大、中专以上的各类专业人才145人，中高级管理人员70多人，拥有资产1.2亿元，年生产能力达4.5亿元。

南宁正大畜牧有限公司是正大集团的子公司，是属中外合作企业。公司于1991年5月成立，1992年8月投产，累计投资额为1.2亿元人民币，拥有年产规模24万吨的饲料厂、年产1 600万羽艾维茵鸡苗种鸡场、年产3 000头祖代种猪场，设备均是从美国、丹麦引进，是目前广西区内规模较大、设备较先进的现代化农牧生产企业。

广西华劲纸业集团是以造纸为主要产业的企业集团，成员企业有：广西华劲纸业集团有限公司、广西宁振纸业有限公司、江西宁振纸业有限公司、南宁华劲开元商贸有限公司、广西华劲银海糖业有限公司。10年来,华劲集团通过独资收购、兼并不同经济类型的企业,不断做大做强。目前,华劲集团拥有固定资产4亿元,占地面积1 200亩,主要生产"华劲"牌印刷纸、静电复印纸、电脑原纸、胶版印刷纸、书写纸等中高级文化用纸。造纸年产量6.5万吨,机制蔗糖年产量5.5万吨,集团年产值4.5亿元。产品一直保持"质优价高,款到发货,供不应求"的态势。企业员工总人数近3 000人,大中专学历人员占企业总人数的30%。不同专业、不同学历的优秀人才由上至下组成一支技术精湛、作风严谨、管理高效的团队。

广西田东增年山茶油有限责任公司创建于1999年,是专门从事山茶油精深加工以及其他农副产品生产销售的企业。目前已形成了公司+农户+基地的模式,其主打产品之一的"增年牌"天然木本山茶油,已投放市场及拥有了部分消费群体。2002年10月在广州举行的第92届中国出口商品交易会上被誉为食用油中的"宝马",可与橄榄油相媲美。

此外,广西黑五类食品集团有限公司、广西银河集团有限公司、广西苏氏集团有限公司、广西联道计算机有限公司、广西长大停车场、桂林微笑堂、南宁电力线缆有限公司、南宁同济医药有限公司、南宁永恒影楼集团公司、南宁正培五金机电有限公司、南宁市多路宝酒业有限公司等等,都是实力较雄厚的民营企业。

但是,与经济发达地区相比,广西个体私营经济不仅数量小,而且规模小,市场份额偏低。因此,解放思想,更新观念,敢为人先,加快发展广西非公有制经济,显得十分紧迫。我们要充分认识非公有制经济的地位,充分发挥非公有制经济的作用,积极促进非公有制经济健康发展。

三、各项社会事业的全面发展

(一)教育科技

1. 教育

新中国成立后,尤其是改革开放以来,广西的教育事业有了长足的发展,初步形成了初等教育、中等教育、高等教育相衔接,正规教育与业余教育相结合的社会教育体系,高等民族院校、民族中专、民族中小学和中小学寄宿制民族班的民族教育体系,有自己教育特点的成人教育、职业教育、师范教育、特殊教育也取得了突出的成绩。

(1)基础教育稳步发展。首先,基本普及九年义务教育,基本扫除青壮年文盲工作取得重大成绩。2007年7月,教育部下文认定:广西已经实现了"两基"验收。其次,幼儿园、小学、初级中学、高级中学办学条件得到明显改善。现代化教学手段已进入课堂。第三,接受初等教育的人数大幅增加,入学巩固率高,辍学率大大降低。第四,逐步从应试教育向素质教育转变，素质教育观念逐步形成。据统计，2009年，全区小学14 290所，在校学生436.78万人，小学专任教师22.08万人；普通初中2 019所，在校学生206.55万人，初中专任教师11.82万人；普通高中478所，在校学生75.28万人，高中专任教师4.15万人。

（2）高等教育快速发展。第一，形成了一个层次结构合理、学科门类齐全、科研力量强的普通高校教育体系。据统计，2009年，全区高等学校75所，包括普通本科院校31所（其中独立学院9所）、高等专科学校7所、高等职业学院30所、独立设置的成人高校7所，全区各类高等教育在校学生69.15万人，包括研究生1.88万人、普通本专科生52.83万人、成人高等教育本专科生14.44万人，高校专任教师3.10万人。

2011年，广西有高校76所，其中普通本科学校31所（含公办、民办）、高职高专39所、独立设置成人高校6所。全区高等教育在校生77.83万人。2011年，作为西南工业重镇柳州及桂中地区唯一一所综合性大学——广西科技大学的成立，使广西综合性大学的数量增至8所。北部湾大学正在筹备建设中。

广西大学为大学本科类国家211工程学校。南宁职业技术学院、柳州职业技术学院、广西机电职业技术学院为高职类国家211工程学校。除本科教育为主外，研究生教育实现了从无到有，并有一定的规模，广西大学、广西医科大学、广西师范大学、桂林电子科技大学、桂林理工大学等高校已有博士学科专业点，多数高校已有硕士学科专业点。广西高校民族预科生招生人数也稳步增长，至2015年，全区高校民族预科生招生计划名额近3000人，分民族预科和普通预科两类，主要集中在广西民族大学"广西高校民族预科教育基地"学习。

第二，高校在自然科学和社会科学的研究中取得了重大成绩。广西大学的基础数学、土木工程计算力学、动物繁殖学等，广西医科大学的血红蛋白、肿瘤学、蛇伤防治等研究都达到国内、国际先进水平。广西师范大学的中国语言文学、历史学等学科教学研究在全国有较大影响，广西师范大学成为国家文科基础学科人才培养和科学研究基地高校。广西民族大学的民族学、东南亚小语种等教学研究在国内均有较大的知名度，广西民族大学成为国家外语非通用语种本科人才培养基地高校。

第三，校办产业从无到有，取得了新的成绩。广西师范大学的校办产业取得了社会效益和经济效益双丰收。

（3）职业教育后来居上。第一，中等职业学校数量多，在校生人数剧增。截至2009年，中等职业学校392所，在校学生62.89万人，专任教师2.08万人。第二，高等职业技术学院纷纷设立并得到发展。第三，各类职业学校整体素质有较大的提高，培养了大量适应社会需求的技能型人才。第四，各类职业学校培养的人才对广西的经济建设起了重要的促进作用。

(4)从业成员继续教育获得巨大发展。独立设置的成人高校6所（含广西广播电视大学、广西教育学院、广西政法管理干部学院、桂林市职工大学、广西经济管理干部学院、南宁地区教育学院）。从业人员通过各种形式进入各级高校学习的机会比以前大大增多。

(5)民族教育越办越好。广西是个多民族的省级自治区，少数民族人口占广西总人口的三分之一多，少数民族教育是广西教育事业的一个重要组成部分。新中国成立后，尤其是改革开放以来，由于党和政府采取了特殊政策和措施，少数民族教育得到巨大发展，各类各级学校少数民族学生比例得到提高。国家还通过不同的政策、具体措施解决少数民族上学难、生活困难的实际问题。广西各级教育事业发展情况见表5-9。

表5-9 广西各级教育事业发展情况

年份	小学		初中		高中阶段		高等学校	
	学校数/所	学生数/万人	学校数/所	学生数/万人	学校数/所	学生数/万人	学校数/所	学生数/万人
1950	13 248	48.99	116	3.13	65	0.94	3	0.096
1953	29 128	226.37	142	3.16	67	1.79	3	0.14
1956	22 855	261.01	257	13.60	135	4.07	3	0.17
1964	42 589	333.51	478	18.10	142	4.05	9	0.76
1982	60 034	513.85	1794	89.54	1100	25.46	16	2.11
1990	54 712	560.55	2294	119.62	839	36.64	24	6.82
2000	16 109	536.79	2555	253.05	1038	74.63	41	22.09
2001	16 077	525.59	2554	249.36	1034	78.53	41	28.84
2009	14 290	436.78	2019	206.55	870	138.17	75	69.15

2009年年底国务院《关于进一步促进广西经济社会发展的若干意见》中，明确提出了优先发展教育事业的战略任务，提出了巩固提高义务教育，大力发展职业教育，稳步发展普通高中教育，积极发展高等教育，逐步缩小与全国教育平均水平的差距。它为广西教育事业发展指明了方向，成为新时期广西教育工作的行动纲领。

2. 科技

新中国成立初期，广西科研机构、科技人员数量有限。改革开放以后，科技事业发展迅速，至1998年，科技机构不断增多，基本形成了门类齐全、学科配套的科学研究和技术开发体系。科技队伍迅速壮大，科技人员已达到77.6万人。科研条件得到较大改善，一批实验室和科研中试基地纷纷建立。如广西科学院、广西农业科学院、广西甘蔗研究所、广西水牛研究所、广西化工研究院等等。

在广大科研人员的刻苦努力下，取得了一大批科技成果。广西大学研究成功的牛体外受精移植技术，胚胎细胞克隆牛技术，体细胞克隆牛技术均达到世界或国内先进水平。无籽西瓜"广西一号、二号"新品种育成技术，使广西成为全国西瓜出口的主要基地。拱桥技术、碾压混凝土筑坝技术等都居国内领先水平。广西农科院克隆荔浦芋技术，将结束种荔浦芋用芋头块茎繁殖的历史。北海形状各异的象形珍珠养殖技术，使世界珍珠业取得的历史突破；打破传统，培育彩色海水珍珠的技术，更令世界刮目相看。以糖蜜原料自行研究并产业化的赖氨酸制造技术，产酸率高，达到世界先进水平。铝电解预焙槽控制技术迈入世界先进行列，世界首台可再生空气混合动力柴油发动机、世界最大的机械式硫化机、我国最大的轮式装载机等研制成功。

此外，科研成果推广应用取得了巨大效益。选育出的桂糖1-11号甘蔗新品种，甘蔗单产、含糖量大幅度提高，在全国累计推广种植在2 000万亩以上，创效益75亿元以上。培育的杂交水稻使广西粮食产量大大增加，出现了亩产吨粮县市，为区内粮食基本自给作出贡献。千万亩水稻节水灌溉技术推广应用取得巨大成功，荣获1996年国家科技进步一等奖。

（二）文学艺术

1. 歌舞戏剧与文学创作

早在20世纪五六十年代，广西各地以彩调剧、壮剧等表演形式演唱《刘三姐》。其中众剧团合排的彩调剧《刘三姐》曾在北京等城市巡回演出500多场，其间五进中南海，四进怀仁堂。1960年，广西桂林歌手黄婉秋主演的彩调剧电影《刘三姐》，轰动全国，受到海内外的普遍赞誉。改革开放后，歌舞戏剧成绩显著。舞蹈音乐诗《咕哩美》获文华奖；歌曲《老王》《三月三九月九》《乡村社戏》荣获中宣部"五个一工程奖"；壮族舞剧《妈勒访天边》获中国舞蹈荷花金奖；韦唯、唐佩珠、罗宁娜、李卫红、黄春燕等壮族歌手相继脱颖而出，其中唐佩珠代表作《赶圩归来啊哩哩》等曾唱响全国。南宁国际民歌艺术节誉满海内外，大地飞歌唱响中华大地、大江南北。桂剧《瑶妃传奇》、彩调剧《哪嗬咿嗬嗨》获文华奖，壮剧《歌王》、桂剧《风采壮妹》、广播剧《千条水总归东》和《山外有个世界》获中宣部"五个一工程奖"。同时，《哪嗬咿嗬嗨》《歌王》还获曹禺戏剧文学奖。南宁著名作家古笛的《赶圩归来啊哩哩》是中国文化部举办声乐比赛指定必唱曲目之一，编入全国音乐院校及各大、中、小学音乐教材，联合国科教文卫组指定这首歌为亚太地区音乐教材。《印象——刘三姐》实景演出，名闻国内外。

广西文学创作成绩显著。陆地（扶绥县东门人，壮族，抗战时开始创作的老作家，中国作家协会的20个顾问之一。代表作有长篇小说《美丽的南方》《瀑布》，有《陆地作品自选集》《浪漫的诱惑》专著。）的长篇小说《瀑布》获全国少数民族文学创作一等奖，他是广西现代文学的奠基人之一。李栋、王云高（壮族）的《彩云归》、东西（汉族)的《没有语言的生活》、鬼子(仫佬族)的《被雨淋湿的河》分别荣获1979年全国优秀短篇小说奖、1997年首届中国文学最高奖——鲁迅文学奖、2001年第二届中国文学最高奖——鲁迅文学奖。李冯被评为1997年全国十大新锐作家。黄佩华、凡一平、海力洪获广西文学独秀奖。林俊超与人合作编剧的《苦楝树开花的季节》获得全国五个一工程奖。常剑均与人合作的戏剧《瓦氏夫人》2001年获中国戏剧节优秀剧目奖。韦俊海的中篇《等你回家结婚》获得2000年人民文学贝塔斯文学奖，等等。

○ 在长期的文学创作过程中，八桂大地涌现了一大批文学优秀人才。既有老当益壮至今仍耕耘不止的老作家，也有充满活力勇于探索的中青年作家。老作家除陆地外，还有苗延秀、贺祥麟、周钢鸣（仫佬族，《沉浮》）、曾敏之（仫佬族，《孙子》）、韦其麟（壮族，中国作协副主席，《百鸟衣》《凤凰歌》）、蓝鸿恩（壮族，《广西民间文学散论》）、黄勇刹（壮族，《歌海漫记》）、聂震宁（《长乐》）、黄福林（壮族，《蹄花》）、农冠品（壮族，《泉韵集》）、韦一凡（壮族，《姆姥韦黄氏》《劫波》《百色大地宣言》）、潘荣才（壮族，《上梁大吉》）、张宗拭、古笛（壮族）、冯艺（壮族）、苏长仙（壮族）等。中青年作家如包玉堂（仫佬族，《虹》）、蓝怀昌（瑶族，广西文联主席，《波努河》）、周民震（壮族，《花中之花》）、潘琦（仫佬族，《琴心集》）、王云高（《地狱门口的上帝》）、黄继树、常剑均（仫佬族，《哪嗬咿嗬嗨》）、梅帅元（《歌王》）、东西（见后）、鬼子（见后）、李冯、沈东子、陈爱萍、黄佩华（西林人，三月三社长、广西作协副主席，小说有《远风集》《红河湾上的孤屋》《涉过江水》《生生长流》《瓦氏夫人》；编剧《边关丽人》）、张燕玲（《南方文坛》主编）、海力洪、常弼宇（《搬家》《籍贯》）、刘玉锋、凡一平（壮族，《寻枪》《理发师》《跪下》《卧底》《浑身是戏》等；编剧有《爱情海》）、杨长勋（田林人，《余秋雨的背影》）、盘文波（《摸摸我下巴》《请你枪毙我》《王痞子的欲望》）、彭匈、贺晓晴（《花瓣糖果流浪年》）、杨映川，还有伍稻洋、韦俊海、黄土路、谢凌洁、胡红一（《真情三人行》）、周公等。上述作家的作品常常刊登在全国的文学刊物，或选刊本，如《青年文学》《当代》《作家》《上海文学》《钟山》《花城》《山花》或《小说选刊》《中华文学选刊》《中篇小说选刊》等，在全国有一定影响，从而在中国文坛上形成了一支重要的力量：中国文坛桂军。

在中国的文坛上出现了一个令人不可忽视的桂西北作家群体，即周钢鸣、曾敏之、潘琦、蓝怀昌、包玉堂、聂震宁、常剑均、梅帅元、东西、鬼子、黄佩华、常弼宇、凡一平、杨长勋等，他们创作的作品已引起了中国文坛的广泛关注与认可。校址在南宁的广西民族大学，改革开放以来，文学创作人才辈出，形成了不断壮大的以蓝怀昌、王一桃、梁超然、容本镇、杨长勋、黄神标、杨克等为代表的相思湖作家群，他们在广西文坛日趋活跃，影响力逐步扩大。

广西文学创作成果显著的原因可以归结为：第一，作家本人具备创作毅力和才华。第二，区党委重视支持，营造良好的创作氛围。1997年实行作家签约制。建成南丹、贺州、资源三个创作基地。对新人培训、送去深造、体验生活。第三，广西有厚重的文化底蕴。有12个世居民族，民间文学、民族文化丰富。第四，有良好的表现作品的平台，使新人辈出。广西创办有《南方文坛》《三月三》《广西文学》《红豆》《南方文学》等刊物。

2. 雕塑绘画

铜雕《最后的防线》《走向奥林匹克》分别获第三届、第四届中国体育美术作品特等奖。李骆公的篆书、李雁的草书也有一定的影响。著名画家有帅础坚、阳太阳、黄独峰、黄格胜、周少立与周少宁（宁明人）兄弟等。尤其是部分画家寓情于桂林的青山秀水之间，潜心研究国画艺术，弘扬历代桂系画家优良传统和艺术精华，大胆创作，勇于创新，创作了大量具有鲜明特色，以闻名天下的漓江山水为主题，且风格独特的国画作品，进而形成了著名的"漓江画派"。

3. 广播电视电影

新中国成立后，特别是改革开放以来，经过广播电视工作者的努力工作，至2000年，广西实现了广播电视"村村通"的目标。随着科技的发展，设备的改进与更新，资金投入的增加，制作水平大大提高，广播电视节目越来越多，内容越来越丰富，播出时间越来越长，接收节目也清晰，极大地满足了人们的各种需求，对精神文明的建设起了积极的推动作用。2009年10月23日开通了广西北部湾之声，用英语、泰语、越语、广州话、普通话5个语种开播。

广西的电影业经过四十多年的努力，取得了不少的成绩。《春晖》《血战台儿庄》《周恩来》《一个都不能少》《长征》《流浪汉与天鹅》《百色起义》《大阅兵》《共和国不会忘记》等分别获得金鸡奖、百花奖、优秀影片奖等国家大奖及世界各大电影节大奖。

4. 新闻出版

19世纪末，维新派首领康有为在桂林创办了广西最早的综合性报纸《广仁报》。新中国成立后的1949年11月《广西日报》在桂林创刊。改革开放后，广西报业不断发展，至2005年，广西有以《广西日报》为龙头的公开出版的报纸共71种，有省级报、地市级报、县报；有综合报、专业报。发行量大的主要有《广西日报》《广西法治报》《南方科技报》《广西市场报》《南宁晚报》《南宁日报》《左江日报》《桂林日报》《桂林晚报》《柳州日报》《梧州日报》《右江日报》《桂中日报》《南国早报》《当代生活报》。《南国早报》成为广西最具品牌的报纸，发行量不断增加。

改革开放以来公开发行的期刊快速发展，至2005年，编入国家统一刊号的期刊有184种。《海外星云》《求学》《当代广西》《小聪仔》《农村新技术》等期刊是广西最具特色的期刊，社会效益和经济效益均佳。《求学》已成为广西期刊业的后起之秀。

广西的出版业在抗战时期有过短暂的繁荣，在桂林文化城氛围下，出版了上千种书籍。1978年以来，广西出版业迅速崛起，至今共有八家图书出版社：广西人民出版社、广西民族出版社、漓江出版社、广西师范大学出版社、广西教育出版社、广西科技出版社、接力出版社、广西美术出版社。接力出版社、广西师范大学出版社、广西美术出版社等已跻身全国同类出版社前列。出版图书从1978年的179种，猛增到1998年的2 748种。"十五"期间出版图书1万余种。其中有不少精品佳作获国家图书奖、中宣部五个一工程奖、中国图书奖、国家图书提名奖、省级奖。各出版社在取得显著社会效益的同时，经济效益也大幅度提高。2005年，全区新闻出版业总资产67亿元，总产值70亿元，增加值10.72亿元，销售收入61亿元，利润总额14.62亿元，已经成为一个重要的产业部门。广西出版业综合实力在全国已居于重要地位。目前，广西拥有广西日报传媒集团、广西出版传媒集团、广西师范大学出版社集团、广西正泰印刷包装集团四大新闻出版集团。

5. 社会文化的发展

改革开放以来，随着社会的稳定，经济的发展，社会文化事业也发生了巨大的变化。到1998年，有群众文化机构（含艺术馆、文化馆）共1 524个，5 722人。同时，社会文化建设做了一些有益的尝试。20世纪90年代开始实施的"边境文化长廊"建设，经过几年的努力，使边境沿线的县市、乡镇、行政村的文化事业迅速有了改观，建立了一批城镇文化娱乐室、农村文化室、农村业余演出队、农村电影院、放映队，涌现了一批文化个体户、民间艺人，对当地精神文明建设和丰富群众的文化生活起了积极作用，得到了国家的肯定和推广。百里右江文明河谷的建设也取得了举世瞩目的成效。同时，针对农村乡镇图书馆缺书少书，不能适应农村经济发展需要的问题，在全区开展乡镇"知识工程"建设，以爱书、读书、捐书、助农、建设、服务为主旨，促进社会读书热、营造读书、求知的社会氛围。在社会力量的大力支援和帮助下，得以顺利实施，至2000年年底，全区1 361个乡镇，全部建立了乡镇图书馆，实现了广大农民读书求知、用知识的愿望。为此，中宣部、文化部等9部委推广广西经验，发出了《在全国组织实施"知识工程"的通知》，充分肯定了广西的做法。

此外，有利于群众丰富知识、陶冶情操、提高思想道德水平、培养国民爱国主义精神的各种馆所、基地等不断增加，如广西博物馆，广西民族博物馆，桂林博物馆（馆藏梅瓶），百色起义纪念馆，兴安红军突破湘江烈士纪念碑园，广西地质博物馆，广西图书馆，南宁市李明瑞、韦拔群烈士纪念馆等。

（三）卫生体育

1. 卫生

新中国成立后，经过60多年的发展，广西缺医少药的状况有了根本的改变，医疗卫生事业取得巨大成就，城乡医疗卫生保健体系基本形成。行政村有医务所，乡镇有卫生院，县有综合、专科医院，地市省级医院有较高的医疗服务水平，医疗设备先进。中医中药和少数民族医药宝贵资源得到积极挖掘与开发应用，并取得可喜的成绩。中西医医务人员和护理人员明显增多，绝大部分接受了正规医学教育。高等医学校除培养本科生外，开展了研究生教育，并有了硕士、博士学位授权资格。医学研究成果及应用成绩显著，广西医科大学研究的"感染人工型肝炎病毒动物模型"和"a-地中海贫血产前诊断技术"达国际先进水平，获国家奖励。鼻咽癌与肝炎防治技术居国内领先水平。试管婴儿在广西也能育成。异体手移植成活，居世界先进水平。壮医药治疗白血病也获重大突破。至2009年，全区109个县市区新型农村合作医疗实现全覆盖，农民参合率91.22%，城镇居民基本医疗保险制度全面建立。

2. 体育

新中国成立以来，广西体育事业有了长足的进步，群众体育运动蓬勃发展。不论是乡村，还是城镇，到处都可看到各种各样的体育活动及体育比赛。少数民族传统体育重放光彩，有些已登大雅之堂，一展风采，如打陀螺、爬竿、抢花炮、打磨秋、高空舞狮、抛绣球、跳竹竿。竞技体育更是取得辉煌成就，一些项目在全国有一定的知名度，涌现了一批名闻国内外的优秀运动员，如体操王子与20世纪世界最优秀运动员李宁（壮族）、乒坛骁将梁戈亮、谢赛克、韦晴光，大力士吴士德，奥运会举重冠军唐灵生，举重冠军兰世章（侗族），跳水名将李孔政，羽毛球冠军农群华，亚洲体操皇后陈永妍，蹼泳世界冠军梁军，体操国际冠军王维俭，奥运跳水冠军李婷等。2008年北京奥运会上，三江侗族陆永获得举重冠军。广西运动员在参加全运会、亚运会、奥运会等综合运动会和单项比赛中均取得过优异成绩，为广西为祖国争得荣誉。

（四）人民生活水平步步高

新中国成立后，人民当家做主，过上了安稳的日子。党的十一届三中全会以来，随着改革开放的深入，经济的发展，广西城乡居民收入明显增加，生活有了巨大的改善。至今，已告别贫困，基本实现了小康生活目标，精神生活比较充实。

1. 城镇居民生活

改革开放以来，社会生产力得到解放，人民劳动积极性大大提高，国民经济快速发展，城镇居民赚钱途径广，收入迅速提高。1997年，城镇居民可支配收入达5 110元，1999年增到5 620元，2008年增到14 000元，2011年增到18 855元。居民收入的大幅度提高，购买力明显增强，消费支出和消费水平不断提高。居民消费由量的增加转到重质，逐步由生存型向发展型和舒适型转变。

第一，饮食重营养和健康。多数居民在解决温饱后，随着收入的提高，开始讲究吃得有营养、有品位，由此，主食消费明显下降，肉蛋水产品豆制品乳制品果菜制品消费大幅上升，特色食品、绿色食品、保健食品受到大家的追捧。"花钱买健康，花钱买长寿"成为人们追求的一种时尚。

第二，住得舒适。改革开放以来，尤其是90年代以来，居民住房条件有了很大的改善。一是住房面积提高，1998年，人均达16.38平方米。二是住房设施完备。已有各种厨房设备、卫生设备、家用电话、空调暖气、甚至空气净化器、精致的家具等。三是住房地段及周边交通方便，治安环境、卫生绿化。

第三，穿着重质地、款式、色彩，讲究穿出品位、气质。一衣多季或一衣多用的历史一去不复返。春夏秋冬衣有几套储备。挑选服装追求款式，看材料质地。

第四，出行更方便和舒适，对信息获取更加便捷。随着交通运输业的迅速发展，可供人们选择的出行方式多种多样，汽车、火车、飞机可自由选择。手机、网络的普及，人们联系方便，获取信息及时有效。

第五，家庭耐用消费品更新换代快。70年代老三件，80年代新三件，90年代又逐渐替代为家用电脑、家庭影院、摩托、空调器，还添置了消毒柜、微波炉、抽油烟机。现在家用小汽车、太阳能热水器、数码相机已进入普通居民家庭。

第六、精神文化生活多姿多彩。或购书、进图书馆、上培训学校、上网获取信息；或搞健身活动；或外出旅游，或进行群体娱乐，等等。

2. 乡村农民生活显著改善

党的十一届三中全会以来，农村实行家庭联产承包责任制，各级政府以"农民增收"为中心，开展农业综合开发，倡导进行多种经营，大兴种养业，组织剩余劳动力外出务工，农民人均纯收入逐年增加。1985年为302.95元，1990年为639.45元，1995年为1 446元，1999年达到2 048元，2008年增到3 690元，2011年达到5 100元。

伴随着农村居民收入的增长，居民的生活也有了极大的改善。温饱问题基本解决，并迈进小康生活。消费支出出现多样化，消费结构有新变化。吃穿住行逐渐追求质量和品位，逐步打破城乡差别。此外，农村居民在自身子女教育、科技、文化娱乐方面的投入也明显增多。

在刘三姐的故乡——广西宜州合寨村，有一棵老樟树。1980年1月7日晚，就在这棵老樟树下亮起一盏马灯，当时的大队党支部书记蒙宝亮召集了党员干部和村民代表会，经过合议，做出一项决定：通过群众选举成立"村委会"。第二天，村前的球场上搭起了松门，拉上了横幅，全村男女老少欢聚一堂。经过群众投票选举，蒙宝亮当选第一任村委会主任，并通过了村规民约。全村143户人家的代表一个个走上前去，在那份看似普通但却异常神圣的公约上签名盖章并按上手印，揭开了中国农民"直接行使民主权利，依法管理自己的事情，创造自己的幸福生活"的历史序幕。合寨村也由此成为"中国村民自治第一村"。此后，广西宜山、罗城各地纷纷效仿成立"村委会"。作为中国农民创造的一种基层民主体制，得到了党中央、国务院、全国人大的高度重视。全国人大法制委员会、民政部等迅即派出工作组进行实地考察，充分肯定了广西农民的伟大创举。1982年,"村委会"这一组织形式被写进了修改后的宪法。村民自治这一农民的伟大创举在短短不到两年的时间内即得到国家根本大法的法律定位,在全国农村形成燎原之势。1984年,全国82万多个村委会的成立,终结了"人民公社—生产大队—生产队"的历史,完成了村级组织与管理制度在法律上和实践上的历史性转换。目前,中国农村建立了村民大会或村民代表会议制度,90%以上的农村建立了村民民主理财小组,村委会干部基本做到了由村民直接选举产生。正如安徽凤阳小岗村的"一包"改变了中国农村的经济命运一样,广西宜州合寨村的"一选"则改变了中国农村的基层民主格局。这两者都被誉为20世纪中国农民的伟大创造,将永载史册。

○ 恭城瑶族自治县莲花镇红岩村(瑶族),从全国400多个推荐村庄中脱颖而出,成为"全国十大魅力乡村"之一,并获绿色家园奖项。2005年10月获得"全国农业旅游示范点"的红岩村,以其集农业观光、生态旅游、风情表演、休闲度假于一体的特点,在全国众多参评选手中独树一帜,入围20强,成为广西唯一入选的代表。

四、二区一带区域发展战略

2009年,《国务院关于进一步促进广西经济社会发展的若干意见》中提出,将广西划分为北部湾经济区、西江经济带和桂西资源富集区三类区域,明确了广西通过实施"两区一带"的区域发展总体布局,实现区域互动、协调发展的新思路,为广西区域协调发展指明了方向,对推动广西科学发展、和谐发展、跨越发展具有重要战略意义。通过实施"两区一带"的区域发展总体布局,实现区域互动、协调发展,将把广西打造成为区域性现代商贸物流基地、先进制造业基地、特色农业基地和信息交流中心,构筑国际区域经济合作新高地,中国沿海经济发展新一极。

广西北部湾经济区位于北部湾顶端的中心位置,主要包括南宁市、北海市、钦州市、防城港市所辖区域范围,同时,包括玉林市、崇左市的交通和物流。土地面积4.25万平方千米,海岸线长1 595千米,人口1 250多万。北部湾经济区地处中国西南、华南、东盟三大经济圈结合部,也是泛北部湾经济合作、大湄公河次区域经济合作、中越"两廊一圈"、泛珠三角合作等多区域合作的交汇点,区位优势十分明显。

广西北部湾经济区是我国西部大开发地区唯一的沿海区域,岸线、土地、淡水、海洋、农林、旅游等资源丰富,环境容量较大,生态系统优良,人口承载力较高,开发密度较低,发展潜力较大,是我国沿海地区规划布局新的现代化港口群、产业群和建设高质量宜居城市的重要区域,随着《广西北部湾经济区发展规划》的全面实施,这一区域将成为带动广西加速发展的新引擎。

根据"两区一带"的发展思路,广西应高起点优先发展北部湾经济区,以加快形成临海先进制造业基地和现代物流基地。当前,在已有的基础上,加快推进北部湾经济区的重大产业项目建设，如防城港钢铁精品基地、钦州炼油二期、北海铁山港石化，围绕石化、钢铁、林浆纸、电子等产业，深度开发上下游产品，加快形成产业集群；进一步优化产业布局，扎实推进产业园区基础设施建设，加快引进一批国内外大公司、大企业进入。目前，美国嘉吉、美国百威、德国德固萨、芬兰斯道拉恩索、印尼金光、中国石油、中国石化、中国铝业、武汉钢铁、中国电子等数十家世界500强及国内外知名企业纷纷抢滩广西北部湾经济区。建成了我国西南地区最大的现代化炼油厂，北海电子信息产业呈现加速发展，金桂林浆纸一体化已投产，防城港钢铁厂、防城港核电厂等已动工，石化、冶金、林浆纸、电子、能源、轻工食品为主的产业集聚区加速形成，北部湾经济区驶入了快速发展的轨道。

据统计，2011年广西北部湾经济区生产总值3 862.33亿元，比上年增长15.9%，占全区生产总值的比重由上年的31.8%提高到33.0%。其中，钦州市生产总值比上年增长22.5%，排全区第1位；北海市增长18.2%，排第2位；防城港市增长15.6%，排第3位；南宁市增长13.5%，排第6位。而在进出口方面，北部湾经济区2011年进出口总额突破百亿美元，达113.11亿美元，比上年增长47.2%，高于全区15.7个百分点，比上年加快31.3个百分点。

西江经济带是一个区域经济板块的概念，包括广西以及广东、云南、贵州的部分地区，其中广西占整个经济带80%的面积。按照《广西西江经济带发展总体规划（2010—2030年）》，广西境内的西江经济带地区包括西江沿江7个地级市：南宁、柳州、梧州、贵港、来宾、百色、崇左。西江经济带面向珠江三角洲，背靠西南腹地，交通运输便利，工业基础较好。打造西江经济带，不仅有利于发挥西江黄金水道的水运优势，促进粤港澳产业转移，也有利于促进大西南的资源开发，发挥我国东中西的互补优势，有利于打造广西沿江新兴的加工制造业基地、现代农业示范基地、区域性航运物流中心。

打造西江经济带，要加快西江黄金水道开发，打造亿吨黄金水道，提高通航能力，形成铁路、公路、水路相互衔接、优势互补的综合交通运输体系，有效降低综合物流成本，为产业拓展、提升、集聚提供强有力的支撑。以区域内重点城市为节点，以产业园区为载体，完善空间布局，形成分工明确、优势明显、协作配套的产业带。柳州要加大产业结构调整力度，做优做强汽车、机械、冶金、化工等产业，加快建设先进制造业基地。桂林要充分发挥旅游资源优势，打造国际旅游胜地，推进机械、汽配、橡胶、医药、特色农林产品精深加工等产业升级换代。来宾要提升糖蔗综合加工利用水平，积极发展铝、锰深加工，培育壮大新兴资源加工型产业。梧州、玉林、贵港、贺州等地要加快与珠江三角洲地区的市场对接，改善投资环境，增强配套能力，主动承接东部产业转移，壮大产业规模，提升发展水平。

桂西资源富集区范围包括河池市、百色市、崇左市3市，这一区域属大石山区连片的贫困地区，是边疆地区，属水库淹没区，有丰富的矿产资源，水能资源、农林资源、旅游资源、文化资源及其他的一些特色资源，产业结构上以资源密集型产业为主。要依靠特殊政策，增强自我发展的能力。

桂西经济区要大力推动铝、锰、有色、糖、电力等资源型重大产业项目建设，延伸产业链，促进集群发展，加快形成特色支柱产业。河池市要重点建设成为全国重要的有色金属深加工、水能资源开发和生态旅游基地，加快发展特色食品、桑蚕、生物质化工等产业；百色市要重点建设成为铝工业、能源工业、红色旅游业基地，同时在右江河谷地带发展特色农业及农产品深加工业，打造少数民族风情旅游，使其成为国内旅游目的地；崇左市要重点建设成为区域性特色农业、锰产业、物流基地，打造我国糖都和绿色锰都，建设中国—东盟重要的物流基地，打造以德天瀑布为代表的自然、边境旅游和花山岩画为代表的历史遗迹旅游，成为国内旅游目的地。

五、加快高新技术产业开发区和工业园区的建设

1. 加快高新技术产业开发区建设

（1）桂林高新技术产业开发区：重点以生物医药产品为龙头，发展生物医药和保健品产品产业；以光纤、微波通讯产品为龙头发展电子信息技术产业，加快软件园和电子城的建设；以数控机床系列产品、电子数显量具产品为龙头，发展光机电一体化产业；以航空轮船、汽车安全玻璃、人造金刚石及其制品、导电材料及绝缘材料为龙头，发展新型材料产业；以高效复合催化剂产品为龙头，发展环保产业。

（2）南宁高新技术产业开发区：以应用软件和网络产品为龙头，发展电子信息技术产业；以氨基酸系列产品、生物医药、生物农药、食品及工业用酶制剂为龙头，发展具有地方特色和自主知识产权的生物技术产业，加快生物育种的工业化；以蔗糖、淀粉深加工产品为龙头，发展精细化工产业。

（3）柳州高新技术产业开发区：建立企业孵化器，加快高新技术向传统产业辐射，推动传统产业的高新技术化。重点以有色金属深加工产品为龙头，发展新材料产业。

（4）北海高新科技园区：以新的园区管理机制，以海洋生物制药、海洋生物制品、电子信息技术、南亚热带特色农业为重点，培植一批高新技术企业。重点发展智能自动控制技术、电子元器件、软件等信息技术产业，加快银河软件园建设。

（5）梧州高新技术开发区：重点发展电子信息、生命健康、新医药、新材料、动漫新产业。

2. 加快沿海重化工业区的建设

利用本地、周边和腹地资源优势及沿海、沿边的区位优势，加速发展沿海重化工业园区，重点建设钦州港工业区，主要发展石化、能源、磷化工、林浆纸及其他配套

或关联产业。北海铁山港工业区，主要发展能源、化工、林浆纸、集装箱制造、港口机械、海洋产业及其他配套或关联产业。防城港企沙工业区，主要发展钢铁、重型机械、能源、粮油加工、修造船及其他配套或关联产业。通过大项目建设，带动沿海工业和开放型经济的发展。

3. 积极建设各类经济开发区（园区）

近年，广西工业园区建设成绩显著。2008 年，桂林高新区、南宁高新区、柳州高新区、玉柴工业园区、钦州港经开区、来宾工业区、柳州阳和工业园区产值超百亿元。至 2011 年年底，总产值超过百亿元的园区达到 23 个，其中 3 个园区超过 500 亿元，柳州汽车产业园区总产值突破 1 000 亿元，成为广西首个千亿元产业园区。

今后，要继续着力建设或壮大各类经济园区，如南宁经济技术开发区、南宁—东盟经济开发区、南宁江南工业园区、广西良庆经济开发区、南宁仙葫经济开发区、南宁六景工业园区、广西北海出口加工区、广西北海工业园区、广西合浦工业园区、广西钦州港经济开发区、东兴镇边境经济合作区等。用心打造专业特色园区，如柳州汽车零部件产业园和机械产业园、北海电子产业园、钦州石化产业园、玉柴工业园、百色铝产业园、梧州陶瓷产业园、防城港粮油产业园等，形成规模集约发展优势，涌现更多产值超百亿、超五百亿、超千亿的园区。

北海电子产业园，是全区唯一的电子类专业园区。北海电子信息产业已经拥有中国电子、广西长城计算机、银河科技、冠德科技、建兴光电、创新科存储、景光电子、中电兴发、永昶电子、惠科电子、新未来、深蓝科技、石基信息等 40 余家电子信息企业，产品主要包括计算机整机、显示器、开关电源、存储设备、光头及光驱、液晶电视、电力系统自动化及电气设备、压敏电阻、手机、测量仪、软件等，产业布局逐步形成。广西第一台笔记本电脑、第一块笔记本电池、第一条海量存储器、第一台电脑电源、第一台 LED 自适显示器均产自此园。部分企业已经发展成为全区乃至全国的领军企业。

2010 年，钦州港经济开发区升级为国家级经济技术开发区，定名为钦州港经济技术开发区，面积仍为 10 平方千米，实行现行国家经济技术开发区的政策。开发区位于钦州市南部沿海，1996 年 6 月被设立为省级开发区。2000 年，广西经济区域规划将钦州港定位为临海工业港和广西大型临海工业园区；2008 年 5 月，国务院批准在钦州港设立中国第六个保税港区——钦州保税港区。开发区已建成码头泊位 28 个，其中万吨级以上泊位 13 个，港口吞吐能力 5 400 多万吨，在建 10 万吨码头 4 个，建成投产后将新增 3 000 万吨以上吞吐能力。根据《广西北部湾经济区发展规划》，钦州港经济开发区以港口为依托加快工业发展，大力实施"千百亿产业崛起工程"，实现工业化、城镇化、农业现代化相互促进、协调发展。随着中国石油、国投电力、印尼金光集团、中粮集团等特大型企业进驻，开发区目前形成了石化、造纸、能源、冶金、粮油加工和现代物流等支柱产业。

2010年，柳州高新技术开发区升级为国家级高新技术产业开发区。柳州高新技术产业开发区成立于1992年9月，于2005年12月第一批通过国家发改委牵头组织的开发区审核，规划面积为110公顷。在全球金融危机爆发时，柳州高新区表现出令人惊叹的发展势态：2009年实现技工贸总收入667.49亿元；实现工业总产值664.35亿元，同比增长128.06%；工业增加值161.88亿元，同比增长122.28%；出口创汇18.90亿元。其中，高新技术工业近三年年均增长率超过70%。经过18年的发展，柳州高新区已成为柳州和广西工业发展的重要增长极、科技创新重要平台、高新技术企业孵化基地、引进培养技术人才的重要摇篮，成为培育新兴产业示范基地和推进高新技术改造提升传统产业的重要支撑。在全国五个少数民族地区的省级高新区中，柳州高新区的工业总产值、利税、出口创汇等主要经济指标排位第一。目前，柳州高新区建立了从基础研究、小试研究、中试开发直至产业化的创新体系和完善的创业孵化服务体系，逐步成为面向柳州、广西的高新技术企业孵化基地和广西领先的高新技术产业园区。今后它将和柳东新区的汽车城结合，形成产业的集聚化、高端化、生态化、品质化，通过发展战略新型产业如新能源、新材料、生物等，使之成为广西带动中国—东盟自由贸易区先进制造业的基地、科技的辐射和高新技术带动的源泉。

玉柴工业园是机械产业示范基地，获得国家工业和信息化部批准，成为广西第二个获得国家级牌匾的新型工业化产业示范基地。基地规划面积9 078公顷，已开发面积669公顷，现集中了以玉柴为龙头的机械制造及零部件生产企业60多家，机械行业从业人员23 000余人，资产总计近129亿元；目前已形成柴油机、工程机械企业—部件企业—零件企业的三级产业链格局，产业集群初步形成。基地的主体园区玉柴工业园2010年完成工业总产值230亿元、工业增加值53亿元。

第六章 广西与东南亚各国

一、东南亚各国概要

东南亚指亚洲东南部,包括越南、老挝、柬埔寨、缅甸、泰国、马来西亚、新加坡、印度尼西亚、菲律宾、文莱、东帝汶等 11 个国家,其中东帝汶是 2002 年从印尼独立出来的,是东南亚最年轻的国家。东南亚总面积约 448 万平方千米,人口 5.3 亿,其中大多数为黄种人,包括汉藏语系、印地语系、南亚语系、南岛语系的多个民族。地理上包括中南半岛和马来群岛两大部分,多是沿海国家或岛国,其中越、老、柬、泰、缅五国称"陆地国家"或"半岛国家";马、新、印尼、文、菲五国称"海洋国家"或"海岛国家"。东南亚以热带季风气候和热带雨林气候为主,资源物产丰富,矿产、热带作物、热带水果较有名。历史上,除泰国外,其他东南亚国家均被不同的西方帝国侵略和统治过。东南亚国家的政治体制是多种多样的,当今世界的基本政治体制类型都可以在东南亚找到。文化多样,主要有佛教、伊斯兰教、天主教和东方的儒家传统文化。东南亚各国多属多民族国家,又是发展中国家(新加坡除外),还是世界上华侨、华人最集中的地区,有华侨、华人 2 000 万人以上,是当今世界经济发展最有活力和潜力的地区之一。东南亚是中国的南邻,文化相通,中国与各国自古以来就有密切的交往。

越南:全称越南社会主义共和国。地处中南半岛东部,东面与南面临海;北部与中国云南、广西接壤;西部和西南部与老挝、柬埔寨为邻。陆地边界总长 3 920 千米,海岸线总长 3 260 千米。越南地形狭长,呈"S"形,全国总面积 32.9 万多平方千米。首都河内。人口约 8 078 万(2003 年),女性略多。越南有 54 个民族,其中越族(京族)占总人口的近 90%,岱依族、傣族、芒族、华族、侬族人口在 50 万以上,有华人 100 多万,通用越南语。儒家思想和佛教占主导地位。越南属发展中国家之一,经济以农业为主,大米、咖啡出口量均居世界第二。矿产资源丰富,煤、铁、锰储量大。越南下龙湾有"海上桂林"的誉称。越南受汉文化影响深,传统节日与民俗与中国基本相同。政局基本稳定,1986 年越共"六大"确定实行革新开放路线,1996 年越共"八大"制定"2020 年基本实现国家工业化现代化的发展目标"。越共"九大"确定"建立社会主义定向的市场经济体制",包括 6 种经济成分(国有经济、集体经济、个体和小业主经济、私人资本主义经济、外资经济）。近年越南经济持续以较快速度增长。越南是广西和东盟十国贸易额最大的国家。

泰国：即泰王国，位于中南半岛的中部，西邻缅甸，东北界老挝，东南与柬埔寨接壤，南临泰国湾，国土面积51.3万平方千米。除大陆部分外，泰国领土还包括马来半岛的东北部和中部地区，以及半岛东岸边的部分岛屿。首都曼谷。属热带季风气候。人口6 308.2万（2003年），有30多个民族，泰族占40%，老族占35%，马来族占3.5%，高棉族占2%，此外还有苗、瑶、桂、汶、克伦、掸等山地民族。90%以上的居民信仰佛教。泰语是泰国的官方语言，曼谷的大部分地区及大部分旅游景点英语被普遍接受。泰国是君主立宪制国家，国王是一国之君，国会由众议院和参议院组成。泰国实行自由经济政策，鼓励私人投资和竞争，引导私营部门在国民经济发展中起主导作用；增加政府在基础设施上的投资，改善投资环境，大力引进外资和技术，努力扩大出口。加快经济体制改革步伐，解除经常项目下外汇交易管制，允许外国银行在曼谷经办"离岸业务"（BIBF）。积极参与区域性经济合作，是亚太经济合作组织（APEC）和东盟自由贸易区（AFTA）成员国。泰国正由以农产品出口为主的农业国逐步向新兴工业国转化，是东南亚最大的白色家电生产基地，工业制成品成为泰国主要出口商品。泰国米是世界名米，泰国是世界头号大米出口国；虾、橡胶产量与出口量十分突出，是世界第一的产虾大国；盛产热带水果，榴莲和山竹名扬天下。货币名称为铢。旅游业发展很快，已成为泰国外汇收入的主要来源之一。服务业比较发达，著名的曼谷东方饭店以其优质服务而连续多年位居世界著名旅游饭店之首。中泰双方自1975年建交后，保持了高层次的友好往来，经贸关系发展良好，泰国进口中国的机电、机械、服装以及苹果、雪梨等。

缅甸：即缅甸联邦共和国，位于中南半岛西部，北接中国，西北与孟加拉国、印度为邻，西南濒临孟加拉湾，东和老挝、泰国接壤，是东南亚中南半岛上最大的国家。面积67.7万平方千米。全国地势北高南低，几条大河流都源于中国。首都内比都。人口约5 200万（2001年），共有135个民族，主要有缅族、克伦族、掸族等，缅族约占总人口的65%。华人、华侨约250万。全国85%以上的人信奉佛教。属热带季风气候。国家最高权力机构是国家和平与发展委员会，由13人组成。军政府执政期间，致力于民族和解进程。缅甸自然条件优越，资源丰富，缅甸玉有名，仰光大米也名闻遐迩。但多年来工农业发展缓慢。1987年12月被联合国列为世界上最不发达国家之一。1989年3月31日，政府颁布《国营企业法》，宣布实行市场经济，并逐步对外开放，允许外商投资，农民可自由经营农产品，私人可经营进出口贸易。目前私营经济占主导地位，约占国民生产总值的75%。由于美等西方国家的长期制裁，及本身经济结构的封闭性和脆弱性，缅甸经济仍然未走出困境。全国和尚、尼姑、佛寺、佛塔众多，人称缅甸为"万塔之邦"。缅甸仰光大金塔、浦甘佛寺群、古典舞蹈吸引了众多游客。

新加坡共和国：属发达袖珍小国。地处马来半岛南端，东临南中国海，西朝马六甲

第六章 广西与东南亚各国

海峡,南隔新加坡海峡,与印度尼西亚相望,北隔柔佛海峡与马来西亚为邻。新加坡由一个本岛和大约 60 余个小岛组成。本岛从东到西约 42 千米,从南到北约 23 千米。包括所有大小岛在内,总面积为 682.7 平方千米,是东盟面积最小国家。新加坡居于东南亚地区的中心,是重要的港口,处海上交通十字路口,正当太平洋和印度洋两大洋交通的要冲,因此它是亚、澳、欧、非四大洲海上交通的枢纽。首都是新加坡市。人口约 401.7 万(2002 年),其中 77% 是华人,14% 是马来人,8% 是印度人,1% 是欧亚混血人种和其他民族。新加坡是一个多元种族的社会,华人多信奉佛教或道教,其余信奉伊斯兰教、印度教等。国语为马来语,官方语言有英语、汉语、马来语、泰米尔语。新加坡是一个实行议会制的共和国,实行三权分立,总统为国家元首,内阁是新加坡执行行政权力的机构,总统委任国会中多数党领袖为总理。新加坡是新兴的工业化国家,东南亚的金融中心。以制造业为主体,着重发展资本密集型高技术产业,主要有炼油、石化、船舶与钻井台修造、冶金、机械、电子等,全国有 20 多个出口加工区。海运业、对外贸易发达。新加坡几乎没有农村,70 年代后推行花园城市运动,境内草茂花繁,整洁美丽,因此又被称作"花园城市国家"。旅游业发达,已成为国家经济支柱部门之一。新加坡人享有很高的生活水平。新加坡有"狮城"之称,是世界级的购物天堂,治安之佳享誉全球。

老挝:全称老挝人民民主共和国,位于中南半岛的西北部,是东南亚唯一的内陆国家。老挝北邻中国,西接缅甸、泰国,南界柬埔寨,东邻越南。属热带季风气候,山地高原为主。面积 23.68 万平方千米,人口约为 550 万(2002 年)。首都万象,内多寺庙、古塔,其建筑体现热带风格和老挝艺术的特点。老挝是一个多民族国家,按照老挝王国时期公布的数据是 68 个民族(2005 年确定为 49 个民族)。独立后,老挝政府将老挝的所有民族按所居住地理环境的不同分为三大族系,即老龙族、老听族、老松族(2005 年确定为四个族群即佬泰族群、孟高棉族群、汉藏族群、苗瑶族群)。佛教为国教,居民多信奉佛教。华侨华人约 3 万多人。水资源丰富,多名贵木材。经济以农业为主,工业基础薄弱,还没有铁路,主要靠公路、水运和航空运输。1986 年始酝酿革新。1991 年起老挝人民革命党确定和贯彻执行"有原则的全面革新路线",提出与强调坚持党的领导和社会主义方向不变,对外实行开放政策。21 世纪初,经济贸易发展势头良好。主要旅游城市有万象市、琅勃拉邦市等。

柬埔寨:位于东南亚中南半岛南部,北界老挝,西北部与泰国为邻,东和东南部与越南接壤,西南濒暹罗湾,面积为 18 万多平方千米,海岸线长 460 千米。中部和南部是平原,东部、北部和西部被山地、高原环绕,大部分地区被森林覆盖。首都金边。人口 1 340 万(2001 年),农村人口居多。有 20 多个民族,其中高棉族占人口的 80%,还有占族、普农族等少数民族。高棉语为通用语言,与英语、法语均为官方语言。国教为佛教,全国 93% 以上的居民信奉佛教,社会将出家当和尚视为喜事。柬埔寨属君主立宪制王国，立法、行政、司法三权分立。国王是终身国家元首，是国家军队最高司令、国家统一和永存的象征，有权宣布大赦。国会是柬埔寨全国最高权力机构和立法机构。柬埔寨是农业国，工业基础十分薄弱，属世界上最不发达国家之一。民风淳朴，合十礼是传统的见面礼。洞里萨湖是世界上著名的天然淡水渔场。世界闻名的吴哥古迹，被联合国教科文组织列为世界文化遗产。

马来西亚：居东南亚的核心地带，全境被南中国海分成东马来西亚和西马来西亚两部分，面积 32.9 万平方千米。西马来西亚为马来亚地区，位于马来半岛南部，北与泰国接壤，西濒马六甲海峡，东临南中国海，东马来西亚为沙捞越地区和沙巴地区的合称，位于加里曼丹岛北部。属热带雨林气候。海岸线总长 4 192 千米。首都吉隆坡。人口 2 452.7 万（2002 年），其中马来人及其他土著人占 66.1%，华人占 25.3%，印巴人约占 7.4%。马来语为国语，通用英语，华语使用也较广泛。伊斯兰教为国教。国家首脑为伊斯兰教领袖兼武装部队统帅，从各州的世袭苏丹中选举产生，拥有立法、司法和行政的最高权力，以及任命总理、拒绝或同意解散国会等权力，任期五年。上下议院组成国会，是最高立法机构。自然资源丰富，锡矿藏量居世界第二位。橡胶、棕榈油和胡椒的产量和出口量居世界前列，其中棕榈油出口居世界首位。盛产热带水果、硬木。电子工业很发达，出口美国、日本，是亚洲地区引人注目的新兴工业化国家。主要旅游景点有槟城、马六甲、云顶高原游乐。

印度尼西亚：地处亚洲东南部，北与马来西亚、文莱相连，西北隔马六甲海峡与马来西亚、新加坡为邻，东北隔海与菲律宾群岛相望，东南与澳大利亚相对，西南与西面临印度洋。陆地面积为 190.4 多万平方千米，是东南亚最大国家。岛屿众多，近 1.8 万个，堪称"万岛之国"。印度尼西亚为典型的热带雨林气候。首都雅加达。人口约 2.4 亿，是世界第四人口大国，有 100 多个民族，其中爪哇族占 47%。各民族语言 200 多种，印尼语为官方语言，通用英语。国民多信奉伊斯兰教，是世界上穆斯林人口最多的国家。实行总统内阁制，总统是国家元首、最高行政首脑和武装部队最高统帅，直接领导内阁，有权单独颁布政令和宣布国家紧急状态法令，对外宣战或媾和等。人民协商会议是国家最高权力机构。石油、煤、天然气量大，其生产居世界前列；森林资源丰富，木材、胶合板生产世界有名；橡胶、椰子、棕榈油产量居世界前列。旅游业是印尼创汇的主要行业，主要旅游景点有巴厘岛、婆罗浮屠佛塔等。

菲律宾：位于亚洲东南部、太平洋西部的海面上，是东南亚海岛地区仅次于印度尼西亚的第二大岛国，全国由 7 100 多个大小岛组成，素有"千岛之国"之称，属热带海洋性气候。国土面积 29.97 万平方千米，全国人口 8 020 万（2002 年），有 90 多个民族，马来族占全国人口的 85%，有 70 多种语言，都属于南岛语系。国语是以他加禄语为基础的菲律宾语，英语为官方语言，西班牙语也流行。居民大多信奉天主教。国家实行行政、立法和司法三权分立的政体。实行总统内阁制，总统是国家元首、政府首脑兼武装部队总司令，拥有行政权，由选民直接选举产生，任期6年，不得连任。国会由参众两院组成，是最高立法机构。菲律宾是个农业国，椰子、甘蔗、马尼拉麻和烟草是四大经济作物。椰子产量和出口量均占全世界总产量和出口量较大份额。鱼资源丰富，金枪鱼资源居世界前列。主要旅游景点有碧瑶市、伊富高省原始梯田、百胜滩、马荣火山等。菲佣在世界上小有名气。

文莱：称文莱达鲁萨兰国，位于加里曼丹岛北部，三面与马来西亚接壤，北临南中国海，面积5 765平方千米。首都斯里巴加湾市。人口40.6万，多数为移民。其中马来人占85%，华人占11%，其他种族占4%。马来语为国语，通用英语，华语使用较广泛。伊斯兰教为国教。是一个享有主权、民主和独立的马来伊斯兰君主制国家。石油、液化气资源丰富，油气业、建筑业、旅游业发展较快。

二、东盟

东南亚国家联盟简称东盟，由1967年的五国发展到现在的十国，其秘书处设在印度尼西亚首都雅加达。东盟的宗旨是在平等和协作基础上共同促进本地区的经济增长、社会进步和文化发展；同国际和地区组织进行紧密和互相的合作。东盟成立40多年来，已日益成为东南亚地区以经济合作为基础的政治、经济、安全一体化合作组织，从1995年起每年召开的东盟首脑会议已成为东盟国家商讨区域合作大计的最主要机制。不久，"10+3（中日韩）"和"10+1（中、日、韩单方）"合作机制也随之产生。为了早日实现东盟内部的经济一体化，东盟自由贸易区从2002年1月1日正式启动。自由贸易区的目标是实现区域内贸易的零关税。文莱、印度尼西亚、马来西亚、菲律宾、新加坡、泰国6国已于2002年将绝大多数产品的关税降至0%～5%。越南、老挝、缅甸和柬埔寨四国将于2015年实现这一目标。

三、中国—东盟自由贸易区与广西

1. 中国东盟博览会落户广西南宁

中国东盟自由贸易区的设想于2001年提出。2002年11月4日，第六次东盟与中国领导人会议在柬埔寨首都金边举行。中国领导人在讲话中提出启动中国与东盟自由贸易区进程的建议。中国领导人与东盟十国领导人签署了《中国与东盟全面合作框架协议》，决定到2010年建成中国—东盟自由贸易区。此后广西向中国政府商务部提出申办中国东盟博览会的报告。2003年10月1日起，按中泰两国签署协定，在两国间实行了蔬菜和水果产品零关税。中国—东盟自由贸易走出了实质性的一步。2003年10月8日，中国国务院总理温家宝在第七次中国—东盟领导人会议上建议，从2004年起每年在中国广西南宁举办中国—东盟博览会。这一建议得到了各国领导人的普遍赞同，并写入会后发表的主席声明。在这次会议上，温家宝总理同时建议举办中国—东盟商务与投资峰会。2004年，首届中国—东盟博览会和首届中国—东盟商务与投资峰会在广西南宁市同期举办。

当时广西提出申办中国东盟博览会并得到认可并不是偶然的。

首先，由于广西沿海、沿边处于中国与东盟结合点的独特地理位置，或者说祖国大陆与中南半岛各国的交往和西南地区与国外的交往在广西交汇。为求得最短的运输距离和低廉的运输成本，我国大部分省区尤其是经济发达的华南广东、香港等地；华东的上海、江苏、浙江、福建等地；西南的贵州、重庆、四川、云南等地，向东盟特别是越南出口的商品，大都经陆路取道广西输出；我国西南各省出口世界各地的商品，也经广西的海港运出。而东盟各国出口到我国的大部分商品，陆路可经广西的对越边境口岸，海路可经广西的沿海港口，再销售到国内各地。多种物流在广西汇集，使广西物流中心的地位日益显现。同时，区域经济要素人流、信息流、资金流也将逐步形成，这无疑会使广西由国内边陲向国际枢纽转变，必然加快广西经济社会发展的进程。

其次，广西已具备良好的交通条件。黎湛线、湘桂线、焦柳线、黔桂线、南昆线经过南宁、凭祥与越南的北南统一铁路连接，进而与正在修建贯通的泛亚铁路联网，经越南、柬埔寨、泰国、马来西亚直达中南半岛南端的新加坡，沿途连通6个国家。公路方面，已经完成或正在修建中的南宁—广州高速公路（可延伸至香港）、北海—成都高速公路、南宁—昆明高等级公路、桂柳高速公路（往北连接湖南等北面的省市）、钦防高速公路等，都与南宁—凭祥高速公路连接，再与贯通越南南北的1号公路、芒街—海防公路相连接。这一公路网同时与老挝、柬埔寨、泰国的公路网连接起来，从而实现了中国与东南亚大陆交通网络紧密相连。从友谊关、东兴进入越南后，往西南可到达老挝、缅甸、柬埔寨、泰国，进而到达中南半岛的马来西亚和新加坡。尤其是南宁到河内只有400多千米，汽车大半天即可到达。海运方面，广西沿北部湾有防城港、钦州港、北海港，其中防城港是华南第三大港，其货物吞吐量已大大提高。这些港口都已有铁路和高速公路跟国内腹地相连接，是中国大陆通往东南亚各国运距最近的港口，通往世界其他地区的港口也很便捷。航空方面，南宁、桂林、北海等已建成通往国外多个国家的机场，其旅客吞吐量已有很大的提高。南宁—河内航线飞行只需半个小时，南宁—曼谷航线也是中国通往泰国最便捷的航线。

第三，广西与东盟各国在经贸领域已经开始了全面合作，东盟已成为广西第一大贸易伙伴。2002年，广西对东盟的进出口额为6.27亿美元，占全区进出口贸易总额的25.8%。进口的大类商品有植物类产品、各种橡胶原料、矿产品等，出口的大类商品有机电类产品、植物类产品、化工类产品、纺织产品、车辆、陶瓷产品等。从投资领域看，截至2002年年底，广西在东盟各国的非贸易类投资项目39个，总投资额近3500万美元，所投资的国家有越南、泰国、新加坡、马来西亚、老挝、柬埔寨等，投资领域涉及医药、服务业、农业、轻工业和纺织业等。另一方面，截至2002年10月底，东盟有越南、柬埔寨、菲律宾、新加坡、泰国、马来西亚、印度尼西亚等7个国家的客商在广西投资，项目累计308个，合同外资额11.16亿美元，实际利用外资6.01亿美元。

2. 中国—东盟博览会

中国—东盟博览会，是由中国商务部和东盟10国政府经贸主管部门及东盟秘书处共同主办，内容涵盖商品贸易、投资合作和服务贸易，是集政治、外交、经贸、人文为一体的国际性盛会。2004年起每年在广西南宁市举行。它的主题是贸易与投资、交流与合作。宗旨是"促进中国东盟自由贸易区建设，共享合作与发展机遇"。打造中国东盟交流合作平台，促进中国与东盟的友好、合作和发展。中国—东盟博览会举办以来，中国与东盟之间的合作领域不断拓宽。目前，双方确定了农业、交通、信息通信、人力资源开发、相互投资、湄公河流域开发、能源、文化、旅游、公共卫生、环境11大重点合作领域，在法律、非传统安全、青年、新闻、质检、防灾减灾等20多个领域开展了务实合作，签署了农业、信息通信、建立中国—东盟中心等12个合作谅解备忘录和合作框架。

3. 中国东盟自由贸易区、中国东盟博览会促进广西的开放发展

一年一度的中国东盟博览会如期召开，中国东盟自由贸易区2010年已建成，它大大促进了广西的开放发展。

2004年首届中国—东盟博览会举办以来的前七届，共有38位中国和东盟国家领导人，1 300多位部长级贵宾，26.5万名各国客商一起来到广西首府南宁商讨国际区域合作，分享中国—东盟商机。1.4万多家企业参展参会，100多家中外商协会与博览会联手合作；此外，还有几十个城市在博览会上展示城市魅力和合作商机。这让广西人民大开眼界，广交朋友。

到2011年10月，越南、柬埔寨、泰国、老挝、缅甸5个东盟国家相继在南宁设立了领事机构，菲律宾在南宁设立了商务代表机构。日本、韩国商务联络部也相继运行。泛北部湾经济合作论坛等一系列中国与东盟合作的重要活动也定期在首府南宁举办，形成了促进中国—东盟合作的"南宁渠道"。

中国—东盟博览会所形成的政治、外交、经济、文化的向心力和凝聚力，使广西的对外开放水平和层次显著提升。2005年至2010年间，东盟在广西设立的外商投资企业132家，实际利用外资年均增长31.1%；广西在东盟的投资项目和设立的办事机构124个，中方协议投资额年均增长83.3%，对东盟承包工程完成营业额年均增长60.2%。

中国—东盟自由贸易区建成促进广西与东盟各国的进出口贸易。2003年，广西进出口总值为31.9亿美元，其中与东盟的贸易额仅为8.26亿美元。2009年，广西对越南进出口39.8亿美元，增长27.5%，占同期广西与东盟贸易总额的80.5%，其中出口31亿美元，进口8.8亿美元，分别增长36.6%和3.4%；贸易额超过1亿美元的国家还有

马来西亚、新加坡、泰国和印度尼西亚，分别为 2.7 亿美元、1.9 亿美元、1.6 亿美元和 2.6 亿美元，对马、新、泰三国分别增长 77%、29% 和 0.1%，对印度尼西亚则下降了 10.7%；与文莱进出口不足 1 000 万美元，但也保持了增长态势。2010 年 1 月 1 日，中国—东盟自由贸易区建成，中国对东盟的平均关税从 9.8% 降至 0.1%，东盟成员国文莱、印度尼西亚、马来西亚、菲律宾、新加坡、泰国对中国的平均关税从 12.8% 降低到 0.6%，大大促进了广西与东盟的贸易。2010 年，东盟成为广西第一大贸易伙伴和第一大出口市场，双边贸易总值 65.3 亿美元，增长 31.9%。其中对东盟出口 45.9 亿美元，增长 27.1%；自东盟进口 19.4 亿美元，增长 45.1%。2011 年，广西与东盟的贸易额达到 95.6 亿美元，东盟已连续 13 年成为广西最大的贸易伙伴，居西部 12 省区市之首；累计办理跨境人民币结算业务突破 500 亿元，位居全国 8 个边境省区首位。面向中国—东盟开放合作的新高地加速形成。

中国—东盟自贸区建设以来，中国与东盟国家的教育合作与交流呈持续增长态势，广西因得其地理之便，注重与东盟国家的教育交流与合作，获益更丰。据统计，2008 年，广西有来自境外的留学生 4 378 人，其中来自东盟国家的留学生 3 696 人，占在华东盟国家留学生总量的一成。广西高校到东盟国家实施一至二年教学的学生每年接近五千人。

广西与东盟国家的文化交流颇有成效。近年来，广西文化厅多次组织文艺团体到境外演出，勇"闯"东盟。2008 年 2 月，受文化部委派，由中国对外演出公司、广西杂技团、广西歌舞剧院组成的广西艺术团一行 40 人赴印尼演出。此外，每年的南宁国际民歌艺术节都专门组织东南亚风情歌舞演出，让来自东盟国家的演艺团体在南宁尽展异国魅力。广西与越南达成协议，把中国的资本、创意、运营模式等和越南的民族风情相融合，共同打造下龙湾大型海上实景演出项目。2008 年年初，广西民族博物馆等与东盟各国博物馆联合举办了"广西民族博物馆与东盟十国博物馆工作交流座谈会"，就共同举办"东盟文化展"与"博物馆 10+1 联盟"项目进行了交流。同年 12 月，越南国家历史博物馆、广西壮族自治区博物馆等联合举办了为期 3 个月的"海上丝路遗珍——越南出水陶瓷精品展"，在广西共展出 224 件陶瓷器物。

旅游方面，广西与东盟各国已互为重要客源地，广西接待的外国旅游者中 40% 以上是东盟游客。广西东盟的旅游合作交流趋于常态化。广西举办了两次"走进东盟——广西旅游国际大篷车"大型旅游宣传促销活动，并积极组团参加东盟国家举办的旅游活动。广西邀请东盟媒体和旅行商到广西采访、考察，邀请东盟重点旅行商参加中国—东盟博览会。在完善"新马泰"传统旅游线路的基础上，整合区域旅游资源，新开辟了"越老柬神秘之旅""中越跨国胡志明足迹之旅""中越边境探秘游""中越海上跨国之旅"等多条跨国旅游线路。东盟各国也加大了在中国的旅游宣传促销力度，通过博览会"魅力之城"专题，综合展示各国城市丰富多彩的旅游资源和深厚的历史文化。越南和马来西亚已成为广西排名第一、二位的客源国。

第七章　历代八桂名人与古今他乡来客

一、历代八桂名人

陈氏父子经学造诣冠岭南：陈钦，西汉末生于苍梧郡广信（今梧州市），著名的经学家。熟习五经，尤精《左传》。王莽曾师从其习《左传》，治五经。史称陈钦"举茂才为五经博士，钦治左氏春秋……与刘歆同时而别自名家"。陈元，陈钦之子，是东汉初有名的经学家。《后汉书·陈元》记载："少传父业，为之训诂，锐精覃思……与桓谭、杜林、郑兴俱为学者所宗。"陈元在参与反东汉流行的谶纬思想的斗争中，有一定的贡献。

士燮：苍梧郡广信人，东汉末任交趾太守。他礼贤下士，附者众。三国时，士燮归属孙吴，为卫将军。精通古文经学，曾为《春秋》作注，对《左传》《尚书》研究的心得颇多。

八桂传佛第一人——牟子：名融，苍梧郡广信人，东汉末有名的佛教人士。他博学多才，精通诸子百家，曾就当时社会对佛教的疑惑所著的《理惑论》，糅合佛家、儒家、道家学说，为研究我国佛教发展的重要著作。该书曾被译成外文向外传播。

曹邺：广西阳朔县人，进士，唐代诗人。曾任京官及地方官。《全唐诗》收录其诗二卷，共108首。今阳朔县仍保存着其当年发奋读书所在的读书岩。

曹唐：广西临桂县人，唐代诗人。当过道士，中榜进士，做过幕僚。《全唐诗》收录其诗二卷，共140多首。后人辑有《曹从事诗集》。

韦敬办、韦敬一：唐初壮族诗家，唐澄州（今广西上林县）人，无著作传世。韦敬办袭父位，为唐代澄州刺史、澄州壮族首领。今存上林县的《智城碑》碑文为其所写。碑文兼用骈体文、四言古体诗，反映了当时当地少数民族的一些上层人物已有较高的汉文水平。韦敬一为韦敬办的下属和同宗，无虞（今属上林）县县令，是《智城碑》碑文的刻制者。

广西籍状元：在1400多年的科举制度史上，广西出过8位状元。第一位是赵观文（唐代，桂林人）。还有连中三元（解元、会元、状元）两位，即冯京（宋代，今宜州市人）、陈继昌（清代，今临桂县人）。其他五位是：梁嵩（南汉，今平南县人）、王世则（北宋，今永福县人）、龙启瑞（清代，今临桂县人）、张建勋（清代，今临桂县人）、刘福姚（清代，今临桂县人）。

肖云举：今南宁市人，南宋举人，官至礼部尚书。他曾在青山顶上建龙象塔（抗日战争时炸毁，1987年重建，高60米，207级，是广西最高最大的塔，又称青山塔），共九层，并改原建的孤独寺为青山寺。

袁崇焕：明末杰出政治家、军事家，抗清将领。祖籍广东，落籍广西藤县，曾居平南，进士。受命在东北阻击清兵进攻，镇守宁远，大败努尔哈赤；于锦州且耕且战，有实绩，迁兵部右侍郎。皇太极进犯宁远、锦州，为袁所败，袁率军取得"宁锦大捷"。任兵部尚书时，在北京郊外，又败清兵。后因魏忠贤操纵朝政，皇太极用反间计陷害，袁崇焕下狱被杀。

抗击外敌的民族英雄：壮家抗倭女英雄——瓦氏夫人（今靖西县人）。明朝，瓦氏夫人亲率壮家子弟数千人到江浙抗击倭寇侵扰，屡立战功，扬名海内外。民族英雄刘永福（今钦州市人），指挥黑旗军勇胜入侵的法军；民族英雄冯子材（今钦州市人），老将不减当年勇，亲率萃军与友军团结抗法，取得镇南关大捷。

石涛（1641—1718年）：原名朱若极，石涛为其字，生于广西桂林，明靖江十三代王之子。曾在全州县湘山寺为僧，后云游大江南北，并潜心学画。精于画山水、兰竹、花果，兼工书法和诗。善于承继国画传统，勇于创新，对扬州画派和当代、后世有较大影响。有《苦瓜和尚画诗录》及后人所辑《大涤子题画诗跋》等。

陈宏谋（1696—1771年）：广西临桂县人，清朝进士。从1729年到1764年，历任浙、滇、苏、陕、赣、鄂、豫、闽、甘、湘及两广等十二个省的御史、布政使、按察使、巡抚、总督等职，后迁东阁大学士，兼工部尚书，后加太子太傅。任上多以除弊兴利，整饬吏治，解除民害，发展生产，倡行教化为根本，是清代名臣，岭南儒宗。平生著作甚多，主要有《湖南通志》《培远堂全集》《大学衍义辑录》等。

刘新翰（1701—1765年）：清朝永宁州（今永福）人，举人。曾受聘在武鸣、桂林从教。又担任江苏省江阴县令，以体恤民众，平反冤狱出名，人称"江南第一好官"。他工于诗，是清代桂北地区壮族文人的先驱，有诗集《谷音集》传世。

王拯（1815—1876年）：清代柳州府人，进士。在京居官以通达政事，敢于直言著称。他的散文为清代后期桐城派古文中的"岭南五家"之一，诗作意深而词粹，被评为兼"苏、黄二家之长"，词作与龚自珍等并称为清代词坛的"后十家"。还长于书画，主要著作有《龙壁山房文集》《龙壁山房诗集》《茂陵秋雨词》等。

蒋良琪（1723—1783年）：清代广西全州人，进士。历任翰林院编修，国史馆编纂，通政使司通政使等。所著《东华录》是研究清史的重要资料，至今仍受史学家重视。

杨延理（1747—1813年）：广西柳州府马平县（今柳州市）人。1787年至1812年先后三任台湾知府。任内绥靖台政，巩固城防，平乱息斗；发展生产，安民乐业，增加国赋；提倡文教，创办书院，重开科考；忍辱负重，百折不挠，将宜兰（噶玛兰）收入清朝版图，设治开发，有"开兰名宦"誉称。

黎建三（1748—1806年）：壮族，今广西平南人，18岁中举，诗词名家，著有《素轩诗集》《素轩词剩》等书，诗作有较高的思想性和艺术性。在甘肃为父母官，办案公正廉洁，关心百姓疾苦，注意开发水利。其子君弼也是诗人，著有《自娱集》。

农赓尧：宁明州人，清雍正年间举人，壮族。一生居乡间读书写诗，传世者百余篇，收入后人所编《宁明耆旧诗辑》。农赓尧与稍后的同乡郑绍曾、赵克广是左江地区壮族文人的先驱，对此地的文人流风深有影响。

刘叙臣：武缘县（今武鸣县）人，乾隆朝进士，翰林院编修。因不满大贪官和珅而离京返乡在各地从教而终。著有《灵溪文集》《四书讲义》等。他是广西清代中期的教育、文人大家，学问德行为人称道。有时人赞其"德行清如漓江之水，学问高如独秀之峰"，为粤西"第一流人物"。

滕问海：清太平府（今崇左市人）人，善诗文，著有《梅溪山人诗稿》《杂言》《文稿》等，所作诗文在左江诗人中属较多者。其子滕楫也是诗人。其所教导的学生陆小姑名闻壮乡。

张鹏展：清代上林县人，出身于书香门第，乾隆朝进士。曾在全国部分地方任职。为官刚正不阿，同情民间疾苦，不满官场腐败。告假归乡后于桂林、上林、宾阳等地从教而终。一生著作丰富，有《峤西女范》《山左诗续抄》《宾州志》等，与刘叙臣同列为当时壮族文人大家和教育家。

陆小姑：清代宾州人，少从家学，通诗书。后师从壮族诗人滕问海，以填词作诗终生。惜仅散存诗作数十首传世。她是壮族历史上第一位有影响的女诗人。后来有诗人评价说壮人"女子能读书知咏者恒不多见，自来有以诗名称于世者，惟宾阳陆小姑一人而已"。

黄体元：宁明州人。家道贫寒，发奋自学，少能诗赋。多次应试遭殴辱后内伤而亡。有遗诗260多首。是清代最著名的壮族"布衣诗人"。

郑献甫：广西象州人，道光朝举人，官至刑部主事。不久，辞官归乡，先后在广西、广东各地书院著书教授终生。是清末教育、诗文、哲学大家。其一生著述丰富，有《四书翼注论文》《辅学轩散骈文集》《辅学轩诗集》《象州志》等；诗作2 800多首，是壮族文人中最有成就的学者和诗人。

受太平天国封王命官的部分广西籍人士：东王杨秀清（桂平市人）、西王肖朝贵（武宣县人，壮族）、翼王石达开（贵港市人，壮族）、北王韦昌辉（桂平市人）、忠王李秀成（藤县人）、英王陈玉成（藤县人）、赞王蒙得恩（平南县人，壮族）、天官副丞相林凤翔（武鸣县人，壮族）、地官正丞相李开芳（武鸣县人，壮族）、慕王谭绍光（象州人）、补天侯李俊良（桂平人，太平天国国医）等。

况周颐（1859—1926年）：名周仪，号蕙风，广西临桂县人，时称清季词学四大家之一。所作词甚多，合刊为《第一生修梅花馆词》，后删定为《蕙风词》二卷。删定的《蕙风词话》，对历代词人的论述常有精辟之处，正如后人评说其"论词最工，细入毫芒，能发前人所未发"。

唐景崧（1842—1903年）：广西灌阳县人，进士。中法战争爆发后，招募"景字军"。1885年率部会同刘永福黑旗军与法军在越宣光激战，立战功。1894年由台湾道台、布政使升为巡抚。晚年旅居桂林，与康有为组织"圣学会"，创办《广仁报》，进行维新变法宣传。著有《请缨日记》等。

苏元春（1844—1908年）：永安州（今蒙山县）人。为报父仇，投奔湘军，大肆屠杀太平军。升为参将，曾镇压粤、桂、黔农民起义。1884年，中法战争时，任广西提督，率军赴越抗法。曾协同冯子材大败法军，取得镇南关大捷。战后，督办广西边防，历时19年，组织修筑镇南关及沿边炮台130多座，为边防建设、巩固国防作出了自己的贡献。1903年，被贬充军新疆。

王运鹏（1849—1904年）：桂林市人，1870年中举。他支持康有为改良主义政治改革。后有感于国家多难，仕途不遂，乃潜心填词，其作品造诣很深，被誉为晚清四大词家之一，在词坛影响较大。著有《袖墨集》《虫秋集》等。

岑毓英：广西西林县人，壮族。祖辈屡世为土司官僚。早年在家乡办团练，后历任云南宜良知县、澄江知府、云南布政使、云南巡抚、贵州巡抚、福建巡抚、云贵总督等。有"同治中兴"名臣和"封疆大吏"誉称。镇压过杜文秀等人领导的回民反清起义，但也率滇军积极参加抗法战争。中法停战后，又守卫边防，参加中越边境划界工作。一生勤于疏奏，后人以《岑襄勤公奏稿》之名刊行传世。

岑春煊（1861—1933年）：字云阶，广西西林县人，岑毓英之子。曾中举人，任广东布政使、甘肃布政使。西太后和光绪帝西逃时，率部勤王有功，升任陕西巡抚，后任山西巡抚、广东巡抚、四川总督、两广总督等职。20世纪初驻广西镇压会党起义。1907年任邮传部尚书，授两江总督。参加讨袁"二次革命"，遭通缉逃亡海外。后回国参加护法运动，与旧军阀排挤孙中山，总揽大权。日军进犯上海时，资助十九路军抗战，次年病死。著有《乐斋漫笔》。

李济深（1885—1959年）：广西苍梧县人。北京陆军大学毕业，先在粤军任职，1925年任国民革命军第四军军长。北伐战争期间，任总司令部参谋长、黄埔军校副校长、广东省政府主席。1933年，联合蔡廷锴等在闽组织联共反蒋抗日的"中华共和国人民革命政府"，任主席。抗日战争爆发后，响应中国共产党号召，同中共建立了合作关系，支持抗日民主运动。任军事委员会桂林办公厅主任期间，对广西的抗日民主救亡运动尤有贡献。1947年发起成立中国国民党革命委员会，任主席。新中国成立后，历任中央人民政府副主席、全国人大常委会副委员长、中国人民政治协商会议全国委员会副主席。1959年在北京病逝。

第七章　历代八桂名人与古今他乡来客

李宗仁：字德邻，广西临桂县人，曾为新桂系首脑。先在新式军事学校学习，毕业后曾在旧桂系军队任职至统领，后投靠孙中山，反对旧桂系。1925年和黄绍竑统一广西。北伐战争时任第七军军长、第三路军总指挥、第四集团军总司令、武汉政治分会主席。1927年和蒋介石发动"四·一二"反革命政变。蒋桂战争失败后，回广西与蒋对抗。1936年与广东陈济棠发动"六·一"事变。抗日战争时，任国民党第五战区司令长官兼安徽省主席、汉中行营主任，曾指挥所部抗击日军取得台儿庄大捷。抗战胜利后任北平行营主任。1948年任国民党政府副总统，1949年任代总统。新中国成立前夕去美国定居，1965年返回祖国，1969年在北京病逝。著有《李宗仁回忆录》。

白崇禧（1893—1966年）：广西临桂县人，回族，曾为新桂系首脑之一。初接受新式军事学校教育，保定军官学校毕业后，在旧桂系军队任职，后又协助李宗仁、黄绍竑统一广西。北伐战争时，任总司令部副总参谋长、东路军前敌总指挥、淞沪警备司令。参与蒋介石发动"四·一二"反革命政变，屠杀共产党人。后任第四集团军副总司令。1929年蒋桂战争失败后，与李宗仁盘守广西。抗日战争期间，任国民党军事委员会副参谋总长、军训部长、西南行营主任，曾指挥桂南会战。解放战争期间，坚持反革命内战，先后任国民党政府国防部部长、参谋总长、华中军政长官等要职。新中国成立前夕逃往台湾，病死台北。

黄绍竑：广西容县人，河北保定军官学校毕业，原为新桂系首脑之一。辛亥革命时参加广西学生军北伐敢死队。1925年与李宗仁统一广西，旋任广西省主席兼十五军军长。1930年离开广西投靠蒋介石，历任国民党政府内政部长、浙江省主席、湖北省主席。抗日战争初期，任第二战区副司令长官。1949年为国民党政府和平谈判代表团成员，和平谈判破裂后发表声明脱离国民党政府，参加国民党革命委员会。新中国成立后，历任中央人民政府政务院委员、全国人大常委、全国政协委员、民革中央常委。著有《五十回忆》等。

黄旭初（1892—1975年）：广西容县人，北京陆军大学毕业。曾为新桂系首脑之一。初在旧桂系军队谋职，协助李宗仁、黄绍竑统一广西，并任要职。北伐战争时期，任第七军旅长、师长。"四·一二"反革命政变时，在广西杀害共产党人，并率部赴赣、粤，"围剿"南昌起义部队。后任国民革命军第十五军军长。1931年至1949年任广西省政府主席，有桂系"管家"之称。新中国成立前夕逃离广西，在香港寓居。

雷经天：南宁市津头村人，是广西早期中国共产党党员。1929年2月，中共广西省委机关设在中山路，秘书处则设在今雷经天故居内。秘书处设立后，成为联络、宣传革命的阵地，在长期的革命斗争中发挥了重要的作用。新中国成立后，雷经天曾担任广西省副省长、上海社科院院长等职务。今津头村仍有其故居。

马君武（1881—1940年）：桂林市人，著名政治活动家，教育家和诗人。早年留学德国，获博士学位。学识渊博，文理兼通，通晓多国语言。同盟会会员，曾为孙中山总统府秘书长。出任过含广西大学等多所全国大学的校长，为国家培养了大批人才；是广西高等教育的奠基人，为广西大学的创立与发展矢志不移，并使之小有名气。当时学界有"北蔡南马"之说。周恩来称他为"一代宗师"，朱德等赞他"教泽在人"。今桂林市雁山有其墓地及纪念碑塔，广西大学校园立有其高大塑像。

雷沛鸿：南宁市津头村人，先考入两广高等学堂预科，为同盟会成员，是广州黄花岗起义的勇士，后考取公费生赴英留学，又转到美国留学，取得美国哈佛大学硕士学位。回国后投身改造教育、改造社会事业中。曾五任广西教育厅厅长，倡导以教育大众化为目的的广西普及国民基础教育运动，举世瞩目；创办广西高等教育，有声有色，任期内省立医学院成立，新型国民大学西江大学在百色建成。作为教育家，强调革新教育理论与实践研究结合，足当与陶行知比肩。

梁漱溟：桂林市人，自学出身的著名哲学家和教育家。早年受校长蔡元培聘请在北京大学从教多年，学问让名家震惊。著《乡村建设理论》，倡导乡村建设实验以改造中国，为朝野关注；所著《印度哲学概论》，反响强烈；出版的《东西文化及其哲学》，堪称首次倡导东西方文化比较研究的学术经典，受大师梁启超、诗人泰戈尔的称赞，对中国学术界影响很大。后人出版了《梁漱溟全集》，共八卷。

王力：博白县人，中国著名教授。早年求学清华园，受教于各大名师，留学法国，获巴黎大学文学博士学位。回国长期在北京大学等从教。他学问高深，著述丰富。其主编的大学教材《古代汉语》等好评如潮，世界各地大学的汉语专业都把它当作基础教材，桃李遍天下。后人出版有《王力文集》，共20卷，1 000万字。

新中国首批广西籍获授将军军衔人员：将军韦国清（东兰人，壮族）、李天佑（临桂人）被授予上将军衔；韦杰（东兰人，壮族）、冼恒汉（田阳人，壮族）、莫文骅（南宁人）、覃键（东兰人，壮族）被授予中将军衔；韦祖珍（东兰人，壮族）、卢绍武（武鸣人，壮族）、吴西（扶绥人，壮族）、欧致富（田阳人，壮族）、姜茂生（凤山人）、黄一平、黄惠良（平果人，壮族）、黄新友（凌云人，壮族）、覃士冕（东兰人，壮族）、覃国翰（都安，壮族）被授予少将军衔。

院士李京文：广西陆川县人，中国工程院院士，当代著名经济学家。参与了一大批国家重点工程的技术经济论证，是我国科技进步理论与测度方法的主要开拓者和工程管理理论的奠基者之一。

体操王子李宁：柳州市人，壮族，参加国内外大赛获得金牌50多枚，仅1982年的世界体操锦标赛，一人独得6枚金牌，为国家、广西争了光。至今体操吊环上的"正吊"、双杠上大回环转体180度，被国际体联以"李宁"命名。由于李宁在体操上的突出成绩，被选为"20世纪最佳运动员"，与另外25名他国运动员一起，永远载入20世纪世界体育史册。

此外，还有梁烈亚（南宁市人，壮族）、李任仁（临桂人）、陈漫远（蒙山人）、朱鹤云（田东人，壮族，少将）、袁也烈（少将）、谢扶民（田东人，壮族）、冯振（北流人）、覃应机（东兰人，壮族）、甘苦（扶绥人，壮族）、罗尔纲（贵港市人）、梁羽生（蒙山人）、李沛瑶（苍梧人）等影响较大的名人。

二、古今他乡来客

颜延之（384—456年）：字延年，今山东省临沂人，南朝宋著名诗人。为人刚直不阿，因得罪朝中权贵，被贬到岭南为始安郡（治在今桂林）太守，任期三年。他关心百姓疾苦，多次减免赋税，提倡垦荒，赈济百姓，受当地百姓爱戴。桂林独秀峰因他而得名。其当年避暑读书之岩洞后人称为"读书岩"（在今广西师大内独秀峰东面），有利于桂林文风的形成。

张九龄（678—740年）：字子寿，今广东曲江人，唐朝名相、诗人。因受朝中奸臣李林甫排斥，遭贬在桂州为官。他以传说中的名舜为楷模，一心为岭南百姓效力。在桂期间，整顿吏治，"黜免贪吏，引伸正人"；亲理案件，使"狱无大小，咸得其平"；"按察五岭，德化而风美"，深受百姓称道。其留下的一些诗作，记下了当年八桂风物，也表白了对自己的尽忠职守问心无愧。

元结（719—772年）：字次山，自称河南鲁县人，北魏鲜卑族的后裔，唐代文学家。被唐政府委任为持节都督容州诸军事兼容州刺史、御史中丞，充容管经略守护使来到广西。任上初期，容管有战事，他总结前任的得失，采取"抚谕"的政策，并深入少数民族居住的山区，和悦化解，终使他们诚心归服唐廷。在梧州所作《冰井铭》至今仍成为当地人谈论的轶事。

柳宗元（773—819年）：字子厚，河东（今山西省永济县）人，唐代著名文学家、思想家，唐宋八大家之一，官至礼部员外郎。805年，因参加王叔文发起的政治革新运动而被贬为永州司马，10年后调任柳州刺史，4年后死于任上。在柳期间，他关心百姓疾苦，实行了释放债奴、革除迷信陋俗、办学兴教、带头种柑植树、凿井取水抗旱、整修城墙街道等一系列有利于社会进步和发展生产的措施，受到当地民众的交口称赞。此外，他还写了不少赞美柳州秀美山水的名篇，以及反映柳州地方风俗民情、文物胜迹的佳作。他死后，柳州人民十分怀念他，在其休闲时常去的罗池边建祠以示纪念，后称柳侯祠。至今柳州市柳侯公园内还保存着柳侯祠、柳宗元衣冠墓、罗池、柑香亭等古迹。

李渤（772—831年）：字浚之，今甘肃泰安人，唐代诗人。唐敬宗时被贬来桂州出任桂州刺史、桂管都防御观察使。任上期间，组织百姓力量使灵渠能通航与灌溉。奏请朝廷在桂设成义仓，在灾荒年份开仓赈饥，深得民心。修治桂林山水并留诗作，后人至今仍受其惠，念其功。

李商隐（813—858年）：字义山，今河南沁阳人，唐著名诗人。受唐末朋党之争的牵累，被排斥出朝，来到广西做桂管观察使郑亚的幕僚。在作文写诗的同时，他向郑亚及朝廷提出了不少关于治理桂管地区的政治，军事方面的建议，如对少数民族实行安抚政策，忌横征暴敛等。其在桂的诗作有不少是描写当地风貌习俗的。

黄庭坚宜州传中原文化：黄庭坚（1045—1105年），号山谷老人、八桂老人，洪州分宁（今江西省修水县）人，北宋诗人、书法家。他工诗能词，开创江西诗派。1103年4月被诬修实录不实，遭免职贬送宜州编管。在宜州期间，设馆讲学，勤奋写作。1105年10月病故宜州。后人为纪念他传播文化之功，在今城西立山谷祠，祠内有山谷先生画像碑刻，祠后有山谷衣冠冢。

秦观横州设馆讲学：秦观（1049—1100年），字少游，号淮海居士，扬州高邮（今属江苏省）人。北宋诗人、词人。曾任秘书省正字兼国史馆编修等职，因政治原因由湖南被送至广西横州编管。在横州期间，曾设馆讲学，后人在其居地建淮海书院，并在城西立祠以示纪念。后由广东北返经广西滕州时病故。滕州人哀其之死，建祠纪念。在桂期间，留有部分诗作，如《醉乡春》《鬼门关》等。

苏轼桂南留足迹：苏轼（1037—1101年），号东坡居士，四川眉山人，北宋著名文学家、书画家。1100年5月从琼州获赦迁廉州（今合浦）。在廉州期间，品尝廉州龙眼后，留下的赞美诗篇。瞻仰当地海角亭时，写下"万里瞻天"四个大字，成为至今仍悬挂于此亭内正中上方的匾额。后人在其曾住之地建东坡亭以示纪念。10月，溯南流江北上，过博白、郁林、滕州、梧州出广西境，前往迁调地湖南永州。

柳开（947—1001年）：宋初古文运动最早的倡导者。宋初知全州，为当地百姓做了不少好事，其中安抚西延（今资源）瑶民粟氏有功，受宋太宗赏赐。他又用赏钱修筑全州有史以来第一所书院，还兴办学校，率士人讲读其间，使全州文风渐成。

李纲（1083—1140年）：字伯纪，今福建人，宋代抗金名相，爱国诗人。任高宗朝相期间，遭投降派攻击，被放逐海南。1132年重被高宗委任为湖广宣抚使兼知潭州（今长沙）。从琼回湘途中路经陆川、北流、玉林、容县、苍梧、象州、桂林、阳朔等地。他游览了北流勾漏洞、容县都峤山、桂林及阳朔等的山水名胜，留下了不少既赞美八桂美好景物又表现出自己对国家前途关切的诗篇。

张孝祥（1132—1170年）：字安国，今安徽和县人，南宋爱国诗人。知静江府兼广南西路经略安抚使。在桂期间，为当地百姓做了不少好事，如赈灾荒、减赋税、兴文教、修水利等，史称"治有声绩"。擅长书法的他还在桂林诸名山岩洞留下了珍贵的题刻，如伏波山"还珠洞"石刻至今仍存。

周去非：字直夫，浙江永嘉人，南宋进士。曾任广南西路桂州（今桂林市）通判与钦州教授。离任归乡后写成《岭外代答》，共10卷，分20门，今存辑本，共294条，对研究古代岭南地区社会历史地理、少数民族风土人情和中外交通等具有重要史料价

第七章 历代八桂名人与古今他乡来客

值。

范成大（1126—1193年）：字致能，江苏人，进士，南宋诗人。曾任广南西路经略安抚使，多有建树。所著《桂海虞衡志》全面简要地介绍了宋代广西的风土物产和生活习俗，很有价值。桂林山水甲天下，也与他的极力推介有关。

解缙（1369—1415年）：字大绅，今江西吉水人，进士，明朝著名学者，《永乐大典》主纂。因批评朝政于永乐年间被贬到广西任布政使司参议，全州、兴安、灵川、桂林、阳朔、平乐、梧州、苍梧、藤县、桂平、北流、柳州、宁明、凭祥、龙州等地，都留下了他的足迹。从留下的在桂诗作看，既有对任上地山水的陶醉，又有因触景生情而产生的思乡之感。

王守仁（1472—1528年）：又称阳明先生，浙江余姚人，明著名哲学家、教育家。嘉靖年间受命为都察院左都御史巡抚广西、总督粤桂赣湘四省军事。1528年，派人与乘八寨（今上林、忻城境）农民起义而叛乱的思恩、田州土官卢苏、王受谈判，和平解决思恩、田州问题。随后又利用土官兵力镇压了八寨农民起义。闲余还创办敷文书院（今南宁市共和路），开坛讲学，传播文化，使南疆读书之风大兴，至今在南宁市北宁街仍立有一块镌刻"王阳明讲学处"石碑。青秀山上有阳明洞或称撷青岩，石壁上书"阳明先生过化之地"。他与宋将狄青、孙沔、余靖，宋邕州知州苏缄以及清代莽依图等人曾被人请至原位于今南宁市人民公园的六公祠祭拜，至今在人民公园镇宁炮台还有一块"王阳明先生遗像"碑，一块"敷文书院碑记"。

董传策：明朝嘉庆年间，任刑部主事，上奏参劾大奸臣严嵩专权误国之罪。不料奏本竟落到严嵩手里，董传策随即被抓入狱中，大赦后，被贬到南宁做一个小官。其僚属左江兵备徐浦感其恩，在青秀山一泉边以其姓为泉名，刻石记之，曰董泉。后人又在泉边筑亭叫董泉亭。亭柱上刻有清人苏士俊的对联："勺水为霖四野咸歌岁稔，一亭感千秋永积神功。"

徐霞客（1586—1641年）：明代地理学家和旅行家，今江苏江阴人。他于1637年5月初由湖南进入广西，行程6 000余里，足迹遍及半个广西，撰写的《粤西游日记》，对广西的地质地貌及水源等作了记录，对岩溶地貌的考察研究成果显著，留下了明代广西政治经济等方面的宝贵资料。他游灵渠，考察桂林、阳朔，对当地山水惊叹不已；到柳州，印象颇深；往柳城、融水，途遇艰险，仍矢志不移；放舟浔州、邕州，停留南宁一个多月，依依不舍青秀山；到左右江，天等考察历时16天；转道宜山、河池、南丹等。同年底离桂入贵州、云南，继续西行。

邝露（1604—1648年）：字湛若，广东南海人，为诗界、书法界奇杰。他遍游八桂各地，所写《赤雅》是一部有一定价值的奇书。此书共分三卷，上卷记人，叙述了广西各兄弟民族的风俗习惯；中卷谈地，记述广西各地山川名胜；下卷写物，八桂大地上的特产异物、奇花异木、珍禽异兽都有所记载。

汪森：字晋贤，今浙江桐乡县人。清康熙年间，曾先后任桂林、太平（今崇左市）两府通判。其所写的《粤西诗载》《粤西文载》各有30万字、100余万字，分别辑录了历代广西著名作家和客桂著名文人的诗文。《粤西丛载》可以说是一部关于广西历代风物志综录，对研究古代广西历史有重要参考价值。

从罗城县走向政坛的"天下第一清官"于成龙：于成龙，山西永宁州（今山西省离石市）人，生于明末。崇祯年间参加了一次科举考试，中了副榜贡生，但未获委职。1661年，人生已过半的他突然接到清朝的委任，要他到岭南荒僻广西罗城县做县令。对这一意外惊喜，家人起初并不赞成上任，然而于成龙犹豫许久，最后觉得这是一个展示抱负、为国家做事、为民众效力的好机会，乃下定决心："就是抛弃这把老骨头，也在所不惜。"来到罗城后，在经过一番调查研究后，他大刀阔斧进行了整治。首先，消除盗匪，加强治安，让百姓安居乐业。措施有：建立基层政权，编制保甲；组织民兵，让百姓能自我保护；连坐互保，揭发和监督坏人；颁布严厉的法令，约束民众。为破大案，他深入匪穴，与盗匪周旋，一网打尽。其次，对由于历史原因造成的县境内各民族、各族姓的纠纷怨结，尽量采取劝谕、调解的办法进行化解，对邻县间的积怨先晓之以理，后严之以法，最终使冤家变睦邻。再次，重申征粮外，严禁额外摊派与克扣，减少派工且要不误农时，对因正当原因而无力负担者，给予减免。同时，他勤抚恤，崇节俭，曾把官府给他的奖赏用来给罗城农民购牛、买种子，扶持百姓发展生产。还建书院，发展教育事业；设养济院，救济收养孤儿孤老。于成龙为任罗城县令七年，正如《清史稿》所言："居罗山七年，与民相爱如家人父子……凡所当兴罢者，次第举行，县大治。"于成龙自己也曾说"一生得力于令罗城"。于成龙的治绩得到了总督卢兴祖，尤其是时任广西巡抚金光祖的举荐，康熙六年被提升为四川合州知州。此后历任知府、道尹、按察使、布政使、巡抚，直至两江总督，官居一品大臣。他死后，康熙帝感慨而言："实乃天下廉吏第一也。"并谥"清端"，加赠太子太保。

赵翼（1727—1814年）：字云崧，今江苏武进人，清代著名诗人和史学家。清乾隆年间，任广西镇安府（治今德保县）知府。他以亲身经历告知人们，此地"鸡犬亦相闻"，并非有去无回的可怕之地，"到此奇观未曾得"，吟出了对当地秀丽山水的赞美诗。在镇安期间，他废苛捐杂税，惩贪官污吏；严守边关清除边患；重视生产，引进八角栽种镇安。尊重当地少数民族习俗，赞赏男女对歌择偶古风。

康有为：中国近代变法维新的领袖，曾两次到桂林。第一次在1895年1月，讲学于桂林风洞山景风阁。第二次在1897年2月，因"公车上书"的惊动之举，此次到桂林，得到桂林、广西各界人士的大力支持。在桂林，康有为组织圣学会，通过此会扩大宣传，联络志士，推动政治改革；开办广仁学堂，宣传新学和维新变法；与弟子创办《广仁报》，议论时政，宣传变法维新，激发民族自尊心。这些对广西政界、学界和学术思想产生了重大影响，使桂林成为维新运动的活跃地区之一。

第七章 历代八桂名人与古今他乡来客

孙中山与广西：为推翻清王朝的封建专制统治，孙中山亲自策划和领导了发生在广西边境的三次武装起义。其中在1907年12月，孙中山得知黄明堂等革命军攻克了镇南关右辅山炮台后，立即连夜偕同黄兴、胡汉民等取道越南，从弄尧到镇南关，亲自登上右辅山犒赏将士，并登台燃炮轰击清军。1921年6月，下令发动"援桂讨陆"战争，推翻了旧桂系军阀在广西的统治。1921年10月15日至1922年4月20日，为出师北伐，统一全国，在桂林设大本营，并到过广西横县、梧州、南宁、桂平、昭平、平乐、阳朔、灵川等地巡视。其中在南宁各界人士举行的欢迎会上，孙中山发表了《广西善后方针》的演讲，他首先肯定了"广西是发展生产的好地方，是一个人才众多、物产丰富的省份"，"妇女的力量非常之大"；提出"广西须大借外债，以筑铁路、开矿山、树农场、兴工厂"；"广西有许多石灰岩山，可以烧石灰，既能作建筑用，又能作肥料用"，号召开发和建设广西。他还在《建国方略·实业计划》提出了建设西南铁路系统的设计，其中设计的三条铁路线贯穿广西；强调建好广西钦州港，由钦州出海，是西南地区的一条最便捷的出海通道。还提出了整治西江、疏浚灵渠的计划，以打通内河交通网，为广西经济交通建设和发展勾画了蓝图。

此外，还有东晋葛洪、唐鉴真、宋之问（唐诗人）、沈彬（唐诗人）、刘克庄（宋诗人）、陈孚（元诗人）、汤显祖（明剧作家）、袁枚（清诗人）等名人或到八桂旅游或为任广西各级职官。

三、党和国家领导人心系八桂

1. 伟人毛泽东抵邕

1958年1月初，毛泽东主席抵达南宁，参加于明园饭店召开的中共中央工作会议。会前毛主席曾两次畅游邕江，后来邕城人在邕江大桥北岸西侧修建了一座六角凉亭，称冬泳亭，董必武为亭额书刻"冬泳亭"三字，以示纪念。会议期间，毛主席给当时广西省主要领导人写信，指示要办好《广西日报》，指出："一张省报，对于全省工作，有极大的组织、鼓舞、激励、批判、推动的作用。"毛主席还和刘少奇、周恩来等中央领导人视察了广西的工业，对广西落后的工业状况印象深刻。毛主席等中央领导人还冒雨在人民公园望仙坡接见5 000多名广西各族人民代表，给广西各族人民极大的鼓舞。

2. 周恩来与广西

1925年秋，周恩来就秘密来到广西梧州，介绍全国革命形势，了解广西革命运动的情况，指导广西的建党工作。1929年7月，周恩来又亲自派邓小平来到广西，主持广西党的全面工作，发动领导了百色起义和龙州起义，创建了左右江革命根据地。八年抗日战争时期，周恩来又分别于1938年12月、1939年2月、1939年4月先后三次到桂林，对促进广西抗日民族统一战线、桂林抗日文化运动的形成和发展，作出了巨大的贡献。新中国成立后,周恩来又积极扶持和推动广西民族地区经济文化的发展。1958年1月,周恩来在参加南宁会议期间,对广西工业建设情况十分关心,大力支持和帮助广西西津水电站、柳州钢铁厂、柳州化肥厂等三大工业项目建设,为广西工业的发展奠定了基础。同时,还和毛主席等中央领导同志一起,冒雨在南宁人民公园接见了广西各族群众代表。1960年3月,周恩来又一次来到壮乡,在南宁听取了广西有关领导汇报水利建设情况,并作了重要指示,不久,红水河开发也在三线建设时开始了。到达桂林时,在漓江游船上,周恩来听取了当地负责人关于青狮潭水库建设情况的汇报,并亲自审定水库建设的设计图纸。在20世纪六七十年代,又十分关怀与指示防城港的上马和扩建工作,为广西此后的对外开放和成为西南地区出海通道奠定了基础。他坚持党的民族区域自治政策,积极帮助、具体指导和大力促成了广西壮族自治区的成立,为广西民族地区的发展创造了重要的政策条件。还建议把"僮族"的"僮"改为"壮"。并重视拼音壮文的创制和推行使用,推动广西民族地区的文化建设。在"文化大革命"期间,周恩来为减少林彪、江青反革命集团的倒行逆施对广西经济社会发展所造成的破坏,为维护社会和工农业生产的正常秩序,为保护一些革命干部,为保卫祖国南大门的安全,保证援越抗美战备工作和作战任务的完成,付出了常人难以忍受的艰辛,做了他所能做的工作。总之,周恩来同志对广西各族人民的巨大关怀和深厚感情,将世代铭刻在广西各族人民心中。

3. 邓小平与广西

1929年夏天,年仅25岁的中共中央秘书长邓小平化名邓斌,从上海经香港、梧州来到南宁。时值蒋桂战争以新桂系军阀失败告终,广西军人俞作柏、李明瑞分掌广西军政大权。为巩固其统治地位,要求中央派干部到其军政部门协助工作。邓小平公开以广西省政府秘书的身份作掩护,实际则以中共中央代表的身份负责领导广西全盘工作,并与俞作柏、李明瑞建立起合作关系。后来由于形势的变化,在邓小平的精心安排下,由俞作豫率领的警备第五大队及俞作柏、李明瑞的特务营共2 000多人,开赴左江地区的龙州,并护送俞作柏、李明瑞同往龙州。后来俞作柏取道去香港,李明瑞留在龙州参加革命,领导起义。随后邓小平又率领警卫部队和机关干部,指挥满载军械物资的船队,溯右江上驶百色。张云逸等则率领第四大队和教导总队共2 000多人,从陆路掩护,威武雄壮踏上新的革命征途。1929年年底和1930年年初,经过充分的准备与扫除起义障碍,邓小平等组织领导了百色起义和龙州起义,创建了红七军、红八军和左右江革命根据地,邓小平担任红七军、红八军政委。从此,邓小平与广西各族人民建立了深厚的感情,并对壮族人民在革命斗争的表现给予了高度评价,指出"壮族是我国少数民族中的一个大民族,对革命也做过很大的贡献。红七军和红八军,就有一半是壮族人"(《邓小平与广西》)。1949年又指示所率二野第四兵团各级指战员要深刻领会毛泽东主席关于歼灭白崇禧集团的战略意图,强调部队要勇猛追击,穿插迂回敌后，为广西战役的胜利作出了积极的贡献。

新中国成立后，邓小平在日理万机的繁忙工作中，曾于1958年10月亲临柳州市和罗城县四把乡视察工作，他赞扬当地广大工农群众建设社会主义的积极性和创造性，同时也昭示人们对"大跃进"作出冷静的思考。改革开放后，党中央和国务院根据邓小平的积极建议，1984年宣布进一步开放沿海14个城市，广西北海市为其中之一。1986年，当广西平果铝厂立项因资金遇到困难的关键时刻，邓小平亲自听取中央有关负责同志的汇报，并果断地作出了"广西平果铝要搞"的指示，使平果铝项目纳入了国务院钢铝领导小组的工作范围，并很快进入了建设阶段。目前一座现代化的大型铝联合企业已屹立在右江河畔。1992年，党中央又根据邓小平同志南方讲话精神，及时做出"充分发挥广西作为西南出海通道的作用"的决策，这对广西乃至整个大西南的改革开放和经济建设，都具有极其重要的意义。

邓小平说过要"用革命的事迹来教育我们的子孙万代"。(《邓小平与广西》)1961年12月，邓小平为龙州公园的红八军纪念碑题词。1962年为纪念壮族农民领袖韦拔群牺牲30周年题词。1963年为《广西革命回忆录》续集题词。1977年为百色中国工农红军第七军军部旧址题字，为田东右江工农民主政府旧址题字。1981年为纪念百色起义、龙州起义52周年题词。1986年，为北流县（今北流市）办的明瑞（李明瑞为左右江起义领导人之一，红七军红八军总指挥）中学题写校名。为广西壮族自治区烈士陵园题写园名。1989年为百色起义、龙州起义60周年题词。《右江日报》经过邓小平的积极筹备，在百色起义当年的10月下旬在百色创刊。此外，他还以一个老共产党员的名义先后两次为"希望工程"捐款5 000元。此款全部转给邓小平曾战斗过的广西革命老区——百色市平果县凤梧乡仕仁村"希望小学"。

1973年，邓小平游览漓江时，目睹了漓江受到污染，语重心长地指出："如果不把漓江治理好，功不抵过啊！"经过广西的综合治理，漓江风貌得以恢复。1986年邓小平再一次观光漓江，高兴地说："漓江水变清了！"(《邓小平与广西》)可见他对桂林山水旅游资源的关注与爱护。

4. 胡耀邦七次到广西

早在1934年，胡耀邦随红军长征，途经广西全州、灌阳、兴安、资源、龙胜等县，这是他第一次到广西。1958年与1959年之交，时任中央委员、团中央第一书记的胡耀邦深入到南宁、宾阳、贵县、桂平、玉林、北流、岑溪、梧州、贺县、平乐、阳朔、桂林、柳州、宜山、罗城等地视察，历时一个多月。1980年他又一次来到广西，到田林、百色、北海、钦州、南宁等地考察，不久南防铁路、防城港恢复建设。1984年春节，他又专程来到边关凭祥，上了法卡山，再到宁明，回到南宁后选择到邕宁县农民家里，与农民群众共过除夕。在广西的多次讲话中，胡耀邦指出广西要尽快改变面貌，一要安定团结，一要发展经济。要发挥广西的资源优势，要各显神通。对贫困地区，要加强自力更生，要一帮二带，即搞好协作，带动致富，并传授技术经验。

5. 江泽民总书记心系壮乡

1990年11月19日至25日，江泽民总书记等一行，风尘仆仆地来到广西。在考察中，他深入工厂、农村、部队、学校，同工人、农民、教师、学生、科技人员、基层干部和指战员亲切交谈。他到百色老区时，曾深入到田阳那坡镇永常村壮族村屯访问。当他来到永常村特困户苏其权家时，得知其生活仍十分困难时，语重心长地对在场的各级干部说："扶贫工作任务还很艰巨，你们任重道远啊！"在南宁，题写"团结奋斗，振兴南宁"，给首府人民极大的鼓舞。1994年广西发生大水灾时，江总书记等中央领导同志又打电话到广西，对灾区人民表示亲切慰问，并对广西救灾工作作了重要指示。1995年春，江总书记与参加八届人大三次会议的广西代表团见面时又指出，广西是很有发展前途的省区，中央对广西的发展是很重视的，今后将毫无疑问地帮助广西发展经济。1996年10月29日至11月3日，江总书记再一次来到广西视察，当他看到永常村和苏其权家生活发生了较大新变化时，心里感到十分欣慰。考察田阳县万亩芒果示范场时，高兴地说："看了芒果场，我精神很振奋，你们真是越来越有希望了！"江总书记两次到广西视察，为广西的建设和改革开放等作了重要批示，给壮乡各族人民留下了美好的记忆。

6. 胡锦涛总书记壮乡行

1996年2月2日至7日，时任中共中央政治局常委、书记处书记的胡锦涛第一次到广西视察。在柳州，他深入柳州两面针股份有限公司、微型汽车厂、工程机械厂等企业，看望干部、职工，与工人亲切交谈，了解企业生产和产品经营情况，并召开座谈会，总结柳州的成功经验。到达南宁，看望了黄荣、韦纯束、陈岸等老同志，慰问困难职工，并考察了广西赖氨酸厂、蔬菜基地和武鸣县养猪专业户。要求各级领导干部牢固树立群众观点，帮助群众解决实际问题。1998年12月15日，时任中共中央政治局常委、书记处书记、国家副主席的胡锦涛，在赴越南访问途经南宁时，仍不忘关注广西的发展。接见广西的党政领导干部时，强调广西要切实做好改革、发展与稳定的各项工作。2002年3月29日至4月3日，胡锦涛又一次来到壮乡，他到了北海、钦州、防城港、百色、南宁等地市，深入企业，视察港口、码头，察看沿边公路建设，了解边贸情况，充分肯定了广西三大沿海港口的功能定位设想，指出要总结以往经验教训，加快发展步伐。到百色，还与田东、田阳的农民群众拉家常、话农事、谈增收。针对广西属全国扶贫开发的重点地区之一，他指出要特别抓好边境地区、革命老区、大石山区和民族地区的扶贫工作，要千方百计巩固扶贫成果，使这些地区人民的生活得到不断改善。这充分体现了党和政府对广西的改革开放、社会经济发展的关心和对壮乡各族人民的深切关怀。2006年8月，中共中央总书记、国家主席、中央军委主席胡锦涛在听取广西壮族自治区领导工作汇报时强调指出，广西要把发展放在第一位；要

第七章　历代八桂名人与古今他乡来客

进一步扩大开放,发挥沿海优势;广西沿海发展应形成新的一极。"自治区要很好地研究,把广西的潜力发挥出来。你们现在同泛北部湾合作结合起来,这篇文章会做得很大,用一句话来讲:前景广阔。推动合作,要从推动交通等基础设施开始,基础设施条件好了,才能更好地做别的事,如产业合作等。"2008年春节期间,胡锦涛总书记再一次来到广西考察,先后到南宁、百色等地,看望慰问坚守岗位的基层干部职工和武警官兵,同广西各族干部群众一起过年,表达了党中央对壮乡人民的深情厚意。

〇 第八章　八桂乡情拓展篇

1. 八桂与桂海

八桂，广西的专称，一是依广西的物产（桂树）而定桂，又因桂林（桂树成林）、桂州之名，进而美名为八桂。二是由广西历代府治所桂林之别名扩展而作全广西别称。"桂林八树，在番隅东。"（《山海经·海内南经》）其八之意；一为言其大；二为丛生、繁多、茂盛。"八桂，广西桂林府郡名。"（《大明一统志》）这是官书中首次以八桂来诠释行政区划名，八桂由此成为官方指代桂林的别称。从宋至民国，桂林一直是广西行政区域治所（或称省会）驻地，以行政区域治所（或称省会）桂林代表广西全省是顺理成章的。因此，八桂便由省会别称扩展为广西全省的代名称，简称桂。明代以后文人诗中的八桂已泛指广西。且八桂常与五羊、三湘对举，指广西、广东、湖南。广西又名桂海。桂海原指岭南。岭南古时又称南海。唐代以前，岭南多长桂树，故岭南又称桂海。唐以后，广西地区产肉桂增多，故桂海的含义逐步成为专指广西地区。南宋范成大写的《桂海虞衡志》，专述广西的山川风物。此后，桂海也成为广西的代名词。

2. 广西壮族自治区成立纪念日的由来

1958年3月5日，广西壮族自治区第一届人民代表大会第一次会议在南宁召开，韦国清同志致会议开幕词，宣告广西壮族自治区正式成立。此次会议最后还通过了一项决议："从1959年起，每年3月5日为广西壮族自治区成立纪念日。"1977年，广西壮族自治区成立20周年大庆即将来临，中共广西壮族自治区委员会经过慎重考虑，作出了将自治区纪念日从3月5日推迟至12月11日的决定，并报请中共中央批准，得到中共中央同意。1977年12月11日，广西壮族自治区第五届人民代表大会第一次会议召开。时任自治区党委第一书记的乔晓光同志，在大会上正式向广西各族人民宣布：广西壮族自治区成立20周年纪念活动，"决定于明年的12月11日进行，同1929年百色起义、建立右江工农民主政府和成立红七军统一起来"。由此可知，最初选择12月11日为广西壮族自治区成立纪念日，主要是因为该日是邓小平、张云逸同志领导百色起义的日子，历史及政治意义深远。1978年12月11日在广西壮族自治区成立20周年纪念大会上，乔晓光说："49年前的今天，即1929年12月11日，广西各族人民在党的领导下，举行了百色起义，成立了红七军和右江工农民主政府。29年前的今天，即

1949年12月11日,五星红旗插上了祖国南大门的友谊关,标志着广西全境解放。我们在这样一个重大的历史性纪念日庆祝广西壮族自治区成立20周年,这对于激励全区各族人民继承和发扬革命的优良传统,进行新的长征,具有特别深远的意义。"正式明确宣布了广西壮族自治区成立纪念日的特殊意义。

3. 布洛陀的传说

布洛陀,壮语标准音为 Baeuq Rox Doh。"布",是对人的通称,亦是对长者的称呼;"洛",即知道,通晓的意思;"陀",是全部,一切的意思。整个名称的意思是:通晓一切的智慧老人。布洛陀被称为壮族的始祖男神,与他同时匹配的姆六甲被称为壮族始祖女神。自古至今,布洛陀的故事传说、歌谣和各种唱本在壮族地区广为流传。

传说,宇宙之初,万物俱无。有一天,布洛陀从山洞走出来,跟他一起走出来的还有雷王、图额和老虎。但只有布洛陀能为创造人类社会作出贡献。布洛陀首先创造了人类。他用蜂蛹造成人类之后,教人们学会采野果、打鱼,开垦土地种植农作物,他教人造牛马羊群、造房子、造铜鼓、造火,人类从此由生食进入熟食阶段。传说布洛陀还带子孙们去疏通河道。他扛着铁锄一年到头奔走各地,从右江一带奔到左江,从左江奔到红水河。就在挖通红水河时,被石头割破脚跟,血流不止。他由于过度劳累,便安详地躺在红水河边,他的身躯变成一座大山,他的血注入了红水河,一直到今天,红水河仍然奔腾着他的血液。通过这个传说,我们推断,壮族地区必定出现过英明贤能的部落酋长布洛陀这样的人物。由此人们为他立庙、供奉他。

4. 铜鼓

铜鼓是我国南方古代人民创造的富有地方特色的历史文物,是我国古代青铜文化中的一朵奇葩,是一种造型和装饰性很高的综合艺术品。

据现代学者的研究,铜鼓创始于春秋时期。铜鼓记载始见于《后汉书·马援传》,它记述了马援在出征途中获得骆越铜鼓一事。据考古,铜鼓分布在云南、贵州、广西、四川、广东之西部、越南之北部等广大地区。现收藏于我国各级文物博物单位的铜鼓有1 400余面。铜鼓一般都铸成腰鼓形,整体分面、胸、腰、足、耳五个部分,鼓面和鼓耳铸有各种花纹和图案,画中有人、兽、鸟、鱼、植物、房屋、器皿和船。北流型、灵山型几乎都铸有蟾蜍数只,分蹲其上。鼓心星体是太阳,青蛙代表月亮,据说蛙的鸣声可达天庭,是雷鸣的象征,预示雨水充沛,五谷丰登;太阳则象征娱乐升平、国泰民安的安宁景象。

铜鼓的用途据类书所载,大致有五种:一是娱乐之乐器。这是最早、最广泛的用途。《隋书·地理志》载:"诸蛮……并铸铜为大鼓,初成,悬天庭中,置酒以招同类。来者有豪富子女,则以金银为大钗,执以叩鼓,竟乃留遗主人,名为铜鼓钗。"二是祭祀赛神。《宋史·蛮夷传西南溪峒诸蛮》云:"溪峒夷獠疾病,击鼓沙锣,以祀神鬼,诏释其铜禁。"三是战争、集众时以施放警号。因铜鼓音传播远。《隋书·地理志》曰:"相攻则鸣此鼓,到者如云。"四是礼器（权力的象征）。屈大均《广东新语》载："富者鸣铜鼓，贫者鸣铛，以为聚会之乐，故谓铜鼓为大器，铛为小器。"五是陈设、炊具、更点、助兴、贡物、陪葬品和赏赐。"赏有功者，以牛马铜鼓"授予英勇作战的英雄。

中国铜鼓有八种类型：一是万家坝型，以云南楚雄万家坝春秋战国墓出土为代表。二是石寨山型，以云南晋宁石寨山汉墓出土命名。广西西林、百色、田东、贵港有出土。贵港出土的最漂亮。三是冷水冲型，以广西藤县蒙江乡冷水冲出土的为代表。此类铜鼓于三国到隋朝流行于广西郁江、邕江以北和黔江、浔江两岸。鼓高大轻薄，纹饰繁茂。鼓面除有大青蛙塑像外，还点缀着骑马、骑牛、马、牛、龟等塑像。四是遵义型，以贵州遵义南宋杨粲夫妇墓出土为典型。广西西北流行此类型。它是从冷水冲型发展而来，鼓面青蛙不见了，青蛙所在位置只留下了四只蛙爪。五是麻江型，以贵州麻江县出土的为代表。分布于桂西，尤与云贵交界的县，在一些民族中一直流传至今。其上纹饰吸收汉文化因素。鼓上的龙形象生动，一公一母，或张牙舞爪，或二龙戏珠，双龙献寿。六是北流型，以广西北流出土的为代表。分布于广西广东交界的云开大山，以玉林市为中心。以形体高大著称。铜鼓之王属此类型。七是灵山型，以广西灵山为代表。分布与北流型同。装饰花纹除几何图案外，还有骑兽、鸟形、虫形纹。八是西盟型，以云南西盟佤族地区为代表，现仍然流行。

5. 宋代壮族地区三大博易场

隶属于邕州的横山寨博易场，位于右江上游今田东地，处于当时我国南方通往云南、贵州、四川的交通要道上。来此贸易的有西南部的大理、自杞、罗甸等地的各个民族与内地的各个民族。西南各族群众带来的最大宗的货物是"蛮马"，即大理、自杞、罗甸等地出产的马；其次是麝香及诸药、胡羊、长鸣鸡、披毯、云南刀等。他们与内地商人交换锦、缯、豹皮、文书及其他奇巧之物。宋王朝为了购买战马，于邕州经略司置买马官，专门管理买马一事。广西经略使也曾叫各州派遣数十人至横山寨押马，还用那些土丁、峒丁来护送。"蛮马"源源而来，买马官员多遣兵卒守于交通路口，制止商人截夺来马，使马匹入市，从轻纳税，定好马价，方可交易。邕州提举买马，年获"蛮马"3 000余匹。西南各族亦从贸易中获得需要的物品。桂北的宜州，在南宋初年也有马匹交易。但当地官员为避免生事，宜州马市不久即停止。

永平寨博易场亦隶属于邕管，位于左江上游地域，近中越边境（在今宁明县内），由永平寨知寨主管博易之事。当时来永平寨交易者多是交趾峒落之人，他们带来各种名香、犀角、象牙、金、银、盐、钱等物，与内地商人和群众交换绫、罗、锦、布之类。武缘县（今武鸣）壮族生产的狭幅布，成为交易的主要货品。交趾盐多易狭幅布，一罗盐可换布一匹。永平寨成为内地人与交趾人进行贸易的场所。

钦州博易场位于北部湾畔钦州郊外的江东驿，来钦州博易场进行交易的交趾人很多，其中有商人，也有平民百姓，他们的生计有许多仰赖于钦州。他们乘舟楫而来，以鱼虾交易斗米尺布。富商前来博易者，多持官府牒照而至，或遣使来到。交趾人所带商品有沉香、光香、生香、熟香、珍珠、象齿、犀角等品种，而内地富商，则从蜀地"贩锦至钦"，"易香返蜀"，一次来回可赚钱数千缗（钱的数量单位，1 000 钱为 1 缗）之巨。双方交换，经纪人从中抑扬货价，始成交易，官府为使双方买卖公平，依法征收商税。钦州博易场，有富商和官府参与，范围很广，为壮族地区内较大的贸易中心场所。

桂北的义宁、融州博易场，是广西境内壮、瑶、苗、侗、汉各族人民贸易的场所，是名副其实的民族贸易市场。少数民族以所产之山货、沙板、滑石等，换取省民（汉族）之米、盐。凡下山、进山贸易，都得遵守所订的规约，不得违犯。山区博易场的设立，对各民族的经济、文化交流起到了促进作用。

6. 白莲洞古人类遗址

该遗址发现至今，共出土了动物化石 3 000 多件、动物牙齿化石 300 多枚、人类牙齿化石两颗、石制器 500 多件，包括打制石器、钻孔砾石、磨刃石锛；又找到了骨锥、骨针；还发现木炭颗粒、烧骨与烧石等用火遗迹，以及原始夹砂陶片等等。从出土的遗物看，白莲洞人世代生息繁衍在此，经历了旧石器时代晚期、中石器时代、新石器时代早期三个不同时代的文化层，距今为 3 万至 7 500 年，显示了人类由攫取性经济向生产性经济过渡的转变，丰富了古人类学和考古学的内容，它的价值已为人们所重视。1985 年 5 月，在此建成了白莲洞洞穴科学博物馆。著名的古人类学家裴文中为馆题词，并称"中国可以成为世界上古人类学的中心，广西是中心的中心"。

7. 山间的美丽精灵白头叶猴

白头叶猴是国家一级保护动物。动物学家研究表明：目前，白头叶猴在国外没有活体和标本，被公认为世界最稀有的猴类之一。北京大学博士生导师潘文石教授这样介绍白头叶猴："它们是山间的美丽精灵，可是中国的'国宝'啊！当今世界仅中国独有，中国仅广西有，广西也仅有约 700 只。"白头叶猴的生存空间比大熊猫还小，与人类的亲缘关系更近，具有更多与人类相同的遗传基因，同时由于它们具有更加复杂的社会形态，白头叶猴的研究的价值并不亚于大熊猫。1953 年被发现的白头叶猴性情温和，乖巧可爱，以一夫多妻的社会制度生活在风景秀丽的喀斯特石峰之上。白头叶猴主要分布在由明江、左江和十万大山围成的狭小三角地带内。20 世纪 60 年代，它们分布区的总面积还有 500 多平方千米，到了 2000 年，除了在崇左和扶绥两县的小片石山中以外，其他的地区已很难看到它们了。目前加紧保护显得非常迫切。

8. 东巴凤三县

"东巴凤"三县（东兰、巴马、凤山），位于广西壮族自治区西部，三县国土总面积 6 133 平方千米，其中，东兰县 2 414 平方千米、巴马县 1 981 平方千米、凤山县 1 738 平方千米。三县耕地总面积 46.49 万亩，其中，东兰县 17.94 万亩、巴马县 14.85

万亩、凤山县13.70万亩；总人口70.33万人，其中，东兰县27.83万人、巴马县23.82万人、凤山县18.68万人，主要民族有壮、汉、瑶、毛南、仫佬、侗、苗、回等民族，少数民族占总人口85.3%。东兰、巴马、凤山三县是广西农民运动的发源地，是邓小平同志领导的百色起义的腹地和左右江革命根据地的重要组成部分。在革命战争年代，三县人民为革命作出了重大牺牲和巨大贡献，其中东兰县在1932年，全县人口由11万人减少到5万人；凤山县有14 550人为革命壮烈牺牲和被杀害；巴马县有2 980人参加百色起义，1 460人为革命牺牲。三县被追认为革命烈士的共有3 905人。目前东兰、巴马、凤山三县综合经济实力低，主要经济指标人均占有量低于河池、广西、全国的水平，经济落后，经济社会发展滞后。据统计，2002年，农民人均纯收入，东兰县1 161元、巴马县1 274元、凤山县1 097元。三县尚有贫困人口40.63万人，占河池市贫困人口25.4%。其中，东兰县16.13万人、巴马县13.56万人、凤山县10.94万人。三县是全广西最贫困的县，是国家扶贫工作重点县。2003年广西"东巴凤大会战"将有助于东巴凤三县的扶贫脱困和经济的发展。

9. 广西国家重点文物保护单位

桂平市金田起义旧址；宁明花山崖壁画；容县经略台真武阁；三江程阳风雨桥；兴安县灵渠；百色市红七军司令部旧址；龙州县红八军司令部；左江革命军事委员会旧址；田东右江工农民主政府旧址；钦州市刘永福三宣堂、冯子材故居建筑群；合浦县汉墓群；合浦县大士阁；桂林市甑皮岩古人类遗址；桂林市唐至清石刻；桂林市八路军办事处旧址；桂林市靖江王府及王陵；临桂、桂林李宗仁故居及官邸；邕宁县顶狮山文化遗址；三江县岜团桥；贺州市临贺故城（汉至清）；忻城莫氏土司衙署；苍梧县李济深故居；北海市近代建筑；百色市右江区、田东县旧石器时代百谷和高岭坡遗址；柳州柳侯祠碑刻、全州燕窝楼、恭城明清古建筑、容县近代建筑、蒙山永安活动旧址、三江马胖古楼、连城要塞与友谊关、梧州中山纪念堂、东兰农运讲习所、河池红军标语楼、宾阳昆仑关旧址、兴安湘江战役旧址、柳州胡志明旧居、柳州白莲洞遗址、柳州鲤鱼嘴遗址、那坡感驮岩遗址、兴安秦城遗址、上林智城城址、灵川江头村和长岗村古建筑、富川马殷庙等。

10. 广西国家级公园

20个国家级森林公园，即金秀大瑶山国家森林公园、桂林市国家森林公园、南宁市良凤江国家森林公园、柳州市三门江国家森林公园、桂平龙潭国家森林公园、龙胜温泉国家森林公园、上思和防城十万大山国家森林公园、融水元宝山国家森林公园、资源八角寨国家森林公园、贺州市姑婆山国家森林公园、贺州市大桂山国家森林公园、乐业黄京洞天坑国家森林公园、大容山国家森林公园、藤县太平狮山国家森林公园、苍梧飞龙湖国家森林公园、北海冠头岭国家森林公园、横县九龙瀑布群国家森林公园、阳朔国家森林公园、融安红茶沟国家森林公园、贵港天平山国家森林公园等。此外，广西首家国家级地质公园在资源县八角寨景区,包括八角寨国家森林公园、资江、百卉谷生态园景区,面积 800 平方千米,称丹霞之魂。乐业县天坑群、北海市涠洲岛火山、凤山县岩溶景观、鹿寨香桥公园、大化七百弄、钦州五皇山也获得了国家级地质公园称号。2010 年 10 月,联合国教科文组织正式宣布广西乐业—凤山地质公园入选"世界地质公园"。乐业—凤山世界地质公园包括乐业大石围天坑国家地质公园、凤山岩溶国家地质公园的八大景区,总面积 132 平方千米,拥有喀斯特天坑、天窗、峰丛、峰林、坡立谷、岩溶泉、洞穴、地下洞穴长廊等世界级地质遗迹。世界特有大石围天坑群、三门海天窗群、穿龙岩大型洞穴博物馆以及凤山的世界长寿之源和养生胜地、乐业的兰花之乡和大熊猫化石等等,构成乐业—凤山世界地质公园丰富多彩的旅游资源。拥有国家海洋公园 1 个即茅尾海国家海洋公园。

11. 南珠

中国海产珍珠最负盛名的是南珠。南珠是南海珍珠家族的总称,但尤以北海合浦珍珠,质量为冠。古合浦郡内营盘乡一带海域有六大古珠池盛产珍珠,以光质兼优而闻名于世。屈大均的《广东新语》就有"合浦珠名曰南珠"、"东珠不如西珠,西珠不如南珠"之说。英国李约瑟博士也有"中国珠必产雷、廉二地"之说(雷州曾属合浦郡)。东汉顺帝时,南珠已成为吸引中原商贾的磁场。合浦郡军官因贪贿而关闭合浦珍珠市场,珠贩绝迹,珠乡经济支柱崩溃,饿殍遍野,珠蚌"愤"而"徙"于交趾,合浦成为夜海无光之黑暗世界。会稽孟尝替任郡守,"移风改政",开放珠市,珠蚌重还合浦,经济复苏,合浦成为富庶之乡,"珠还合浦"震烁史册。今日南珠资源之保护和人工养殖备受重视。1958 年在北海海域培育出中国第一颗人工海水养殖珍珠,如今北海珍珠已成规模,近几年又有较大发展。1996 年全市养殖面积为 5 万亩,比 1990 年增加 4 万亩之多,珍珠质量和产量不断提高。中国南珠城在北海的落成,标志着北海珍珠的生产和销售进入了一个崭新阶段。现利用生物技术已能培育出彩色海水珍珠,它除了保持南珠颗粒圆润、凝重结实、光泽艳丽、宝光莹韵等优点之外,突破了传统南珠的白、黄、黑三色,在色泽艳丽和夺目方面超过了传统南珠,提高了南珠产品的附加值和市场竞争力。南珠作为中华民族的瑰宝,历经沧桑,随着北海与世界各地经贸往来与文化交流日益密切,它在的新时代里定会放射出更加璀璨的光彩。

12. 东西

广西河池市天峨县人,汉族,著名青年作家。公开发表大量的文学作品,如《目光愈拉愈长》《痛苦比赛》《肚子的记忆》《故事的花朵与果实》《城外》《慢慢成长》(原名《勾引》)《姐的一九七七》《祖先》《相貌》等中篇小说;《幻想村庄》《大路朝天》《雨天的粮食》《溺》《我们的感情》《我们的父亲》《好像要出事了》《关于钞票的几种用法》《把嘴角挂在耳边》《过了今年再说》《送我到仇人的身边》等短篇小说;电影《天上恋人》是由其作品《没有语言的生活》小说改编而来,电视剧《放爱一条生路》是由其作品《美丽金边的衣裳》改编成的,其作品长篇小说《耳光响亮》将拍成电视剧和电影,《猜到尽头》也将改编为电视剧。1995年,获第三届广西青年作家独秀文学奖。中篇小说《没有语言的生活》,获《小说选刊》1996年度优秀作品奖,1997年,荣获全国首届鲁迅文学奖。1998年,小说集《没有语言的生活》获广西第三届文艺创作铜鼓奖。

13. 鬼子

广西河池市罗城仫佬族自治县人,仫佬族(或壮族),著名青年小说家。主要作品有短中小篇小说《妈妈和她的衣袖》《古弄》《可能是谋杀》《替死者回忆》《遭遇深夜》《为何走开》《你猜她说了什么》《家癌》《叙述传说》《谁开的门》《走出意外》《农村弟弟》《苏通之死》《被雨淋湿的河》《学生作文》《梦里梦外》《罪犯》《伤心的黑羊》《上午打瞌睡的女孩》《艰难的行走》《瓦城上空的麦田》等;电影文学剧本有《幸福时光》(张艺谋导演)、《上午打瞌睡的女孩》(陈凯歌导演)。中篇小说《被雨淋湿的河》,2001年,荣获全国第二届鲁迅文学奖。该中篇小说曾发表于《人民文学》1995年第5期,1997年的《小说选刊》《中华文学选刊》转载。还获1997年《小说选刊》优秀中篇小说奖且名列首位,1997年"中国十佳小说"奖,首届中国纯文学当代作品排行榜中篇第三的荣誉,广西区政府第四届文艺创作铜鼓奖。《上午打瞌睡的女孩》(中篇小说)获1999年《人民文学》优秀中篇小说奖;《农村弟弟》(中篇小说)获广西区政府第三届文艺创作铜鼓奖。

14. 桂林石刻

始于东晋,兴于唐,盛于宋,繁荣于明清。据不完全统计,桂林古代石刻有近3 000件,包括摩崖石刻、摩崖造像以及石碑等。其中以宋代摩崖石刻最为有名,素有"汉碑看山东,唐碑看西安,宋碑看桂林","北有西安碑林,南有桂海碑林"之说。桂林石刻主要分布在龙隐岩、龙隐洞、象鼻山、伏波山等名山洞府中。有名的桂海碑林博物馆就设在龙隐岩、龙隐洞所在地域。如现存于龙隐洞的宋代奸相蔡京写的《元祐党籍》,真实地记录了北宋一次震惊朝野的党派斗争,司马光、苏轼、秦观等著名文学家都被株连其中;著名将领狄青写的《平蛮三将题名》,记录了北宋一代名将狄青奇兵飞渡天险,一夜扫荡壮族首领侬智高起事的历史;著名书法家石曼卿写的《饯叶道卿题名》,其间66个大字自然雄逸、沉着端重;清代王静山刻的一个高70厘米,宽82厘米的佛字草书,神似形似,引来了无数游人竞折腰。南宋时刻于桂林北鹦鹉山上的《靖江府城图》是国内现存的两件最古老的古代石刻地图之一,等等。桂林石刻像一部鲜活的历史,让后人领略了桂林历史文化的博大浩瀚。

15. 红七军中出豪杰

大将:张云逸。上将:韦国清(东兰人,壮族),李天佑(临桂人)。中将:韦杰(东兰人,壮族),莫文骅(南宁人),冼恒汉(田阳人,壮族),覃键(东兰人,壮族)。

少将：袁也烈，韦祖珍（东兰人，壮族），卢绍武（武鸣人，壮族），朱鹤云（田东人，壮族），吴西（扶绥人，壮族），姜茂生（凤山人），黄惠良（平果人，壮族），黄新友（凌云人，壮族），覃士冕（东兰人，壮族），覃国翰（都安人，壮族），欧致富（田阳人，壮族）等。还培养了一批高级党政干部，如雷经天（南宁人）、叶季壮、陈漫远（蒙山人）、龚饮冰、袁任远、覃应机（东兰人，壮族）、谢扶民（田东人，壮族）、黄荣（凤山人，壮族）等。

16. 靖江王府

靖江王府位于桂林市中心的独秀峰下。宋代时这里是铁牛寺，元代改为大国寺，后又称万寿殿。明朝时，朱元璋封其重孙朱守谦为靖江王，此处为藩邸。在明朝两百多年里，靖江王传11代14王，即朱守谦、朱赞仪、朱佐敬、朱规裕、朱约麒、朱经扶、朱邦芬、朱任昌、朱履焘、朱任晟、朱履祐、朱亨嘉、朱亨歅，此外朱相承未封先死。靖江王府是朱守谦在1372年开始兴建，历时20年才完工。它的主体布局是：王府正南门是承运门（今广西师范大学本部校门），正对着王城南面的端礼门；入内是承运殿（今广西师范大学本部办公大楼），此殿居于王府正中，是王府的正殿，高六尺九寸。每逢元旦、冬至佳节或其他庆典，靖江王便在此举行隆重仪式。殿左为宗庙、右为社坛。殿后（今广西师范大学本部大礼堂附近）是寝宫，均围以红色宫墙。寝宫后面包括独秀峰、月牙池在内是王府的花园。整个王府的殿台亭阁共有40多座，红柱碧瓦，画栋雕梁，十分壮观。为保护靖江王的安全，1393年开始修建王城，历时10年才建成。王城城墙周长1.5千米，高1丈2尺，厚1丈6尺。内外墙面均用大青石块砌成，中间填以碎石、灰浆和泥土，夯实打紧，十分坚固。王城辟四门，东为"体仁"（今东华门），西为"遵义"（今西华门），南为"端礼"（今正阳门），北为"广智"（今后贡门）。城门洞为圆拱形，长约7丈，宽约1丈5尺。城坚门深，气势森严。孔有德纵火自焚，使有250多年的王府化为焦土。现在王城尚完好，承运门、承运殿的台基、石栏、云阶、玉陛仍存，可供人游览。

17.《广西通志》

历史上记载一省之事的志书称省志，明代始称为通志。广西最早的通志是明朝周孟中等人编纂的《广西通志》，共八卷，可惜已失传。现存最早的《广西通志》是由明两广总督兼广西巡抚林富修、广西提学佥事黄佐等编纂的。清嘉庆朝由广西巡抚谢启昆、胡虔纂的《广西通志》，是一部受人称赞的志书，被誉为"各省志书之冠""各省志书的楷模"。

18. 经略台真武阁

在今容县县城东门外人民公园内。经略台相传为唐代诗人元结建于唐中期。经略台因元结任容管经略使得名。台长约50米，宽15米，高出地面约4米，中间夯土，四周砌砖石。原作操练军士、朝会司仪用。明朱元璋时期，在台上建道士观，叫真武阁，传用以使当地免受火灾之苦。今存真武阁建于明中期（1573年），为三层楼阁，通高13.2米，面宽13.8米，进深11.2米，用铁黎木，采用杠杆原理，串联吻合，不须一钉而成。楼阁由8根巨柱支撑。二楼另有4根柱子，柱脚悬空，离二楼板面2至3厘米。我国著名古建筑学家梁思成称它为独具一格的"天南杰构"。

19. 广西境内的三条古运河

秦朝开通位于兴安县境的灵渠、唐武则天时凿通的位于临桂中部沟通了漓江与洛清江的相思埭运河、唐末开凿的位于防城港市西南江山半岛中部的长约3千米的潭蓬运河（使防城港与珍珠港距离缩短）。

20. 广西大学

1928年10月10日，经过筹备，广西省立广西大学在梧州蝴蝶山正式成立并开学，马君武博士为首任校长。当年录取理工农矿四科预科一年级学生260人。后来，广西大学逐步发展为一所综合性大学。1939年，广西大学改为国立。校址从梧州迁到桂林，从桂林到南宁。目前，广西大学已进入211工程，成为全国重点大学。

21. 新桂系施政治桂

20世纪20年代末蒋桂战争失败后，新桂系痛定思痛，吸取教训，决心效仿越王勾践"十年生聚，十年教训"，一切从头做起。于是于30年代，在全力安定社会、巩固统治的同时，积极开始着力建设广西。1932年新桂系提出"三自"、"三寓"政策。"三自"即"自卫、自治、自给"。"三寓"即"寓兵于团，寓将于学，寓征于募"。1934年新桂系又以广西党政军联席会议的名义颁布了《广西建设纲领》。此《纲领》是根据"三自"政策制定的。《纲领》称孙中山创立的"三民主义乃中国革命唯一适当原则"，"三自政策"是根据孙中山三民主义制订的，广西建设"当奉行总理遗教"，以"三自政策"为"建设之总原则"。《纲领》提出了"建设广西，复兴中国"的号召。《纲领》共27条，分政治建设、经济建设、文化建设、军事建设四大部分，简称"四大建设"。《纲领》被称为广西的"根本大法"，是新桂系治理广西的总方针，是近代以来第一个全面规划广西的比较完整的方案。

军事建设是四大建设的轴心，共主要内容是寓兵于团、寓将于学、寓征于募。寓兵于团即兴办民团，组织全省壮丁进行军事训练，实行"全省皆兵"和"武力民众化，民众武力化"，叫新民团制度。为此还成立广西民团干部学校，培养民团基层干部。寓将于学即在普通学校实行严格的军事训练和军事管理，使学生均成为预备军官。寓征于募即以征兵制代替募兵制，用募兵的手段达到征兵的目的。同时购买武器，建厂生产枪炮，设立广西航空学校，在战略要地构筑防御工事。

政治建设方面，主要是"行新政，用新人"，通过设立专门机构或专门训练班，加强训练干部，使各级干部"养成忠勇奋斗之精神"；并整顿基层政权组织，推行保甲制度，建立乡村政权，并推行"三位一体制"，"政教卫合一"，抵制蒋介石势力对广西的渗透。

经济建设方面,强调以"自给"为原则,按白崇禧的说法,就是自己满足自己的需要,用以抵制外来的经济侵略。为此采取了很多措施推进经济建设,一是兴办工业,建了两广硫酸厂、广西酒精厂、广西糖厂、南宁制革厂、柳州机械厂、广西制药厂等。据统计,至1936年广西有12家省营工厂,大小民营工厂63家。二是开采矿产,在矿藏比较丰富的富川、钟山、贺县和南丹、河池等地设立省营矿场,开采锡、钨、煤、金等矿。还鼓励私人经营。三是发展农林业,设立省营农林试验场、示范场、垦殖实验区、林垦区,进行各种农作物和林木的改良育种和推广。县成立县、乡苗圃和农场。四是发展交通,各地大力修筑公路,省建省道,贯通重要商埠和边境重镇。县修县道和乡村道路。到抗战前夕,全省有公路长达5 700多千米。大部分县通汽车,乡村交通得到很大改观。

文化建设方面最突出的是在全省范围内开展国民基础教育普及运动。在颁布修正的六年计划大纲里,规定每村(街)设立一所国民基础学校,每乡(镇)设立一所中心国民基础学校,由乡(镇)、村(街)长兼任校长,所有适龄男女儿童和失学成人强迫入学。国民基础教育是儿童教育与成人教育,学校教育与社会教育合并办理的一种初等教育,其宗旨"是以扫除文盲,打除政治盲,以至经济盲,助成各项建设为职志"。由于运用政治力量推行,各方协力支持,全省基础教育运动迅速发展起来。至1938年度,基础学校发展到1.9万余所,中心基础学校2 000余所,入学儿童163.8万余人,成人133.7万余人。许多边远山区和少数民族地区,以前没有学校,这个时期大都创办了国民基础学校。同时注意发展中等教育、高等教育。国民中学以县立为原则,也可数县联立。桂西许多没有中学的县份也办起了国民中学。还恢复广西大学,1932年创立广西省立师范专科学校,1934年创办广西省立医学院,并先后聘请了一批国内知名教授、学者到学校任教和工作。

需要指出的是,新桂系的四大建设是蒋桂矛盾的产物,是反蒋建设运动,而不是以振兴广西推动社会进步为目的建设运动。但也要看到在四大建设中,其采取的务实态度,扎扎实实地从基础建设做起,其中的一些措施是有利于社会进步的,起了一些积极作用。然而,从效果上看,主要是增强了新桂系的实力,巩固了其统治,广大人民并没有从四大建设中得到多大的实惠,相反,为开发财源,增加财政收入,新桂系在"寓禁于征"的名义下,征赌税、征鸦片税,使地方受害,百姓遭殃。总之,为狭隘小集团和少数人的利益搞建设,不为大多数人谋利益,始终不能改变贫穷落后面貌、造福于人民,推动社会的健康发展和人类文明的进步。

22. 西林教案

1854年夏,法国天主教传教士马赖非法从贵州潜入广西西北部的西林县传教。他网罗不法之徒,勾结土豪乡绅,强占民田,欺压百姓,激起民愤。1856年2月29日,新上任的西林县知县张鸣凤根据乡民控呈,依法将他逮捕审讯。公堂上,受害者纷纷控诉,罪证确凿,马赖却气焰嚣张,恃势辱官,拒不认罪,还大闹公堂。张鸣凤在群众的支持下,将马赖等人依法判处死刑,史称"西林教案"。这本是广西群众一次反洋教侵略的正义举动,然而后来法国却以这一事件为借口,于次年勾结英国发动了第二次鸦片战争。

23. 贵港三板桥教案

1883年10月,中法战争即将爆发,贵港木格乡团总李亚英奉檄募兵入越,已在三板桥占地放贷盘剥当地百姓的法传教士百般造谣阻挠。招募的新兵得知三板桥天主教堂横行霸道,就奔赴三板桥,找李神父论理。但李神父恃势压人,鸣枪恫吓威胁,愤怒的新兵在当地群众的配合下冲进教堂,将粮食、财物分给群众,把李神父捆缚送官监禁,不久驱逐出境。是为三板桥教案。

24. 上思教案

上思地近越南,法国天主教将其作为重要的活动基地,在城内设教堂,诱人入教,购田放债,伺机破坏中国军队的抗法斗争及上思民众的支前活动。1884年1月4日,传教士周绍良、马若望等,勾结匪徒,从防城将一批军火偷运入城秘藏,激起公愤。26日,官府搜查教堂时,军火已被转移,周、马两人潜逃无踪,怒不可遏的群众冲入教堂,翻瓦拆墙,捣毁教堂,未溜的传教士富于道被押送出境,勒令暂停传教。

25. 田林乐里教案

19世纪中期起,法国天主教会就在田林乐里建了教堂,传教士置田地、买山林借以出租诱骗人心,不时为非作歹。1897年3月人称邓神父的马仙回到乐里,他不顾当地作物歉收,百姓的苦诉,仍照旧催租逼债。时值乐于济困助人的游勇首领游维翰在乐里活动,群众报知,游便带部下去见邓神父,邓恶意伤杀游勇,游即下令还击,将作恶多端的马仙等三人击毙。接着进教堂,开仓济贫。史称乐里教案。

26. 永安教案

1898年3月,法国传教士苏安宁由象州到永安州(今蒙山县)开辟新的传教区。他恣意横行,为非作歹,欺压善良,激起人民的义愤。4月21日,苏安宁等由永安州城取道古排塘上桂林时,竟将贴有禁教乡约的"联兴店铺"捣毁,还辱打店主和店员。当地群众闻讯,立即鸣锣集合,包围苏安宁等,苏安宁先开枪射击群众,群众忍无可忍,将苏安宁等三人打死。这就是永安教案。

27. 龙胜的"龙脊"

龙脊是个片区的统称,泛指龙脊山(兴安县的猫儿山延伸到龙胜境内的主要山脉)蜿蜒经过的地方,涵盖10个行政村,面积70多平方千米。人们常说的龙脊梯田是由平安北壮梯田和金坑红瑶梯田共同组成。两处集中了天下田园建设的精彩之笔,构成了梦幻般美丽苍茫的梯田景观,吸引了众多中外游客及摄影家前来观光、创作。平安梯田和金坑梯田一南一北,相映生辉,一层层梯田似一道道天梯从山顶峰垂挂直到山脚,气势凌霄,垂直落差之高、立体感之强,令天下梯田望尘莫及。

28. 八桂古镇

昭平黄姚古镇:是广西拥有450年历史的古镇。发祥于宋朝开宝年间,兴建于明朝万历年间,鼎盛时期在清朝乾隆年间。由于镇中黄、姚两姓是大姓,故得此镇名。历史上是桂东一大物资集散地。有八条古色古香的石板街道,300幢明清古建筑。古楹联匾额上百副。镇内有水必有桥,有桥处必有亭,有亭处必有诗。有宝珠观、古戏台、文明阁等胜迹。1945年抗日战争时期,广西省工委书记钱兴及何香凝、千家驹、高士其、欧阳予倩、张锡昌、莫乃群等一大批文化名人和爱国人士云集黄姚,开展抗日救亡运动,更为古镇的历史写下了光辉的一页。

灵川大圩古镇:位于桂林市东郊17千米,漓江北岸。古时起着集散桂北商贸物资的作用。"逆水行舟上桂林,落帆顺流下广州",是明诗人对大圩的评价。历史上曾拥有十多个码头,各地商家云集。现存的青石板街,雕梁画栋的古建筑,记载着古镇悠久历史和昔日的喧闹繁华。把这里常常被作为影视拍摄基地。

南宁扬美古镇:扬美古镇始建于宋代,约6.5平方千米,位于南宁市西部,左江下游,三面环江,形如半岛,距南宁市仅30千米。有明清古建筑群,扬美八景,清代一条街。街道古建筑门上、窗上、梁上刻着浮雕。扬美四宝,即豆豉、酸菜、梅菜、沙糕,美名远扬。目前正在建设以扬美为中心,把左江沿岸的下楞民族文化村、壶天岛、太阳岛、三江口以及上尧永和古建筑群等串起来形成"大扬美旅游圈"。

平乐榕津古镇:位于平乐县城25千米,建于宋初,兴盛于明清,已有1 000多年的历史。古镇千年古榕树成群,塘泽星罗棋布。古镇内,三纵两横的街道,把全城民居划分成六大块。主街约700米,由北向南,直通榕津河码头。街道店铺林立,生意兴隆,是重要的盐集散地。古建筑青砖黛瓦,飞檐画栋。其中粤东会馆有很高的文化和历史价值。

阳朔兴坪古镇:三国时为吴国末帝孙皓治下的熙平县城。至今古镇仍留有大量的古迹及人文景观,如明代的腾蛟庵、孙中山及克林顿拜访过的赵氏渔村、日本友人修建的中日友好亭等。

靖西旧州古镇:旧州古名那签、顺安峒、归顺州、归顺土州,位于靖西县城南9千米,曾为归顺州州治所在地。1650年,为抵御外敌侵扰,州治北迁计峒(今靖西县城)建州城,原归顺州改为旧州。旧州主要有张天宗墓、绣球街、文昌阁等遗址。其中绣球街即旧州街,自古以来制作的绣球以做工精美图案鲜活而闻名遐迩,产品远销欧美各国,深受人们喜爱。

29. 八桂名村

灵山县楹联村:即灵山县佛子镇大芦村,有九座明清时期岭南建筑风格的古宅建筑群,有明清留传下来的305副楹联及后人创作的近200副楹联。这些古楹联符合规范化的艺术要求,有较高的艺术造诣,思想内容清新健康。如"赤子兴邦安黎庶,丹心报国显忠良","仰天但使人无愧,做事何须世尽知""宜勤宜俭持家旺,亦读亦耕创业兴""门前绿水双环翠,户外方塘一鉴清"等。真的不愧为广西楹联第一村的荣誉称号。

上林县不孤村:全国文明示范村,有人口500多人,平均每三人就有一个是大中专生。2002年,村里三个高中生,全被大学录取。由于其良好的教育成效,被誉为"状元村"。不孤村所取得的良好教育效果,经媒体报道后,吸引了八方宾客前来参观、游览。其中不乏法国、日本、美国的友好人士。据统计,每年到村游览的游客达两万多人。

阳朔县渔村:在兴坪镇境内。世界上有两位总统都曾到过此,一位是孙中山先生,1921年10月他曾在这里住过一宿。渔村先前的名字叫渔滩洲,是孙先生把它改名为渔村的。另一位是美国总统克林顿,1998年7月他曾来渔村一游。从多幅照片看得出来,克林顿夫妇和女儿的渔村之游显得兴致勃勃,谈笑风生。一个世纪之内先后有两位总统踏足一个小小的农村,光是这一点便可知道她名气之大了。这里风光秀丽,建筑独特,民风纯朴,游人对此赞叹不已。现已成为阳朔县重要的一个旅游点。

田阳县永常村:因居住在生态环境相对恶劣的大石山区,1990年永常村人均纯收入仅229元,人均有粮不足100千克。1990年11月和1996年11月,江泽民同志两次到百色老区视察时都到过永常村,指示"要动脑筋、想办法,解决好大石山区致富这个问题"。全村干部群众受到极大鼓舞,12年来在各界的关怀和村民们的努力下,昔日贫穷的村庄大变样:茅草房变砖瓦房,通水、通电、通路、通广播电视。2001年,人均纯收入达1180元,是1990年的5倍多。

田东县红军村:即百谷村。第二次国内革命战争期间,百谷村86户人家几乎户户有人参加赤卫队、红七军,孕育出一批优秀将士。他们跟随邓小平等老一辈革命家南征北战,先后有16位优秀儿女为中国革命事业献出生命。人们崇敬这片英雄的土地,尊称百谷村为"红军村"。在各级党委和政府的支持下,百谷村投资兴建了红军村革命陈列室、红军村大门、红军路等,村民竞相捐款出版村史,用红军的革命精神激励后人。红军的后代继承革命前辈不屈不挠、不畏艰险的精神,利用近郊优势,种植香蕉、芒果、香米、蔬菜等,发展运输业、建筑业和服务业等第三产业。村支书李永忠自豪地说:"去年,全村农业总产值近800万元,人均纯收入3000多元。现在我们是百色市有名的'首富村',革命精神鼓舞着我们勇往直前,我们要彻底甩掉老区的穷帽子,率先实现小康。"

富川县秀水状元村:位于富川县朝东镇北,集绿水青山、古风民俗为一体。村内外古树参天、溪河澄碧,家居养假山修竹,山村饰楹联彩画。有独秀峰、象山等景。秀水村自古多出文人，从始祖唐代进士、贺州刺史毛名衷告老还乡选中此地定居，秀水就出了毛自如一位状元及26位进士，而全县仅有33人。至今村内仍存状元楼、进士堂、古门楼、古牌楼、古戏台、状元读书岩、神童墓等多处古迹，其中古戏台幽雅清净极有品位，世所罕见。

巴马长寿村：巴马长寿村主要分布在盘阳河流域的所略、甲篆、平洞、西山、巴马镇和凤凰、东山、阳春等地。百岁老人分布最密集的是甲篆平安村、百马村，平洞坡木村、西山加进村，巴马镇法福村、巴法村、龙洪村。巴马百岁老人逐年增多，主要与自然环境独特、再生资源丰富、饮食结构合理，以及地方政府采取保护措施有关。

30. 八桂之乡

巴马瑶族自治县、永福县、东兴市、昭平县、岑溪市等为中国长寿之乡。灵川县是中国银杏之乡。灵山县是中国奶水牛之乡，中国荔枝之乡。巴马县是世界长寿之乡、中国香猪之乡、射弩之乡。东兰县是世界铜鼓之乡、板栗之乡、将军之乡、乌鸡之乡、民间铜鼓文化艺术之乡。容县、平乐是中国沙田柚之乡。永福县是中国罗汉果之乡。恭城县是中国月柿之乡、中国橙柑之乡。钦州是有名的陶瓷之乡。北流、桂平是中国荔枝之乡。田阳、田东是中国芒果之乡。合浦是南珠之乡。浦北是中国香蕉之乡。钦南区是中国大蚝之乡。博白县是桂圆之乡、编织之乡、编织工艺品之都。扶绥县是中国恐龙之乡。大新县、武鸣县是龙眼之乡。金秀、德保、那坡、苍梧、宁明、防城、藤县等是八角之乡。靖西县是绣球之乡、田七之乡、中国民间艺术之乡。横县是中国茉莉花之乡。马山县中国黑山羊之乡、中国民间文化艺术之乡、中国会鼓之乡。南丹是中国长角辣椒之乡。罗城县中国野生毛葡萄之乡。防城港市是中国金花茶之乡。龙州县是中国天琴艺术之乡。富川县是中国脐橙之乡。环江、乐业、那坡是"中国兰花之乡"。西林县是中国砂糖橘之乡。岑溪市是中国古典三黄鸡之乡。天峨县是中国油桐之乡、中国山鸡之乡、中国金花茶之乡。防城港市是中国白鹭之乡。浦北县是中国红椎菌之乡。田林县是中国八渡笋之乡。罗城是中国野生毛葡萄之乡。荔浦县是中国衣架之都。梧州市是中国人工宝石之都。陆川县是中国铁锅之都。金秀县是世界瑶族之都。玉林市福绵区是世界裤子之都。岑溪市筋竹镇是砂糖橘之乡。灌阳县是中国南方红豆杉之乡。凭祥市是中国红木之都。三江县是中国名茶之乡。天等县是中国指天椒之乡。

31. 古今名人盛赞的桂林山水

唐杜甫：五岭皆炎热，宜人独桂林。

唐韩愈：江作青罗带，山如碧玉簪。

宋王正功：桂林山水甲天下。宋刘克庄：千峰环野立，一水抱城流。

陈毅：愿做桂林人，不愿做神仙。

32. 八桂风物威犹在

巴马香猪：宋代以来一直作为贡品进入皇宫。明清时期，远销南洋。

德保矮马：三国时就作为贡品进贡给吴主。

古凤荔枝：苍梧古凤荔枝出名，汉代被列为贡品。桂平麻垌荔枝、北流荔枝、灵山荔枝也广受欢迎。

廉州龙眼：北宋苏东坡到了廉州后，对当地的龙眼大赞："廉州龙眼，质味殊绝，可敌荔枝"。

凌云白毫茶：乾隆时成为贡品，1915年在巴拿马世界博览会参展。30年代出口港澳；50年代出口阿尔及利亚和摩洛哥等国；1998年出口日本和韩国；2000年在韩国第二届国际名茶评比中获金奖。

沙田柚：是因为乾隆帝吃了容县人夏纪纲从家乡沙田村出产的蜜柚连声叫好而赐名的。

月柿：1923年冬天，时任广东虎门副司长的恭城县莲花镇人何惠人在虎门给孙中山操办生日宴会时，他深知孙中山崇尚简朴，就让孙中山品尝了家乡生产的月柿，孙中山一尝，连连赞不绝口，居然在饭饱后又一口气吃下两个半柿饼。从此，孙中山先生与恭城月柿结缘，经常提起它、品尝它。消息传出，恭城月柿从广州畅销到港、澳地区，又转销到东南亚各国，备受海内外人士的喜爱。

桂布：唐代出产的桂布在全国享有盛名，大诗人白居易诗称："桂布白如雪，吴锦软于云。有重绵且厚，如裘有余温。"

八桂山水上人民币：中国人民银行发行的新版20元人民币的背景图画，是在广西阳朔县兴坪拍摄的桂林山水。这是漓江最美最富诗情画意的一段。船在江上走，人在画中游。

狗肉：在第十三届中国厨师节上，灵川县干锅狗肉以色香味俱佳荣获"中国名菜"金奖。

汉代郁林细葛布：远销中原。

宋代桂州（今桂林市）名酒瑞露：此酒与燕山名酒金蓝享有同样的声誉。

泥兴陶：清代钦州制作的泥兴陶多次在国际上获奖，如在比利时"世界陶艺会"获得一等奖。

象州茶：唐代广西象州是全国42个产茶地之一。

汉代合浦：是全国著名的出海港。

"元丰监"：宋代梧州市设"元丰监"，是当时全国四大钱监之一。

昭平黄皮糖：在清代是贡品。

桂林马蹄：在清代是贡品。

33. 名人笔迹留八桂

桂林蒋翊武就义碑，正面有"开国元帅蒋翊武先生就义处"，是孙中山题词；凭祥市"友谊关"三字为陈毅题写；南宁市"冬泳亭"三字为董必武题写；柳州市"柳侯祠"三字为郭沫若题写；百色中国工农红军第七军军部旧址名为邓小平的手迹；右江工农民主政府旧址名是邓小平书写的；百色起义纪念馆馆名为江泽民题词；金田起义地址名为全国人大常委副委员长周建人手迹；东兰列宁岩中的"广西农民运动讲习所旧址"为全国人大常委委员长叶剑英所写。著名诗人贺敬之在丰鱼岩洞口处题字："亚洲第一洞，荔浦丰鱼岩"；现代著名书法家沈尹默题写桂林"叠彩山"山名三字；毛泽东主席亲笔写下"大藤峡"三字；李鹏题字"阳朔，中国旅游名县"；陆定一称猫儿山有"泰山之雄，华山之险，庐山之幽，峨嵋之秀"；郭沫若题写三江"程阳桥"三字。

34. 国家、广西重点扶贫开发县

国家扶贫开发工作重点县（28个）：罗城仫佬族自治县、那坡县、凌云县、东兰县、凤山县、乐业县、巴马瑶族自治县、靖西县、都安瑶族自治县、融水苗族自治县、西林县、大化瑶族自治县、金秀瑶族自治县、隆林各族自治县、三江侗族自治县、德保县、田林县、马山县、天等县、环江毛南族自治县、龙胜各族自治县、上林县、富川瑶族自治县、昭平县、忻城县、隆安县、龙州县、田东县。

自治区扶贫开发工作重点县（21个）：河池市金城江区、蒙山县、宁明县、钟山县、武宣县、灌阳县、资源县、天峨县、田阳县、博白县、苍梧县、融安县、藤县、桂平市、兴业县、百色市右江区、贺州市八步区、南宁市邕宁区、大新县、上思县、陆川县。

35. 广西壮族自治区级风景名胜区（31处）

三江的林溪—八江风景名胜区，鹿寨的香桥岩风景名胜区，资源的八角寨—资江风景名胜区，灵川的青狮潭风景名胜区，龙胜的龙脊风景名胜区，融水的元宝山—贝江风景名胜区，武宣的八仙天池—百崖槽风景名胜区，柳州市的龙潭—都乐岩风景名胜区，金秀的大瑶山风景名胜区，贵港市的南山—东湖风景名胜区，玉林北流陆川的水月岩—龙珠湖风景名胜区，陆川的谢鲁山庄风景名胜区，北流市的勾漏洞风景名胜区，容县的都峤山—真武阁风景名胜区，藤县的太平石山风景名胜区，梧州的白云山风景名胜区，钟山的碧水岩风景名胜区，博白的宴石山风景名胜区，玉林市的龙泉岩风景名胜区，贺州市的浮山风景名胜区，昭平的黄姚风景名胜区，隆安的龙虎山风景名胜区，北海市的南万—涠洲岛海滨风景名胜区，灵山的六峰山—三海岩风景名胜区，东兴市的京岛风景名胜区，百色市澄碧湖风景名胜区，宜州市的古龙河—白龙洞风景名胜区，河池市的珍珠岩—金城江风景名胜区，大化的红水河—七百弄风景名胜区，防城港市的江山半岛风景名胜区。

36. 四大宗教在广西的简况

东汉时，道教传入广西，博白县紫阳岩的紫阳观是广西最早的宫观，今容县的都

峤山洞、桂平市的白石山洞、北流市的勾漏洞分别被称为道教三十六洞天的第20洞天、21洞天、22洞天；桂平罗丛岩、临桂华岩是道教七十二个福地的第二个福地。

佛教大约自汉末由海上经今柬埔寨达交趾至合浦港传入广西。晋朝，广西最早的佛寺是平乐县龙兴寺。留存至今的主要寺院有桂平西山洗石庵、龙华寺，柳州西来寺、灵泉寺，南宁水月庵，桂林法藏寺、能仁寺，玉林宝相寺，荔浦鹅翎寺，龙胜归仁洞，阳朔南峰寺，三江香林寺，融水寿星寺，全州湘山寺等。著名的佛塔有桂林木龙洞唐代石塔，万寿巷舍利塔，象鼻山普贤塔，穿山寿佛塔，全州湘山妙明塔，湘山和尚墓塔，盘石脚元代石塔，崇左明代土司石雕墓塔，环江葫芦石塔，贺州悬崖上的舍利塔，富川城南观音塔等。佛教石窟造像则以桂林西山的最有名。

伊斯兰教传入广西是在元朝。目前广西主要的清真寺有桂林市民族路清真寺、码坪清真寺、崇善路清真寺，南宁新华街清真寺，柳州市清真寺，百色清真寺，临桂六塘清真寺，鹿寨清真寺等。

基督教（含天主教、新教）是鸦片战争以后才开始传入广西。目前主要有灵山坪地塘天主堂、贵港市天主堂、涠洲岛盛村天主堂、北海市天主堂、玉林市天主堂、梧州市天主堂、桂林市天主堂、南宁市明德街天主堂、荔浦县荔城镇天主堂、桂平市桂平镇天主堂、柳州市天主堂、钦州市天主堂等。主要基督教（新教）礼拜堂有梧州市基督教礼拜堂、南宁市基督教礼拜堂、柳州市基督教礼拜堂、玉林市基督教礼拜堂、桂平市基督教礼拜堂、贵港市基督教礼拜堂、百色市基督教礼拜堂、钦州市基督教礼拜堂、贺州市基督教礼拜堂等。

37. 八桂名关

兴安县境的古严关，凭祥市境的友谊关、平而关，龙州县境的水口关，邕宁县宾阳县交界的昆仑关，北流市境的鬼门关，恭城县境的龙虎关。

38. 广西第一批国家非物质文化遗产

布洛陀（田阳），刘三姐歌谣（宜州），侗族大歌（三江），那坡壮族民歌（那坡），桂剧（广西），采茶戏（桂南采茶戏）（博白），彩调（广西），壮剧（广西），壮族织锦技艺（靖西），侗族木结构建筑营造技艺（三江），京族哈节（东兴），瑶族盘王节（贺州），壮族蚂𧊅节（河池），仫佬族依饭节（罗城），毛南族肥套（环江），壮族歌圩（南宁），苗族系列坡会群（融水），壮族铜鼓习俗（河池），瑶族服饰（南丹贺州）。

39. 广西第二批国家非物质文化遗产

平果壮族嘹歌，富川瑶族长鼓舞，南宁市邕剧，桂林市文场，钦州市泥兴陶烧制技艺，宾阳县炮龙节，富川瑶族蝴蝶歌，马山壮族三声部民歌，田林瑶族铜鼓舞。

40. 广西第三批国家非物质文化遗产

京族独弦琴艺术，瑶族"密洛陀"，壮医药点线针灸疗法，广西八音，藤县舞狮技艺，田阳舞狮技艺，瑶族黄泥鼓舞，侗戏，毛南族花竹帽编织技艺。

41. 国家国防教育基地

2010 年　国家国防教育办公室下发《关于命名首批国家国防教育示范基地的决定》，全国 160 个国防教育基地被命名为首批"国家国防教育示范基地"，广西百色起义纪念馆、八路军桂林办事处旧址、昆仑关战役遗址三个单位获此殊荣。

42. 一村一品

2011 年广西优秀"一村一品"的村镇有：资源县中峰乡（广西红提之乡），桂平市麻垌镇（广西麻垌荔枝之乡），田阳县田州镇兴城村（广西番茄村），容县容州镇木井村（广西铁皮石斛村），陆川县大桥镇陆透村（广西陆川猪村），兴安县界首镇兴田村（广西蜜橘村），资源县资源镇晓锦村（广西金银花村），天峨县八腊乡汉尧屯（广西六画山鸡村），宾阳县黎塘镇雷响村（广西莲藕村），南宁市江南区江西镇智信村（广西花木村），三江侗族自治县八江乡布央村（广西侗茶村），贵港市港南区新塘乡三岸村（广西穿心莲村），防城港市防城区华石镇黄江村（广西火龙果村），北海市银海区福成镇宁海村（广西大棚果蔬村）。浦北县官垌镇旺冲村（广西官垌渔村）。

43. 广西长寿之乡

世界长寿之乡：巴马。中国长寿之乡：巴马、永福、东兴、昭平、岑溪、金秀、上林、东兰、容县、扶绥、蒙山、凌云、阳朔、凤山、富川、天等、大新、恭城、宜州、大化、钟山、龙州等。

44. 广西入选国家级非物质文化遗产项目代表性传承人（26 人）

第一批传承人：杨似玉。

第二批传承人：吴光祖、覃奶号、罗景超、秦彩霞、周小兰魁、陈声强、张琴音、傅锦华、闭克坚、刘正城。

第三批传承人：黄达佳、温桂元、洪琪、李人帡、罗周文。

第四批传承人：刘三姐歌谣传承人谢庆良、铜鼓舞（田林瑶族铜鼓舞）传承人班点义、瑶族长鼓舞（黄泥鼓舞）传承人盘振松、桂剧传承人罗桂霞、彩调传承人覃明德、广西文场传承人何红玉和陈秀芬、瑶族盘王节传承人赵有福、毛南族肥套传承人谭三岗、苗族系列坡会群传承人梁炳光。

45. 广西第一批列入中国传统村落名录名单（39 个）

南宁市江南区江西镇扬美村，融水苗族自治县拱洞乡平卯村，融水苗族自治县四荣乡东田村，融水苗族自治县四荣乡荣地村，三江侗族自治县丹洲镇丹洲村，三江侗族自治县独峒乡高定村，三江侗族自治县林溪乡高友村，龙胜各族自治县和平乡龙脊村，灌阳县洞井瑶族乡洞井村，灌阳县水车乡官庄村，灌阳县新街乡江口村，荔浦县马岭镇永明村小青山屯，临桂县四塘乡横山村，灵川县潮田乡太平村，灵川县大圩镇熊村，灵川县定江镇路西村，灵川县灵田乡长岗岭村，灵川县灵田乡迪塘村，灵川县青狮潭镇老寨村，灵川县青狮潭镇江头村，灵川县三街镇溶流上村，平乐县沙子镇沙子村，兴安县白石乡水源头村，兴安县漠川乡榜上村，阳朔县白沙镇旧县村，阳朔县兴坪镇渔村，灵山县佛子镇大芦村，北流市民乐镇萝村，玉林市玉州区城北街道高山村，隆林各族自治县金钟山乡平流屯，那坡县城厢镇达腊屯，西林县马蚌乡浪吉村那岩屯，钟山县燕塘镇玉坡村，富川瑶族自治县朝东镇秀水村，富川瑶族自治县朝东镇福溪村，富川瑶族自治县新华乡虎马岭村，贺州市平桂管理区鹅塘镇芦岗村，钟山县回龙镇龙道村，象州县罗秀镇纳禄村。

主要参考文献

[1] 钟文典.广西通史[M].南宁:广西人民出版社,1999.

[2] 张声震.壮族通史[M].北京:民族出版社,1997.

[3]《广西自治区概况》编写组.广西壮族自治区概况[M].北京:民族出版社,2008.

[4] 莫杰.广西风物志[M].南宁:广西人民出版社,1984.

[5] 刘军,陆冰梅.风物广西[M].桂林:广西师范大学出版社,2009.

[6] 广西特产风味指南[M].南宁:广西人民出版社,1985.

[7] 覃乃昌.广西世居民族[M].南宁:广西民族出版社,2004.

[8] 民族区域自治法新论[M].北京:民族出版社,2002.

[9] 中国共产党关于民族问题的基本观点和政策[M].北京:民族出版社,2001.

[10] 莫家仁,陆群和.广西少数民族[M].南宁:广西人民出版社,1996.

[11] 姚舜安.广西民族大全[M].南宁:广西人民出版社,1991.

[12] 肖永孜.中国西部概览——广西[M].南宁:广西民族出版社,2000.

[13] 莫济杰,陈福霖.新桂系史[M].南宁:广西人民出版社,1991.

[14] 李宗仁,唐德刚.李宗仁回忆录[M].南宁:广西人民出版社,1980.

[15] 黄现璠.壮族通史[M].南宁:广西民族出版社,1988.

[16]《广西乡土历史》编写组.广西乡土历史[M].南宁:广西教育出版社,1992.

[17] 中共广西壮族自治区委员会宣传部.广西读本[M].桂林:广西师范大学出版社,2009.

[18] 周永光.广西——我们的家园[M].济南:山东画报出版社,1998.

[19] 壮族[M].北京:人民出版社,1988.

[20] 王建平.广西之旅[M].广州:广东旅游出版社,1999.

[21] 中共广西壮族自治区委员会宣传部.邓小平理论在广西[M].南宁:广西人民出版社,1999.

[22] 古小松.中国—东盟知识读本[M].桂林:广西师范大学出版社,2004.

[23] 庚新顺.八桂将军风云录[M].南宁:广西人民出版社,2001.

[24] 广西左江岩画[M].北京:文物出版社,1988.

[25] 韦苏文.广西民间文学[M].南宁:广西人民出版社,1996.

[26] 潘茨宣,梁宇广.中华文明史上的广西人[M].桂林:广西师范大学出版社,2008.

[27] 郑超雄.广西工艺文化[M].南宁:广西人民出版社,1996.

[28] 沈巨奕.广西抗日战争史稿[M].南宁:广西人民出版社,1995.

[29] 邓小平与广西[M].南宁:广西人民出版社,1994.

[30] 周恩来与广西[M].南宁:广西人民出版社,1998.

[31] 环境保护常识[M].上海:上海交通大学出版社,1996.

[32] 广西名特优经济作物编委会.广西名特优经济作物[M].

[33] 苏韶芬.八桂边寨的民俗与旅游[M].北京:旅游出版社,1996.

[34] 可持续发展的理论与实践[M].北京:中国环境科学出版社,1999.

[35] 瑶族服饰[M].北京:民族出版社,1985.

[36] 杨基常.爱我广西(青年版)[M].南宁:广西人民出版社,1994.

[37] 桂林山水甲天下[M].北京:华艺出版社,1988.

[38] 广西壮族自治区对外贸易经济合作厅编.中国—东盟自由贸易区基本知识读本[M].

[39] 可爱的广西[M].南宁:广西人民出版社,1999.

[40] 广西年鉴[M],1999,2000,2002,2003.

[41] 广西通志馆.广西市县概况[M].

[42] 2011年广西壮族自治区环境状况公报.www.gxzf.gov.cn 2012-06-04

[43] "十一五"期间广西石化行业发展分析.中商情报网.http://www.askci.com

[44] 广西统计信息网.http://www.gxtj.gov.cn/

[45] 新华网广西频道.http://www.gx.xinhuanet.com/

[46] 人民网广西频道.http://gx.people.com.cn/

[47] 广西新闻网.http://www.gxnews.com.cn/

后 记

本书终于与读者见面了。这是高等学校民族预科教育改革发展的结果。广西高校民族预科生来自全区各县市，来自各兄弟少数民族，他们都是少数民族村寨飞出来的金凤凰，家乡未来建设发展的栋梁。他们带着父老乡亲的嘱咐，满怀求知的欲望，迈进了梦寐以求的大学校园。经过大学民族预科的基础性学习和本科的专业学习，他们大多将服务于家乡，效力于八桂大地，投身到火热的社会主义现代化建设中。

要建设家乡，服务家乡，首先要了解家乡，认识家乡。了解家乡的自然环境、资源的优势与缺陷，悠久的历史、灿烂的文化，世代居住于此、情同手足的兄弟民族，先辈走过的革命斗争历程和改革开放后取得的巨大成就等，一方面可以培养并增进热爱家乡的情感，进而树立起坚定的爱国主义精神；另一方面也可以从这种了解认识中看到家乡的优势和差距、有利条件和不利因素，增强使命感和社会责任感，从而更加发奋学习。同时，了解家乡、认识家乡的过程，也是学生走出课堂，深入社会，接触社会、了解社会、认识社会、探究社会进而参与社会实践的过程，在此过程中，学生学到的不仅仅是有限的课堂教学内容，还有课堂之外更加丰富多彩的知识，培养创新精神和提高实践能力的目标也更好地得以实现。我们希望学生能运用所学的知识，结合所在市县乡镇村寨，思考并解决在现有的基础、条件下如何抓住机遇，创造条件，想方设法，扬长避短，让家乡尽快地得到发展的现实问题，学以致用，用而欲学，学而愈用。

正是基于这样的认识，多年来，我们一直在广西高校民族预科生中开设了八桂乡情这门课程，还撰写了相关的简明教材，得到民族预科生的充分肯定。经过较长时间的教学实践与探索，我们觉得教材内容有调整充实完善的需要，以更能反映与适应八桂大地的迅速发展。2000年年底，由陆广文同志负责策划并拟定了教材《八桂乡情讲座》的编写大纲，然后交由承担任务的同志按大纲分章撰写出初稿（第一章、第三章、第五章由陆广文同志撰写，第二章、第四章由蒋远鸾同志撰写），供广西高校民族预科生使用。经2002级、2003级学生使用后，陆广文同志在对初稿进行全面修改补充的同时，又新撰写第六章、第七章内容，收集整理制作附录中的图片（谢寿孟同志参加了部分图片的收集工作），最后对全书进行通审定稿。2004年是书乃成，名为《八桂乡情知识读本》，由广西师范大学出版社出版。

时过境迁，21 世纪初，一年一度的中国东盟博览会在广西南宁举行，广西北部湾经济区开放开发纳入国家发展战略，《国务院关于进一步促进广西经济社会发展的若干意见》批准实施，中国东盟自由贸易区建成。广西地方党委、政府积极谋划，适时推出重大举措，加快了广西经济社会各项事业发展，并取得显著成效，而原书有些内容已难于反映这些新政策、新举措、新变化、新发展、新成就。因此，为适应教学的需要，2011 年年底开始，我们将原书内容进行更新、修改、补充，新增广西与东南亚各国一章，反映中国东盟合作共赢成果，附录中的图片也作了适当增删调整。书名定为《八桂乡情》，与所开课程名称一致，九九归一。此次修订由陆广文同志负责通审定稿，得到蒋远鸾同志的襄助，谢寿孟同志收集整理了部分图片。

本书供高等学校民族预科生使用，书中标有黑色空心圆圈标志的内容为学生延伸阅读内容，不作统一要求。本书还可作为各级学校进行广西乡情教育的参考书。对广西乡情知之甚少而又有了解之意的社会各界人士，该书亦能献微薄之力。本书在编著过程中，参考了许多有关的书籍或论文等资料，谨对作者致以衷心的感谢。同时，对广西民族大学预科教育学院领导的极大鼓励与支持，表示诚挚的谢意。

此书的出版，北京理工大学出版社的编辑同志提出了宝贵的意见，付出了辛勤汗水，谨致以衷心的谢意。

由于编者水平及经验有限，本书不足之处在所难免，切望读者不吝赐教。

本书编写组

附　　录

丰富物产

巴马香猪

大瑶山银杉王

德保矮马

菜牛

白头叶猴

东兰桑树

合浦奶水牛

八桂乡情

黑山羊

三娘湾白海豚

三黄鸡

儒艮

霞烟鸡

天峨六画山鸡

乐业石斛兰

娃娃鱼

附　录

桂皮

六堡茶

剑麻

南珠

木瓜

金花茶

罗汉果

田七

西林砂糖橘

八桂乡情

田东香米

田林八渡笋

阳朔工艺纸扇

广西冬季成熟葡萄

恭城月柿

百色象牙芒

板栗

白果

苍梧砂糖橘

广西香蕉之王

附 录

柳城蜜橘

灌阳雪梨

融安金橘

融水永乐糯米柚

容县沙田柚

猕猴桃

甘蔗

八桂乡情

八角　　　　　　　　　　　　巴马油茶

冰冻折腰的竹　　　　　　　　红树林

山水美景

北海银滩　　　　　　　　　　大新德天瀑布

红水河　　　　　　　　　　　金秀圣堂山

附 录

龙脊金坑梯田

芦笛岩

桂林夜景

贺州姑婆山国家森林公园

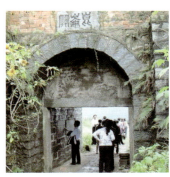
昆仑关

罗城怀群风光

秀丽漓江

明仕田园

黄姚古镇

八桂乡情

左江斜塔

靖西风光

河灯漂资江

友谊关

八角寨丹霞地貌

巴马水晶宫

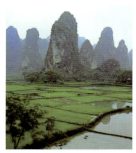
兴坪风光

乐业天坑

银滩戏水

附 录

大明山

资江

桂林象鼻山

大藤峡

龙州左江

猫儿山

上林大龙湖

钦州三娘湾

八桂乡情

凤山三门海景区

灌阳石林

民族风情

三江独峒侗族村寨

三江同乐苗寨

黑衣壮拦路酒

南丹白裤瑶

程阳风雨桥

京族学校

附 录

上思瑶人

京族独弦琴

彩调剧照

侗族姑娘

金秀瑶胞长鼓舞

昭平仙回盘瑶

祭祀布洛陀

热情好客壮家人

苗族芒篙节

宁明花山壁画

毛南族艺人做面具

靖西旧州绣球街

龙胜壮族服饰

苗胞吹芦笙

苗族芒哥舞

龙胜红瑶

铜鼓

绣球

附　录

龙州金龙天琴表演

隆林仡佬族

田阳敢壮山

阳朔渔村

历史遗迹（物）

横县伏波庙

北流李明瑞、俞作豫纪念公园

百色起义纪念馆

百色红七军军部旧址

八桂乡情

百色手斧

西汉铜凤灯

贵港出土大铜马

东汉陶盆

洪秀全

柳宗元

凤凰山脚下的罗城县令于成龙像

冯子材故居

广西学生军抗日烈士纪念碑

刘永福故居

附　录

桂林市三元及第门

柳州市柳宗元衣冠墓

桂林石刻

李济深故居

灵渠

灵山楢联村

容县真武阁

梧州中山纪念堂

八桂美食

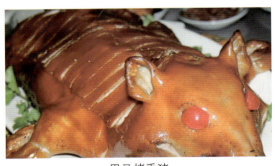

巴马烤香猪　　　　　　　　　鹅肥肝

荔浦芋扣肉

纸包鸡

横县鱼生

柳州螺蛳粉

壮家五色糯米饭

八桂巨变

巴马百岁老人

电话进农家

附 录

恭城红岩村柿子楼

北流三环陶瓷

东盟留学生在八桂

中国村民自治第一村

水牛繁殖技术

北海

大化七百弄公路

地头水柜

八桂乡情

长洲水利枢纽

贵港航运

南友高速路

东兴口岸

地级百色市成立

广西沿边公路

上汽通用五菱宝骏630下线

乐滩电站

防城港港区

附　录

南百高速路

南北高速公路

南昆线南百路右江

南宁新貌

平果电解铝

柳州东风乘用车

柳工挖掘机

柳州五菱汽车

梧州航运

八桂乡情

柳州铁路编组

钦州中石油项目生产区

龙滩电站

玉柴车间

阳朔西街

玉林云天宫